Theodor Bergmann
Internationalismus im 21. Jahrhundert

Theodor Bergmann, geb. 1916, ehemaliger Professor für international vergleichende Agrarpolitik an der Universität Hohenheim, lebt in Stuttgart. 2007 gab er bei VSA das Buch »Klassenkampf und Solidarität. Geschichte der Stuttgarter Metallarbeiter« heraus.

Theodor Bergmann
Internationalismus im 21. Jahrhundert
Lernen aus Niederlagen –
für eine neue internationale Solidarität

Ein neuer sozialistischer Internationalismus ist notwendiger denn je.
München, den 5.5.09
Theodor Bergmann.

VSA: Verlag Hamburg

www.vsa-verlag.de

© VSA-Verlag 2009, St. Georgs Kirchhof 6, 20099 Hamburg
Alle Rechte vorbehalten
Druck und Buchbindearbeiten: Idee, Satz & Druck, Hamburg
ISBN 978-3-89965-354-0

Inhalt

Vorwort 9

1. Die moderne Arbeiterbewegung muss internationalistisch sein! 10

2. Internationalismus und kritische Solidarität – ein Rückblick 23
2.1 Internationalismus seit 1848 23
2.2 Der Niedergang der II. Internationale 24
2.3 1917: Internationalismus nach der russischen Revolution
 = kritische Solidarität 25
2.4 Kritik am Polenfeldzug der Roten Armee 27
2.5 »Bolschewisierung« und Niedergang der Komintern 28
2.6 Die endgültige ultralinke Wendung der KPD 34
2.7 Die Stellung der KPD-O zur Sowjetunion 36
2.8 Die rechte Wende des VII. Weltkongresses 38
2.9 Die Moskauer Schauprozesse – verschärfte Kritik 39
2.10 Der deutsch-sowjetische Freundschaftsvertrag
 und der Kriegsbeginn 41
2.11 Eine marxistische Position zum Zweiten Weltkrieg 43
2.12 Nach 1945: Kritik der Stalinschen Nachkriegs- und Außenpolitik 44
2.13 Komintern und Kominform 49

3. Leistungsbilanz der sozialistischen Bewegung 55
3.1 Ergebnisse der Oktoberrevolution 55
3.2 Ursachen der Deformation und des Niedergangs
 der kommunistischen Parteien 57
3.3 Die ungelösten Probleme 60

4. Die neuen Herausforderungen 63

5. Weltpolitische Kräfteverhältnisse zu Beginn des 21. Jahrhunderts 66
5.1 Der Zusammenbruch des Ostblocks – die Welt bleibt multipolar 66
5.2 Pazifismus und Arbeiterbewegung 72
5.3 Der Klassencharakter der sozialistischen Länder 74
5.4 Was ist Sozialismus? 80

6. Der Imperialismus und der internationale Klassenkampf ... 91
6.1 Allgemeine Ziele der Militärpolitik der USA ... 91
6.2 Feinde und mögliche Partner ... 93
6.3 Propaganda und Realität ... 95
6.4 Gefährliche Siegesgewissheit ... 96
6.5 Zwei Erklärungen zu Chinas Landesverteidigung ... 97
6.6 Zur Außenpolitik der VR China ... 100

7. Militärische Probleme ... 103
7.1 Konflikte nach 1945 ... 103
7.2 Der Nahostkonflikt ... 106
7.3 Die Tudeh-Partei ... 110
7.4 Einige neue Merkmale der aktuellen Kriege ... 112
7.5 Vergleiche mit Vietnam ... 114

8. Globale Probleme ... 117
8.1 Apokalyptische Projektionen ... 117
8.2 Optimistische Antworten ... 119
8.3 Agrarproduktion, Bevölkerung und Ernährung ... 121
8.4 Sozialisten und Atomenergie ... 124

9. Soziale Bewegungen ... 128
9.1 Neue Soziale Bewegungen und Nichtregierungsorganisationen ... 128
9.2 Agrarische Bewegungen im 21. Jahrhundert:
Die Bauern – eine vergessene Klasse? ... 130
Einleitung ... 130
Kurzer Überblick über einige agrarische Bewegungen ... 131
Merkmale und Hauptforderungen agrarischer Bewegungen ... 137
Zusammenfassung ... 141

10. Der Aufbau einer sozialistischen Gesellschaft ... 143
10.1 Probleme ... 143
10.2 Perioden sozialistischer Wirtschaftsplanung ... 145
10.3 Erstarrung des Marxismus ... 147
10.4 Verhältnis von Partei und Staat ... 148
10.5 Herausbildung der neuen Führungsgeneration
und Generationswechsel ... 150

11. Kommunistische Regierungsarbeit – das Beispiel China ... 155
11.1 Die Ausgangslage ... 155
11.2 Die neuen Aufgaben ... 157
11.3 Kritik und Selbstkritik ... 158

11.4 Der schwierige Weg zur sozialistischen Demokratie 161
11.5 Die Deng Xiaoping-Theorie 164
11.6 Zwei Parteikonzeptionen 166
11.7 Zwölf Thesen 169

12. Außenpolitik sozialistischer Länder – kritische Gedanken 173
12.1 Faktoren und Phasen der Außenpolitik 173
12.2 Defensive Sicherung der Revolution 176
12.3 Stalins Hilfe für die spanische Revolution 177
12.4 Ausdehnung des sozialistischen Staatensystems 178
12.5 Beziehungen zwischen sozialistischen Ländern 178
12.6 Beziehungen zur »Dritten Welt« 180
12.7 Das Verhältnis zu kapitalistischen Staaten 181
12.8 Das Verhältnis zur revolutionären Weltbewegung 182

13. Internationalistische Perspektiven 185
13.1 Zum Verhältnis zwischen kommunistischen Parteien 185
13.2 Das Verhältnis KPdSU – KP Chinas 187
13.3 Die Beziehungen zwischen den Kommunisten
     Chinas und Vietnams 190
13.4 Die Beziehungen zwischen den Kommunisten Japans und Chinas ... 192
13.5 Indien: CPI und CPI(M) 196
13.6 Bolivien – ein Testfall 198
13.7 Demokratie in einer revolutionären Internationale 199
13.8 Die politischen Aufgaben 206

**14. Perspektiven eines Weltarbeitsmarktes –
     neue internationale Solidarität** 216
14.1 Die Globalisierungsdrohung 216
14.2 Kapitalistische Hegemonie 217
14.3 Missverständnisse und Irrtümer 218
14.4 Die neuen Merkmale der Globalisierung 220
14.5 Die Antiglobalisierungsbewegung 222
14.6 Die Alternativen zur Auslagerungsdrohung 222
14.7 Entwurf einer Gegenstrategie zur Produktionsverlagerung 224

15. Anhang 228
15.1 Übersicht 1: Phasen der Agrarpolitik der VR China   228 / 15.2 Übersicht 2: Phasen der Industrieentwicklung in der VR China   230 / 15.3 Übersicht 3: Vergleich der Entwicklungsstrategien   234 / 15.4 Klassiker über Internationalismus   236 / Abkürzungen   240 / Literatur   241 / Dokumente   247 / Personenregister   248

Vorwort

Dieses Buch versucht, eine der brennenden Fragen der internationalen sozialistischen Bewegung zu klären: Was ist sozialistischer Internationalismus heute? Mit der Entstehung der modernen Arbeiterbewegung begann auch der sozialistische Internationalismus. Zugleich mit ihrer Entfaltung und ihren Aktivitäten wurde dieser aber immer wieder infrage gestellt und war inhaltlich neu zu bestimmen. Die wichtigsten kapitalistischen Industriestaaten arbeiten militärisch und im Kampf gegen alle sozialen Reformversuche eng zusammen; die NATO expandiert geografisch. Die führenden kapitalistischen Unternehmen in der Produktion, im Finanzwesen und im Handel werden immer mächtiger. Die internationale Kooperation der politischen und gewerkschaftlichen Organisationen der Werktätigen ist dagegen nach 1945 und besonders seit 1989/90 schwächer geworden. Auch nach vielen persönlichen Gesprächen, Meinungsaustausch mit (meistens kritischen) Marxisten in einigen Ländern und nach der Teilnahme an manchen kleineren internationalen Konferenzen gibt dieser Versuch eine sehr persönliche Meinung wieder, die allerdings beeinflusst ist von meinen Eindrücken in der KPD-O von 1929 bis 1933 und den Erfahrungen ihrer Funktionäre. Diese erfahrenen Marxisten haben mein Denken stark geprägt.

Nicht alle Gedanken des Buches sind neu; ich greife bei einigen Fragen auf frühere Arbeiten zurück, die im Text erwähnt werden, so auf eine kleine Arbeit von 1984, auf meine Geschichte der KPD-O (2007), auf meine Beobachtungen in der VR China und die dazugehörige Publikation (2004).

Dieses Buch will die Ursachen für den Niedergang des alten Internationalismus ergründen und will herausfinden, wie der dringend notwendige neue sozialistische Internationalismus unter völlig veränderten Verhältnissen und angesichts der Ungleichartigkeit revolutionärer Bewegungen und ihrer Ungleichzeitigkeit gestaltet werden muss. Die Arbeit legt das Hauptgewicht auf die inhaltlichen und organisatorischen Probleme der politischen Arbeiterbewegung. Die Fragen internationaler Gewerkschaftsarbeit und der Ökologie können nur mehr summarisch dargestellt werden.

Mein Dank gilt meinen technischen Helfern Sonja Müller und Heiner Jestrabek, die aus meinen Kritzeleien ein leserliches Manuskript gemacht haben. Ferner danke ich meinen Genossen, mit denen ich die Probleme diskutieren konnte, und Mario Keßler, Erhard Korn und Helmut Peters für Kritik und Anregungen. Schließlich geht mein Dank an Wladislaw Hedeler für zahlreiche Hinweise. Für die hier vorliegende Meinungsäußerung bin ich allein voll verantwortlich. Mein Wunsch ist, dass mit dieser Arbeit die notwendige Debatte neue Impulse bekommt.

Stuttgart, im Frühjahr 2008

1. Die moderne Arbeiterbewegung muss internationalistisch sein!

Im Manifest der Kommunistischen Partei, dem Gründungsdokument der modernen Arbeiterbewegung, zeigen Marx und Engels 1848 die Entwicklungstendenzen des Kapitalismus auf, der den Weltmarkt herstellt, sich die menschlichen und materiellen Ressourcen der Erde aneignet: »Die große Industrie hat den Weltmarkt hergestellt, den die Entdeckung Amerikas vorbereitete. Der Weltmarkt hat dem Handel, der Schiffahrt, den Landkommunikationen eine unermeßliche Entwicklung gegeben.« (MEW 4: 463)

Mit ihrer Entwicklung hat die Bourgeoisie zugleich ihre Gegner geschaffen, die Proletarier, die zum ständigen Kampf für ihre Interessen gezwungen sind: »Von Zeit zu Zeit siegen die Arbeiter, aber nur vorübergehend. Das eigentliche Resultat ihrer Kämpfe ist nicht der unmittelbare Erfolg, sondern die immer weiter um sich greifende Vereinigung der Arbeiter. Sie wird befördert durch die wachsenden Kommunikationsmittel, die von der großen Industrie erzeugt werden und die Arbeiter der verschiedenen Lokalitäten miteinander in Verbindung setzen. Es bedarf aber bloß der Verbindung, um die vielen Lokalkämpfe von überall gleichem Charakter zu einem Klassenkampf zu zentralisieren. Jeder Klassenkampf aber ist ein politischer Kampf. [...] Diese Organisation der Proletarier zur Klasse und damit zur politischen Partei wird jeden Augenblick wieder gesprengt durch die Konkurrenz unter den Arbeitern selbst. Aber sie ersteht immer wieder, stärker, fester, mächtiger.« (MEW 4: 471)

Marx und Engels erkennen die internationalen Tendenzen der modernen Industrie und fordern daher das Proletariat, die unterste Schicht der Gesellschaft, zum internationalen Zusammenschluss auf: »Mögen die herrschenden Klassen vor einer kommunistischen Revolution zittern. Die Proletarier haben nichts in ihr zu verlieren als ihre Ketten. Sie haben eine Welt zu gewinnen. Proletarier aller Länder, vereinigt euch!« (MEW 4: 493)

Die moderne sozialistische Arbeiterbewegung war von Anfang an internationalistisch. Das hat sich in vielen Formen gezeigt. Arbeiter, die auswandern mussten – aus wirtschaftlicher Not oder weil sie auf schwarzen Listen standen, haben ihre Ideen in ferne Länder getragen. So waren deutsche Arbeiter seit den 1870er Jahren Pioniere proletarischer Organisationen in Chicago; osteuropäische Arbeiterinnen und Arbeiter halfen in London und New York, Gewerkschaften aufzubauen. Es gab vielfältige Solidaritätsaktionen bei Streiks, im russischen Bürgerkrieg 1917-1921, bei der russischen Hungerkatastrophe 1920-

Die moderne Arbeiterbewegung muss internationalistisch sein! 11

21, gegen den US-Justizmord an Sacco und Vanzetti, Hilfe deutscher Facharbeiter beim Industrieaufbau der Sowjetunion, Hilfe für den antifaschistischen Widerstand in Italien und Hitlerdeutschland, deutsche und französische Freiwillige im Kampf der vietnamesischen Arbeiter und Bauern gegen die französischen Kolonialherren und die US-Armee, die die revolutionäre Umgestaltung verhindern wollten, ferner Freiwillige aus vielen Ländern im spanischen und im chinesischen Bürgerkrieg, Hilfsaktionen für Kuba und Vietnam. Diese Liste ließe sich verlängern.

Es gibt viele Formen und Organisationen internationaler Solidarität und internationaler Hilfe. Diese Arbeit beschäftigt sich mit dem sozialistischen Internationalismus, der aktiven Solidarität der Werktätigen, der gegenseitigen Unterstützung in den politischen und gewerkschaftlichen Klassenkämpfen. Dazu gehört auch die solidarische Hilfe für die Opfer dieser Kämpfe. Allerdings liegt der Schwerpunkt dieser Schrift bei den politischen und organisatorischen Problemen des Internationalismus, während die praktisch-organisatorischen Fragen gewerkschaftlicher Solidarität nur kurz (Kapitel 14) behandelt werden können.

Klaus und Buhr (1972) sehen den sozialistischen Internationalismus als »grundlegendes und wichtiges Prinzip in der Politik und Ideologie der revolutionären Arbeiterbewegung und der marxistisch-leninistischen Parteien« (Bd. 3: 1020). Das kritische Wörterbuch des Marxismus (Labica/Bensussan 1985) unterscheidet den proletarischen Internationalismus, der hier allein behandelt wird, vom »Ideal der brüderlichen Gleichheit des mystischen Sozialismus« (Bd. 3: 565).

Der sozialistische Internationalismus, der sich gegenwärtig in einer Krise befindet, ist u.a. abzugrenzen gegen die Arbeit der zahlreichen Nichtregierungsorganisationen (NGO), die innerhalb des kapitalistischen Systems arbeiten, dieses indes nicht in Frage stellen, sondern den Individuen zu helfen versuchen. Sofern sie nicht von Regierungen gesteuert werden, ist ihre Arbeit eher dem Bereich der Nächstenliebe zuzuschreiben, nicht der politischen Solidarität der Werktätigen.

Seit der Entstehung der modernen Arbeiterbewegung bekannten sich ihre Vordenker und leitenden Funktionäre zur internationalen Solidarität. In ihrer 150-jährigen Geschichte gab es mehrere Versuche, die Solidarität und den Gedankenaustausch zu institutionalisieren. 1864 gründeten Marx und Engels die internationale Arbeiterassoziation (IAA), die aus mehr als 200 Einzelpersonen in etwa 20 Ländern bestand. Die IAA erklärte in ihren »Erwägungen«, »dass die ökonomische Emanzipation der Arbeiterklasse ... der große Endzweck ist, dem jede politische Bewegung als Mittel unterzuordnen ist; dass alle auf dieses Ziel gerichteten Versuche bisher gescheitert sind aus Mangel an Einigung unter den mannigfachen Arbeitszweigen jedes Landes und an der Abwesenheit eines brüderlichen Bundes unter den Arbeiterklassen der verschiedenen Länder; dass die Emanzipation der Arbeiterklasse weder eine lokale noch eine nationale, sondern eine soziale Aufgabe ist, welche alle Länder umfasst, in denen die moderne Gesellschaft besteht und deren Lösung vom praktischen und theoretischen Zusammenwirken der fortgeschrittenen Länder abhängt«. (MEW 17: 440)

Die IAA wollte sich nicht auf den Klassenkampf in jedem Lande und dessen solidarische internationalistische Unterstützung beschränken. Sie forderte die Werktätigen auf, in weltpolitischen Fragen aktiv zu werden und ihre Regierungen zu überwachen. Die Inauguraladresse von 1864 spricht am Ende von der »Pflicht« der Arbeiterklassen, »in die Geheimnisse der internationalen Politik einzudringen, die diplomatischen Akte ihrer respektiven Regierungen zu überwachen, ihnen wenn nötig entgegenzuwirken; wenn unfähig zuvorzukommen, sich zu vereinen in gleichzeitigen Denunziationen und die einfachen Gesetze der Moral und des Rechts, welche die Beziehungen von Privatpersonen regeln sollten, als die obersten Gesetze des Verkehrs von Nationen geltend zu machen. Der Kampf für solch eine auswärtige Politik ist eingeschlossen im allgemeinen Kampf für die Emanzipation der Arbeiterklasse. Proletarier aller Länder, vereinigt euch!« (MEW 16: 13)

Den Höhepunkt ihrer Aktivität erlebte die IAA während und nach der Pariser Kommune (1871); sie verteidigte die Kommune gegen die bürgerlichen Verleumdungen und organisierte nach der Niederlage solidarische Hilfe für die Flüchtlinge. 1876 wurde sie aufgelöst, weil sie ihre Aufgaben erfüllt habe und weil eine gedeihliche Zusammenarbeit der beiden Hauptströmungen unmöglich war. Die IAA war im Wesentlichen auf die sich formierende Arbeiterklasse der wenigen Industrieländer in Westeuropa beschränkt.

Die II. Sozialistische Internationale wurde 1889 gegründet; sie bestand hauptsächlich aus Parteien Europas und Nordamerikas; der Marxismus begann erst allmählich in die ökonomisch weniger entwickelten Länder Ost- und Südosteuropas hineinzuwirken und dort die Entstehung politischer und gewerkschaftlicher Organisationen zu fördern. Wachstum und Kampferfolge der Parteien und Gewerkschaften stärkten den Revisionismus. Für die entstehende Organisationsbürokratie bedeutete dieser die Rechtfertigung ihrer »vorsichtigen« Taktik, die Organisation und Erfolg nicht gefährden sollte. In der Systemkrise des Kapitalismus, die sich im Ersten Weltkrieg manifestierte, zerbrach die Internationale; die Parteiführungen der meisten Krieg führenden Länder hatten die internationalen Schwüre von 1907 (Stuttgart) und 1912 (Basel) ad acta gelegt und sich dem Nationalismus und den imperialistischen Kriegszielen der eigenen Kapitalistenklasse verschrieben.

Der Zerfall der Internationale 1914 war eine der Folgen des Reformismus. Die reformistischen Führer strebten den Konsens mit den eigenen Regierungen an; sie hofften auf »Anerkennung« und gleichberechtigte Aufnahme in die bürgerliche Gesellschaft, wenn sie in der Krise eines Krieges auf den Klassenkampf verzichteten und die strategischen Ziele ihrer Bourgeoisie unterstützten.

Das Bedürfnis nach internationaler Solidarität führte sehr bald zu einem neuen Zusammenschluss des (in sich heterogenen) revolutionären Flügels der II. Internationale auf den Konferenzen von Zimmerwald (1915) und Kienthal (1916). Daraus gingen 1919 die III. Kommunistische Internationale und 1921 die Internationale Arbeitsgemeinschaft sozialistischer Parteien (Internationale 2 ½) hervor. Anfang Mai 1923 entstand die Sozialistische Arbeiterinternationale (SAI) erneut als Zusammenfassung der sozialdemokratischen Parteien. Die Komintern umfasste auf ihrem organisatorischen Höhepunkt Parteien in allen fünf Erdteilen. Infolge ihres »Geburtsfehlers« – des Übergewichts der Bolschewiki – und der »Bolschewisierung«, der Unterwerfung der außerrussischen Parteien, zerstörte sie sich selbst und wurde 1943 aufgelöst.

Nach dem Zweiten Weltkrieg wurde im September 1947 von sieben regierenden kommunistischen Parteien Europas, zu denen die KP Jugoslawiens gehörte, (plus die Kommunistischen Parteien Italiens und Frankreichs, KPI und KPF, aber ohne die Sozialistische Einheitspartei Deutschlands, SED) das kurzlebige Kominform (Informationsbüro der kommunistischen und Arbeiterparteien) gegründet. Es wurde 1956 aufgelöst. Eine organisatorische Zusammenfassung aller oder vieler kommunistischer Parteien besteht seitdem nicht mehr. Nach längerer Mitarbeit in den internationalen Beziehungen der SED kam Harald Neubert (2000: 112) zu der Überzeugung, »dass man von der internationalen kommunistischen Bewegung, wie sie in Gestalt der 1919 gegründeten Kommunistischen Internationale und der aus ihr hervorgegangenen Parteien existierte, im Sinne eines realen politischen Subjekts nicht mehr sprechen kann«.

Die Sozialistische Internationale wurde 1951 erneuert, ist jetzt jedoch noch heterogener als früher. Die Bezeichnung »sozialdemokratisch« wurde auch von bürgerlichen Parteien vor allem in Lateinamerika und Portugal übernommen. Die tiefe politische Spaltung zwischen Reformisten und Revolutionären, die 1914 offenbar wurde, blieb bestehen. Keine der beiden Hauptströmungen hat heute ein einigermaßen »effizientes«, aktives internationales Zentrum.

Neben diesen größten internationalen politischen Zusammenschlüssen entstanden einige kleinere, z.B. die Vierte Internationale, die Internationale Vereinigung der Kommunistischen Opposition (IVKO), das Londoner Büro (Internationale Arbeiterfront gegen den Krieg), die hier nur erwähnt werden können.

Die internationale gewerkschaftliche Zusammenarbeit hing zwar mit der politischen zusammen, wurde von dieser beeinflusst, hatte aber auch spezifische Züge und ging zum Teil völlig eigene Entwicklungswege. So wichtig die Aufgaben der internationalen Gewerkschaftsbewegung sind – sie können hier nicht ausführlicher analysiert werden (siehe auch Kap. 14).

Die moderne Arbeiterbewegung muss internationalistisch sein!

Am Anfang des 21. Jahrhunderts ist die »eine Welt« trotz oder zum Teil wegen der Globalisierung geteilt nach Gesellschaftssystemen, sozio-ökonomischer Entwicklungsstufe, nach politischer und militärischer Macht. Es gibt vier sozialistische Inseln (China, Nordkorea, Vietnam und Kuba) – mit kommunistischen Regierungen, auf einem langen Weg zum Sozialismus – in einem kapitalistischen Ozean, dann die acht Staaten der Hochtechnologie (G 7 und Russland), die bei gelegentlich divergierenden Interessen den Weltmarkt noch dominieren. Schließlich die Vielzahl von Staaten verschiedener Größe und Interessen, die man zeitweise als »Dritte Welt« bezeichnete.

Die sozialistischen Bewegungen unserer Zeit arbeiten unter sehr unterschiedlichen Bedingungen, insofern auch mit unterschiedlichen aktuellen, konkreten Aufgaben. Es gibt aber trotzdem gemeinsame Interessen und Aufgaben, die nicht von einem dominierenden Zentrum aus, sondern nur in einem demokratischen Diskussionsprozess zu bestimmen sind. Nach den bisherigen Erfahrungen mit sozialistischen Großversuchen ist vielleicht auch die Vorstellung von einer sozialistischen Gesellschaft neu zu überdenken.

Der Internationalismus hatte immer verschiedene Facetten. Es gab einen, der von den nationalen und internationalen Organisationen ausging, und einen freiwilligen, nicht von vornherein organisierten, mehr spontanen. Der organisierte Internationalismus verkam bei beiden Strömungen – stärker noch bei der Komintern – allmählich zu einem Instrument staatlicher Außenpolitik. Der freiwillige (unbezahlte) Internationalismus in seinen vielen Formen ist oben erwähnt.

Für unsere Fragestellung sind folgende Hauptmerkmale und Entwicklungen der Weltpolitik und -wirtschaft besonders bedeutsam:

1. Fortgesetzte Internationalisierung des Kapitalismus bei Fortbestehen begrenzter politischer und ökonomischer Interessenunterschiede zwischen den kapitalistischen Mächten.
2. Gleichzeitiger Versuch, die Werktätigen national und international zu desolidarisieren, politisch und ökonomisch gegeneinander auszuspielen, indem ihre Führungen in die nationale Politik der »Standortsicherung« und »Wettbewerbsfähigkeit« ihrer Kapitalistenklasse eingebunden werden. Gerade das bestätigt die ökonomischen Interessengegensätze, die zwischen den führenden kapitalistischen Industrienationen jedoch nicht mehr zur militärischen Konfrontation führen.
3. Die Feindschaft der kapitalistischen Führungsmächte gegen die verbliebenen vier kommunistisch regierten Länder besteht weiter. In diesem Systemwettbewerb, dem internationalen Klassenkampf, werden unterschiedliche Taktiken angewandt vom Totalboykott bis zur Umwerbung (unter Ausnutzung der Spannungen zwischen diesen Staaten).

4. Oft gefördert von den kapitalistischen Führungsmächten entstehen weitere Mini-Nationalismen, nationale Befreiungsbewegungen.
5. Die Beziehungen zwischen sozialistischen Staaten sind keineswegs frei von Problemen.
6. Die führenden sozialdemokratischen Parteien haben auch verbal den Sozialismus als Ziel aufgegeben, verzichten auf Reformen (im alten Sinn) im Interesse der Werktätigen, sind in der »Regierungsverantwortung« Sachwalter ihres nationalen Kapitalismus geworden. Sie haben ihre früheren Funktionen als sozialdemokratische Reformparteien im Kapitalismus verloren. Für manche gewandelte kommunistische Partei gilt das gleiche. Die internationale kommunistische Bewegung ist zerfallen.

Neubert (1998: 35) schreibt dazu: »[Die kommunistischen Parteien] befinden sich jedoch – und zwar auf recht unterschiedliche Weise – in einem Erneuerungsprozess. Mehrere kommunistische Parteien haben gänzlich aufgehört zu existieren; andere haben sich in sozialistische Parteien mit reformistischen Positionen transformiert. In der Gegenwart besteht die dringend notwendige Aufgabe, eine auf Sozialismus orientierte und für Sozialismus kämpfende internationale Bewegung neu zu formieren, die politisch, sozial und ideologisch breiter und offener sein muss, als es die kommunistische Bewegung in der Vergangenheit war.«
7. Während der Lebensstandard der Werktätigen in den Industrieländern durch die Kapitaloffensive scharf angegriffen wird, wächst zugleich der Abstand zwischen den Arbeitenden der »Ersten« und »Dritten Welt«.

Das französische Kritische Wörterbuch des Marxismus (KWM) unterscheidet zwischen einigen Ausformungen des Internationalismus und versucht damit, die Problematik dieses Begriffes aufzuzeigen. Dem proletarischen stellt der Autor des Beitrags den tiersmondistischen Internationalismus gegenüber. Ersterer wendet sich (im 19. Jahrhundert) an die Arbeiterklasse der Industrieländer, ist also klassentheoretisch begründet; letzterer bezieht (im 20. Jahrhundert) die Kolonialvölker mit ein, denen insgesamt ohne Unterscheidung zwischen den auch in diesen existierenden Klassen – eine revolutionäre Rolle zugeschrieben wird. Dem revolutionären Internationalismus wird der Reformismus gegenübergestellt, der sich auf das Nationalinteresse beruft, während der Revolutionär immer auch Antiimperialist ist.

Kritisch meint das KWM, der Marxismus habe »die nationalen Gegebenheiten vernachlässigt«. Die kommunistische Bewegung habe »die Risiken der Machtpolitik, die jede Staatswerdung (darin eingeschlossen eine mit sozialistischer Zielsetzung) enthält, unterschätzt oder verleugnet …; angesichts dieses zweifachen Mangels muss eine Wiederbelebung internationalistischer, revolutionärer, sozialistischer Praktiken sowohl auf einer Erneuerung der Imperialismus-Analyse als auch auf einer Kritik des Nationalismus aufbauen«. (KWM Bd. 3: 571)

Die lange Debatte führender Sozialisten über Internationalismus und nationale Frage kann hier nicht vollständig referiert werden. Die Stellungnahmen reflektieren mehrere Faktoren: die internationale Ausbreitung der sozialistischen Bewegung, die sich im Laufe der Geschichte verändernden Aufgaben, die aktuellen Probleme in einzelnen Ländern. Vor dem Ersten Weltkrieg war die marxistische Position wenig problematisch; allerdings hätte der Russe Lenin ein unabhängiges Polen akzeptiert, während die Polin Luxemburg im Interesse der Stärkung der Revolution im ganzen Zarenreich den Verbleib ihres Landes im Reich befürwortete und daher die polnische Unabhängigkeit ablehnte. In der Revolution von 1917 forderte Lenin das Selbstbestimmungsrecht der Nationen bis zur Lostrennung von Russland. Ähnliche Forderungen waren schon im Programm der Bolschewiki von 1906-09 formuliert worden.

Der Austromarxist Otto Bauer hingegen sah die Nation eher als eine Kultur-, Schicksals- und Charaktergemeinschaft. Karl Kautsky widersprach ihm, weil zwischen den Nationen der modernen Kultur eine enge Kulturgemeinschaft bestehe und weil in einer sozialistischen Welt dank umfassender Bildung der Werktätigen eine Weltkulturgemeinschaft entstehen werde.

Für manche Sozialisten, wie z.B. August Bebel und Jean Jaurès wird Internationalismus vereinbar mit der nationalen Verteidigung bei Bedrohung einer höheren nationalen Kultur durch eine niedrigere (oder z.B. bei der Bedrohung durch »russische zaristische Barbarei und Unterdrückung«). Damit wird für diese Kriegsgegner Internationalismus eigentlich nur im Frieden vorstellbar.

So wandelt sich mit dem Standort der Marxisten und dem Ende der Vorstellung von einer baldigen Weltrevolution auch der sozialistische Internationalismus.[1] Und es wäre falsch, alle Marxisten als Internationalisten zu sehen und alle Revisionisten als Sozialimperialisten. So wurde der Marxist Georgij Plechanow im Ersten Weltkrieg zum Patrioten, während der Revisionist Eduard Bernstein die SPD aus Protest gegen ihre Burgfriedenspolitik verließ.

Nach dem Sieg der russischen Revolution und der internationalen Blockade Sowjetrusslands sehen Bucharin und Preobraschenski (1920) die Sicherung der Existenz in der internationalen Solidarität und der Weltrevolution. Der Internationalismus muss ihrem Lande helfen. Aber da die erhoffte Weltrevolution nicht eintritt, wird in der Stalin-Ära, die den »Sozialismus in einem Lande« proklamiert, die wichtigste Aufgabe des Internationalismus der Schutz der SU, während die Revolution in der übrigen Welt zweitrangig wird. Beim »Erwachen«

---

[1] Siehe auch einige weitere Äußerungen marxistischer Forscher im Anhang.

Die moderne Arbeiterbewegung muss internationalistisch sein!

der Völker Zentral- und Ostasiens kommt für eine kurze Zeit noch einmal die Hoffnung auf, die politische Isolation Sowjetrusslands aufzubrechen.

Trotzkis permanente Revolution (1905) hat zwei Implikationen: Er verlangt schon vor dem Aufstand, dass die bürgerlich-demokratische russische Revolution bald in die proletarische übergeleitet werden muss. Nur so sei der Widerspruch mit der Bauernschaft zu lösen, die die Revolution getragen hat.

Die Politik der wichtigsten westeuropäischen Kommunistischen Parteien am Ende und nach dem Zweiten Weltkrieg war anfangs weitgehend konform mit den Bedürfnissen der Stalinschen Außenpolitik. Palmiro Togliatti, Generalsekretär der KPI, kehrte aus Moskau zurück und trat in die erste italienische Regierung nach dem Sturz Mussolinis 1943 ein; Ministerpräsident war Pietro Badoglio, bis 1943 Mussolinis Heerführer. Togliattis Amtszeit währte nur bis 1946; dann wurde er entlassen.

Nach Chruschtschows Öffnungsversuch 1956 dauerte es acht Jahre, bis Palmiro Togliatti in einem Artikel in der italienischen Zeitschrift Nuovi argumenti (1964) den Stalinschen Monolithismus, die starre zentralistische Struktur der von der KPdSU beherrschten Internationale ablehnte und die kommunistische Bewegung für polyzentrisch erklärte. Togliatti schrieb:»Die Gesamtheit des [sozialistischen] Systems wird polyzentrisch, und in der kommunistischen Bewegung kann man nicht mehr von einer Führungsmacht sprechen eingedenk eines Fortschritts, der sich vollzieht, indem er oft verschiedene Wege beschreitet.« (Zitiert nach Neubert 2006: 27)

Es dauerte weitere zwölf Jahre, bis sein Nachfolger Enrico Berlinguer erstmals auf der letzten internationalen Konferenz der kommunistischen Parteien 1976 in Berlin von Eurokommunismus sprach. Der damit eingeleiteten neuen Wendung schlossen sich die Sekretäre der KPF und der KP Spaniens, Georges Marchais und Santiago Carrillo, 1977 an. Der Inhalt dieser von oben beschlossenen Wende wurde kaum klar formuliert; er war ambivalent, war Ausdruck des Zerfalls der drei noch wichtigsten europäischen Parteien und dessen beschleunigender Faktor. Der Terminus begrenzt diesen Kommunismus auf Europa, ist also nicht mehr internationalistisch.

Faktisch bedeutete er einen Zickzack-Kurs der Parteien: Verzicht auf revolutionäre Machteroberung und Diktatur des Proletariats, Bekenntnis zum friedlichen Weg der Regierungsbeteiligung. Offiziell sollte es ein dritter Weg sein – ungesagt blieb, zwischen welchen Alternativen. Es wurde ein sozialdemokratischer Weg, in etwa wie der der SPD vor dem Bad Godesberger Parteitag 1959. Marxismus, Diktatur des Proletariats, proletarischer Internationalismus wurden als Begriffe gestrichen. Damit konnte aber der organisatorische und politische Niedergang der eurokommunistischen Parteien nicht aufgehalten werden. Da die Wendung nicht in der Mitgliedschaft diskutiert wurde, setzte sich der Niedergang in der Partei und bei den Wahlen fort, stark in Italien, noch stärker in Frankreich. Die Mehrheit der KPI hat den Kommunismus aus ihrem Namen gestrichen; Veltroni, einer ihrer wichtigsten Sprecher, hat den Kommunismus explizit abgelehnt. Die KPI spaltete sich in Strömungen; aber auch die Rifondazione Comunista unter Fausto Bertinotti hat sich dem parlamentarischen Weg voll geöffnet. Der Eurokommunismus hatte eine Lebensdauer von 10-15 Jahren; er existiert nicht mehr.

Während der Polyzentrismus noch als Bereitschaft gedeutet werden konnte, einer internationalen kommunistischen Bewegung anzugehören, war faktisch der Eurokommunismus der Verzicht auf den proletarischen Internationalismus. Die Koalitionspolitik – Ministerämter in bürgerlichen oder sozialdemokratischen Regierungen – endete überall in Westeuropa mit dem Verzicht auf eigene politische Positionen und dennoch mit der Entlassung der KP-Minister und Misserfolgen bei den Parlamentswahlen. Sie konnte den Rückgang des Einflusses nicht aufhalten, hat ihn vielleicht sogar verstärkt. Die Koalitionspolitik war Abkehr nicht nur von der früheren Komintern-Taktik, sondern auch weitgehend von ihrer Strategie. Diese besagte im Sinne von Rosa Luxemburgs Kritik am Millerandismus, dass Revolutionäre im bürgerlichen Staat im Allgemeinen in die Opposition gehören (vgl. Luxemburg 1898). Natürlich ist diese »alte« Position immer neu zu überprüfen. Aber soweit zu sehen ist, sind alle Koalitionsbemühungen der Kommunistischen Parteien gescheitert, wurden von ihren Partnern beendet. Und der demokratisch-parlamentarische Weg zum Sozialismus hat bisher in keinem Land die Bourgeoisie zum freiwilligen Verzicht auf ihre Herrschaft veranlasst.

Leo Trotzki schrieb 1923: »Die Widersprüche in der Stellung der Arbeiterregierung in einem rückständigen Lande mit einer erdrückenden Mehrheit bäuerlicher Bevölkerung können nur im internationalen Maßstab gelöst werden, in der Arena der proletarischen Weltrevolution ... Das siegreiche Proletariat ... muß bewusst danach streben, die russische Revolution zum Vorspiel der Weltrevolution zu machen.« (Trotzki 1923: 6)

Die Führer der Oktoberrevolution hofften, die sozialökonomische und technologische Rückständigkeit nur (oder am einfachsten?) durch die proletarische Revolution im industriellen Europa zu überwinden. »[Das Proletariat] kann die russische Revolution nur dann zu Ende führen, wenn die russische Revolution in eine Revolution des europäischen Proletariats übergeht.« (Zitiert nach Vranicki 1983, II: 606)

Flechtheim (1959) hinterfragt den Internationalismus der kommunistischen Welt nach der Verurteilung der jugoslawischen Kommunisten 1948 und nach dem Bruch zwischen der UdSSR und der VR China. Hier zeigten sich nationale Risse und Interessenunterschiede, ja nationale Gegensätze. Flechtheim

Die moderne Arbeiterbewegung muss internationalistisch sein!

meint daher: »Für eine neue Dritte Pseudo-Internationale ist vielleicht heute schon das kommunistische Lager zu groß und trotz allem Bemühen um Einheit schon zu vielfältig – nicht so sehr ideologisch als realpolitisch gesehen.« (Zitiert nach Keßler 2007: 134)

Titoismus, Eurokommunismus, Maoismus, andere selbständige Richtungen und die vielen Ketzer im Kommunismus bestätigen, dass der Stalinsche Monolithismus nicht dem Sinn des revolutionären Internationalismus entsprach.

Neubert (2000: 113) hinterfragt den offiziellen Internationalismus im Lager der realsozialistischen Länder. Im Rahmen seiner Tätigkeit in der Internationalen Abteilung des ZK der SED musste er »sehr bald begreifen, dass es ein mehrfaches Internationalismusverständnis gab, einen idealtypischen Internationalismus in der Theorie und Propaganda, einen praktizierten und wirkungsvollen selbstlosen Internationalismus der moralischen, politischen und materiellen Solidarität, und einen praktizierten, hegemonialen und interventionistischen, der erheblich vom ersten abwich und dem zweiten gelegentlich einen instrumentellen Charakter verlieh.« An anderer Stelle betont Neubert, der neue Internationalismus müsse im Wesentlichen marxistisch sein.

Der marxistische Soziologe Michael Löwy (1999) fragt zweifelnd, ob der proletarische Internationalismus wirksam war und ist: »Was ist übrig geblieben von dem großen Traum einer internationalistischen Solidarität der Unterdrückten 200 Jahre nach dem Ruf einer universellen Brüderschaft der ganzen Menschheit, der von der großen Französischen Revolution ausging, und 70 Jahre nach der Gründung der Kommunistischen Internationale? War nicht eher der Nationalismus die Haupttriebkraft der Weltpolitik? Und wie sollten sich Sozialisten dazu verhalten?« (Zitiert nach Keßler 2005: 171.)

Der Zusammenbruch der II. Internationale 1914, die vielen neuen Nationalismen am Ende des 20. Jahrhunderts machen Löwys zweifelnde Fragen verständlich. Die Bourgeoisie hat den proletarischen Internationalismus immer bekämpft, hat die Arbeiterbewegung mit Lockungen und Beschimpfungen an ihren Nationalismus zu binden versucht – mit teilweisem Erfolg und der Folge einer lang andauernden Spaltung der Arbeiterbewegung.

Am Anfang des 21. Jahrhunderts erleben wir drei Entwicklungen:
1. Der Kapitalismus vernetzt sich militärisch und politisch, die internationalen und supranationalen Institutionen dienen nur den Klasseninteressen der Bourgeoisie.
2. Die neuen Technologien befördern und beschleunigen die grenzüberschreitenden ökonomischen Aktivitäten des industriellen und besonders des Finanzkapitals.
3. Aber gleichzeitig haben wir eine weitere mini-nationalistische Aufspaltung auch relativ kleiner Staaten. Die Randrepubliken im Westen und Süden der

UdSSR »verselbständigen« sich; und in einigen von ihnen geht die Aufspaltung weiter. Jugoslawien wurde in kleine Teile zerschlagen, ebenso die Tschechoslowakei. Neue Souveränitätswünsche gibt es in vielen Regionen (ETA, Kurdistan, Albaner in Mazedonien ...). Offensichtlich ist ein großer Teil dieser nationalen Unabhängigkeitsbewegungen wesentlich durch die ökonomischen und politischen Interessen der kapitalistischen Führungsmächte gefördert. Besonders deutlich wurde das bei der Zerschlagung Jugoslawiens im von der BRD maßgeblich mitinitiierten Krieg 1991 und wird das bei dem »Wunsch« westlicher Regierungen nach der Unabhängigkeit Tibets und Uiguriens.

Nach dem Ersten und besonders nach dem Zweiten Weltkrieg hat es genuine Unabhängigkeitsbewegungen gegeben, die sich gegen den Kolonialismus der europäischen Großmächte richteten, in denen ein revolutionäres Potenzial enthalten war und in denen Kommunisten und Sozialisten eine führende Rolle spielten. Marxisten haben die klassenmäßigen Kriterien der nationalen Befreiungsbewegungen hinterfragt. Diesen Aspekt behandelt der marxistische Historiker Isaac Deutscher in einem Brief aus dem Jahr 1960 am Beispiel des algerischen Unabhängigkeitskrieges. Er schreibt: »Ich bin mir nicht sicher, ob es richtig ist, wenn sich ein französischer Marxist so vollkommen, so ohne jeden Vorbehalt, mit der Politik der FLN (Front de liberation nationale) identifiziert. Natürlich ist es die Pflicht eines jeden französischen Marxisten, und der Linken überhaupt, das Recht der Algerier auf Selbstbestimmung, welches das Recht auf Loslösung von Frankreich und das Recht auf totale Unabhängigkeit einschließt, zu verteidigen.

Aber selbst in dieser Frage, so meine ich, kommt man nicht ohne Klassenkriterien aus. Bevor man der FLN bedingungslose Unterstützung gibt, muss man sich die Frage stellen: Was ist der Klassencharakter der FLN? ... Deshalb ist es auch die Pflicht des Marxisten, in einer Einheitsfront (mit der FLN) seinen eigenen Standpunkt sowie eine kritische Haltung gegenüber seinen Alliierten, in diesem Fall nationalistischen Alliierten, zu bewahren.« (Zitiert nach Syré 1984: 265)

In der politischen Konfusion der europäischen Linken ist die Frage nach dem Inhalt der aktuellen nationalen Bewegungen weitgehend ausgeblendet. Englische Sozialisten solidarisierten sich mit dem Kommunistenmörder Saddam Hussein, weil er vom US-Militär bedroht und dann besiegt wurde. Deutsche Sozialisten solidarisierten sich mit den iranischen Kommunistenmördern aus den gleichen Gründen. Bei manchen dieser fragwürdigen weltpolitischen Positionen mag früher die außenpolitische »Freundschaft« der Sowjetunion mit Staaten mitgewirkt haben, die (oft nur zeitweise) mit Washington verfeindet waren. Der alte Internationalismus, der integraler Bestandteil des Denkens

Die moderne Arbeiterbewegung muss internationalistisch sein!

und Handelns der revolutionären Arbeiterbewegung war, ist nicht mehr; damit hat Löwys Zweifel und Klage seine Berechtigung. In den Stellungnahmen sozialistischer Parteien zu weltpolitischen Entwicklungen ist eine Klassenanalyse meist nicht zu finden.

Mario Keßler (2005) verweist auf bürgerliche »Anklagen«, die Linke habe »die nationale Frage« oder die nationalen Fragen, die auch die Werktätigen betreffen, vernachlässigt oder gar ignoriert. Es stellen sich also einige Fragen:
- Stimmt der bürgerliche Vorwurf der Vernachlässigung der nationalen Fragen?
- Wie ist das Verhältnis zwischen den nationalen Interessen der Werktätigen und denen der eigenen Bourgeoisie?
- Vor welchen Problemen steht ein notwendiger neuer Internationalismus?

Die revolutionäre Bewegung hat die berechtigten nationalen Anliegen der Völker weitgehend berücksichtigt, wobei man einige verbale Ausnahmen des jungen Engels nicht vergessen darf, die Rosdolsky (1979) behandelt und kritisiert. Aber Engels sagt auch (1874): »Ein Volk, das andere unterdrückt, kann sich nicht selbst emanzipieren. Die Macht, deren es zur Unterdrückung der anderen bedarf, wendet sich schließlich immer gegen es selbst.« (MEW 18: 527)

Das nationale Selbstbestimmungsrecht der Völker war eine alte sozialistische Forderung und bleibt auch heute eine Forderung. Die Bolschewiki haben diese in der Oktoberrevolution verwirklicht. Lenin hat danach immer wieder gegen den großrussischen Chauvinismus Stellung bezogen und noch in seinen letzten Briefen vor Überheblichkeit und Übergriffen gegen die kleinen Nationalitäten der Sowjetunion gewarnt. Manche Marxisten warfen Rosa Luxemburg vor, sie habe das Selbstbestimmungsrecht Polens bestritten. Rosa Luxemburg konnte als polnische Internationalistin – wie oben erwähnt – gegen die staatliche Selbständigkeit Polens sprechen, weil sie mit den russischen Revolutionären zusammengehen wollte und weil sie die Konsolidierung des Kapitalismus in einem unabhängigen Polen voraussah. Nicht unterschiedliche politische Positionen, sondern unterschiedliche Standorte führten zu unterschiedlichen Stellungnahmen von Lenin und Luxemburg in der nationalen Frage.

Der bürgerliche Vorwurf stimmt also historisch keineswegs. Aber die revolutionäre Arbeiterbewegung hat sich immer gegen die Bemühungen der Bourgeoisie in allen Ländern gewandt, ihre nationalen Ziele als die gemeinsamen Ziele aller Staatsangehörigen zu erklären und damit die Werktätigen vor ihren nationalistischen Karren zu spannen und vom Klassengegensatz abzulenken. Die (spezifischen) nationalen Interessen der werktätigen Mehrheit sind in selbständigen Staaten völlig andere als die ihrer herrschenden Klasse, defensiv, nicht aggressiv. Das bedarf angesichts der Geschichte des deutschen Kapitalismus keiner weiteren Beispiele.

Die moderne Arbeiterbewegung muss internationalistisch sein!

Eine gewisse begrenzte Zusammenarbeit von Bourgeoisie, Proletariat und Bauernschaft konnte es dagegen in den Kolonien und Halbkolonien geben. Das galt z.B. für Indien bis zur Unabhängigkeit 1947. Der lange Kampf um Chinas Unabhängigkeit indes zeigte die Spaltung der Bourgeoisie noch deutlicher als Indien. Ein kleiner Teil der chinesischen Bourgeoisie unterstützte die Roten Armeen, die allein einen wirksamen Krieg gegen den japanischen Imperialismus führten; für den entscheidenden Teil der Bourgeoisie war jedoch die Gegnerschaft gegen die Werktätigen und der Hass auf die Kommunisten stärker als die nationale Gegnerschaft gegen Japan.

Für die Befreiungsbewegungen des 21. Jahrhunderts gilt, was Deutscher 1960 sagte: Die Klasseninteressen sind entscheidend für die Bestimmung einer sozialistischen Position. Da die revolutionäre Weltbewegung heute – anders als 1914 – in den einzelnen Ländern unterschiedliche Aufgaben hat, kann auch die Position in weltpolitischen Fragen nicht immer für alle Länder gleich sein (siehe dazu Kap. 13).

In unserer Zeit der intensivsten internationalen Vernetzung des Kapitalismus, der Verlagerung von Produktionen, des vagabundierenden Finanzkapitals ist der Internationalismus notwendiger dann je. Das gilt für den gewerkschaftlichen und den politischen Kampf. Vereinfacht kann für den internationalen Klassenkampf gelten:

- Keine Gemeinsamkeit mit der eigenen Bourgeoisie.
- Nationale Unabhängigkeitsbewegungen sind nach ihrer sozialen Basis und ihrer politischen Zielsetzung zu beurteilen.
- Nicht jeder Gegner der kapitalistischen Führungsmächte kann unsere Solidarität erhalten.
- Nicht jede Allianz sozialistischer Staaten kann vorbehaltlos unterstützt werden.

Im Allgemeinen hat die marxistische Linke dem Nationalismus keine Konzessionen gemacht. Nur in der ultralinken Periode der KPD gab es Versuche, durch nationalistische Parolen »den Faschisten das Wasser abzugraben« oder »irregeleitete Arbeiter und Erwerbslose« zur Arbeiterbewegung zurückzuholen – ein vergebliches Bemühen. Der ständige Kampf gegen den Nationalismus ist wichtiger Teil der Erziehung zu Klassenbewusstsein und Solidarität.

2. Internationalismus und kritische Solidarität – ein Rückblick

2.1 Internationalismus seit 1848

Seit dem Kommunistischen Manifest ist die sozialistische Bewegung im Prinzip internationalistisch. Die jeweiligen Kapitalistenklassen wollten die Werktätigen für ihre nationalen Ziele einsetzen, sie in Kriege gegen ihre Klassengenossen jenseits der Staatsgrenzen schicken, Gemeinsamkeit der Interessen und nationalen Ziele vortäuschen. Die Werktätigen »haben kein Vaterland«, geben dem Klassenkampf gegen den »Feind im eigenen Land« die erste Priorität; und da der Kapitalismus immer internationaler wird, wie schon 1848 im Kommunistischen Manifest festgestellt, und die gegebenen Interessenunterschiede zwischen den nationalen Arbeiterklassen ökonomisch und politisch auszunutzen sucht, bemühen sie sich ihrerseits um internationale Solidarität. Das ist anfangs wenig problematisch, da die modernen Sozialisten unter dem Einfluss von Marx und Engels zwar die bürgerlich-demokratische Revolution unterstützen, aber den bürgerlichen Staat als Instrument der herrschenden Klasse zur Sicherung ihrer sozialen und politischen Macht verstehen und daher ablehnen.

So ist der Internationalismus von August Bebel und Wilhelm Liebknecht im ersten deutsch-französischen Krieg von 1870/71 unproblematisch. Die feindlichen Kriegsparteien vereinigen sich sofort gegen die Pariser Kommune; denn die Erhaltung der Klassenherrschaft hat für die Bourgeoisie absolute Priorität vor den nationalen Zielen, vor der Ausdehnung des eigenen Herrschaftsbereichs über die bestehenden Grenzen. Die deutschen Truppen leisten den reaktionären französischen Kräften Hilfe bei der brutalen Niederschlagung der Kommune. Im deutschen Reichstag protestieren die zwei sozialdemokratischen Parlamentarier gegen diese unheilige Allianz und erklären ihre volle Solidarität mit den Arbeitern und Arbeiterinnen von Paris. Fünf Jahre später (1876) wird – wie erwähnt – die 1866 gegründete Internationale Arbeiter-Assoziation (die I. Internationale) aufgelöst. Bilanz: »Die [Erste] Internationale hat zehn Jahre europäischer Geschichte nach einer Seite hin – nach der Seite hin, worin die Zukunft liegt – beherrscht und kann stolz auf ihre Arbeit zurückschauen.« (MEW 33: 642) 1889 wird auf breiterer Grundlage die II. (Sozialistische) Internationale gegründet.

Der radikale Internationalismus ist das Gegenstück zur Noch-nicht-Anerkennung der Arbeiterklasse als selbständiger politischer Faktor durch die Bourgeoisie. Dem entspricht theoretisch die Ablehnung des bürgerlichen Staates als eines Instruments der kapitalistischen Klasse, folglich die Ablehnung des Militärs (»Diesem System keinen Mann und keinen Groschen« – Bebel) und des Staatshaushalts, der Mittel zur Erhaltung des Staates und seiner gegen die Sozialisten gerichteten Repressionsorgane.

Zum ersten Mal wird dieses Gegensatzverhältnis umgekehrt, als im Jahr 1899 der französische Sozialist Alexandre-Etienne Millerand in eine bürgerliche Regierung als Minister eintritt. Zu dieser Zeit ist die Republik durch reaktionäre Angriffe gefährdet und von der Dreyfus-Affäre erschüttert. Millerands löblicher Vorsatz ist die Rettung der Republik vor dem reaktionären Umsturz. Er sieht, da er schon in rein parlamentarischen Kategorien denkt, in der Regierungsbeteiligung der Arbeiterpartei die einzige Möglichkeit, auf die Politik einzuwirken. – Rosa Luxemburg (1900/01) analysiert diese neue Linie der Sozialdemokratie vom marxistischen Standpunkt und lehnt sie entschieden ab. An dieser Frage spaltet sich die französische Sozialistische Partei.

2.2 Der Niedergang der II. Internationale

Am deutlichsten wird im ersten Jahrzehnt des neuen Jahrhunderts die Annäherung der Mehrheit der sozialdemokratischen Führer an den bürgerlichen Staat, der seinerseits Signale für deren gnädige Aufnahme in die politische Klasse bei Wohlverhalten aussendet. Die Reformisten ignorieren damit alle feierlichen Parteitagsbeschlüsse, ohne dass der offene Disziplinbruch irgendwelche Folgen hätte. Bebel selbst erklärt im Reichstag, »in der Stunde der Gefahr werden Deutschlands ärmste Söhne seine treuesten sein«, kündigt also die Bereitschaft zur Vaterlandsverteidigung an. Rosa Luxemburg und ihre Freunde erkennen sehr früh die Konsequenzen dieser neuen Linie und beginnen, dagegen zu opponieren. Je deutlicher die Kriegsgefahr wird, umso mehr klären sich die Fronten innerhalb der Sozialdemokratie. »Solange es die Defensive gegen Bernstein und Co. galt, ließen sich August [Bebel] und Co. unsere Gesellschaft und Hilfe gern gefallen ... Kommt es aber zur Offensive gegen den Opportunismus, dann stehen die Alten mit Ede [Bernstein], Vollmar und David gegen uns.« (Luxemburg 1982, Bd. 2: 278)

Bei den Revisionisten und ihrem theoretischen Organ, den »Sozialistischen Monatsheften«, entwickelt sich ein ganz anderes Verständnis von Internationalismus. Die Kolonialpolitik der imperialistischen Großmächte wird als zivilisatorische Pflichtaufgabe der europäischen Nationen interpretiert und gutgeheißen. Die Marxisten in der Partei wenden sich gegen die imperialistische Kolonialpolitik und prangern ihre brutalen Kampfmethoden öffentlich an.

2.3 1917: Internationalismus nach der russischen Revolution

Auf den zwei großen Kongressen der Sozialistischen Internationale – 1907 in Stuttgart und 1912 in Basel – wird zwar noch beschlossen, den Krieg der imperialistischen Mächte mit allen Mitteln zu bekämpfen und, wenn der Krieg dennoch ausbrechen sollte, diese Krise zum revolutionären Sturz der eigenen Bourgeoisie zu nutzen. Aber die Debatten vor der Annahme der Resolution zeigen bereits die Annäherung großer Teile der Führungen der nationalen Parteien an ihre herrschende Klasse und damit die Auflösung des Internationalismus. Am 4. August 1914 wird der Endpunkt dieser Entwicklung mit größter Brutalität deutlich gemacht. Obwohl die Marxisten diese Entwicklung geahnt und vorausgesehen und versucht hatten, gegen sie zu mobilisieren, sind sie doch schockiert. Geschickte bürgerliche Propaganda von Vaterlandsverteidigung, Schutz vor russischer Barbarei und zaristischer Unterdrückung wird von den Kaisersozialisten aufgenommen und verwirrt anfangs die Arbeiterbewegung. Der sich vertiefende Gegensatz zwischen Kriegsbefürwortern und -gegnern musste schließlich zur organisatorischen Spaltung führen. Die marxistischen Kriegsgegner sammelten sich sehr bald nach dem Schock des 4. August. Die erste internationale Zusammenkunft fand 1915 in Zimmerwald, die zweite 1916 in Kienthal (in der neutralen Schweiz) statt. In Deutschland wurde am 1. Januar 1916 der Spartakusbund gegründet, 1917 die USPD. Rosa Luxemburg erklärte in der Junius-Broschüre (1915): »Die Pflicht der Disziplin gegenüber den Beschlüssen der Internationale geht allen anderen Organisationspflichten voraus.« (GW 4, S. 46)

2.3 1917: Internationalismus nach der russischen Revolution = kritische Solidarität

Der Sieg der Bolschewiki in Russland und die Behauptung der Macht wirkten in mehrfacher Hinsicht auf die Interpretation des Internationalismus. Die Revolutionäre in anderen Ländern waren begeistert, und der Fortbestand des sozialistisch regierten Staates lag im langfristigen gemeinsamen Interesse. Die beste Hilfe für die von allen kapitalistischen Mächten isolierte, boykottierte und angegriffene Sowjetmacht war die Revolution im eigenen Lande. Auch darin bestand langfristig Interessengleichheit. Allerdings ergaben sich Unterschiede in der Beurteilung der Lage in den noch-kapitalistischen Ländern. In ihrer ungeduldigen Hoffnung auf den Ausbruch aus der weltpolitischen Quarantäne mögen russische Kommunisten die objektiven und subjektiven Voraussetzungen für einen revolutionären Umsturz anders beurteilt haben als ihre deutschen Genossen. Hier konnten sich also kurzfristig Interessenunterschiede ergeben. Hinzu kamen die Meinungsverschiedenheiten zwischen den russischen und deutschen Genossen über die Taktik. Lenin hatte völlig andere organisatorische Erfahrungen und Vorstellungen als Luxemburg, für die die Überzeugung der Mehrheit der Werktätigen von der Richtigkeit des Kommunismus notwendig war, wenn die deutschen Kommunisten die Macht erobern wollten.

In ihrer berühmten, unvollendeten Broschüre (1917/18) kritisierte sie die Taktik der russischen Genossen (Lenins und Trotzkis), weil sie unheilvolle Spätfolgen der aktuellen Unterdrückung der Demokratie befürchtete. Aber gleichzeitig – in der gleichen Arbeit – erkannte sie als eine wesentliche Ursache dieser gefahrvollen Perspektive die Isolation, eine Folge des Übergangs der SPD-Führung ins Lager der kriegführenden Bourgeoisie. Daher forderte sie die deutsche Revolution als Weg zur Beendigung des vierjährigen Völkermordens und zugleich zur Rettung der russischen Revolution vor der Intervention und Erpressung des deutschen Imperialismus, aber auch vor der inneren Fehlentwicklung von der Diktatur des Proletariats schließlich zur Diktatur einer kleinen, unkontrollierten Clique. Hier ergab sich also Interessengleichheit im Anfangsstadium der russischen Revolution. Wie aus erst 1997 gefundenen Dokumenten hervorgeht, teilten viele führende Spartakisten die Sorgen und Bedenken Luxemburgs (siehe Tych/Luban 1997). Aber sie überlegten, ob sie in der äußerst bedrängten Lage der russischen Regierung ihre Kritik öffentlich aussprechen sollten. Würde das den Genossen schaden, den deutschen Kaisersozialisten Material liefern? Kritik und Solidarität widersprachen sich also für die Anhänger Luxemburgs keineswegs; im Gegenteil: sie gehörten unzertrennlich zusammen. Die öffentliche Äußerung ihrer Kritik sollte aber von der jeweiligen Lage abhängig gemacht werden.

Ein erster Interessenunterschied ergab sich, als die Bolschewiki durch den (vorübergehenden) siegreichen Vormarsch der deutschen Truppen zum Frieden von Brest-Litowsk gezwungen waren. Die deutschen Genossen verstanden zwar die Zwangslage, sahen aber die »Zusammenarbeit« mit der deutschen Bourgeoisie höchst ungern,[2] ließen sich jedoch dadurch nicht von ihrem strategischen Ziel abbringen – der deutschen Revolution.

Deutlich waren die Meinungsunterschiede zwischen den russischen und deutschen Genossen, als es um die Schaffung der Kommunistischen Internationale im Frühjahr 1919 ging. Die Internationalistin Rosa Luxemburg und der Spartakusbund hatten seit dem 4. August 1914 die Schaffung einer neuen, revolutionären Internationale gefordert und sich an den ersten Schritten eines neuen Internationalismus (den Konferenzen von Zimmerwald 1915 und Kienthal 1916) aktiv beteiligt. Aber Ende 1918 scheuten die Spartakisten vor dem organisatorischen Schritt zurück, für den die Bolschewiki die revolutionäre Aufbruchstimmung nutzen wollten. Die Spartakisten sahen die qualitative Ungleichheit

---

[2] Siehe z.B. Luxemburg (1918), Die russische Tragödie, in: GW 4, S. 385-392.

2.4 Kritik am Polenfeldzug der Roten Armee

zwischen einer Partei, die eine erfolgreiche Revolution durchgeführt hatte und nun regierte (wenn auch von allen Seiten durch militärische Intervention bedroht), und den anderen Parteien, denen diese historische Prüfung noch bevorstand. Dem würde eine quantitative Ungleichheit entsprechen – ein numerisches Übergewicht (Mitgliederzahl) und ein finanzielles Übergewicht (Verfügung über große Geldmittel). Entgegen den eindeutigen Bedenken und Vorbehalten, die die praktische Solidarität nicht beeinträchtigten, ließ sich die deutsche Delegation von der Aufbruchstimmung beeinflussen und stimmte der Gründung der Komintern zu. Nur Hugo Eberlein enthielt sich der Stimme.

In der Komintern gab es zwei verschiedene Typen von Mitgliedsparteien, jede in einem anderen »historischen Status«, also mit grundsätzlich verschiedenen aktuellen Aufgaben, wenn auch mit dem gleichen Fernziel und dem Willen zur Solidarität. Trotz der qualitativen Ungleichheit herrschte in der Komintern zunächst ein offenes Diskussionsklima, wenn auch allmählich außerhalb der Sowjetunion ein faktisch russisch dominierter Parallelapparat aufgebaut wurde, der schließlich zu einem Kontrollapparat ausgebaut wurde. Die internationale Erfahrung vieler russischer Genossen aus der vorrevolutionären Emigration führte zu einem recht guten Verständnis der unterschiedlichen nationalen Situationen. Anfänglich bestand auch der außerrussische Kominternapparat aus ergebenen und erfahrenen Revolutionären. Alle waren zwar überzeugt, dass ein vollendeter Sozialismus (wie immer man sich diesen vorstellte) nur im Weltmaßstab denkbar sei, also nach der »Weltrevolution«; aber man kannte auch die Ungleichartigkeit der sozioökonomischen, kulturellen, historischen Bedingungen in den einzelnen Ländern und daher die Ungleichzeitigkeit und Ungleichartigkeit der revolutionären Bewegungen.

Verantwortungsbewusste Revolutionäre versuchen, jede Situation nüchtern zu analysieren, um den »Reifegrad« festzustellen. Zugleich sind sie jedoch in gewissem Ausmaß Voluntaristen, denn sie wollen die Gesellschaft verändern. Es ist ein schmaler Grat, auf dem sie sich bewegen – zwischen nüchterner Analyse und revolutionärem Wollen.

2.4 Kritik am Polenfeldzug der Roten Armee

Die polnische Regierung hatte die von den Alliierten festgelegte Curzon-Linie nicht akzeptiert, die eine einigermaßen vernünftige ethnische Grenzziehung zur Sowjetunion vorsah. Marschall Jozef Pilsudski versuchte, diese Entwicklung zu korrigieren. Nachdem die Rote Armee Anfang 1920 einen Vorstoß der polnischen Armee bis nach Kiew erfolgreich zurückgeschlagen hatte, ging sie zur Gegenoffensive über und kam fast bis nach Warschau. Hier wurde sie im

»Wunder an der Weichsel« von der polnischen Armee mit französischer Hilfe geschlagen und zum Rückzug gezwungen.

Nach der siegreichen Beendigung des Bürgerkrieges hatten einige sowjetische Militärführer geglaubt, die Rote Armee könne die Revolution über die Staatsgrenzen tragen. In der »Roten Fahne« kritisierte August Thalheimer (1920) diese Vorstellung und zog die strategische Lehre aus dem militärischen Debakel: »Wer mit der Waffe in der Hand den Kommunismus in ein Land tragen wollte, dessen Arbeiterklasse ihn noch nicht selbst im Kopf hat, den wird auf der anderen Seite der Grenze nicht der Gesang der Internationale, sondern der Nationalhymne empfangen, und er wird nicht den Kommunismus stärken, sondern den Nationalismus. Er wird unfehlbar das Proletariat, das noch im Banne seiner Bourgeoisie steht – sonst wäre es kommunistisch – nur umso fester mit seiner Bourgeoisie zusammenschweißen. Und der proletarische Staat, der das unternehmen würde, würde nicht die Ketten des fremden Imperialismus zerreißen, sondern er würde sie nur fester schweißen.«

Der spätere, übereilte Versuch der KPD, eine Revolution zu beschleunigen (Märzaktion 1921 und Thalheimers Offensivtheorie), führte zu einer Niederlage. Lenin selbst trug in intensiven Debatten mit der KPD-Führung in Moskau dazu bei, die theoretischen und praktischen Fehler aufzuarbeiten.

2.5 »Bolschewisierung« und Niedergang der Komintern

Allmählich entwickelte sich eine Zusammenarbeit und gegenseitige Unterstützung zwischen KPP und KPD, deren Führungen natürlich für Solidarität mit der jungen Sowjetmacht eintraten, aber die Stalinschen Methoden in der KPdSU und die Intervention in anderen Parteien ablehnten. Diese waren bereit, ihre Probleme zur internationalen Debatte zu stellen, verlangten aber Reziprozität. Feliks Tych (1996) spricht von einer politischen Achse der beiden Parteien:

»1921 wurde die Existenz einer informellen deutsch-polnischen Opposition innerhalb der KI (Clara Zetkin, Paul Levi, Heinrich Brandler, Maria Koszutska (=Wera Kostrzewa), Adolf Warski, Julian Marchlewski, Henryk Lauer-Brand und andere) gegen die autoritären und sektiererischen Methoden der Sowjetführer bei ihren Entscheidungen über die Kominternpolitik für Moskau deutlich. Im Januar 1922 schrieb Radek aus Berlin an Sinowjew: »Eine Anti-Moskau-Haltung ist sehr stark bei den Leuten, die uns am nächsten stehen.«[3] Die Tradition der Luxemburgschen Position wurde hier fortgesetzt; zumindest in der ersten Hälfte

---

[3] Tych zitiert aus einem Brief Radeks an Sinowjew vom 30.1.1922 mit Kopien an Lenin, Trotzki, Stalin und Bucharin. RZ 5/3/228.1.6.

2.5 »Bolschewisierung« und Niedergang der Komintern

der 1920er Jahre hatte die KPP einen ständigen Vertreter bei der KPD-Zentrale, der 1925 erklärte: »Wahrscheinlich sind wir mit keiner Partei so eng verbunden durch gemeinsame politische Interessen, wie mit der KPD.« (Tych 1996)

Bereits 1922 sind erste ernste Beschwerden der KPD-Führung gegen die Arbeitsweise des Kominternsekretariats formuliert worden. Vermutlich hängen sie damit zusammen, dass der verbindliche Lenin sich wegen Arbeitsüberlastung mit den russischen Problemen und wegen seiner Erkrankung aus der internationalen Arbeit zurückziehen und diese Sinowjew überlassen musste, der nicht der Leninschen Höflichkeit huldigte. Thalheimer, Brandler, Zetkin und Walcher schrieben am 19. Februar 1922 an das ZK der KPR und verwahrten sich dagegen, dass die Briefe an den Vertreter der KPD in Moskau und ebenso »die Briefe der [deutschen] Zentrale unterwegs einige Male zensuriert werden«. Sie fordern, »den Briefverkehr so zu regeln, daß der Briefwechsel mit dem EK [der KI] keinerlei Zensur unterworfen wird.« Mangelhaft erscheint den Verfassern, dass Sinowjew sich wegen seiner Parteiarbeit in Petrograd faktisch nicht intensiv genug seiner Funktion in der Exekutive der KI widmen kann und letzteres der »unzulänglichen Arbeit der Sekretäre« überlassen müsse. Sie fordern dann eine gründliche Veränderung der kollektiven Führung und eine Verkleinerung des Komintern-Apparates: »Wenn durch eine kollektive Arbeit und Verbindung der Parteien untereinander der lebendige Kontakt hergestellt ist, wird dem System der persönlichen Beeinflussung der Parteien durch Privatkorrespondenz der Boden entzogen.« Eine weitere günstige Folge einer solchen Regelung der Arbeit der Exekutive wäre eine bedeutende Abbaumöglichkeit des unzweckmäßigen großen Apparates der Komintern. Eine eng begrenzte Auswahl sorgfältig ausgewählter und gut qualifizierter technischer Kräfte könnte unter verantwortlicher Leitung der Vertretungen der einzelnen Länder die Arbeit bewältigen.[4] Schließlich wünschen die Schreiber, dass die Kominternvertreter in den einzelnen Ländern Mitglieder der dortigen Parteien werden und ausschließlich der Disziplin dieser Parteien unterstehen.

Am 30. Juli 1922 wenden sich Brandler und Zetkin in einem Brief an das ZK der KPR (RZ 495/292/3) und wünschen, dass das Urteil im Prozess gegen die Sozialrevolutionäre, der sicher »mit der Verurteilung zum Tode enden wird«, nicht vollstreckt werde; denn dies »erscheint uns unter den gegebenen Umständen politisch unklug, ja höchst bedenklich in ihren Auswirkungen«. Das wird dann ausführlich begründet und ein »eleganter« Ausweg vorgeschlagen, der der russischen Justiz erlauben würde, ihr Gesicht zu wahren und die berechtigte Strenge des Urteils mit Großzügigkeit zu verbinden: Das Exekutivkomitee der Kommunistischen Internationale (EKKI) könnte ein Gesuch an die Sowjetre-

---

[4] SAPMO-BA, ZPA 1/2/3/202, Bl. 229-230.

gierung richten. Schließlich betonen die beiden Briefschreiber, dass sie »völlig unabhängig voneinander zu der gleichen Meinung in dieser wichtigen Angelegenheit gekommen sind«, und dass sie jederzeit bereit seien, die Angelegenheit mit den russischen Genossen zu besprechen.

In den folgenden Jahren wurden die aktuellen Interessengegensätze zwischen KPD und KPdSU stärker. Lenins Einfluss auf die Außenpolitik der Komintern nahm ab. Dazu kamen unterschiedliche Positionen innerhalb der sowjetischen Führung, politische Rivalitäten und beginnende Fraktionsbildungen. Der Rapallo-Vertrag der SU mit Deutschland 1922 leitete eine engere Zusammenarbeit der noch immer weltpolitisch weitgehend isolierten Sowjetunion mit dem geschlagenen Deutschland auf wirtschaftlichem, militärischem und anderen Gebieten ein. Da gerade auf militärischem Gebiet die Ziele der SU und der KPD extrem weit auseinanderlagen, gab es nun immer weniger Gemeinsamkeiten. Der Misserfolg (das Nicht-Stattfinden) der von Moskau geplanten Oktoberrevolution 1923 bot einen willkommenen Vorwand, die Führung der KPD abzusetzen und sie durch ergebene, aber unerfahrene Befehlsempfänger Moskaus zu ersetzen.

Nach dem Oktober 1923 wird den sowjetischen Genossen endgültig klar, dass die revolutionäre Nachkriegswelle verebbt ist. Stalin formuliert die Parole (die »Theorie«) vom Aufbau des Sozialismus in einem Lande. Sein damaliger Troika-Partner (zusammen mit Lew Kamenew) Grigori Sinowjew, Generalsekretär der Komintern, lässt auf dem V. Weltkongress der Komintern (17.6.-8.7.1924) die »Bolschewisierung« der Sektionen der Internationale beschließen. Sie sollen so auf- bzw. umgebaut werden, dass sie dem (einzigen bisher erfolgreichen) Modell einer revolutionären Partei entsprechen. Später wird das offiziell »Partei Stalinschen Typs« genannt. Die Parteien werden von Moskauer Emissären mit politischen Direktiven versehen und werden zu verlängerten Armen der jeweiligen »Generallinie« der dominierenden Stalin-Fraktion. Damit werden sie allmählich unfähig, eine ihren besonderen nationalen Verhältnissen adäquate Strategie und Taktik zu entwickeln und zu verfolgen. Dementsprechend verlieren sie für die neue russische Führung an Wert und werden folglich als zweitklassige Befehlsempfänger behandelt.

Gegen diese entscheidende Umfunktionierung der kommunistischen Parteien bildet sich allmählich eine Opposition, die als »rechte« Opposition abgestempelt wird. Funktionäre aus vielen Parteien opponieren gegen diese gefährliche Wendung, z.B. Karl Kreibich, Mitbegründer der deutschen Sektion der KPTsch, Karl Kilbom, Schweden. Am klarsten ist die Opposition in der KPD, in der es eine eigene Traditionslinie eigenständiger Entwicklung aus der Zeit vor der russischen Revolution gibt. Viele aus der Vorkriegssozialdemokratie und dem Spartakusbund hervorgegangene Genossinnen und Genossen lehnen diese Wendung

2.5 »Bolschewisierung« und Niedergang der Komintern

ab; es kommt zu radikalen »Säuberungen« des Parteiapparats von allen »Rechtsabweichlern« und zu zahlreichen Ausschlüssen. Wortführer dieser Opposition werden Heinrich Brandler und August Thalheimer, beide seit Anfang 1924 im Moskauer »Ehrenexil«, gut versorgt, scharf bewacht, mit Ehren und hohen Funktionen offiziell überhäuft, in Wirklichkeit fast arbeitslos, »kominterniert«. Spitzel berichten über jedes ihrer Gespräche und Zusammentreffen mit deutschen Genossen. Ihre Korrespondenz wird einbehalten und aufgebrochen.

In einem ausführlichen Artikel, der damals nicht veröffentlicht werden durfte, nahm Thalheimer 1925 kritisch zu den Beschlüssen des V. Weltkongresses Stellung. Besonders deutlich und ausführlich kritisierte er die »Bolschewisierung« und warnte vor ihren zu erwartenden katastrophalen Folgen: »Aber die noch so reiche revolutionäre Erfahrung auf russischem Boden kann die unter westlichen Verhältnissen gewonnene und noch zu gewinnende Erfahrung nicht ersetzen. Die russische alte Garde ist in erster Linie angehäufte russische revolutionäre Erfahrung. Das macht ihre Stärke aus, aber auch ihre Schwäche. Sie kann unendlich viel helfen zur Heranreifung der westlichen Parteien, aber nur unter der Bedingung, daß sie nicht glaubt, die westliche Erfahrung bereits zu besitzen oder ihrer nicht zu bedürfen. Diese Leitung muß ganz bewußt das Ziel ins Auge fassen, sich selber in ihrer Ausschließlichkeit überflüssig zu machen ... Wird praktisch versucht, die Rolle der russischen Partei dauernd festzuhalten, die nur eine vorübergehende sein kann, wird dem unvermeidlichen geschichtlichen Gang entgegengearbeitet, statt mit ihm zu arbeiten, so kann daraus nur entstehen: praktische Fehlgriffe und Niederlagen, organisatorische Scherbenhaufen. Das mit allem Nachdruck, mit aller Deutlichkeit, jetzt zu sagen, ehe die Scherbenhaufen da sind, ist absolut notwendig.«[5]

Eine ähnliche Warnung von Antonio Gramsci kam im Jahre 1926:
»Die Funktion, die Ihr [das ZK der KPdSU] ausübt, findet in der ganzen Geschichte des Menschengeschlechts hinsichtlich der Breite und Tiefe nichts Vergleichbares. Heute aber seid Ihr dabei, Euer Werk zu zerstören; Ihr degradiert die Führungsfunktion, die die Kommunistische Partei der UdSSR durch das Engagement Lenins errungen hat, und Ihr geht das Risiko ein, sie ganz zu verlieren ... Uns scheint, daß die mit Gewalttätigkeit verbundene Entwicklung der russischen Probleme Euch die internationalen Aspekte eben dieser russischen Probleme aus den Augen verlieren läßt, daß sie Euch vergessen lasst, daß Eure Pflichten als russische Kämpfer nur erfüllt werden können und müs-

---

[5] Thalheimers Kritik am V. Weltkongress wurde zwar als Fraktionsmaterial verurteilt, verschwand aber in den Moskauer Archiven; erstmalig veröffentlicht in Becker/Bergmann/Watlin (1993), S. 48.

sen im Rahmen der Interessen des internationalen Proletariats.« (Zitiert nach Neubert 1998: 19)

Die beiden zu jener Zeit rivalisierenden Hauptströmungen in der KPdSU – die Stalin-Fraktion und die sich bildende Trotzki-Fraktion (später: die Vereinigte Linke) – suchten in den Komintern-Parteien Verbündete. Brandler und Thalheimer lehnten es ab, sich für eine der russischen Fraktionen zu entscheiden; sie wollten die politische Souveränität der KPD. Den sozialistischen Aufbau in der SU hielten sie für notwendig, auch wenn keine Revolution in einem anderen Land der SU zu Hilfe kam. Aber Thalheimer forderte auch eine ehrliche Information der Bruderparteien über die Probleme des Aufbaus anstatt schönfärberischer Erfolgsberichte. So heißt es in der 1928 verfassten Kritik am Programmentwurf der Komintern für deren Vl. Weltkongress: »Natürlich fehlt es auch nicht an Übertreibungen von der anderen Seite. Das schwere Werk des Aufbaus des Sozialismus in Sowjetrußland kann nicht vollbracht werden ohne einen gewaltigen schöpferischen Optimismus, ohne festen Glauben an die schöpferischen Kräfte der Arbeiterklasse und ihrer führenden Partei. Das artet manchmal in unkritische Schönfärberei des bereits Erreichten aus, in ein Wegsehen über Schwierigkeiten, die noch zu beseitigen, über Mängel und Schäden, die noch zu beheben sind. Das ist weniger und seltener in Rußland der Fall, öfter bei unseren Parteien im Westen. Gegenüber der Sozialdemokratie, die tendenziös nur die negativen Seiten des sozialistischen Aufbaus in Sowjetrußland hervorhebt, müssen wir beide Seiten, die Dialektik des Prozesses umso klarer und aufrichtiger hervorheben.«[6]

Nach dem V. Weltkongress gab es wegen des Bankrotts der neuen ultralinken Linie und des ZK der KPD mit Ruth Fischer und Arkadii Maslow im Jahre 1925 eine halbe Wendung. Am 22. März wurde diese in Sinowjews Thesen verkündet. Darin werden u.a. die Bruderparteien darauf hingewiesen, dass die Bolschewisierung nur möglich sei bei sorgfältiger Anpassung an die speziellen Bedingungen in jedem Lande und »durch freie Diskussion im Rahmen unserer jungen, kommunistischen Organisationen, durch das Regime der Parteidemokratie«.[7] Brandler, Thalheimer und Radek waren von der ZPKK der KPR zur »Nichteinmischung« in die Angelegenheiten ihrer Partei, der KPD, verurteilt worden. Auf Sinowjews Thesen vom 22. März 1925 reagierten sie jedoch sofort in dem gemeinsamen Brief vom 23. März. Darin erklärten sie die Differenzen

---

[6] Thalheimers Kritik am Programmentwurf der Komintern, 1928 geschrieben und unterbreitet, wurde gleichfalls erstmalig 1993 veröffentlicht: Programmatische Fragen, hier S. 77-78.

[7] Die hier zitierten Inhalte sind dem Brief von Brandler, Thalheimer und Radek vom 23. März 1925 an das Politbüro des ZK der KPR entnommen (RZ 495, 18, 402, 11).

2.5 »Bolschewisierung« und Niedergang der Komintern

über die nunmehr akademische Frage des Charakters einer Arbeiterregierung für erledigt; sie war nur relevant gewesen, solange die KPD überhaupt an die Eroberung der Macht denken konnte. In der Frage der Übergangslosungen sahen sie ihre Position nun bestätigt, auch wenn Sinowjews »Thesen unberechtigte Behauptungen über unsere Politik aufstellen«. Sie wollten die Ehrlichkeit der neuen Wende prüfen, indem sie sich mit ihren deutschen Genossinnen und Genossen solidarisierten, die 1924 ausgeschlossen oder aus ihren Funktionen verdrängt worden waren. Es sei »notwendig« – so erklärten sie dem EKKI –, »den Ausschluss von über 50 Proletariern, die die KPD mit gegründet haben, aufzuheben«.

Wenn sie ihre Arbeitsdisziplin gebrochen haben, so aus Sorge um ihre Partei und im Protest gegen die unfähige und zerstörerische Zentrale: »Es handelt sich hier um ausgezeichnete proletarische Elemente, die fast durchweg schon im Krieg illegal revolutionär gearbeitet haben ..., überzeugte Kommunisten. Die Aufhebung der Ausschlüsse gegen Genossen wie Jannack, Westermann, Deisen, Völker wird nicht nur Wiedergutmachung eines Unrechts sein, sondern sie wird erlauben ... die wirkliche Einheit der Partei herzustellen.«

Die zwei Kominternierten ließen sich also in der Sache durch das Verdikt der ZPKK der KPR nicht beeindrucken, wenn sie auch als Zwangsmitglieder der KPR ihre die KPD betreffenden Forderungen der KPR vortragen mussten.

Für die Zeit von diesen beiden Briefen bis etwa Ende 1927 liegen fast keine Dokumente von Brandler und Thalheimer vor, die sich mit innerparteilichen Fragen der KPD befassen. Bekannt ist der ausführliche Brief Brandlers an seinen langjährigen Kampfgenossen Bruno Granz vom 13. November 1927.[8] Diese Pause ist erklärlich: Es war die Periode von der Absetzung der Fischer-Maslow-Führung der KPD bis zur Ankündigung der neuen, nun endgültigen ultralinken Wendung. In dieser Zeit beeinflussten die Versöhnler[9] weitgehend Strategie und Taktik der KPD. Mit dem Essener Parteitag der KPD (2.-7. März 1927) begann faktisch der Kampf gegen die Rechten, ihre Ausschaltung und ihr Ausschluss. Diese Kampagne war Ende 1928 abgeschlossen.

---

[8] Veröffentlicht in Weber (1981).

[9] Die »Versöhnler« (um Ernst Meyer) hielten die politischen Positionen der »Rechten« (Brandleristen) für richtig, waren aber nicht zu einer Konfrontation mit dem Parteiapparat bereit.

2.6 Die endgültige ultralinke Wendung der KPD

Die Gleichschaltung der KPD mit den Bedürfnissen der Stalin-Fraktion war ein längerer Prozess mit mehreren Wendungen, die hier nur summarisch behandelt werden können. Stalins Equipe war keineswegs von Anfang an fest gefügt, sondern wurde erst allmählich geschaffen, indem in den Kurven die selbständig Denkenden aus dem immer schneller fahrenden Gefährt »fielen«, richtiger: hinausgeworfen wurden.

Die »Versöhnler«, die 1925 die KPD-Führung übernahmen, stimmten strategisch weitgehend mit Thalheimer und Brandler überein, betonten jedoch die Parteidisziplin stärker. Aber auch Ernst Thälmann, der Moskau am weitesten entgegenkam, kam nun in die Parteispitze. Anfangs wurden die 1924 entlassenen oder ausgeschlossenen erfahrenen Genossinnen und Genossen wieder aufgenommen bzw. wieder an ihre alten Arbeitsplätze geholt. 1927 kündigte sich auf dem 11. Parteitag der KPD die erneute ultralinke Wendung an. Auf einer Geheimtagung der Stalin- mit der Thälmann-Fraktion in Moskau am 29. Februar 1928 wurde die enge Zusammenarbeit besiegelt und die »rechte Abweichung« zur Hauptgefahr erklärt. Clara Zetkin, die bei aller Sympathie für die russische Revolution ganz der Linie Rosa Luxemburgs folgte und bis zu ihrem Tode offen die Rechten unterstützte, brachte ihre kritische Position in einem Brief an Wilhelm Pieck auf den Punkt: »Die Besprechung (Ende Februar 1928) zwischen der deutschen und der russischen Delegation war ein wohlvorbereiteter Überfall, nichts als eine Kulisse für fix und fertige Abmachung. Die gefaßte Resolution wird die verhängnisvollsten Wirkungen haben ... eine kleine, unklare, unfähige Cliquenwirtschaft ...

Solche Abmachungen (zwischen der deutschen und russischen Führung) können keine bindende Kraft beanspruchen. Ich würde es als Beschmutzung meiner Lebensaufgabe betrachten, wenn irgendwer annehmen könnte, ich sei mit dem Beschluß einverstanden und decke ihn ... Zu dem Abkommen schweigen, wäre ein Verbrechen gegen die Partei.«[10]

Im Moskauer Ehrenexil mussten Brandler und Thalheimer Mitglieder der KP Russlands werden. Die neue KPD-Zentrale ging noch weiter und forderte ihren und Radeks Ausschluss aus der KPR wegen fortgesetzter Fraktionstätigkeit in der KPD; ein Anklagepunkt war das unveröffentlichte, oben erwähnte Manuskript, das die Ergebnisse des V. Weltkongresses kritisierte. In dem Verfahren vor der ZPKK der KPR wurden sie verurteilt, dass sie sich nicht mehr

---

[10] Zetkins privater Brief an Wilhelm Pieck wurde von dritter Seite dem »Vorwärts«, Zentralorgan der SPD, zugespielt, der ihn im Sommer 1929 veröffentlichte. Nachdruck in »Gegen den Strom«, 2, 30, 27.7.1929.

2.6 Die endgültige ultralinke Wendung der KPD

in die Angelegenheiten der (von ihnen mitbegründeten) KPD einmischen dürften.[11] Natürlich fuhren sie trotz intensiver Überwachung – sie mussten im streng kontrollierten Hotel Lux wohnen – fort, sich über die Entwicklungen in der KPD zu informieren, sprachen mit ihren deutschen Genossen, die aus verschiedenen Anlässen nach Moskau kamen, und betrieben mit großer Energie ihre Rückkehr nach Deutschland. 1927 hatten die Moskauer Instanzen schon der Rückkehr zugestimmt, aber das ZK in Berlin hintertrieb diese mit allen Mitteln. Die beiden Kominternierten übten vorderhand russische Parteidisziplin, hielten sich aus den sich verschärfenden russischen Fraktionskämpfen heraus. Sie wollten sich – wie schon erwähnt – von keiner Seite instrumentalisieren lassen; es ging ihnen vorrangig um die politische Souveränität und die Wiederherstellung der innerparteilichen Demokratie in der KPD.

Zusammen mit Nikolai Bucharin arbeitete Thalheimer am Programmentwurf, der auf dem VI. Weltkongress der Komintern wesentlich verändert wurde. Bucharin war Anfang 1928 – zeitgleich mit dem oben erwähnten Geheimtreffen – von Stalin bereits »aus dem Wagen geworfen« worden, entmachtet, und war sich seiner neuen Lage voll bewusst. Das wird eindeutig klar in Bucharins Brief an Stalin vom 1./2. Juni 1928.[12] Es ist jedoch zu vermuten, dass er den kongenialen, mit ihm befreundeten und in der Programmkommission mit ihm eng zusammenarbeitenden Thalheimer über seine faktische Entmachtung nicht informierte, die also vor dem VI. Weltkongress und lange vor der offiziellen Absetzung auf dem ZK-Plenum vom 18. April 1929 stattgefunden hatte.

Ein wesentlicher Teil von Thalheimers ausführlicher Kritik des Programmentwurfs der Komintern ist eine marxistische Faschismusanalyse, die später die Grundlage des entsprechenden Teils der KPD-O-Programmatik wurde. Er nahm aber auch die Frage des Verhältnisses der Kominternparteien zur KPdSU wieder auf und wiederholte inhaltlich seine Warnung von 1925: »Die Parteien in den hochkapitalistischen Ländern West- und Mitteleuropas und Nordamerikas sollen die russischen Erfahrungen mit der Freiheit und Selbständigkeit benutzen, wie dies der preußische Militärtheoretiker Clausewitz von Feldherrn fordert bei der Ausnutzung kriegsgeschichtlicher Erfahrungen. Sie sollen alle diese Erfahrungen samt den Bedingungen, unter denen sie gemacht wurden, sich kritisch aneignen, allgemeine Gesichtspunkte daraus ziehen und bei alledem sich den Geist frei und elastisch halten.« (1993: 78/79)

---

[11] Über das Parteiverfahren siehe Becker/Bergmann/Watlin (1993).

[12] Der Brief ist abgedruckt in Hedeler (1991), S. 92-94. In diesem Brief erklärte sich Bucharin bereit, sich völlig aus der Arbeit zurückzuziehen, bat aber Stalin, den VI. Weltkongress der KI noch »geordnet« durchführen zu dürfen und erst danach seine Funktionen niederzulegen.

Brandler und Thalheimer verstanden die Zeichen, die Bedeutung der Beschlüsse der Geheimkonferenz und des VI. Weltkongresses, die endgültige Wendung zu einem verschärften ultralinken Kurs und die unvermeidlichen Folgen für die KPD. Um diese Wendung zu bekämpfen, wollten sie unbedingt an ihren Kampfplatz Deutschland zurückkehren. Gegen den Willen der russischen Stellen und der KPD-Führung gelang ihnen schließlich im Laufe des Jahres 1928 die Ausreise aus der SU.

2.7 Die Stellung der KPD-O zur Sowjetunion

Die KPD-O, die Brandler und Thalheimer am Jahresende 1928 mitbegründeten, setzte die Politik der kritischen Solidarität in der von Luxemburg begründeten Tradition fort. Als einziger sozialistischer Staat war die SU verteidigungswürdig. Die Kritik an ihrer Innenpolitik war begrenzt – teils wegen ungenügender Information, teils weil man sich nicht zu sehr einmischen wollte. Deutlich war dagegen die Kritik an der Einmischung der Stalin-Fraktion in die Politik der außerrussischen Parteien. Die Aufgaben hier und dort seien so grundlegend verschieden, dass sie nicht auf einen Nenner zu bringen seien, und diese russische Führung sei unfähig, sie zu verstehen. Die russischen Erfahrungen reichten nun nicht mehr aus. Daher könne die KPdSU nicht mehr die Internationale führen; sie müsse kollektiv geführt werden. Die Plattform der KPD-O (1930) schreibt darüber:
1. »Das Monopol der KPSU. in der KI. ist ein Hemmnis geworden, ist überholt. Es muß fallen. Die KPSU. kann nicht mehr die alleinige Führerin der KI. sein, sondern nur noch die Erste unter Gleichen ...
2. Die Führung der Kommunistischen Internationale muß eine wirklich kollektive internationale Führung werden, in der die Erfahrungen ihrer einzelnen Sektionen zur Geltung kommen und durch kollektive Arbeit vereinheitlicht werden ...
3. Die Fragen der KPSU. müssen in der Internationale diskutiert werden ... An erster Stelle stehen müssen die Fragen der internationalen kommunistischen Bewegung selbst.« (S. 75)

Wo klare Informationen vorlagen, dass die Stalin-Führung die Grenzen kommunistischer Grundsätze überschritt, protestierte die KPD-O, so z.B. bei der Verbannung Leo Trotzkis 1929. Je mehr die sowjetischen Genossen in den westlichen Parteien intervenierten und eine adäquate revolutionäre Strategie und Taktik verhinderten, umso schärfer wurde die Kritik der KPD-O. 1928 ging die KPD-O davon aus, dass die Komintern nur die richtige Taktik aufgab: Einheitsfront mit den reformistisch beherrschten Organisationen, Einheit der überpar-

2.7 Die Stellung der KPD-O zur Sowjetunion

teilichen Massenorganisationen. Der Kampf sollte also um die Rückkehr zur bewährten Taktik geführt werden. Und man hielt sich an die 21 Thesen für die Organisation der Komintern: In jedem Land kann es nur eine kommunistische Partei geben. Daher lehnte die KPD-O es ab, eine neue Partei zu bilden, sondern bezeichnete sich als »organisierte Richtung im Kommunismus«, bereit zur disziplinierten Rückkehr in die KPD, sobald dort wieder die innerparteiliche Demokratie als Grundvoraussetzung offener Debatte und revolutionärer Disziplin aus Überzeugung hergestellt sei. Denn die Rechten waren überzeugt, dass nach offener Diskussion die Mehrheit der Mitglieder die richtige Strategie und Taktik durchsetzen würde. Das bedeutete eine Unterschätzung der organisatorischen Macht des Parteiapparats, der zum großen Teil von der KPdSU finanziert wurde, also von ihr in hohem Grade materiell abhängig war. Daher forderte die KPD-O auch als eines der »Ziele des Kampfes für die Gesundung der Partei«: »Die materielle Selbständigkeit der Partei: Anpassung ihres Apparates an die finanziellen Mittel und die personellen Kräfte, die die Partei selbst stellen kann.« (Ebd.: 72)

Von verschiedenen Seiten, vor allem von Trotzki und seinen Anhängern, aber keineswegs nur von ihnen, wurde die KPD-O angeklagt, sie habe sich gegenüber den Fehlern und der falschen Politik der Stalin-Führung opportunistisch und anpasserisch verhalten. Manchmal wurde dieser Vorwurf auch verbunden mit der Andeutung, die KPD-O-Mitglieder erhofften Begnadigung und Wiedereinsetzung in ihre Funktionen durch die Stalin-Führung. Aber noch während ihres Moskauer Exils im Jahre 1927 schrieben Brandler und Thalheimer in einem »Privatbrief an einige Freunde«: »Das heutige Parteiregime droht zu einer Entfremdung zwischen Masse und Leitung zu führen, droht den bestehenden, durch Differenz der politischen Erfahrung gegebenen Abstand zwischen Masse und Führung zu erweitern, statt ihn zu überbrücken. Die erwähnten Erscheinungen erklären das heutige Parteiregime ..., aber endlich und schließlich müssen sie überwunden werden ... Wer abwarten wollte, bis die Hebung des allgemeinen kulturellen Niveaus die Voraussetzungen für ein anderes System der Organisation geschaffen hat, der würde vergessen, daß ohne die Mitwirkung der Organisation des politisch fortgeschrittenen Teiles der Arbeiterklasse, der Partei, auch das kulturelle Niveau nicht gehoben werden kann ... Der Krebsschaden des heutigen Rußlands ist der sogenannte Bürokratismus ... Dieser Bürokratismus wird bekämpft durch eine bürokratische Kontrolle von oben ... Aber der Bürokratismus kann nur beseitigt werden, wenn die Kontrolle von oben ergänzt wird, wenn sie getragen wird durch eine Kontrolle der Masse von unten.«[13]

---

[13] Der »Privatbrief« ist nachgedruckt in »Gegen den Strom«, 2, 9, S. 5.

2.8 Die rechte Wende des VII. Weltkongresses

Der VII. Weltkongress, der letzte der Komintern (1935), bedeutete eine radikale Wende; er hatte eine ambivalente Wirkung auf die Anhänger der kommunistischen Bewegung in den kapitalistischen Ländern, besonders in den faschistischen. Einerseits mussten Wilhelm Pieck und Georgi Dimitroff endlich, mehr als zwei Jahre nach der Machtübergabe an Hitler, (in der Sowjetunion) die schweren Fehler der KPD öffentlich zugeben, die wesentlich zur kampflosen Niederlage 1933 beigetragen hatten. Aber es fehlte jede Selbstkritik; die Schuld wurde einigen Literaten (!) gegeben. Eine Kritik an Stalins Mitschuld an der ultralinken Politik war ganz undenkbar. Gleichzeitig wurde eine verbal radikale Definition des Faschismus gegeben, die aber einen Teil der deutschen Bourgeoisie (den »weniger reaktionären, weniger chauvinistischen, weniger imperialistischen« Teil) von der Mitschuld am Faschismus ausnahm und mit diesem eine Volksfront bilden wollte. Dafür wurden alle revolutionären Zielsetzungen explizit aufgegeben. Hatte die KPD früher ein Sowjetdeutschland propagiert, so forderte sie nun eine bürgerlich-demokratische Republik. Hatte die KPD vor 1933 eine wirkliche antifaschistische Einheitsfront mit der von Reformisten geführten Mehrheit der deutschen Arbeiterklasse abgelehnt, wollte sie nun mit dem besseren Teil der Bourgeoisie gemeinsam für eine bürgerliche Demokratie kämpfen. Diese Wendung wurde von vielen der in Deutschland illegal arbeitenden Genossen abgelehnt.[14]

Wie sich bald in Frankreich und Spanien zeigte, hinderte diese neue Strategie die Entfaltung des revolutionären Potenzials und trug wesentlich zur Niederlage der spanischen Revolution bei. Allerdings verschleierte die materielle Hilfe der UdSSR für die spanische Republik[15] vor vielen kämpfenden Antifaschisten den konterrevolutionären Einfluss der sowjetischen militärischen und politischen Berater und die brutale Verfolgung aller kritischen Kommunisten.

Die Volksfrontpolitik entsprang dem damaligen sowjetischen Bedürfnis nach einem Bündnis mit den westlichen Demokratien (England und Frankreich) gegen den erstarkenden deutschen Faschismus. Die Vorleistung der Stalin-Führung – der Verzicht der Komintern auf eine revolutionäre Politik – wurde aber von den Westmächten damals nicht honoriert. Im Gegenteil: Diese antworteten auf die offenbar gewordene Schwäche der SU mit der offenen Tolerierung der unbeschränkten faschistischen Intervention in den spanischen Bürgerkrieg und mit dem Münchner Abkommen vom 29. September 1938.

---

[14] Siehe dazu Coppi (2006) und Bergmann (2006).

[15] Nur Mexiko und die Sowjetunion unterstützten die Spanische Republik mit Hilfslieferungen.

Die KPD-O kritisierte sehr bald die Ergebnisse des VII. Weltkongresses: »Würde diese Linie bis zu Ende weitergeführt, so würde sie den Ruin der kommunistischen Parteien und der KI außerhalb der Sowjetunion bedeuten. Kommunistische Parteien, die im Frieden und im Krieg den Klassenkampf dämpfen oder aussetzen und stattdessen die Verteidigung der bürgerlichen Republik betreiben, was würde im Krieg ihr Schicksal sein? ... Die Aufgabe der Kommunistischen Opposition besteht jetzt darin, für die Rückkehr der kommunistischen Parteien und der KI zu den Grundsätzen des Kommunismus zu kämpfen ... Wo das Motiv die falsch verstandenen Interessen der Erhaltung des Friedens und der Verteidigung der SU ist, muß das Verlassen der kommunistischen Grundsätze nicht endgültig sein. Es muß also darum gekämpft werden.«[16]

Der Kampf ging nun nicht mehr nur um taktische Fragen, sondern um Grundsätze des Kommunismus.

2.9 Die Moskauer Schauprozesse – verschärfte Kritik

Die weltpolitisch weiche Linie der Volksfrontpolitik wurde in der UdSSR begleitet von einer ungeheuerlichen Verschärfung des Kampfes gegen die alte Garde der Bolschewiki, die in den vier Moskauer Schauprozessen von 1936 an ihren Höhepunkt, besser: Tiefpunkt erreichte. Dieser Bartholomäusnacht waren seit 1928/29 andere Prozesse vorausgegangen: gegen die »Bauernpartei«, die »Industriepartei«, allesamt Konstrukte der Geheimpolizei, der Schachty-Prozess usw. Jetzt ging es unter absurdesten Anklagen und kafkaesken Geständnissen gegen alle Kritiker, auch die potenziellen einer falschen Politik. In den ersten Tagen verwirrten die »Geständnisse« jeden fernen Beobachter. Aber nach kurzer Zeit wurde die Wert- und Sinnlosigkeit dieser Geständnisse, ihr mittelalterlicher Charakter klar. Dann begann die Kritik der oppositionellen Kommunisten, die von Prozess zu Prozess verschärft wurde. Die faschistischen Mächte frohlockten über die Schwächung der Sowjetunion durch diese »Säuberung«;[17] die Westmächte registrierten die Tatsachen und sahen die Fähigkeit zum mili-

---

[16] »Dimitroffs Aufsatz: Ein Wendepunkt der Kommunistischen Internationale.« In: IK 1, 3. Juli 1936, S. 3.

[17] Wie Wladyslaw Gomulka nach dem XX. Parteitag der KPdSU berichtete, habe Stalin den Vorwand zum Geheimprozess gegen die Führung der Roten Armee in einer Nachricht gefunden, die ihm der Präsident der CSR, Dr. Eduard Beneš übermittelte. Danach habe Tuchatschewski Geheimverhandlungen mit Hitlers Wehrmacht geführt. Diese »Nachricht« war von der Hitler-Regierung fabriziert und der Prager Regierung »zugespielt« worden. Diese Verhandlungen waren in den 1920er Jahren (nach Rapallo) Teil der sowjetischen Außenpolitik, geheim nur für die Öffentlichkeit.

tärischen Widerstand sinken. Viele Sympathisanten des Kommunismus waren angewidert und wandten sich von der Bewegung ab.

Die KPD-O und die Internationale Vereinigung der Kommunistischen Opposition (IVKO) begannen mit Zweifeln an der Wahrheit der Anklage und der Verhältnismäßigkeit der Strafen. So heißt es zum ersten Schauprozess: »War die Anwendung der schweren revolutionären Gesetzgebung gegen die Schuldigen notwendig und zweckmäßig? Das verneinen wir ... Seit Lenins Tod fehlt das Maßgefühl, auch in so wichtigen Fragen der Anwendung der strengen revolutionären Gesetzgebung ... Aber diese ›Überschärfe‹ in den Handlungen Stalins, vor dem schon Lenin in seinem Testament gewarnt hat, liegt nicht im Interesse der Sowjetunion, sondern widerspricht ihm.«[18]

In einem weiteren Beitrag in der gleichen Ausgabe des IK werden die Geständnisse und die Anklagen als außerordentlich unglaubwürdig angesehen. Und wenn sie tatsächlich wahr wären, so müsse etwas im System krank sein: »Die Krankheit ist die Unterdrückung jeder Kritik, jeder Äußerung von Zweifeln an der Richtigkeit des Parteikurses, das Fehlen freier Aussprachen, eines Mindestmaßes innerer Demokratie, Cliquenmethoden, die Methoden der persönlichen Diktatur Stalins, die ein erheblicher Teil der Parteimitglieder unter dem Druck des Parteiapparats heuchlerisch und äußerlich anerkennt, aber innerlich ablehnt.«[19]

In der Fortsetzung wird die Kritik vertieft und werden die Ursachen der inneren Krise analysiert. Die sozialistischen Aufbauleistungen werden anerkannt; aber die KPdSU verkommt wegen des Stalinschen Führerkults, der Cliquenwirtschaft in der obersten Spitze und wegen des politischen Unfehlbarkeitsanspruchs Stalins und des ZK. Nach dem zweiten politischen Schauprozess und dem Geheimprozess gegen die gesamte Führung der Roten Armee geht die Kritik noch einige Schritte weiter. Die SU sei in einer tiefen Krise, deren Ursache die Stalinsche Politik sei. Die Verfolgung der Revolutionäre in Spanien und in der SU werden in einen Zusammenhang gebracht. Die Frage wird erstmals von der KPD-O gestellt, ob die Stalin-Führung eine neue Klasse sei, also andere Interessen verfolge, vielleicht gegensätzliche zu denen der russischen Werktätigen. Noch ist die Antwort negativ. Aber die kommunistische Kritik spricht sich im Interesse der Erhaltung der UdSSR dafür aus, Stalin und seinen Kreis abzusetzen und zur Rechenschaft zu ziehen: »Es ist daher jetzt die erste aller Notwendigkeiten in der Sowjetunion, Stalin und seinen Kreis von der Führung der KPSU

---

[18] Siehe »Randbemerkungen zum Moskauer Prozess?« In: IK 1, 4, November 1936, S. 9.

[19] Siehe »Erklärung der IVKO zum Moskauer Terroristenprozess«. In der gleichen Ausgabe des IK, S. 16.

und damit auch des Sowjetstaates zu entfernen ... so erfordert heute gerade ... die in der SU geschaffene Lage, daß die Kritik und der Kampf sich konzentrieren auf das ZK mit Stalin an der Spitze, um diese Spitze zu beseitigen und vor der Partei und der Sowjetmacht zur Rechenschaft zu ziehen. Das ist heute die Lebensfrage des Sowjetstaates und des Kommunismus geworden.

Wir sind fest überzeugt, daß die Kommunistische Partei der Sowjetunion im Kern gesund ist ... und daß sie in sich selbst die Kraft findet, um die Krise des bürokratischen Regimes zu lösen, daß ihre Lösung zur Befestigung der Sowjetmacht durch die Erweiterung ihrer Grundlagen und zur Wiederherstellung des schwer getroffenen Ansehens des Kommunismus führt.«[20]

Von den inneren Problemen der Sowjetunion wendet die Kritik sich dann dem Zusammenhang mit der völlig verfehlten Politik der Komintern zu; denn die Stalin-Führung sei für diese hauptverantwortlich und habe die großen Niederlagen mitzuverantworten: »Die Entfernung Stalins und seines Kreises von der Führung der Kommunistischen Internationale ist die Grundvoraussetzung dafür, daß die Kommunistische Internationale sich endlich ehrlich und wahrheitsgemäß über die ganze verhängnisvolle Periode der Politik der KI seit dem Tode Lenins, während des ultralinken und ultrarechten Kurses, Rechenschaft ablegen, die Lehren dieser Vergangenheit ziehen und die Reihen ihrer leitenden Funktionäre von Grund auf reinigen und erneuern kann.«[21]

2.10 Der deutsch-sowjetische Freundschaftsvertrag und der Kriegsbeginn

Nach dem Münchner Abkommen, der Zerstörung der Tschechoslowakei in zwei Schritten, der Niederlage der Werktätigen im Spanischen Bürgerkrieg bewegten sich die Mächte auf der abschüssigen Bahn immer schneller zum Zweiten Weltkrieg. In parallelen Verhandlungen mit London und Berlin, mit London wurde offen, mit Berlin geheim verhandelt, versuchte der neue Außenminister Stalins, W.M. Molotow, für die weltpolitisch isolierte Sowjetunion die günstigere Ausgangsposition im herannahenden Weltkrieg zu erlangen. England und Frankreich waren nicht bereit, der Roten Armee im Kriegsfall den Transit durch Polen und Rumänien zu gestatten, mit denen sie verbündet waren. Daher zweifelte Moskau an der Ernsthaftigkeit des Kampfwillens. Hitlerdeutschland bot mehr. Hitler fürchtete einen Zweifrontenkrieg, wollte zuerst die kaum gerüsteten Westmächte »erledigen«, zumal bei den herrschenden Klassen dort starke Sympathie für die antibolschewistische Ordnungsmacht bestand. Nach dem ge-

---
[20] Siehe »Zur Krise in der Sowjetunion« 1937, S. 4-5, 25.
[21] Ebd., S.7.

planten Blitzkrieg an der Westfront würde man sich dann die Sowjetunion vornehmen und den Weltbolschewismus erledigen. So kam es zum ewigen Freundschaftsvertrag zwischen den feindlichen Gesellschaftssystemen. Jeder Partner dachte sich seinen Teil; die Gegensätzlichkeit blieb unverändert, nur öffentlich heuchelte man Freundschaft.

Die kommunistischen Parteien der kapitalistischen Länder, die seit vielen Jahren nur sagen und tun durften, was Moskau gerade brauchte, machten nun die tollsten Bocksprünge, erklärten Hitlerdeutschland zur Friedensmacht und die Westmächte zu Kriegstreibern – also das Gegenteil von dem, was man vorher vertreten hatte.[22] Die sehr kurzfristige antifaschistische Volksfrontpolitik war so als Teil der sowjetischen Diplomatie einer nun abgeschlossenen Periode, als rein taktisches Manöver im Auftrag der Stalin-Führung enthüllt. Damit verloren die Parteien jede Möglichkeit, aktiv zu handeln und ihre bisherigen Anhänger zu irgendwelchen Aktionen zu mobilisieren. Die Mitglieder waren völlig desorientiert. In den deutschen KZs weigerten sie sich lange, die Nachricht für wahr anzuerkennen. Den deutschen Spanienfreiwilligen, nun in französischen Lagern interniert, und den KPD-Mitgliedern in den Niederlanden und Frankreich riet man, nach Hitlerdeutschland zurückzukehren, wo sie – deutsch-sowjetische Freundschaft hin oder her – in die KZs kamen. Als politischer Faktor war so die kommunistische Bewegung in Europa ausgeschaltet.

Kritische Kommunisten konnten natürlich die Aufforderung Walter Ulbrichts zur Versöhnung mit den deutschen Faschisten und den Aufruf der KP Großbritanniens zum Friedensschluss mit Hitlerdeutschland nicht befolgen. Sie konnten den Pakt vom August 1939 nur als Notmaßnahme der Stalin-Führung verstehen, nachdem sie sich vorher ins Abseits manövriert, die kommunistischen Parteien zu Anhängseln ihrer Diplomatie degradiert und damit völlig ihrer Kampfkraft beraubt hatte. So wollte sie wenigstens eine Atempause erkaufen. Schon die nächsten Wochen und Monate zeigten, dass Stalin seinem neuen »Verbündeten« nicht über den Weg traute; er erweiterte sein militärisches Vorfeld, indem er Polen östlich der Weichsel, die Baltischen Staaten, die Karpatoukraine und die Bukowina okkupierte – formal im Einvernehmen mit Berlin, und indem er im Winterkrieg 1939 das Vorfeld von Leningrad und von Murmansk von Finnland eroberte.

Diese Entwicklungen konnten die offiziellen kommunistischen Parteien den Werktätigen nicht wahrheitsgemäß erklären und keine revolutionäre Strategie für den Kriegsfall erarbeiten. Die Begründungen der Sowjetregierung für

---

[22] Siehe die Artikel von Ulbricht, Dimitroff, Pieck. Dimitroff, Generalsekretär der Komintern, erklärte die bis dahin propagierte »antifaschistische Volksfront« für erledigt.

den Angriff auf Finnland waren so absurd, dass viele finnische Kommunisten bereitwillig in den Krieg zur Verteidigung ihrer Heimat zogen. Später gab es einen den Kommunisten nahe stehenden Verband der Veteranen des Winterkrieges. Die Verwirrung der Anhänger der kommunistischen Bewegung wurde durch die absurden Bocksprünge ihrer »Führer« verstärkt. Klement Gottwald, Vorsitzender der KPC, erklärte von Moskau aus seinen eigenen Parteigenossen Anfang 1940, es dürfe in Zukunft nie mehr eine Tschechoslowakei geben. Das hörten die faschistischen Politiker und ihr Statthalter im Protektorat Böhmen-Mähren nur zu gern.

2.11 Eine marxistische Position zum Zweiten Weltkrieg

Das Auslandskomitee der KPD-O konnte keine ausführliche Stellungnahme zum deutsch-sowjetischen Freundschaftsvertrag erarbeiten, weil kurz danach der Zweite Weltkrieg begann und die Genossen interniert wurden. Vorher aber hatte das Komitee eine marxistische Position für einen neuen Weltkrieg entworfen.[23] Kurz gefasst ging sie auf Folgendes aus:
1. Für die Sowjetunion als trotz aller Kritik noch sozialistisches Land, das von den im Antikominternpakt verbundenen Achsenmächten am stärksten bedroht wird: Verteidigung mit allen Kräften und internationale Solidarität.
2. Für die faschistischen Mächte revolutionären Defätismus: alles tun für die Niederlage im Krieg, den revolutionären Sturz der Regierungen und Errichtung sozialistischer Herrschaft.
3. Für die bürgerlich-demokratischen Länder, die vermutlich in einer klassenmäßig heterogenen Allianz mit der Sowjetunion gegen die nicht-saturierten Achsenmächte kämpfen würden, wäre der Defätismus konterrevolutionär; wegen des Klassencharakters der SU würden hier aber Teile der Bourgeoisie defätistisch sein. In einem solchen »gemischten Krieg« muss alles geschehen, um den Krieg gegen die Achsenmächte in einen revolutionären Krieg umzuwandeln und ihn auf diese Weise effektiv zu gestalten.

1939 waren die Interessen und die Aufgaben der deutschen Werktätigen jedenfalls für den Augenblick völlig verschieden von denen der UdSSR, vielleicht sogar denen der Stalinschen Taktik entgegengesetzt. Sie mussten den Kampf gegen den Faschismus und den Feind im eigenen Land verschärfen und – falls die Kräfte ausreichten – den Krieg zum Sturz des Faschismus nutzen, also das Gegenteil der Parolen der KPD. Das hätte langfristig auch der UdSSR in ihrem mit Bestimmtheit zu erwartenden Kräftemessen mit dem »ewigen Freund-

---

[23] Siehe zwei Beiträge in der letzten Ausgabe des IK, 4, 2, Juni 1939.

schaftspartner« am ehesten geholfen. So wären langfristig die Interessen der sowjetischen und deutschen Werktätigen wieder die gleichen geworden. Aber ein Friedensschluss oder auch nur ein Waffenstillstand mit dem Faschismus wäre für die deutschen (englischen, französischen) Arbeiter eine Ungeheuerlichkeit gewesen. Voraussetzung einer richtigen marxistischen Strategie der KPD wäre aber politische Souveränität – auch gegenüber der UdSSR – und eine offene und ehrliche Situationsanalyse gewesen. So war die Beteiligung der KPD und KPF am antifaschistischen Widerstand bis zum Juni 1941 unmöglich.

2.12 Nach 1945: Kritik der Stalinschen Nachkriegs- und Außenpolitik

Nach dem durch die Werktätigen der SU teuer erkauften Sieg über die Achsenmächte war die SU neben den USA und Großbritannien eine der drei entscheidenden Siegermächte. Frankreich und China (vertreten durch Charles de Gaulle und den noch unbesiegten Chiang Kai-shek) gehörten formal auch dazu; aber die großen Entscheidungen wurden viel stärker durch die Drei bestimmt. Als anerkannte Supermacht war die SU 1945 zwar durch das Atombombenmonopol der USA bedroht; Stalin ging jedoch davon aus, nicht mehr der materiellen Hilfe und Solidarität zu bedürfen.

Allerdings zeigten sich sehr bald erste Anzeichen des tiefen und sich vertiefenden klassenmäßigen Risses in der Kriegsallianz. Nach Franklin D. Roosevelts frühem Tod – er starb kurz vor der deutschen Kapitulation (8.5.1945) am 12. April 1945 – verstärkte sich bei den Regierungen und Militärs der kapitalistischen Länder die Tendenz, die SU »einzudämmen«. Stalin verhielt sich nun grosso modo defensiv; er verteidigte die eroberten Länder und Gebiete und die in Teheran (1943) und Jalta (1945) vereinbarten Interessensphären; er fürchtete zugleich eine mögliche Erpressung durch die noch einzige Atommacht USA unter ihrem neuen Präsidenten Harry S. Truman. Solange Stalin auf eine Fortsetzung der Kriegsallianz hoffte, wurde die soziale Transformation in den von der Roten Armee eroberten, vom Faschismus befreiten Ländern nur sehr vorsichtig betrieben.

Zuerst wurden, wie in Potsdam von den Alliierten im Juli/August 1945 beschlossen, die deutschen Bewohner aus den Gebieten östlich der Oder-Neiße-Linie und aus den überwiegend deutsch-besiedelten Gebieten der CSR ausgesiedelt; insgesamt vielleicht 15 Millionen, natürlich allermeist Arbeiter und Bauern. Die Aussiedlung wurde in Potsdam formal als vorübergehend bezeichnet, war aber endgültig. Ferner wurden in allen vier deutschen Besatzungszonen Betriebe demontiert und ihre Anlagen abtransportiert, großenteils in die Sowjetunion. Güter aller Art wurden aus dem durch Hitler halb zerstörten West-

2.12 Nach 1945: Kritik der Stalinschen Nachkriegs- und Außenpolitik 45

deutschland als Reparationslieferungen requiriert und abgezogen (Kohle, Holz, in geringen Mengen auch Lebensmittel). In den drei westlichen Besatzungszonen Deutschlands wurde systematisch der Kapitalismus restauriert und konsolidiert. Analog handelten die britischen Konservativen in ihrer europäischen Interessensphäre; sie taten alles, um die Revolution in Griechenland blutig zu unterdrücken. Ebenso verbündete sich nach dem Sieg über Japan General Mac Arthur mit der japanischen Bourgeoisie, um die revolutionären Angriffe der Werktätigen auf das kapitalistische System abzuwehren.[24]

Die Besatzungspolitik der Siegermächte widersprach den materiellen Interessen der deutschen Werktätigen und verhinderte die Entfaltung des 1945 vorhandenen Willens, aus der Geschichte die Lehren zu ziehen, den deutschen Kapitalismus nicht wiederherzustellen, sondern ihn zu beseitigen und eine sozialistische Demokratie zu errichten. Unabhängige Kommunisten und linke Sozialisten, nicht nur Thalheimer und seine Freunde, sondern auch Isaac Deutscher, Michael Foot aus England, Mogens Boserup[25] aus Dänemark teilten diese Perspektive. Sie erkannten und anerkannten den sozialökonomischen Unterschied in der Besatzungspolitik zwischen den Alliierten; aber es war eben Okkupation, die sich auf das Faktum des Sieges stützte. Und selbst die sozialistische SU behandelte die deutschen Werktätigen als Besiegte, die die Verbrechen ihrer Regierung wiedergutmachen mussten. So wurden auch die Gegner und Opfer des Faschismus zu Teilhabern der Kollektivschuld.

Deutscher unterscheidet klar zwischen den Besatzungsmächten und anerkennt den grundsätzlich revolutionären Charakter der befohlenen radikalen Transformation in Osteuropa: »Sicherlich, dies war eine Revolution, die auf den Spitzen der Bajonette importiert wurde, eine Revolution, die durch barbarische Mittel in einer Atmosphäre einer bizarren Mischung aus Sozialismus und asiatischen Methoden ausgeführt wurde. Aber eine Revolution, auf den Spitzen der Bajonette und durch barbarische Mittel ausgeführt, ist noch immer eine Revolution.«[26]

Aber er protestiert gegen die unmenschliche und politisch falsche Vertreibung aus Polen und der CSR: »Die Deutschen haben ohne Zweifel Strafe verdient, aber nicht durch diese Art von Folter. Wenn die Polen und Tschechen in

---

[24] Siehe Moore (1997).
[25] Michael Foot (1943), deutsche Übersetzung: Cassius (1994). Siehe Boserup (1946).
[26] Siehe Deutscher, 22. Juni 1941. In: Wiadomosci Polskie, Februar 1942; engl. in: New Left Review 124, Januar 1981, S. 85-92.

ihrer Zivilisation höher als die Nazis eingeschätzt werden möchten, werden sie die Vertreibungen sofort abbrechen.«[27]

Die in Potsdam beschlossenen Maßnahmen der Siegermächte wurden von der vernichtend geschlagenen deutschen Bourgeoisie (vorläufig) ohne Protest akzeptiert, um so wenigstens in den drei Westzonen mit Hilfe der Siegermächte den Kapitalismus zu erhalten. Aber diese Maßnahmen widersprachen eindeutig den nationalen Interessen der deutschen Werktätigen. Hier konnte es also keine Solidarität, sondern nur Kritik und Protest geben – nicht vom Standpunkt des Nationalismus, sondern von dem des wirklichen Internationalismus, der sozialistischen Demokratie und der Wiederherstellung der Zusammenarbeit des deutschen und sowjetischen Proletariats.

Ausführlich befassten sich Thalheimer und Brandler mit der Besatzungspolitik der Sowjetunion in der sowjetischen Zone. Auch sie anerkannten, ähnlich wie Deutscher, den nicht-kapitalistischen Charakter der sowjetischen Maßnahmen zur sozialen Transformation; aber sie protestierten entschieden gegen die Zerstückelung Deutschlands in vier Besatzungszonen, gegen die These von der Kollektivschuld des ganzen deutschen Volkes, gegen die Aussiedlung, gegen die Demontagen, vor allem aber gegen die politische Bevormundung der deutschen Werktätigen, gegen die Oktroyierung des Stalinschen Modells in allen Bereichen. Die Kollektivschuld des gesamten deutschen Volkes wird abgelehnt und auf die Mitschuld aller Siegermächte am Aufstieg und den Anfangserfolgen des deutschen Faschismus verwiesen. Über die Aussiedlung, »ein besonders dunkles Kapitel«, heißt es:

»Es ist bekannt, daß Millionen Deutscher aus Ostdeutschland, dem Sudetenland und Ungarn mit den barbarischsten Methoden von Haus und Hof verjagt worden sind. Ihre überwiegende Mehrzahl sind natürlich deutsche Arbeiter, Landarbeiter, Kleinbauern, Handwerker ... Welche Schande für alle Siegermächte, die diese Barbarei durchgeführt oder zugelassen haben!« (1945: 19)

Sehr ausführlich befasst sich Thalheimer in den »Grundlinien...« (1948: 21) mit der sowjetischen Besatzungspolitik und ihren zu befürchtenden politischen Folgen. Alle Maßnahmen, auch die der sozialistischen Transformation, werden von ausländischen Kräften mit Methoden ausgeführt, die den Landesbedingungen nicht entsprechen. Die Werktätigen sind von den wichtigen Entscheidungen ausgeschlossen. Die politische Führung wird nach ihrer Bereitschaft zum Gehorsam ausgewählt. Jede Kritik und Opposition, jede sozialistische Alternative wird verteufelt. Die Methoden sind nicht die der Revolution, sondern die der Eroberung: »Unsere Kritik geht dagegen aus vom Standpunkt der Demokratie der Werktätigen und des sozialistischen Internationalismus, der zugleich

---

[27] Siehe Deutscher in: »Economist«, 15.9.1945.

2.12 Nach 1945: Kritik der Stalinschen Nachkriegs- und Außenpolitik 47

der Standpunkt des wirklichen Kommunismus ist, und der die lokalen sozialistischen Interessen vom Gesichtspunkt des revolutionären Gesamtinteresses aus einsetzt und behandelt. Die Stalinsche Methode der sozialistischen Ausdehnung schädigt und gefährdet nicht nur die sozialistische Ausdehnung, sondern auch den Bestand des Sowjetstaates selbst. Sie ruft in den werktätigen Klassen der Länder, die diesen Methoden unterworfen sind, gegen sich auf das mit Füßen getretene nationale Selbstgefühl wie die Gewohnheiten der proletarischen Demokratie. Sie arbeitet so den inneren und äußeren konterrevolutionären Kräften in die Hände. Sie sät den Wind der konterrevolutionären Intervention, des konterrevolutionären Krieges gegen sich selbst, und wenn nicht rechtzeitig eine Änderung dieser Methoden erfolgt, so wird sie den Sturm des dritten Weltkrieges auf ihr eigenes Haupt herabbeschwören, und zwar unter den für sie und den internationalen Sozialismus ungünstigsten Bedingungen.«

Zu einem dritten Weltkrieg kam es nicht, aber die sowjetische Besatzungspolitik hat langfristig der Sowjetunion geschadet und viele Werktätige von ihr entfremdet. Daher fordert Thalheimer schon in seinem Essay von 1945, dass Revolutionäre mit keiner der Besatzungsmächte zusammenarbeiten sollten: »Kein wirklicher Revolutionär kann sich zur Verfügung stellen für Regierungs- und Verwaltungsfunktionen im Dienste der Besatzungsbehörden. Er kann sich vielleicht eine Zeitlang einbilden, daß er damit revolutionären Zwecken dient, aber die faktischen Verhältnisse lassen doch nichts anderes zu, als daß er den Interessen der Okkupationsmächte dient. Wenn er sich in diesem Dienst genügend vor der Bevölkerung kompromittiert hat, so ist er auch für die Besatzungsbehörden wertlos geworden ... Warum einen Weg einschlagen, von dem man voraussagen kann, dass er unglücklich enden wird.« (S. 15)

Und er forderte, die Rote Armee möglichst bald aus Ostdeutschland zurückzuziehen, damit die deutschen Arbeiter die ihnen gemäße Form sozialistischen Aufbaus selbst bestimmen können. Auf die Frage der Räumung der SBZ durch die Rote Armee kam Thalheimer in den folgenden Jahren mehrfach zurück. Er sah den Rückzug der Roten Armee als Voraussetzung dafür, dass die deutschen Werktätigen ihre kreativen Fähigkeiten voll entfalten können. Das wäre im wohlverstandenen langfristigen Interesse auch der Sowjetunion gewesen. Wenn sich KPD/SED und SPD von ihren jeweiligen Schutzmächten lösten, könne es zu einer echten, freiwilligen Vereinigung der beiden großen Strömungen der deutschen Arbeiterbewegung kommen. So schrieb er in der Internationalen Übersicht vom Mai 1948: »Nur nach der Räumung Deutschlands ist eine wirkliche (und nicht nur scheinbare und mißtrauische) Vereinigung der besten Elemente der sozialdemokratischen und kommunistischen Arbeiter für die gemeinsame Aufgabe des selbständigen sozialistischen Aufbaues möglich. Die Rolle der SED als Hilfstruppe für die sowjetische Besatzungsbehörde ist eine schwere Belastung für sie, ebenso wie es für die SPD ihre Rolle als Hilfstruppe für die westlichen Besatzungsbehörden ist. Wenn diese beiden Rollen wegfallen, so fällt damit auch eine der stärksten Scheidewände, die kommunistische und sozialdemokratische Arbeiter voneinander und von der großen Masse der deutschen Arbeiter und Werktätigen trennen.«[28]

Auch die Frage der deutschen Einheit müsse anders gestellt werden als von den Bürgerlichen (und auch von der KPD und SED), nämlich als »Frage der Einheit Deutschlands und Europas auf sozialistischer Grundlage«. In den folgenden Jahren befasste sich Thalheimer bis zu seinem Tode mit der Außenpolitik der Sowjetunion und ihren Aspekten für die deutsche und internationale Außenpolitik.

Bereits in der ersten internationalen monatlichen Übersicht über September 1945, die er nun für seine Genossinnen und Genossen wieder regelmäßig schrieb, stellte Thalheimer den tiefen Riss zwischen den Siegermächten fest. Die Londoner Konferenz der Siegermächte im Sommer 1945 habe gezeigt, dass »der allen sichtbare Machtkampf unter den Siegern ... zugleich ein internationaler Klassenkampf ist«.[29] In der Übersicht über den Oktober 1946 kritisierte Thalheimer die sowjetische Politik gegenüber den deutschen Werktätigen und schlug eine ergiebigere Alternative vor: »Es ist die primitive Methode der Gewalt gegen die deutschen Arbeiter, die vom Standpunkt der deutschen Arbeiter wie von dem der wirklichen Interessen der Sowjetunion zu verurteilen ist. So macht man keine ›moralischen Eroberungen‹. Die materiellen Gewinne, die man durch solche Methoden allenfalls erzielt, werden weit aufgewogen durch die moralischen Verluste bei den deutschen Arbeitern und Werktätigen überhaupt, die sie zur Folge haben. – Bei den deutschen Arbeitern wäre ohne Mühe Verständnis zu erzielen über ein freiwilliges und gleichberechtigtes Zusammenwirken für den gemeinsamen Wiederaufbau Deutschlands und Rußlands. Und nur ein solches Zusammenwirken wäre für beide Länder, wie für die Sache des internationalen Sozialismus fruchtbar. – Die bloßen Gewaltmethoden schädigen beide Interessen. Sie sind allerdings ›einfacher‹.«[30]

Thalheimer verband seine Kritik mit dem Aufzeigen von Wegen zu solidarischem Handeln und der Suche nach gemeinsamen Interessen. Auch in seiner Stellungnahme zur Moskauer Konferenz der Siegermächte 1947 blieb Thal-

---

[28] Internationale monatliche Übersicht (ImÜ), Mai 1948, Nr. 10. Die Räumung Deutschlands. Nachdruck in: Westblock ...., S. 335.

[29] Siehe ImÜ, September 1945, Nr. 2. Zur Londoner Konferenz. In: Westblock ..., S. 69.

[30] Siehe ImÜ, Oktober 1946, Nr. 3. Nürnberg und sonstige deutsche Fragen. In: Westblock ..., S. 107.

heimer auf dieser Linie. Er wünschte, dass die SU sich nicht zusammen mit den Westmächten an der »Ausraubung des deutschen Volkes« beteiligen möge, womit sie »sich die deutsche Arbeiterklasse entfremdet«. Sie sollte vielmehr entschlossen der kapitalistischen Räuberei die große und klare Linie der sozialistischen Friedenspolitik gegenüberstellen, die Lenin und seine Partei 1917 verkündeten und wonach sie folgerichtig handelten: »Demokratisch-sozialistischer Frieden unter Verzicht auf Wiedergutmachung und Annexionen, auf Grund der Selbstbestimmung der Völker«.[31] Lenin hatte diese Politik unter schwierigsten äußeren Verhältnissen durchgeführt und damit international eine große Wirkung erzielt. 1947 sei die UdSSR eine Weltmacht und könnte mit einer Leninschen Strategie eine gewaltige Wirkung erzielen: »Sie würde dem Sozialismus und der Sowjetunion aktive Bundesgenossen in der ganzen Welt gewinnen. Sie kann sie dringend gebrauchen.«[32]

2.13 Komintern und Kominform

1943, mitten im Krieg, hatte Stalin die Komintern aufgelöst, um seinen Kriegsalliierten zu signalisieren, sie könnten sich darauf verlassen, dass er keine weltrevolutionären Ziele verfolge. Im September 1947 wurde das Informationsbüro der Kommunistischen und Arbeiterparteien (Kominform) gegründet. Das Büro sollte der Konsolidierung des Herrschaftsbereichs der Roten Armee dienen und die beiden westlichen Massenparteien in die Strategie der Stalinschen Nachkriegsdiplomatie einbinden. Diese strebte danach, die Kriegsallianz nicht zerbrechen zu lassen, zumal die UdSSR noch keine Atombombe besaß.

Der Grundgedanke der Kominterngründung war – entsprechend der Weltlage 1919 – die Vorstellung gewesen, eine »Weltrevolution«, zumindest eine revolutionäre Welle in Europa sei bevorstehend oder möglich; und sie sei erforderlich, um die Sowjetunion aus ihrer totalen Isolierung zu befreien und den Aufbau des Sozialismus zu erleichtern. Stalin und seine Equipe hatten diese Vorstellung 1924 faktisch aufgegeben. Die Auflösung der Komintern war nur die fast logische Folge dieses Zerstörungsprozesses seit 1924. Das Kominform hatte nun ganz andere, überhaupt nicht-revolutionäre Zielsetzungen. Thalheimer charakterisierte das völlig veränderte Verhältnis der KPdSU zu ihren internationalen Verbündeten so: »Stellen wir nun gleich die Kommunistische Internationale der Stalinschen Periode gegenüber. Sie ist organisatorisch gekennzeichnet durch das Verschwinden des demokratischen Zentralismus sowohl in den

---

[31] Siehe ImÜ, März 1947, Nr. 8. Zur Moskauer Konferenz, S. 174.
[32] Ebd.

einzelnen kommunistischen Parteien wie in der internationalen Organisation selbst. Politisch aber schwankt sie hin und her zwischen den Polen der ›Volksfrontpolitik‹ und des ›ultralinken Kurses‹. Die Politik der einzelnen kommunistischen Parteien wurde den wirklichen oder vermeintlichen Interessen und Manövern der Außenpolitik der Sowjetunion so gut wie vollständig untergeordnet. Die Sowjetunion in ihrer Besonderheit trat an die Stelle der internationalen proletarischen Klasseninteressen. Es ist nur folgerichtig, daß unter diesen Voraussetzungen die Kommunistische Internationale formell aufgelöst wurde, als die konkreten Interessen der Sowjetunion im Zweiten Weltkrieg ihr dies geboten erscheinen ließen.«[33]

Der Internationalismus wurde neu interpretiert und umfunktioniert; dieser wurde nun dank der Dominanz der KPdSU und der militärischen Leistungen der Roten Armee mit den jeweiligen Interessen der Stalin-Führung gleichgesetzt und alle Parteien und Regierungen auf deren Verteidigung eingeschworen. So erklären sich auch die strategischen Dissonanzen zwischen der KPdSU und der KP Jugoslawiens, die im Juni 1948 zum einstimmigen Bannfluch des Kominform über die KPJu führten. Stalin hielt sich an die mit den Westmächten vereinbarte Abgrenzung der Interessensphären, die Griechenland und Jugoslawien der britischen Sphäre überließ. Tito dagegen hatte gleichzeitig mit der deutschen Wehrmacht die eigene Bourgeoisie vertrieben und unterstützte den revolutionären Kampf der griechischen Partisanen (in EAM und ELAS[34] organisiert) gegen die eigene Bourgeoisie und gewährte ihnen nach der Niederlage Asyl. Die zwei Organisationen wurden von den Kommunisten geführt und von der KPJu unterstützt.

Thalheimer wandte sich nun keineswegs gegen die Sowjetunion; vielmehr sah er auch 1948 durchaus ein gemeinsames Interesse der Werktätigen der kapitalistischen Welt mit der Sowjetunion; aber die Kampfmethoden müssten naturgemäß verschieden sein: »Das Interesse des internationalen Klassenkampfes der Arbeiterklasse fällt in der gegenwärtigen Periode (März 1948) im allgemeinen zusammen mit der maximalen militärischen, wirtschaftlichen und politischen Stärkung der Sowjetunion und der Staaten der Sowjetsphäre. Aber die Einheitlichkeit des Zwecks schließt die Verschiedenheit der Mittel und Wege zu diesem Zweck nicht für die Arbeiterklasse der verschiedenen Länder aus, ja, erfordert sie, und hier ist es wiederum, wo durch übermäßige und verkehrte Uniformierung häufig Fehler von den kommunistischen Parteien begangen werden.«[35]

---

[33] Siehe ImÜ, Oktober 1947, Nr. 3, S. 248-249.
[34] EAM: Ethniko Apeleftherotiko Metopo = Nationale Befreiungsfront. ELAS: Ethnikos Laikos Apeleftherotikos Stratos = Nationale Volksbefreiungsarmee.
[35] Siehe ImÜ März 1948.

2.13 Komintern und Kominform

Dem Niedergang des von der Stalin-Führung instrumentalisierten, staatlich verordneten und finanzierten Internationalismus steht ein qualitativ völlig anderer freiwilliger Internationalismus gegenüber, der oben erwähnt wurde. Die staatliche Solidarität beinhaltete meist auch Einflussnahme auf Strategie und Taktik der einheimischen Revolutionäre. Bei den Freiwilligen kam das nicht in Betracht.

Aufstieg und Zerfall der Komintern zeigen besonders deutlich die Faktoren, die auf internationalistische Aktivitäten wirken, und die noch zu lösenden neuen Probleme organisierter internationaler Zusammenarbeit. In der revolutionären Welle am Ende des Ersten Weltkriegs hofften die Bolschewiki auf die Solidarität der Werktätigen Europas, die die Isolierung Sowjetrusslands durch die kapitalistische Welt aufbrechen würde, und auf die ansteckende Wirkung ihres Sieges. Der militärische Erfolg der Roten Armee nach vier Jahren kapitalistischer Intervention veranlasste zu der Vorstellung, mittels der Roten Armee die Revolution in Nachbarländern initiieren oder wesentlich stärken zu können. Der Erfolg in Russland verführte manche dazu, die besonderen Faktoren zu verallgemeinern und die Oktoberrevolution zu dem (einzigen) erfolgreichen Revolutionsmodell zu erklären. Lenin widersprach dem mehrfach und sehr deutlich. Nach der Niederlage der Revolutionsversuche in Zentraleuropa zog man auf dem 4. Weltkongress der Komintern die Lehren und suchte nach einer langfristigen politischen Strategie zur Gewinnung der reformistisch dominierten Mehrheit der Werktätigen der kapitalistischen Industrieländer; dafür entwickelten die geistigen Führer der Komintern die Einheitsfronttaktik. Diese Strategie konnte nur auf längere Sicht zum Erfolg führen.

Der Generations- und Führungswechsel in der Sowjetunion nach Lenins Tod (24. Januar 1924) fiel mit einer ökonomischen Krise zusammen. Schritt für Schritt wurden den außer-russischen Bruderparteien Souveränität und geistige Eigenständigkeit genommen, und sie wurden zu verlängerten Armen der herrschenden Fraktion in der KPdSU. Das führte in einem längeren Prozess zu absurden politischen Verrenkungen, zu häufigen, von Moskau vorgegebenen Wendungen, zu katastrophalen Entscheidungen. Wenige Beispiele müssen genügen. Auf dem VII. Weltkongress der KI, ihrem letzten, 1935 und auf der »Brüsseler« Konferenz der KPD, die fast gleichzeitig bei Moskau stattfand, wurde eine neue Wendung angeordnet: die Volksfront. Gleichzeitig wurde der Kampf gegen alle kommunistischen Abweichler verschärft. Die Moskauer Schauprozesse, in denen die führenden Köpfe der kommunistischen Bewegung in der Sowjetunion und die Emigrationsführungen der polnischen, ungarischen und anderer Parteien vernichtet wurden, vertieften die Krise der Bewegung und stießen in ihrer ungeheuerlichen Verlogenheit und Brutalität viele Anhänger ab. Zugleich sank auch der weltpolitische Kredit der SU auf den Nullpunkt.

Zwischen 1935 und 1939 wurden einige Versuche unternommen, die linken Gruppen, die sich zu einer unabhängigen marxistischen Position bekannten, international zusammenzufassen (Internationale Front der Werktätigen gegen den Krieg). Nach den Niederlagen der Werktätigen in Europa (Machtübergabe an die NSDAP 1933, Niederlage des Wiener Aufstands 1934, Niederlage der spanischen Werktätigen 1939) und angesichts des herannahenden Krieges konnten diese Versuche nicht mehr zum Erfolg führen.

Die Auflösung der Komintern 1943 durch J.V. Stalin setzte den Schlussstrich des langen Niedergangsprozesses. Sie diente dazu, die Sowjetunion bei den westlichen Demokratien des Zweiten Weltkriegs »glaubwürdig« zu machen. Der Auflösungsbeschluss implizierte: Man würde keine revolutionären Bewegungen mehr unterstützen, und die Kominternparteien würden künftig gleichfalls keine revolutionären Ziele verfolgen. Die aktuellen Interessen der Sowjetunion und der KPdSU und die der Arbeiterklassen anderer Länder waren zu unterschiedlich, als dass ein »Generalstab der Weltrevolution« sie hätte ausgleichen können.

Die Kominform-Gründung 1947 litt an dem gleichen Problem; dazu kam, dass auch die kommunistischen Parteien, die aus eigener Kraft die Macht erobert hatten (zuerst Jugoslawien, dann China) ihre eigenen Modelle entwickelten, ihre eigenen Interessen verfolgten und sich der Hegemonie der KPdSU nicht länger unterwerfen wollten. So war das Kominform nur kurzlebig und wurde am 17. April 1956 aufgelöst. In einer Erklärung am 30. Oktober 1956 verzichtete die Sowjetregierung auf den Hegemonialanspruch und bekräftigte das auf einer Konferenz der kommunistischen und Arbeiterparteien mit den sozialistischen Nachbarländern vom 1.-4. Januar 1957 in Budapest. Danach fanden internationale Konferenzen statt: Mitte November 1957 in Moskau, am 24. Juni 1960 in Bukarest und zuletzt im Juni 1969 in Moskau – jeweils mit unterschiedlicher Beteiligung.

Die Gegnerschaft gegen den Stalinschen undemokratischen Zentralismus in der kommunistischen Weltbewegung, die zuerst von Parteien in kapitalistischen Ländern ausging, wurde von den jugoslawischen Kommunisten auf eine höhere Ebene gehoben. Da sie aus eigener Kraft, entgegen den Abkommen der Großmächte in Teheran und Jalta, daher auch ohne jede Hilfe der SU, die faschistischen Armeen vertrieben und die Macht erobert hatten, musste Stalin sie gewähren lassen. Die KPJu erarbeitete sich dann ein eigenes Modell in der Wirtschafts-, Innen-, und Nationalitätenpolitik. 1955 kam N. S. Chruschtschow, Generalsekretär der KPdSU, mit Ministerpräsident Nikolai A. Bulganin nach Belgrad, um sich für Stalins Verhalten zu entschuldigen. In seiner »Geheimrede« auf dem XX. Parteitag der KPdSU 1956 sprach Chruschtschow offen über die Verbrechen der Stalin-Ära. Den polnischen Oktober 1956, die Absetzung der

2.13 Komintern und Kominform

Stalinisten und die Rückkehr von Wladyslaw Gomulka an die Führung akzeptierte Chruschtschow. Dagegen griff fast zur gleichen Zeit die Rote Armee in Ungarn ein, weil die SU den Austritt Ungarns aus dem Warschauer Pakt und einen konterrevolutionären Umsturz fürchtete.

Die Gleichberechtigung der sozialistischen Länder wurde nach der Absetzung von Chruschtschow 1964 durch eine neue Doktrin der begrenzten Souveränität der sozialistischen Staaten abgelöst. Diese hatte Leonid Breschnew formuliert und 1968 gegen die Prager Reformkommunisten praktiziert. Die Souveränität der kommunistisch regierten Staaten, die aus eigener Kraft in der Revolution gesiegt hatten, hätte jedoch unberührt bleiben müssen.

Eine ähnliche Tendenz erhöhter Selbständigkeit zeigte sich in den 1970er Jahren in einigen kommunistischen Parteien Europas und Australiens, die nicht in ihren Ländern regieren: der Eurokommunismus. Die erste Anregung kam wohl von der Führung der KPI, von Enrico Berlinguer (1976). Zwar wurde der Begriff nicht genau definiert; aber man kann sagen, dieser ist eine Absage an das sowjetische (Stalinsche) Modell einer sozialistischen Gesellschaft, eine Distanzierung von der Politik der SU, und ein Verzicht auf den Weg der Revolution. Es ist vielleicht eher eine Position, die der deutschen Sozialdemokratie vor ihrem Bad Godesberger Parteitag von 1959 entspricht. Historisch gesehen bedeutete Eurokommunismus für einige Parteien, u.a. die KPF und die KPI, wie oben erwähnt das Ende ihrer sozialistischen Zielsetzung.

Ein Versuch der KP Chinas in der Mao-Ära, eine neue »Theorie« zu entwickeln und vor allem die Revolutionäre in Entwicklungsländern international unter chinesischer Führung zusammenzufassen, scheiterte. Lin Biao erklärte, das Weltdorf (die Entwicklungsländer) müsse und würde die Weltstadt umzingeln (d.h. gemeinsam bekämpfen). Die »Weltstadt« umfasste die kapitalistische erste Welt und die sozialistischen Länder (außer China), die als sozialimperialistisch bezeichnet und der kapitalistischen ersten Welt zugerechnet wurden. Der Aufruf des Kommunistischen Manifests wurde erweitert und damit seines Klassencharakters entkleidet; er lautete in Lin Biaos Version: Proletarier aller Länder und unterdrückte Völker vereinigt euch! Klassengegensätze in den Entwicklungsländern wurden damit negiert.

Nach 1989/90 war die politische Entwicklung der kommunistischen Parteien sehr unterschiedlich. Einige behielten ihren Namen und spielen zum Teil eine wichtige Rolle (Griechenland, Nepal, Indien, Südafrika). Andere haben ihre Bezeichnung geändert bis zum Verzicht auf das Wort Sozialismus, wieder andere haben sich aufgelöst (Großbritannien, USA). Einige Parteien haben ihren Namen beibehalten, haben aber an Mitgliedern und Bedeutung stark verloren, da es ihnen sehr schwer fällt, die stalinistische Vergangenheit selbstkritisch aufzuarbeiten (BRD, Tschechien, Frankreich). Allmählich bilden sich lockere internationale Verbindungen zwischen den »neuen« Parteien, die sich 1989 umgegründet und umbenannt haben. Eine einigermaßen fest gefügte Internationale im alten Sinne existiert jedoch nicht.

Die Geschichte der Kommunisten und der Kampf der späteren KPD-O-Genossen um Souveränität der KPD wurden ausführlich dargestellt, weil sie paradigmatisch sind. Nicht zufällig wurde hier das Problem der Souveränität kommunistischer Parteien besonders früh aktuell. Die KPD wurde die erste Massenpartei der Komintern außerhalb der Sowjetunion. Sie hatte ihre eigenen theoretischen und organisatorischen Wurzeln schon im marxistischen Flügel der Sozialdemokratie vor dem Ersten Weltkrieg. Die deutschen Genossen beobachteten genau den sichtbaren Prozess der Stalinisierung der kommunistischen Parteien und warnten frühzeitig vor den Gefahren: Ende der politischen Debatte und der innerparteilichen Demokratie, Degradierung zu verlängerten Armen Stalinscher Außenpolitik. Ähnliches gilt für die polnischen Kommunisten. In vielen Ländern bedurfte die Bildung kommunistischer Parteien des historischen Impulses des Sieges der russischen Revolution. Von 1917 an orientierten sich die meisten offiziellen kommunistischen Parteien an der KPdSU und den Wünschen der UdSSR. Beim Beginn der Reformen lockerte sich die Bindung. Mit dem Ende der Sowjetunion 1989 war diese Phase abgeschlossen.

Der Weg der Komintern zeigt die Problematik von Zentralismus und Demokratie internationaler proletarischer Organisationen. Ähnlich wie die KPD-O verhielten sich Kommunisten auch in anderen Ländern. Führende kritische Funktionäre, die vor der politischen Verfolgung in die Sowjetunion geflüchtet waren, wurden in der großen »Säuberung« (1936-38) ermordet.

3. Leistungsbilanz der sozialistischen Bewegung

3.1 Ergebnisse der Oktoberrevolution

Die sozialistische und die kommunistische Bewegung existierten lange vor Stalin und der Stalinisierung der kommunistischen Parteien; sie sind also mit diesem bzw. dieser nicht synonym – eine erste, sehr wichtige Geschichtslüge mancher Historiker ist damit entlarvt. Diese Bewegung wird weiter existieren, wenn Stalin längst der Vergessenheit anheimgegeben ist.

Sozialistische Parteien und Gewerkschaften waren und sind eine große Erziehungsbewegung. Sie haben die arbeitenden Menschen zu bewussten Gesellschaftssubjekten erzogen, ihnen den Wert ihrer Arbeit und ihre Rolle in der Gesellschaft bewusst gemacht, sie zu Selbst- und Klassenbewusstsein erzogen. In einem nun anderthalb Jahrhunderte währenden Kampf haben sie menschenwürdigere Arbeits- und Lebensbedingungen, bessere Löhne, Sozialversicherung mit ihren vier Hauptzweigen, Urlaub, kürzere Arbeitszeiten, verbesserte Volksschulen durchgesetzt – weitgehend gegen den Widerstand der Herrschenden. Diese wurden damit auch erzogen – vielleicht nicht in allen Ländern genügend –, den Wert des arbeitenden Menschen zu schätzen. In diesem (Tages-)Kampf haben sich die Fernziele, die große Vision einer herrschafts- und ausbeutungsfreien, klassenlosen Gesellschaft, der freien Assoziation aller Schaffenden verschoben, entfernt, verändert oder sie wurden von manchen Sozialisten ganz aufgegeben.

Für Eduard Bernstein war schon 1898 die Bewegung alles, das Endziel nichts (mehr). Das war angesichts der Erfolge von Sozialdemokratie und Gewerkschaften verständlich, hatte aber erschreckende Konsequenzen, die Eduard Bernstein nicht gewollt hatte und die er öffentlich ablehnte: Hurrapatriotismus und aktive Kriegspropaganda im Ersten Weltkrieg 1914-1918, Kampf gegen die Revolution 1918, Kapitulation vor dem Faschismus 1933, eine tiefe Spaltung der internationalen Arbeiterbewegung.

Natürlich wäre hier zu differenzieren, denn die zweite Internationale umfasste auch nach der Spaltung im Ersten Weltkrieg eine Vielfalt von Parteien, Menschen, Strömungen, die Austromarxisten um Otto Bauer, die kämpferischen schwedischen und norwegischen Sozialisten, aber auch die dem Kapitalismus ergebenen Deutschen Gustav Noske, Friedrich Ebert sr., Philipp Scheidemann u.a., die »die Revolution hassten, wie die Todsünde«; die behaupteten, mit dem militaristischen und kaisertreuen Staatsapparat eine soziale Demokratie aufbauen zu können.

Soweit der sozialdemokratisch-reformistische Flügel der Arbeiterbewegung. Und was haben die kommunistischen Revolutionäre zustande gebracht? Das kann hier nur stichwortartig aufgelistet werden. Trotz des Siegesgeschreis der bürgerlichen Medien nach 1989 sind einige historische Leistungen der russischen Oktoberrevolution und des sich auf ihr gründenden ersten sozialistischen Großversuchs in der Menschheitsgeschichte zu nennen:

- Beendigung der zaristischen Gewaltherrschaft;
- Beendigung des Ersten Weltkrieges;
- Bauernbefreiung und Agrarreform;
- Alphabetisierung einer analphabetischen Bevölkerung;
- Industrialisierung eines Agrarlandes; und nicht zuletzt:
- Hauptbeitrag zum Sieg über den deutschen Faschismus im Zweiten Weltkrieg.

Besonders letzteres will das deutsche Bürgertum dem Vergessen anheimgeben. Analoges ließe sich über die chinesische und kubanische Revolution sagen.

Lenin und die anfangs führenden Kommunisten anderer Länder sahen in der Sowjetunion nie das Modell für den Aufbau des Sozialismus in anderen Ländern oder gar in der ganzen Welt, sondern waren sich der Einmaligkeit ihres Erfolgs und ihres Weges klar bewusst. Sie verstanden ihre Arbeit als ersten Versuch nicht-kapitalistischer Entwicklung in einem Entwicklungsland und als Gegengewicht gegen die Vorherrschaft des Imperialismus, das den Ausgebeuteten Schutz gegen konterrevolutionäre Interventionen bedeuten würde.

Negative Ergebnisse des Großversuchs nach 72 Jahren sind u.a.:

- Abbau der Räte-(Sowjet-)Demokratie;
- Vernichtung der innerparteilichen Demokratie und Debatte;
- Entmachtung der Gewerkschaften, Zerstörung der sozialen Gegengewichte gegen den Staatsapparat und die Planungsbürokratie;
- Bürokratisierung und Überzentralisierung der Planung und Verwaltung;
- Vernichtung des undogmatischen Marxismus;
- Innenpolitischer und innerparteilicher Terror (Begründung: Verschärfung des Klassenkampfes nach dem Sieg des Sozialismus!) mit ihrem Höhepunkt in den Moskauer Prozessen 1936-38;
- Überhastete, einseitige Industrieentwicklung;
- Zwangskollektivierung;
- »Bolschewisierung« = Zerstörung der kommunistischen Parteien außerhalb der Sowjetunion.

Die negativen Ergebnisse stellten sich in einem längeren Prozess der Stalinisierung der KPdSU ein, der noch weiter marxistisch zu untersuchen ist. Schä-

3.2 Deformation und Niedergang der kommunistischen Parteien

fer (1991) sieht als »Grundmerkmal« der in der Stalinära entstandenen Gesellschaftsform die »totale Unterwerfung des gesamten gesellschaftlichen Lebens, des Ökonomischen, des Politischen und des Geistigen unter eine staatsbürokratische Spitzeninstanz und deren Führer«. Die Art und Weise des Zerfalls des so genannten realexistierenden Sozialismus in Europa zeigt, dass diese Gesellschaftsform schon länger keine Massenbasis mehr hatte, am wenigsten, so will es scheinen, bei den Werktätigen. Die tausendjährige Herrschaftstradition des Patriarchats, die Verachtung von Minderheiten, die (klein-)bürgerliche Lebens- und Konsumweise pflanzten sich auch im Sozialismus fort. Im Endeffekt wurde weniger gegen gesellschaftliche Missstände in allen Bereichen gekämpft als gegen die Versuche, sie öffentlich zu diskutieren.

Nach dieser durchaus durchwachsenen Leistungsbilanz der beiden Hauptflügel der sozialistischen Bewegung fragen wir: Wie sähe der Kapitalismus aus, wie die Lebensbedingungen der arbeitenden Menschen ohne den Kampf der 150 Jahre, ohne Gegengewichte, ohne die Furcht der Kapitalisten vor Revolutionen, ohne den bisherigen Wettbewerb der Systeme? Gäbe es irgendwelche Errungenschaften, auf die die Herrschenden so stolz hinweisen, ohne dieses 150-jährige Ringen, ohne Streiks, Massendemonstrationen, blutige Kämpfe, Revolutionsversuche und Revolutionen?

3.2 Ursachen der Deformation und des Niedergangs der kommunistischen Parteien

Warum konnte der Stalinismus dominieren und am Ende zur Zerstörung eines großartigen Versuchs und einer Hoffnung vieler Millionen Unterdrückter auf eine bessere Welt führen? Liegen die Ursachen im Stalinismus? Ist dieser eine Deformation des Kommunismus? Oder liegen die Ursachen schon bei Lenins Idee von der Partei neuen Typs, dem bolschewistischen Parteimodell, und seiner Propaganda für Revolution und Diktatur des Proletariats? Oder gar schon bei Marx und Engels, weil diese den Ausgebeuteten eine Utopie als Ziel versprachen?

Rosa Luxemburg (1917/18) kritisierte Lenins Organisationsprinzipien. Das wird oft zitiert. Aber sie verwies auch auf die Isolierung der russischen Revolution, weil die revolutionäre Solidarität der deutschen Arbeiterklasse mit ihrem hohen Klassenbewusstsein und ihrer industriellen Erfahrung ausblieb – eine historische Mitschuld der revolutionsfeindlichen Sozialdemokratie. Das freilich wird kaum zitiert. Hinzu kommt die von den Bolschewiki erkannte sozialökonomische und kulturelle Rückständigkeit, das Fehlen demokratischer Erfahrungen und Institutionen im brutal-reaktionären Zarenreich. Und in einem vierjährigen Bürgerkrieg intervenierte die gesamte kapitalistische Welt, wurde die Wirtschaft weiter zerstört, wütete der weiße Terror, der den roten Gegenterror, aber auch internationale Solidarität hervorrief. In Revolution und Bürgerkrieg wurden die besten Kräfte von Partei und Arbeiterklasse dezimiert.

Weltpolitische Quarantäne (cordon sanitaire gegen die Infektion des Kommunismus!), ökonomischer Boykott und Ausschluss vom Technologie-Transfer behinderten den Aufbau in der Sowjetunion. Die international erfahrenen Führer der Bolschewiki erhofften ihre Befreiung aus der Isolation und Hilfe beim Aufbau durch die Revolutionswelle in West- und Zentraleuropa 1918/1919. Nach deren Misserfolg hoffte man auf die Kolonialvölker des Ostens (1. Kongress der Völker des Ostens in Baku 1920). Da diese Hoffnungen sich nicht erfüllten, setzten die auslandserfahrenen Bolschewiki und ihre Verbündeten außerhalb Russlands auf eine Strategie des langen Atems, der allmählichen Überzeugung der Mehrheit der Werktätigen der kapitalistischen Länder von der Richtigkeit der kommunistischen Ziele durch die Einheitsfrontpolitik. Nach Lenins Tod 1924 setzte Stalin seine Konzeption des »Sozialismus in einem Lande« durch: Nur Verlass auf die eigenen, unermesslichen Ressourcen, Autarkie, Selbstisolierung, Degradierung der selbständigen kommunistischen Parteien durch »Bolschewisierung« zu verlängerten Armen der Sowjet-Außen- und Stalinschen Innen- und Fraktionspolitik.

Die immer wieder erarbeiteten alternativen Entwicklungsstrategien wurden zu rechten und linken Abweichungen von der allein richtigen und nicht anzuzweifelnden Generallinie erklärt, ihre Vertreter ausgegrenzt, geschmäht, ausgeschlossen, des Landes verwiesen, schließlich in den Moskauer Schauprozessen (1936-38) und in der übrigen Welt, sofern erreichbar, physisch liquidiert. Stalin »erweiterte« den Marxismus zum Marxismus-Leninismus, dogmatisierte Marx und Lenin, interpretierte und verfälschte beide, um sich selbst zum einzigen Interpreten zu ernennen. Aus einer Anleitung und einem Instrument zu kritischer Analyse aller Gesellschaften, auch sozialistischer, verkam der Marxismus so zur Legitimations»wissenschaft« für eine zufällig und temporär dominierende Gruppe. Antithesen wurden verboten; damit wurde die Höherentwicklung zur Synthese verhindert. Der Marxismus erstarrte zu einer Sammlung ewiger Wahrheiten.

Nur wenn verschiedene Konzeptionen und Ideen zugelassen sind und den Mitgliedern der Partei vorgetragen werden, gibt es eine echte Debatte, in der Argumente erwogen und die Fehler korrigiert werden können. Ohne die »Abweichungen« entsteht aber auch keine kluge und einigermaßen kontinuierliche Generallinie, sondern Eklektik, häufige extreme Wendungen, von oben verordnet, nicht diskutiert, also nicht gedanklich verarbeitet, nur einstimmig akklamiert und immer weniger in die Tat umsetzbar und umgesetzt.

3.2 Deformation und Niedergang der kommunistischen Parteien 59

In dieser Wandlung zur »stahlharten, monolithischen Partei«, die durch Bolschewisierung zur Revolution befähigt werden sollte, erstarrten die kommunistischen Parteien. Anfangs waren sie Magneten für die besten, opferbereiten Menschen aus der Arbeiterklasse und der Intelligenz, für die ein Parteimaximum beim Einkommen galt. Sie formulierten die Interessen und Ziele der Klasse, erwarben sich ihr Vertrauen und die Führung. 1921 begann der Generalsekretär Stalin, 15.000 leitenden Instrukteuren und ihren 60.000 Familienmitgliedern Privilegien zuzuteilen; eine neue Schicht entstand, wenn auch aus der Arbeiterklasse hervorgegangen. In der überschnellen Industrialisierung kamen die neuen Techniker, Ingenieure, Direktoren dazu. Bilden sie schon eine neue Klasse im Marxschen Sinne, wie Djilas (1957) meint? Mit der Entwicklung einer überzentralisierten, undemokratischen Planwirtschaft bleibt zwar das Staatseigentum an den Produktionsmitteln erhalten. Aber die neue Bürokratie entscheidet über die Verwendung des Mehrwerts, während die Produzenten keine selbständige Interessenvertretung gegenüber der Planungsbürokratie haben. Das führt langfristig zur Entfremdung der Produzenten von ihrem Staat und von ihrem Betrieb. – Vielleicht muss der Klassenbegriff für postkapitalistische Gesellschaftssysteme neu, anders definiert werden.

Partei und Staat wurden immer enger verflochten; die kontrollierende, geistig führende Rolle der Partei als Vordenkerin schwand. Aus Vorhut und Vorbild wurde sie zur Karriereleiter und Privilegienverteilerin, den Werktätigen allmählich entfremdet. Hierarchie führt zur Gerontokratie. Deng Xiaoping nannte das (1980) »eine der Plagen unseres Systems, eine seiner Schwächen«, einen strukturellen Mangel. Die Reformversuche von Nikita S. Chruschtschow ab 1954 und von Michail S. Gorbatschow ab 1985 wurden von der Nomenklatura nicht unterstützt, vielmehr behindert und schließlich verhindert. Als die KPdSU gefordert wurde, zeigte sie keine Eigenaktivität mehr. Gorbatschows Bemühungen nach 1985, die Partei zu verjüngen und zu reaktivieren, blieben erfolglos. Die Partei – angeblich monolithisch – löste sich in ihre Bestandteile auf: Führende Teile der Nomenklatura versuchten einen dilettantischen Putsch im August 1991; Boris Jelzin und sein Anhang schwammen auf der antikommunistischen und antidemokratischen Welle und machten einen erfolgreichen und folgenreichen Staatsstreich im Dezember 1991. Unter dem Beifall der kapitalistischen Führungsmächte, ohne das Volk zu fragen, lösten sie die Sowjetunion auf und führten den Kapitalismus ein. Denn dieser soll angeblich alle ökonomischen und sozialen Probleme schnell lösen, viel schneller als die Strategie Gorbatschows. Die durch Glasnost und Perestrojka befreiten Intellektuellen flohen vor den gigantischen Aufgaben. Die Mitgliedermassen (18 Millionen vor Beginn der Austrittswelle) traten aus oder nahmen resignativ Jelzins Parteiverbot zur Kenntnis, das später aufgehoben wurde.

Ähnlich verliefen die Prozesse in vielen anderen realsozialistischen Ländern, nicht jedoch in der VR China, Vietnam, Nordkorea und Kuba. In der DDR zerfiel die SED in neun Zehntel Austritte, Resignierte, Überläufer, Wendehälse und ein Zehntel andere; letztere wiederum sind teils Veteranen, die den Zusammenbruch nicht mehr verstehen, teils unbelehrbare Stalinisten, teils lernwillige Mitglieder, die an einem sich erneuernden Sozialismus mitarbeiten wollen.

Einige Faktoren und Symptome des Prozesses des Niedergangs lassen sich vorläufig benennen, andere werden zu untersuchen sein:
- Abbau der innerparteilichen Demokratie;
- Ungleichgewicht in der Komintern bei ihrer Gründung, Übergewicht der KPdSU;
- aus Sorge um die Einheit der Partei und die Erhaltung der Sowjetunion überzogene Parteidisziplin gerade der Alternativdenker, Fetischisierung der Partei;
- Verflechtung von Partei und Staat;
- Bildung und Abschottung eines materiell privilegierten Parteiapparats; Unterwerfung und Unterwürfigkeit abhängiger KP-Funktionäre außerhalb der SU, Verzicht auf aktive, kritische Solidarität.

Und wo liegen die Ursachen des Niedergangs oder Rückschlags des reformorientierten Projekts der Sozialdemokraten? Im Verzicht auf jedes Fernziel, im Rückzug auf »das Machbare, das Mehrheitsfähige«, im Sich-Abfinden mit der kapitalistischen Gesellschaft. Die negative Bilanz des reformistischen Weges der deutschen Sozialdemokratie darf über der Kritik am Stalinismus nicht vergessen werden.

3.3 Die ungelösten Probleme

Was bleibt? Das neue bürgerliche Weltbild ist sehr einfach, wie eingangs erwähnt. Es ignoriert die fortdauernde Existenz des von Kommunisten regierten Chinas mit 1,3 Milliarden Menschen, von Vietnam (85 Millionen), Nordkorea (23 Millionen) und Kuba (11 Millionen), von sozialistischen und kommunistischen Parteien in vielen Ländern. Einige kommunistische Parteien kapitalistischer Länder sind von größerer Bedeutung, so die erwähnten Parteien in Südafrika, in drei Teilstaaten Indiens, in Nepal, auf den Philippinen, in Japan. Alle befinden sich in einem schmerzhaften Prozess des Wandels, manche sind im Begriff, sich vom Marxismus zu verabschieden. Und es bleiben eine Menge Probleme beim Übergang vom »real existierenden Sozialismus« zum real existierenden Kapitalismus in all den Ländern, deren Bevölkerung sich ihm voller Hoffnung zuwandte. Eine Krise ist in einigen Transformationsländern Osteuro-

3.3 Die ungelösten Probleme

pas bereits deutlich zu erkennen. Es bleiben die Probleme der hochindustrialisierten Länder des Kapitalismus, ferner die der kapitalistischen Entwicklungsländer, in denen die große Mehrheit – zwei Drittel – der Menschheit lebt. Wir beginnen mit dem Alltäglichen und Nächstliegenden, aber oft Verdrängten.

Man spricht vom Wohlfahrtsstaat und von der Zweidrittelgesellschaft und impliziert damit, dass es den zwei Dritteln gleich gut gehe. Das dritte Drittel wird ausgeblendet, marginalisiert, an den Rand gedrängt, möglichst ignoriert. Dabei wächst diese Schicht ständig durch die sozioökonomische Entwicklung. Die gewaltige Spanne der Einkommen und damit der Unterschiedlichkeit der Lebensverhältnisse bei den zwei Dritteln, die zu einer sozialen Polarisierung führt, wird nicht erwähnt und schon gar nicht ausgemessen. Das Wort ist also ein Euphemismus, eine Verschleierung der sozialen Realität.

Die »Marktwirtschaft« löst mitnichten alle Probleme oder auch nur alle materiellen Probleme; sie hat weiter ihre schweren Krisen. Im ersten Jahrzehnt des neuen Jahrhunderts zeigt sie sich als umfassende Kapitaloffensive gegen alle sozialen Errungenschaften und den Lebensstandard der Werktätigen; ständige Arbeitslosigkeit von Millionen Menschen legt ein beträchtliches Potenzial brach, führt zur Erniedrigung, Lähmung, schließlich zur Demoralisierung, obwohl wichtige gesellschaftliche Aufgaben nicht erledigt werden. Ich erwähne nur die Brutalisierung der Lebensverhältnisse (Gewalt, Kriminalität), eine Folge der zunehmenden Ausgrenzung, aber auch des Fehlens einer aktiven Arbeiterbewegung, die die Ausgegrenzten in den Klassenkampf integriert und ihnen Solidarität erweist. Die zunehmende Massenverelendung, das Fehlen sinnvoller Perspektiven und die Angst vor der Zukunft tragen, bedingt durch die Schwäche der Arbeiterbewegung und ihrer Kulturorganisationen, zu einer Entsolidarisierung der Werktätigen bei, wie sie die Bourgeoisie wünscht; sie führen zu jener Brutalisierung der Lebensbedingungen, die vor allem in den amerikanischen Großstädten weit fortgeschritten ist. Der Gegenschlag der Herrschenden und ihrer Medien richtet sich gegen alle erreichten und erkämpften Werte und Rechte.

Spricht man in Europa von der Zweidrittelgesellschaft, so muss man in vielen Entwicklungsländern von einer Einzehntelgesellschaft sprechen, in der neun Zehntel menschenunwürdig leben und arbeiten sowie oft betteln müssen. Offenbar löst der Kapitalismus diese sozioökonomischen Probleme nicht.

Nehmen wir dann die Welt als Ganzes und ignorieren das unterversorgte Drittel der hochindustrialisierten Länder, so hat das angeblich so erfolgreiche kapitalistische Weltsystem eine Einachtelgesellschaft geschaffen, in der auf verschiedenen Wegen, u.a. Ressourcenkonzentration und unfaire terms of trade, ein großer Teil des von den Arbeitenden der Entwicklungsländer erzeugten Mehrwerts in den Bankkonten weniger Tausend Millionäre und weniger hundert, multinationaler Unternehmen akkumuliert wird.

3. Leistungsbilanz der sozialistischen Bewegung

Wir sind weit davon entfernt, in einer sozial und ökonomisch geordneten Welt zu leben. Von den politischen Katastrophen des Kapitalismus – zwei Weltkriege, Faschismus in zahlreichen Ländern, Konzentrationslager in Deutschland und den besetzten Ländern, weitgehende Vernichtung der deutschen und europäischen Juden – und von den sozialen und soziokulturellen Folgen des »normalen« kapitalistischen Entwicklungsweges habe ich noch gar nicht gesprochen. Dazu kommen die ökologischen Probleme, der verschwenderische Umgang des Kapitalismus mit den natürlichen Ressourcen und der Umwelt (siehe dazu Kap. 8!). Auf alle diese globalen Fragen gibt es verschiedene Antworten, für jedes Problem mehrere Lösungen – kapitalistische und nicht-kapitalistische, nämlich sozialistische.

4. Die neuen Herausforderungen

Die Weiterentwicklung des Kapitalismus hat alte Probleme verdeutlicht und neue geschaffen, die dringend nach einem neuen Internationalismus rufen. Für unsere Fragestellung sind folgende Hauptmerkmale und Entwicklungen der Weltpolitik und Weltwirtschaft bedeutsam.

1. Die ökonomische Vernetzung der kapitalistischen Großunternehmen zu transnationalen Konzernen ist weit fortgeschritten. Dabei bleiben begrenzte politische und ökonomische Interessenunterschiede zwischen den kapitalistischen Mächten bestehen. Die neue Informationstechnologie und die Möglichkeiten des Massentransports haben diese Entwicklung unterstützt und zugleich den Kapitalisten ermöglicht, Lebensstandard-Unterschiede zwischen den Werktätigen verschiedener Länder auszunutzen und diese gegeneinander auszuspielen. Gleichzeitig ist die Bourgeoisie bemüht, einen neuen Nationalismus und Nationalismen zu erzeugen und den Werktätigen beizubringen, dass an der »notwendigen« Senkung ihres Lebensstandards Klassengenossen in anderen Ländern schuldig seien. Die erhöhte Produktivität der menschlichen Arbeit dient nicht der Verkürzung der Arbeitszeit, was der erhöhten physischen und nervlichen Belastung entsprechen würde, sondern führt zu Massenentlassungen, erhöhtem Druck auf die Arbeitenden, zur Schaffung eines großen Niedriglohnsektors, der die Kapitaloffensive, den radikalen Abbau der sozialen Sicherungen, die Aushöhlung der Tarifverträge und die völlige Deregulierung des Arbeitsmarktes erleichtert.

2. Die europäische Arbeiterbewegung ist ideologisch und organisatorisch geschwächt. Mit der Modernisierungspolitik der Führungen von SPD und Labour Party hat der Reformismus in zwei wichtigen Industrieländern sein historisches Ende erreicht. Die meisten kommunistischen Parteien Europas sind in den Untergang, die Selbstzerstörung des real existierenden Sozialismus von Ostberlin bis Wladiwostok hineingezogen worden. Sie hatten sich mit wenigen Ausnahmen der »Bolschewisierung« unterworfen, waren zu Instrumenten der sowjetischen Außenpolitik geworden. Als die Reformbewegung nach Stalins Tod begann, haben sie die Reformversuche abgelehnt und zum Teil bekämpft.

3. Die nach 1945 wieder erstandene II. Internationale ist nur ein Schatten ihrer Vergangenheit. Sie kann nicht als wirksames Organ zur gemeinsamen Förderung proletarischer Interessen angesehen werden. Der Antikommunismus hat sich bei der SPD-Führung verstärkt und verfestigt. Nach 1945 hat dieser zu einer Kooperation mit der interventionistischen Politik der Bundesregierung geführt. Das zeigte sich bei der Frage der Remilitarisierung, im Kalten Krieg (des

Ostbüros der SPD) gegen die DDR, im Kampf gegen die KP in und nach der Nelkenrevolution 1974 in Portugal. Dort wurde mit Mitteln aus Bonner Geheimfonds die Sozialistische Partei von Mario Soares aufgebaut, die dann die Konsolidierung der Herrschaft der Bourgeoisie betrieb. Der harte Antikommunismus der SPD-Führung entspricht nicht dem Denken der Basis. – Die freien Gewerkschaften bilden zwar einen internationalen Dachverband und internationale Berufssekretariate; diese haben aber bisher nur wenig internationale Solidarität in den gewerkschaftlichen Kämpfen entwickelt. Vielmehr haben die Gewerkschaften der einzelnen Länder – wenn überhaupt – nur die Interessen ihrer Mitglieder vertreten.

Eine Ausnahme bilden die Internationale Transportarbeiterföderation (ITF) und die in ihr organisierten Seeleute, die internationale Solidarität erfolgreich praktizieren. Weder der Kommunismus noch der Reformismus ist heute international auf die alte Weise vernetzt.

4. Es gibt auch Gegensätze zwischen kapitalistischen Staaten, z.B. zwischen den USA und Irak, zwischen USA und Iran. Ebenso gibt es Gemeinsamkeiten zwischen den Ölexportländern Venezuela und Iran.

Es gibt aktiven internationalen Klassenkampf. Das gilt für faschistische Mächte, z.B. Deutschlands und Italiens Intervention im Spanischen Bürgerkrieg, aber auch für kapitalistische Demokratien. Von den vielen Beispielen seien nur einige genannt:

- Deutsch-französische Aktion gegen die Pariser Kommune 1871
- Internationale Intervention im russischen Bürgerkrieg 1917-1920
- Intervention der britischen Armee im griechischen Bürgerkrieg 1945
- Kooperation der US-Okkupation mit der besiegten japanischen Bourgeoisie 1945 gegen die revolutionären Aktionen der Arbeiter
- Hilfe der USA für Chiang Kai-shek 1945-1949
- US-Förderung des Separatismus von Taiwan
- Sturz der Links-Regierung in Guatemala 1957
- Hilfe der USA für den Militärputsch gegen die Volksfrontregierung in Chile 1973
- Intervention der USA in Kambodscha (1979) zusammen mit Thailand, England und China
- Intervention der USA in Grenada, indirekte Einmischung in Nicaragua (1979-1990)
- Unterstützung der USA für den Putschversuch in Venezuela 2003
- zahlreiche Mordversuche an Fidel Castro
- internationale Unterstützung für die langjährige Blockade Kubas
- internationale Förderung separatistischer »Bewegungen« in der VR China (Tibet, Uiguren).

4. Die neuen Herausforderungen

Der heutige Imperialismus hat neue Formen der Beherrschung gefunden. Scheinselbständige Regierungen werden etabliert, deren Apparate von den imperialistischen Mächten »beraten« werden. Internationale Institutionen – Weltbank, Weltwährungsfonds – dienen neben den transnationalen Konzernen der ökonomischen Kontrolle. Die ökonomischen Unternehmen des Kapitalismus erstreben immer größere Einheiten, bilden internationale Konzerne. Um ihre Herrschaft zu erleichtern, fördern sie die kleinsten nationalen Unterschiede. So kam es nach Titos Tod dank der intensiven Intervention der deutschen Regierung – wie erwähnt – zur Zerstörung Jugoslawiens, zur erneuten Balkanisierung des Balkans, zum Krieg zwischen Nationalitäten, die unter der Führung der KPJu gemeinsam gegen den Faschismus gekämpft und dann 45 Jahre friedlich zusammengelebt hatten. Unter deutschem Einfluss wurde die CSR aufgeteilt. Die kapitalistischen Mächte fördern den Separatismus im Nordwesten der VR China und unterstützen den Dalai Lama, wollen Tibet »unabhängig« machen.

5. Die führenden kapitalistischen Mächte haben das gemeinsame Ziel, die vier sozialistischen Länder zu bekämpfen. Ebenso versuchen sie, sozialen Reformbemühungen Schwierigkeiten zu bereiten. Es besteht eine kapitalistische Klassensolidarität in der Weltpolitik. Die militärischen und politischen Aktivitäten der westlichen kapitalistischen Mächte dienen der Festigung des kapitalistischen Weltsystems und der Sicherung wichtiger Rohstoffe; sie werden ideologisch verschleiert als Kampf für Demokratie und Menschenrechte, als Zusammenstoß der Kulturen.

6. Die neue Militärtechnologie ermöglicht größere Zerstörungen materieller Güter, richtet sich verstärkt gegen die Zivilbevölkerung, erhöht die Profite des militärisch-industriellen Komplexes. Kriege werden nicht mehr zwischen den kapitalistischen Industriestaaten geführt; zwischen ihnen hat sich eine Hierarchie herausgebildet und eine mehr oder weniger willige militärische Zusammenarbeit und weitgehende Klassensolidarität.

5. Weltpolitische Kräfteverhältnisse zu Beginn des 21. Jahrhunderts

Vereinfacht können die fast 200 Staaten der Welt in drei Gruppen gegliedert werden, die jedoch nicht völlig homogen sind, wie noch zu zeigen sein wird:
- Die industrialisierten Länder (G7)   709 Mio. Einwohner = 11,4%
- die kapitalistischen Entwicklungsländer   4.217 Mio. Einwohner = 66.1%
- die nicht-kapitalistischen Entwicklungsländer
    1.399 Mio. Einwohner = 22,5%

In der zweiten Gruppe suchen einige (z.B. Bolivien, Venezuela) einen nichtkapitalistischen Entwicklungsweg. Die dritte Gruppe bilden die vier sozialistischen Inseln im kapitalistischen Ozean: VR China, Vietnam, DVR Korea, Kuba. Die Welt ist vielfältig und infolgedessen die Weltpolitik multipolar.

5.1 Der Zusammenbruch des Ostblocks – die Welt bleibt multipolar

Die Selbstzerstörung des real existierenden Sozialismus von Ostberlin bis Wladiwostok 1989/90 hat das bipolare Gleichgewicht der Großmächte aufgelöst. Zugleich hat der Zusammenbruch des Ostblocks das Selbstverständnis des US-Imperialismus, der Führungsmacht der kapitalistischen Staaten, verstärkt, sie seien die einzige verbliebene Weltmacht, der Kapitalismus nun das einzig effiziente, das allein verbleibende Gesellschaftssystem. Die Bourgeoisie der USA sei Weltpolizist mit der historischen Mission, US-Demokratie und Menschenrechte in der ganzen Welt mit allen Mitteln durchzusetzen, notfalls auch mit militärischer Gewalt und Auftragsmord an hinderlichen Politikern.

Weitere ideologische Argumente lieferten Francis Fukuyama (1993), der das Ende der Geschichte konstatierte, und Samuel Huntington, der eine Konfrontation der Kulturen diagnostizierte, in der »der Westen« die überlegene Kultur zu verteidigen habe. Die US-Außenministerin Condoleezza Rice sah das US-Militär als stark genug an, zwei große Kriege gleichzeitig siegreich führen zu können.

Es ging und geht in Wirklichkeit um drei Hauptziele: die Beherrschung der wichtigsten Rohstoffquellen, die Eindämmung und Zurückdrängung sozialistischer Alternativen, den Kampf gegen alle revolutionären und reformerischen Bewegungen. Die Methoden des Imperialismus sind vielfältig, erschöpfen sich nicht in der traditionellen militärischen Okkupation. Dazu gehören Einsetzung

5.1 Der Zusammenbruch des Ostblocks – die Welt bleibt multipolar

»demokratischer« Puppenregierungen, zivile und militärische Beratung, ökonomische Beherrschung, Kredite von Weltbank und Weltwährungsfonds mit ihren Bedingungen.

Nach den vielen konterrevolutionären Eingriffen und Interventionen, nach Guantanamo, Abu Ghraib, den europäischen Foltergefängnissen der CIA, bedürfen die hehren Ziele Washingtons keiner Debatte. Die Strategieziele des US-Imperialismus und ihre Ideologie sind ahistorisch; ihre Realitätsferne erweist sich gerade gegenwärtig an den drei Kriegsschauplätzen: Balkan (Kosovo), Afghanistan und Irak.

Zbigniew Brzezinski, Sicherheitsberater von US-Präsident Jimmy Carter von 1977-1981, schrieb 2001 über die einzigartige Machtposition der USA: »Im Gegensatz dazu [zum englischen Empire] ist der Geltungsbereich der heutigen Weltmacht Amerika einzigartig. Nicht nur beherrschen die Vereinigten Staaten sämtliche Ozeane und Meere, sie verfügen mittlerweile auch über die strategischen Mittel, die Küsten mit Amphibienfahrzeugen unter Kontrolle zu halten, mit denen sie bis ins Innere eines Landes vorstoßen und ihrer Macht politisch Geltung verschaffen können. Amerikanische Armeeverbände stehen in den westlichen und östlichen Randgebieten des eurasischen Kontinents und kontrollieren außerdem den Persischen Golf. Der gesamte Kontinent ist von amerikanischen Vasallen und tributpflichtigen Staaten übersät, von denen einige allzu gern noch fester an Washington gebunden wären.« (Brzezinski 2001: 41)

Für die VR China sah er »eine Phase politischer Unruhen« voraus, die »die politische Führung wie auch die Wirtschaft in eine schwere Krise stürzen: damit scheinen selbst die chinesischen Spitzenpolitiker zu rechnen«. (ebd.: 235) Am Ende seiner geostrategischen Skizze schreibt Brzezinski: »Vor diesem Hintergrund wird Amerikas Status als führende Weltmacht in absehbarer Zeit – für mehr als eine Generation – wohl von keinem Herausforderer angefochten werden. Kein Nationalstaat dürfte sich mit den USA in den vier Schlüsselbereichen der Macht (militärisch, wirtschaftlich, technologisch und kulturell) messen können, die gemeinsam die entscheidende globale politische Schlagkraft ausmachen. Außer einer bewussten oder freiwilligen Abdankung Amerikas ist in absehbarer Zeit die einzig reale Alternative zur globalen Führungsrolle der USA die internationale Anarchie. So gesehen kann man zu Recht behaupten, dass Amerika, wie Präsident Clinton es ausdrückte, die für die Welt unentbehrliche Nation ist.« (ebd.: 278)

Die USA hätten – so glaubten führende Vordenker – »die Kraft und Willensstärke, eine unipolare Welt zu führen und die Regeln der Weltordnung festzulegen«. Die wenigen Jahre seit Brzezinskis Prophezeiungen haben nicht nur keine friedliche Weltordnung herbeigeführt, sondern neue Kriege. Scheler (2004: 46) marxistischer Philosoph und Friedensforscher aus der DDR, beurteilte sie so:

»Sie sind Kriege für die globale Vorherrschaft der Metropolen des Kapitalismus über die übrige Welt, Gewaltinstrument eines neuen Imperialismus.«

Als selbsternannte Weltpolizei stellt sich die US-Bourgeoisie über alles Völkerrecht, ignoriert UN-Beschlüsse, verlangt für ihre Soldaten einschließlich der angeheuerten Söldner volle Immunität auch gegenüber dem Internationalen Gerichtshof in Den Haag, den die USA mit installiert haben. Die USA führen die NATO, die ihre Mitgliedschaft nach 1989 weit ausgebaut hat, insbesondere in Richtung der Grenzen Russlands im Westen und Süden, gegen die VR China in Ostasien. Das genügt den USA nicht; sie versuchen die Ausdehnung auf Japan, Australien und Neuseeland und fordern die militärische Hilfe der Verbündeten auch außerhalb des eigentlichen Geltungsbereichs der NATO. Zwar wollte die BRD an den Erfolgen und Profiten der US-Militärs teilhaben; aber angesichts der drohenden Niederlage im Irak versuchte man vorsichtig, Distanz von den USA zu gewinnen. Dennoch wird vor allem die logistische Hilfe fortgeführt, ohne die die Interventionen der USA im Nahen Osten viel schwieriger, vielleicht undurchführbar wären.

Die deutsche Bourgeoisie, 1945 militärisch geschlagen, wurde zuerst von den Siegermächten zur Entmilitarisierung verurteilt. In einem schnellen Prozess wurde die BRD zur stärksten Militärmacht des Kontinents und zum bevorzugten Verbündeten und Helfer der USA. Im Herbst 2007 hat die US-Regierung beschlossen, ein Afrika-Kommando einzurichten, das ein intensives militärisches Engagement in Afrika organisieren und leiten wird. Diese Kommandozentrale wird in und um Stuttgart stationiert. Die BRD wird damit als Hauptstützpunkt der US-Militärlogistik weiter ausgebaut.

Für Marxisten war 1945 klar, dass die Rekonsolidierung des deutschen Kapitalismus, die von den Westmächten voll unterstützt wurde, die Remilitarisierung nach sich ziehen würde. Die SPD-Führung war von Anfang an im Westen entschieden antikommunistisch und antisowjetisch und hat daher bald die Remilitarisierung akzeptiert. Die freien Gewerkschaften waren gespalten.

Eine analoge Entwicklung fand in Japan statt. Die von den USA oktroyierte Verfassung erlaubte nur Selbstverteidigungkräfte. Längst ist das vergessen, und die USA drängen auf Verfassungsänderungen, weil Japan der wichtigste Verbündete im Pazifik geworden ist. So wurden hier und dort die Kriegsallianzen umgekehrt; es zeigt sich wieder: Kapitalistische Klassensolidarität ist stärker als Kriegsfeindschaft.

Die Hoffnungen Washingtons auf den Anschluss Russlands an den »Westen« sind zerstoben; daher wird die Kritik an Russland verschärft, werden die militärischen Vorposten immer näher an Russland vorgeschoben – entgegen den Abmachungen von 1989. Ferner schuf George W. Bush eine Allianz mit Indien als Gegengewicht gegen Russland und die VR China. Dafür wurde – ent-

5.1 Der Zusammenbruch des Ostblocks – die Welt bleibt multipolar

gegen dem Vertrag über die Nichtweiterverbreitung von Atomwaffen – Indien 2006 die großzügige Lieferung von Nukleartechnologie und -material zugesagt. Nach längerem Tauziehen hat Premier Manmohan Singh im Sommer 2008 das Veto der Kommunisten mit einer neuen Konstellation im Parlament überwunden und das Abkommen mit den USA abgeschlossen. Indien wird damit zur anerkannten Atomwaffen-Macht.

Als die US-Macht im unaufhaltsamen Aufstieg schien, folgten die mittelgroßen kapitalistischen Staaten willig ihrer Führung. Im Niedergang lässt die Willigkeit der NATO-Partner merklich nach. Die weitere Politik, die gesuchte »neue Strategie« ist schwer vorauszusagen. Ein Sieg im Mittleren Osten ist höchst unwahrscheinlich. Washington hat zwei Möglichkeiten: Eingeständnis der Niederlage und Truppenabzug, wie vom Iran fast als Vorbedingung von Verhandlungen angeboten (Anfang Dezember 2006) – oder Ausdehnung des Krieges auf den Iran. Letztere Alternative könnte einen Flächenbrand in der Region auslösen, der auch die engsten US-Partner erfassen würde (Saudi-Arabien u.a.). Auf die historische Einsicht der Bourgeoisie ist nach aller Erfahrung nicht zu setzen. Nur ein dauernder, sich verstärkender Massenprotest, wie im Vietnam-Krieg, könnte den Rückzug der USA vorantreiben. Sozialisten und Pazifisten in der BRD müssten den Protest in den USA unterstützen; die Forderungen müssten sein: keine Auslandseinsätze der Bundeswehr, keine logistische Hilfe für die Pläne des US-Militärs!

Es scheint, dass einige Verbündete der USA im Fernen Osten beginnen, die Realitäten zu erkennen und das kommunistische China als eine stabile Großmacht zu begreifen. Der neue australische Premierminister Rudd (Führer der australischen Labour Party seit Ende 2007) beginnt, sich von der engen Militärkooperation mit den USA zu distanzieren und die Beziehungen zur VR China zu verbessern. Japans Ministerpräsident Yasuo Fukuda und sein Nachfolger Taro Aso taten das gleiche – und das vorsichtig, da die USA große Militärstützpunkte in Japan unterhalten. In Taiwan wurde die Regierung abgewählt, die die Unabhängigkeit der Insel anstrebte.

Sehr viele der kapitalistischen Entwicklungsländer waren früher in der Blockfreienbewegung zusammengeschlossen. Deren lose Nachfolgeorganisation traf sich zur Konferenz im Oktober 2006 in Havanna und bestimmte Hugo Chávez als Nachfolger von Fidel Castro in der Führung. Die ökonomischen und politischen Interessen der Mitglieder sind äußerst unterschiedlich, oft gegensätzlich. Es verbindet die meisten von ihnen der Wunsch, die Bevormundung durch die kapitalistischen Industrieländer aufzuheben, doch nur wenige sind dazu imstande.

Eine regionale Allianz bildet sich in Lateinamerika: Kuba, Venezuela, Bolivien, Brasilien, Argentinien, Ecuador, und Chile, vielleicht Uruguay. Gemeinsam ist das Interesse, sich gegen die ökonomische und politische Dominanz der USA zu wehren. Ihre ökonomische Ausgangslage und Strategie sind nicht völlig gleich. Gewisse Gemeinsamkeiten sind erkennbar; bei dem Projekt einer lateinamerikanischen Energieschiene bestehen aber auch Interessenunterschiede. Venezuelas ökonomische Dominanz mag die Vorbehalte verstärken. Die außenpolitische Isolierung und ökonomische Blockade Kubas wird durch den »Linksruck« im Subkontinent Südamerika wesentlich gelockert.

Dank ihres Erdölreichtums könnten z.b. Venezuela und Iran eine gemeinsame Front auf dem Weltmarkt bilden. Jedoch erzeugen die außenpolitischen Verbindungen und Bindungen der Regierungen in Teheran und Caracas große Bedenken bei anderen Dritte-Welt-Ländern. Chávez und etwas zurückhaltender Evo Morales haben sich mit der Nahost-Politik der Teheraner Regierung solidarisiert. Davon distanzierte sich z.B. Ernesto Kirchner, bis 2007 Präsident Argentiniens, der vor einiger Zeit dank der Hilfe aus Caracas seine internationalen Schulden zurückzahlen konnte.

Im Mittleren Osten entwickelt sich mit der wahrscheinlichen Niederlage der USA im Irak und in Afghanistan eine neue imperialistische Regionalmacht: Iran. Neben dem alten Konflikt Israel-Palästina entstehen neue Konfliktlinien. Vielleicht verbinden sich Syrien und Iran; Iran übernimmt die Kontrolle des Irak und erweitert seinen Einfluss unter dem Banner der Shia, deren religiöse Glaubensbrüder in den anderen arabischen Ländern zur Unterstützung des iranischen Regionalimperialismus aufrufen werden. Damit würde sich die Konfliktlinie zu den anderen islamischen Staaten der Region verdeutlichen. Saudi-Arabien hat sich zum Schutzpatron aller Sunniten, vor allem im Irak, erklärt. Eine solche Entwicklung würde die Huntington-These vom Zusammenprall der Kulturen und den Kampfbegriff Islamismus infrage stellen. Verbindend bliebe nur der Wunsch vieler arabischer und islamischer Staaten, Israel von der Landkarte zu streichen, der wenig realistisch ist, aber einen Flächenbrand provozieren könnte.

Eine theoretische Frage ist, wie man die gegenwärtige Herrschaft im Iran definieren kann. Keßler (2006) spricht vom islamischen Faschismus und stellt damit eine Parallele zum Austro- und Klerikalfaschismus her. Hegasy und Wildangel (2004) halten diesen Begriff für »historisch nicht korrekt«. Gewisse Merkmale des Faschismus lassen sich konstatieren: imperialistische Zielsetzung (unter religiösem Mantel), Verdrängung der fundamentalen sozialen Probleme zugunsten der Aufrüstung, innenpolitische Reaktion, militärische und finanzielle Förderung des Kampfes gegen den Staat Israel (Hisbollah im Libanon, Hamas in den Palästinensergebieten), Antikommunismus, brutale Vernichtung der (kommunistischen) Tudeh-Partei, Antisemitismus, Leugnung der Verbrechen des deutschen Faschismus.

5.1 Der Zusammenbruch des Ostblocks – die Welt bleibt multipolar

Einige Fragen bleiben: Würde die iranische Regierung Israel vernichten, wenn sie es denn könnte? Kann man die Politik Teherans mit dem Vernichtungswillen des deutschen Faschismus gleichsetzen? Der deutsche Faschismus hat trotz der Appeasement-Politik der »demokratischen« Mächte den Zweiten Weltkrieg initiiert. Kann aus dem temporären Erfolg der iranischen Regierung ein Flächenbrand oder gar ein dritter Weltkrieg entstehen? (Siehe zu Iran auch Kap. 7.3)

Indien ist eine weitere Großmacht, die allmählich die wirtschaftliche Stagnation mit einer kapitalistischen Entwicklungsstrategie überwindet. Der Dauerkonflikt mit Pakistan um Kaschmir schwächt Indien. Das Land wird umworben von den USA und der VR China. Der seit 1962 schwelende Konflikt mit der VR China wird schrittweise überwunden. In Südasien ist die VR China zur ökonomisch und politisch führenden Macht geworden. (Über die weltpolitische Rolle und Außenpolitik Chinas siehe Kap. 6.)

Bis zum Zusammenbruch der UdSSR wurde die verstärkte Aufrüstung vor allem der USA und der BRD mit der sowjetischen Bedrohung begründet. Trotz der Overkill-Kapazitäten von atomaren und nuklearen Waffen verschiedener Reichweiten, in der Tiefe gestaffelten Lagern von Nuklearwaffen von der BRD bis ins Innere der USA einerseits und Russlands andererseits, dreht sich die Rüstungsspirale weiter. Bei allen »Nachrüstungen« und ähnlichen Begründungen ging es angeblich um die Erhaltung des »Gleichgewichts des Schreckens«, das den Frieden sichere und die »böse« Sowjetunion davon abgehalten habe, ganz Europa zu überrollen.

Die Regierungen des deutschen Kapitalismus haben zwei Weltkriege angefangen – im Glauben an Überlegenheit und Blitzsieg; dennoch sprachen ihre Regierungen nach 1945 von der Bedrohung durch den nun zusammengebrochenen Ostblock. Auch danach geht die Aufrüstung weiter, und die deutsche Armee agiert nun in fernen Ländern – als »Friedensmacht«.

Parallel zur immer weitergehenden Rüstung laufen auf mehreren Gleisen seit Jahren Abrüstungsverhandlungen, Entspannungskonferenzen und ähnliche Veranstaltungen, die vor allem die besorgte Bevölkerung beruhigen und dem Gegner den Schwarzen Peter zuschieben sollen. In begrenztem Ausmaß dienen sie auch dem Informationsaustausch und dem Kontakt zwischen den Großmächten. Damit soll ein Kriegsbeginn aufgrund technischen Versagens, aufgrund von Irrtum oder eines Missverständnisses vermieden werden. Ein absichtlicher Krieg kann so nicht verhindert werden. Offensichtlich hat es nach 1945 keinen Frieden gegeben, und in einer Welt ohne Sowjetunion gibt es mehrere regionale Kriege.

Die Vereinten Nationen sind wichtig als Forum der zwischenstaatlichen Gespräche. In größeren Konflikten, in denen die Interessen der großen Staaten betroffen sind, sind sie nicht imstande, Kriege zu verhindern. Die USA anerkennen die Autorität der UN nur dann, wenn ihre Beschlüsse den Interessen der USA entgegenkommen. Daneben (und dagegen) wurde 2008 in Washington der Plan erwogen, neben der NATO eine »Liga der Demokratien« mit den Staaten zu bilden, die die Weltpolitik der USA unterstützen; die Planer rechnen mit etwa 60 Ländern, die dieser Liga angehören würden.

5.2 Pazifismus und Arbeiterbewegung

Traditionell hat die internationalistische Linke mit den Pazifisten im Allgemeinen zusammenzuarbeiten versucht, obwohl ihre Ziele und Methoden distanziert betrachtet und als zu wenig konsequent angesehen wurden. Nur die revolutionären Pazifisten in dieser heterogenen Bewegung waren dafür, die Krise der Gesellschaft, die sich im militärischen Abenteuer äußert, für ihre Umwälzung auszunutzen. In Deutschland standen sie den Kommunisten nahe.

Drei Entwicklungen vor dem Zweiten Weltkrieg haben dem mehr ethischen Pazifismus auf der Linken teilweise den Boden entzogen:
1. Der deutsche und internationale Faschismus hätte für seine Expansionspolitik vom Pazifismus in anderen Ländern profitiert. Und natürlich waren die meisten Pazifisten Gegner des Faschismus und hofften auf seine Niederlage.
2. Viele hitlerfreundliche und antikommunistische Politiker in den westlichen demokratisch-kapitalistischen Ländern kleideten ihre Kompromissbereitschaft gegenüber Hitler in das Gewand des Pazifismus.
3. Das einzige sozialistische Land, die Sowjetunion, war notgedrungen auch zu einer Militärmacht geworden. Kein Kommunist wollte eine SU ohne Rote Armee herbeiwünschen.[36]

Die Identifizierung der kommunistischen Parteien mit herrschenden Regierungen in sozialistischen Ländern und ihre Beteiligung an Koalitionsregierungen kapitalistischer Länder haben den traditionellen Antimilitarismus zurückgedrängt; dieser wird überwiegend von unabhängigen marxistischen Gruppen fortgeführt. Die kommunistischen Parteien beschränkten sich häufig auf Unterschriftensammlung und bedeckte Mitwirkung an der Friedensbewegung bei deren Aktionen. Diese Bewegung hat aber in der BRD und einigen Nachbarländern starken Widerhall gefunden und Millionen mobilisiert, vielleicht viele von ihnen zum ersten Mal. Sie entspricht einer sehr weit verbreiteten Stimmung der Kriegsgegnerschaft, der Angst vor der nuklearen Vernichtung. Sie umfasst einen überproportionalen Teil von Angehörigen der abhängigen Mittelschicht,

---

[36] Die folgenden Abschnitte nehmen Gedanken des Autors aus einem längeren Beitrag in Sozialismus 9-1984 auf.

5.2 Pazifismus und Arbeiterbewegung

auch junge Arbeiter, vielfältigste Gruppen und Organisationen in loser Koordination. Umso erstaunlicher ist, dass diese derartige Massen mobilisieren und ihre Aktionen organisieren können.

Die Friedensbewegung hat sich weitgehend zur Gewaltlosigkeit und zur Einhaltung der Gesetze verpflichtet, deren Auslegung und Anwendung jedoch in erster Linie vom Verfassungsminister und von den Justizorganen bestimmt werden. Sie beschränkt sich auf Demonstrationen, Menschenketten, Zufahrtsblockaden. Konfrontation mit der Polizei soll möglichst durch vorherige Verhandlungen vermieden werden. Eine Mobilisierung der Arbeitenden an ihren Arbeitsplätzen und in ihren Gewerkschaften ist bisher nicht im Aktivitäts-Programm der Bewegung vorgesehen. Was gewaltlos und legal ist, wird von den herrschenden Institutionen bestimmt. Diese verfolgen eine Doppelstrategie: mit der Bewegung verhandeln; die Grenzen des legal Zulässigen einengen; wo Prominente und Medien anwesend sind, sanft vorgehen; an anderen Stellen hart eingreifen. Erkennungsdienstliche Behandlung von Demonstranten, Warnungen und Verwarnungen an Angehörige des öffentlichen Dienstes, Unternehmerdrohungen gegen Arbeitsruhe, Bußgeldbescheide, Wasserwerfer sind die unterschiedlichen Instrumente. Sitzstreik wird zur Nötigung erklärt, eventueller Proteststreik oder gar Generalstreik zur ungesetzlichen Aktion gegen legale Mehrheitsbeschlüsse des einzig demokratisch legitimierten Gremiums, des Bundestags.

Bei den Gewerkschaften gab es in der Protestbewegung gegen die Remilitarisierung der Bundesrepublik zwei Haupttendenzen. Die IG Druck und Papier, viel undeutlicher die IG Metall, ÖTV, HBV, GEW forderten, auch Arbeitsniederlegungen bis zum Generalstreik gegen die Raketenstationierung vorzubereiten. Der Vorstand der IG Chemie hat sich zuerst entschieden dagegen ausgesprochen und sich dann hinter dem DGB-Aufruf zu 5 Minuten Arbeitsruhe gestellt. Den Befürwortern der Generalstreikparole war klar, dass dazu ideologische und organisatorische Vorarbeit großen Ausmaßes und langer Dauer notwendig ist. Der DGB-Beschluss – 5 Minuten Arbeitspause – war ein Begräbnis zweiter Klasse. Aber auch die Friedensbewegung hat bisher weitgehend darauf verzichtet, die Betriebe zu mobilisieren und umfassende Arbeitsniederlegungen zu fordern und vorzubereiten. Sie steht der Masse der organisierten Gewerkschafter (noch) fremd und distanziert gegenüber.

Nun wird es kaum marxistische Kritiker geben, die der Gewalt seitens der Demonstranten das Wort reden. Aber diese exzessive und unkritische Akzeptanz des staatlichen Gewaltmonopols und seiner aktuellen Auslegung, der Verzicht auf umfassende Arbeitsniederlegungen macht die Herrschenden zugleich zu Schiedsrichtern, verzichtet auf die wirksamsten Strategien des außerparlamentarischen Kampfes, sichert damit der Regierung die gefahrlose Durchsetzung ihrer lebensgefährlichen Politik, ersetzt politischen Druck durch juristische Schriftsätze. Es kann wohl kaum Zweifel geben, dass die Regierung bei dieser Strategie den längeren Atem behält, während bei der Friedensbewegung die Frustration unausweichlich ist. Wenn den Herrschenden die Entscheidung überlassen wird, ob und wann das Widerstandsrecht der Verfassung in Anspruch genommen werden darf, wird dieses vollends zur Farce. Diese staatsfromme Haltung und Akzeptanz der Vorschriften der Herrschenden beinhaltet Kapitulation und Niederlage. Der Niedergang der Ostermarschbewegung sollte zum Nachdenken anregen. Der Bundestag repräsentiert nicht den Wählerwillen in dieser lebenswichtigen und lebensbedrohenden Frage.

So wichtig die bisherige breite Mobilisierung durch die Friedensbewegung war und ist – und keine politische Partei hat diese erstrebt und erreicht –, so sehr scheint ihr eine langfristige Strategie und politische Zielsetzung zu fehlen. Ihre historische Einschätzung der Gewaltlosigkeitsstrategie Gandhis dürfte falsch sein; diese hat nicht die Unabhängigkeit Indiens erkämpft. Unter bundesdeutschen Verhältnissen einer umfassenden und bestens zur massiven Repression ausgerüsteten Staatsorganisation ist sie wohl noch weniger wirksam.

5.3 Der Klassencharakter der sozialistischen Länder

Unter sozialistischen Ländern verstehe ich hier die Länder, die durch eine genuine, eigenständige Revolution die Kapitalistenklasse abgeschafft haben (Sowjetunion, Jugoslawien, VR China, Kuba, Vietnam, Nordkorea) und jene, in denen der Sieg (auswärtiger) kommunistischer Armeen schließlich gleichfalls zur Beseitigung des Kapitalismus geführt hat (Polen, DDR, CSSR, Ungarn, Rumänien, Bulgarien, Albanien, Laos, Kambodscha).

Vor allem wird hier die Sowjetunion als das erste Land mit einer siegreichen und sich langfristig behauptenden sozialen (proletarischen) Revolution analysiert. Der Klassencharakter der SU ist umstritten: War der real existierende Sozialismus Staatskapitalismus, Staatssozialismus, Übergangsgesellschaft? Wenn letzteres – Übergang wohin?

Eindeutig ist, dass das Privateigentum an den gesellschaftlich wichtigen Produktionsmitteln abgeschafft wurde. Die Kapitalisten wurden als Klasse ökonomisch liquidiert und damit politisch entmachtet. Sie wanderten aus, starben im Bürgerkrieg oder wurden in neue Aufgaben übernommen und integriert. Es kann sich also nicht um privatkapitalistische Gesellschaften handeln. Aber weder wurde die klassenlose Gesellschaft errichtet, noch eine demokratische Assoziation freier Produzenten geschaffen. An die Stelle der chaotischen, kapitalistischen Profitwirtschaft trat die Planwirtschaft, zentral und direktiv gelenkt, (noch) ohne Mitwirkung der Produzenten. Ein planmäßiger Entwicklungsstart

5.3 Der Klassencharakter der sozialistischen Länder

eines unterentwickelten Landes wurde eingeleitet, Grund und Boden wurden verstaatlicht. Die Massen der Kleinbauern wurden formal freiwillig in wenige Kollektivwirtschaften zusammengefasst. Damit wurde der bis dahin atomisierte Agrarsektor in die Planwirtschaft integriert und sein Faktorbeitrag zur Industrieentwicklung abgefordert. Der anfangs starke Aufschwung wurde durch Krieg und einige innenpolitische Krisen unterbrochen, flachte aber allmählich ab. Das Bildungswesen wurde stark ausgebaut, die sekundären Bildungswege für Arbeiter- und Bauernkinder weit geöffnet, der Analphabetismus beseitigt, ein Sozialversicherungssystem geschaffen.

In der Innenpolitik war die erste, revolutionäre Phase gekennzeichnet durch offene Diskussionen, die Existenz mehrerer Parteien, den Aufbau und die Legalisierung der Räte (Sowjets), Experimente in Kunst und Literatur sowie recht freie Kritik an der Regierung. In der Stalin-Ära wurde die proletarische Demokratie formal überhöht in der neuen Sowjetverfassung. In der Realität wurden ihre Ansätze und Keime in der brutalsten Weise liquidiert und alle kritischen Kommunisten, auch potenzielle Kritiker, vernichtet. Das geschah auf allen Ebenen und in allen Bereichen, in den Sowjets, den Gewerkschaften, den Betrieben und Kollektivwirtschaften, in den Forschungsinstituten, in der Roten Armee, in der KPdSU. Nach 1953 – Stalins Tod – kam es zu einer beträchtlichen Liberalisierung und Reformversuchen, die mit Unterbrechungen bis 1989 fortgeführt wurden.

Es gibt zwar, wenn wir den Begriff im klassisch-marxistischen Sinne gebrauchen, keine antagonistischen Klassen mehr (Kapitalisten und Arbeiter), die sich durch private Verfügung über und Eigentum an den Produktionsmitteln unterscheiden. Aber die führende Schicht entscheidet über die Verwendung des Mehrwerts ohne effektive Mitentscheidung der Produzenten. Sie genießt gewisse Privilegien, die nicht unbedingt mit der Erfüllung ihrer Funktionen zusammenhängen, und versucht oftmals, diese an ihre Kinder weiterzugeben. Die soziale Offenheit der neuen Funktionärskader nach der Revolution ist weitgehend, nicht völlig verschwunden und durch eine Verfestigung der Schicht, eine deutliche Stratifikation ersetzt worden. Thalheimer sieht in seiner letzten Arbeit (1947) die positiven Aspekte der sozialen Transformation, die Abschaffung der Arbeiterklasse, die Annäherung der Arbeiter- und Bauernklassen, den Abbau ihrer Rolle als Klassen an sich (wie sie objektiv in ihrem Verhältnis zu anderen Klassen existieren). Als Klasse für sich, die entsprechend ihrem Bewusstsein kollektiv handelt, ist die Arbeiterklasse jedoch verschwunden: »Alle ihre Organisationen: Sowjets, Gewerkschaften, Genossenschaften, Partei usw. sind ihr entfremdet, sind aus Mitteln ihrer Selbstbestimmung und Selbsttätigkeit zu Mitteln der Fremdbestimmung und der befohlenen, erzwungenen Tätigkeit von oben und außen geworden ... Und es bedarf keines besonders tiefen Nachdenkens, um zu finden, dass die Atomisierung der Arbeiterklasse und die Verselbständigung der Regierungsmaschine ihr gegenüber in Wechselwirkung stehen, wobei aber die Initiative von der Regierungsmaschine ausgeht. Ähnliches gilt von den Kollektivbauern.« (49-50)

Sehr scharfsinnig wird der Zustand analysiert, der nicht zur klassenlosen Gesellschaft im marxistischen Sinne geführt hat, obwohl einige negative Vorbedingungen dafür erfüllt seien. Denn die positiven Bedingungen seien abgebaut oder vernichtet worden. Thalheimer erklärt die ungeheuren Spannungen in der SU aus dem Widerspruch zwischen »der breiten Masse der Arbeiterklasse und der anderen werktätigen Klassen, die aufgrund des Aufbaus des Sozialismus gewachsen« seien, während große Teile des Partei- und Sowjetapparates sich rückentwickelt hätten oder entartet seien. Stalin habe zwar den Aufbau in der Sowjetunion geleitet, was positiv war, wenn auch mit negativen Momenten – vor allem eine auf die Spitze getriebene Bürokratisierung von Partei und Staatsapparat. Jetzt würden die negativen Seiten dominieren.

Er definiert »Stalin und seine Clique« nicht als »eine besondere gesellschaftliche Klasse«. Dieser Kreis müsse von der Führung von Partei und Staat entfernt werden: »Dieser historisch notwendige Prozess kann sich in der Sowjetunion als einem Staate, in dem die Arbeiterklasse herrscht und der Sozialismus durchgeführt wird, auf dem Wege der Evolution vollziehen, es bedarf dazu keiner neuen Revolution, das heißt nicht der gewaltsamen Beseitigung der in der Sowjetunion herrschenden Klasse durch eine andere Klasse. ... Eine neue, streng hierarchisch gegliederte (führende) Oberschicht hat sich herausgebildet. Wir gebrauchen ausdrücklich den neutralen Ausdruck ›Schicht‹, um der unendlich viel diskutierten Frage, ob es sich um eine neue ›Klasse‹ handle, aus dem Weg zu gehen. Mit ihr haben sich führende Elemente der Kommunistischen Partei mit Elementen aus der bürgerlichen Intelligenz, aus der Bourgeoisie selbst und aus der ehemaligen zaristischen Bürokratie verschmolzen.«[37] (48)

Thalheimer sieht also 1947 die Beseitigung der erstarrten Bürokratie nicht als einen revolutionären Systembruch, sondern hält diese im sozialistischen System für möglich, die Reform als system-immanent. Nach 1989 ist diese Hoffnung durch die Wirklichkeit »widerlegt«. Der Marxsche Klassenbegriff ist vielleicht nur für kapitalistische Gesellschaften brauchbar; für nachkapitalistische Gesellschaften müssten daher neue Begriffe geprägt werden.

Die Stalinschen Methoden des sozialistischen Aufbaus, z.B. der »sozialistische Wettbewerb« unter den Arbeitern, haben zu dieser Entwicklung beigetragen und die Trennung der Behörden von den Werktätigen ermöglicht. Dieser

---

[37] Thalheimer (1946/8), Über die Kunst der Revolution ..., erstmals vollständig veröffentlicht 2008.

5.3 Der Klassencharakter der sozialistischen Länder

Prozess habe nicht – wie offiziell gelehrt werde – zu einer klassenlosen Gesellschaft geführt, vielmehr in die entgegengesetzte Richtung, nämlich: »Eine Entfernung von ihr [von der klassenlosen Gesellschaft] durch den fortschreitenden, auf die Spitze getriebenen Abbau der Selbsttätigkeit, des bewussten kollektiven Handelns der Arbeiter und Bauern und ihre Unterstellung unter eine mächtige Regierungs- und Staatsmaschine, die aus ihrer Mitte hervorgegangen ist, sich aber ihnen gegenüber verselbständigt hat, und in deren Hand alles bewusste kollektive Handeln konzentriert ist. – Oder anders ausgedrückt: Eine Reihe der negativen Bedingungen für die klassenlose Gesellschaft sind erfüllt oder nähern sich der Erfüllung, die positiven Bedingungen dafür sind abgebaut, aufgehoben, vernichtet worden.« (1947, S. 50/51)

Während die ökonomischen Voraussetzungen für eine sozialistische Gesellschaft allmählich (!) entstehen, geschaffen werden, werden die politischen Voraussetzungen beseitigt, nämlich alle Ansätze einer Demokratie der Werktätigen.

Welche Perspektiven ergeben sich daraus? 1947 sieht Thalheimer zwei Möglichkeiten: Erstens Umkehrung des Prozesses der Atomisierung der Arbeiterklasse, ihrer Zerstörung als Klasse für sich: »Die Umkehrung kann nur erfolgen, wenn die atomisierten Arbeiter ein selbstbestimmendes und kollektiv handelndes Ganzes werden im Widerstand und Kampf gegen die allmächtige Staatsmaschine. Nur dieser Kampf kann die politische Vorbedingung schaffen für die klassenlose sozialistische Gesellschaft!« (52)

Thalheimer bleibt aber etwas skeptisch. Er sieht bereits den sozialen Unterschied und den (Interessen-)Widerspruch zwischen den Werktätigen und der sie formal und verbal vertretenden Führungsschicht und antizipiert Widerstand und Kampf, ist aber keineswegs sicher, dass es zu diesem Kampf kommt, der sich um eine radikale Reform des Systems, um die Herstellung sozialistischer Demokratie entfalten müsste. Er sieht eine zweite Möglichkeit; auch der Untergang ist denkbar: »Eine Lösung des Widerspruchs ist auch der Untergang dieses ersten Versuches, in großem Maßstab den Horizont der kapitalistischen Gesellschaft zu überschreiten.« (52/53)

Bei aller Kritik und Warnungen vor der Gefahr der von innen ausgehenden Selbstzerstörung hält Thalheimer am antikapitalistischen Charakter der SU fest und betrachtet sie als Hilfskraft für die internationale Arbeiterklasse: »Die Gegnerschaft der kapitalistischen Umwelt zur SU und der SU zur kapitalistischen Umwelt ergibt sich aus dem Moment der Verneinung des Kapitalismus, das die SU enthält. Und daraus ergibt sich auch, dass die Arbeiterklassen der anderen Länder, soweit sie für den Sozialismus kämpfen, die SU als eine unentbehrliche Hilfskraft im Kampf für den Sozialismus betrachten müssen. Vor allem als eine große, entscheidende militärische Hilfskraft.« (53/54)

Thalheimers solidarische Kritik, seine Warnungen und seine Gedanken zu einer alternativen Politik, die auf die langfristige Identität der welthistorischen Kampfziele revolutionärer Sozialisten hindeuteten, stießen auf taube Ohren bei einer ostdeutschen Führung, die sich auf der von der siegreichen Roten Armee ausgeliehenen und gestützten Macht ausruhte. Sie war nicht fähig und nicht willens, das politische Potenzial der deutschen Werktätigen zu mobilisieren. Stattdessen wurde die Kritik als unmarxistisch, nationalistisch, antikommunistisch, spalterisch usw. verfemt. Thalheimer setzte jedoch die von Rosa Luxemburg initiierte Haltung kritischer Solidarität fort. Kritik und Solidarität gehören hier unauflöslich zusammen. Echte Freundschaft ist ohne Kritik nicht möglich. Die Haltung der SED-Führung war das Gegenteil: Geheuchelte (Schein-)Freundschaft, Unterwürfigkeit gegenüber dem Stalinismus. Das Ende kennen wir: Das Überlaufen führender »Kommunisten« aus den obersten Rängen (dem Politbüro z.B.) ins Lager des siegreichen Kapitalismus. Eine Haltung kritischer Solidarität dürfte auch die einzig angemessene für Sozialisten gegenüber den nach 1989/91 verbliebenen nichtkapitalistischen Staaten (Kuba, Vietnam, VR China, Nordkorea) sein.

Nach der Implosion des ersten sozialistischen Großversuchs von Ostberlin bis Wladiwostok – Thalheimers zweite Alternative wurde Wirklichkeit – ist zu fragen, ob seine Fragment gebliebene Analyse nicht zu vorsichtig war. Faktisch hat schon seit langem die herrschende Schicht allein über die Verwendung und Verteilung des von den Werktätigen produzierten Mehrwerts entschieden, wenn sie auch nicht formal Eigentümerin der Produktionsmittel war. Jetzt aber haben wesentliche Teile dieser Schicht auch von den Produktionsmitteln Besitz ergriffen und auf das Lippenbekenntnis zum Marxismus(-Leninismus) verzichtet. Vielleicht hatte Djilas schon 1957 Recht, als er von einer neuen Klasse sprach? Soviel zur Innenpolitik und zur Entwicklung der Sozialstruktur.

Die Außenpolitik der SU wurde bestimmt von folgenden drei Faktoren bzw. Faktorenkomplexen:
1. Klassencharakter des Systems
2. Geografische Lage, Größe der Bevölkerung, Naturschätze und andere objektive Faktoren
3. weltpolitische Kräfteverhältnisse.

Mit dem Abstand von der Revolution von 1917 schwindet der Einfluss des ersten Faktors auf die Außenpolitik, die mehr und mehr, nicht ausschließlich vom Großmachtcharakter der SU bestimmt wird, vom Schutzbedürfnis, der Sicherung eines Vorfeldes, der Suche nach weltpolitischen Verbündeten. Daneben unterstützte die SU revolutionäre Bewegungen, wie in Kuba und Vietnam, allerdings bei Priorität für ihre eigenen imperialen (nicht imperialistischen) und Sicherheitsinteressen. Sie verhielt sich außenpolitisch im Allgemeinen weit-

5.3 Der Klassencharakter der sozialistischen Länder

gehend defensiv und wollte keine Risiken der militärischen Konfrontation mit der anderen nuklearen Supermacht eingehen; das schloss militärisches Eingreifen dort nicht aus, wo der »sozialistische Herrschaftsbereich bedroht« erschien.

Dieses »Recht« hatte sie mit der Breschnew-Doktrin von 1968 (nur begrenzte Souveränität sozialistischer Staaten) formuliert, mit der die Intervention gegen den Prager Frühling »legalisiert« werden sollte. Dagegen ist es aberwitzig, der sowjetischen Führung zu unterstellen, sie wolle die Weltrevolution durch militärische Aktionen durchsetzen.

Allgemein können in der Außenpolitik sozialistischer Länder drei Phasen unterschieden werden:
1. Hoffnung auf Beispielwirkung der eigenen Revolution, auf Befreiung aus der Isolierung durch weitere Revolutionen, Ablehnung der Geheimdiplomatie, Unterstützung von Revolutionen und revolutionären Parteien in anderen Ländern.
2. Rückzug auf die eigenen Aufgaben des inneren Aufbaus (Stalins Sozialismus in einem Lande, Self-reliance bei Mao Zedong).
3. Teilnahme an der Weltpolitik, Übernahme der »üblichen« Methoden der Außenpolitik.

Ähnliche Phasen waren und sind auch für die Außenpolitik Jugoslawiens und Chinas zu erkennen. Es bedarf keines Nachweises, dass diese Phasen mit der Entfaltung bzw. dem Niedergang revolutionärer Bewegungen in anderen Ländern zusammenhängen.

Die »sozialistische Ausdehnung« (Thalheimer 1946) während und als Folge des Zweiten Weltkrieges betraf erstens Gebiete, die bis 1917 zu Russland gehört hatten, zweitens Länder und Gebiete, die die Rote Armee in der Verfolgung der Hitler-Armeen eroberte. Die Methode der sozialistischen Ausdehnung wird von Thalheimer (1946) kritisiert, u.a. weil sie »dem spanischen Bürgerkrieg ... durch seine Unterordnung unter die außenpolitischen vermeintlichen oder wirklichen Bedürfnisse der Sowjetunion das Rückgrat gebrochen« hat (S. 22-23).

Das alles wurde 1946 gesagt, als die offiziellen kommunistischen Parteien den begonnenen Kalten Krieg der westlichen Allianzpartner noch totschweigen wollten und die Folgen sowjetischer Besatzungspolitik in Osteuropa bis zur Grenze der deutschen Westzonen nicht begriffen. Zwar gab es keinen dritten Weltkrieg, aber die sowjetischen Werktätigen waren von jeder aktiven Mitwirkung ausgeschlossen und nahmen den Zerfall der UdSSR fast apathisch zur Kenntnis. Und die internationale Arbeiterbewegung, die nach 1917 massiv Solidarität geübt hatte, blieb 1989/90 schweigsam, fast teilnahmslos.

5.4 Was ist Sozialismus?

Der lange Prozess des Niedergangs des Realsozialismus endete 1989/91. Diese Entwicklung stürzte jene kommunistischen Parteien und jene Kommunisten, die im Stalinschen oder Maoschen »Modell« den einzigen Weg zum Sozialismus gesehen hatten, in tiefste Zweifel und trug zum Zerfall vieler dieser Parteien bei. Westliche kapitalistische Historiker erklärten 1993 – wie erwähnt – mit dem eindeutigen Sieg des einzigen effektiven Gesellschaftssystems, des Kapitalismus, die Weltgeschichte für beendet. Die Kapitalistenklasse dieser Minderheit der Weltbevölkerung wollte fortan die unipolare Welt politisch ordnen, »Demokratie« und »Menschenrechte« überall durchsetzen – eine durchsichtige ideologische Verschleierung des neuen Imperialismus. Der Wettbewerb der Gesellschaftssysteme, der die Bourgeoisie der Industrieländer zu einer gewissen Bescheidenheit gezwungen hatte, schien entschieden; einer internationalen Kapitaloffensive schienen Tür und Tor weit geöffnet. Es blieben wichtige kommunistische Parteien in einigen Ländern, sozialistische Reformbestrebungen in Südamerika und vier sozialistische Inseln im kapitalistischen Ozean. Da diese vier Staaten den Weg der ökonomischen Reform beschritten haben, werden sie nun unisono in kapitalistischen Medien als kapitalistisch bezeichnet. Diese Charakterisierung dominiert auch in der europäischen sozialistischen Bewegung in ihrer tiefen Krise, nachdem der Selbstbetrug über Stalinismus und Maoismus ad absurdum geführt worden ist.

Marx und Engels meinten, die volle Entwicklung der Produktivkräfte (durch den Kapitalismus) sei die Voraussetzung für die Machtergreifung des Proletariats und den Aufbau einer sozialistischen Gesellschaft. Die vier sozialistischen Länder sind indes Entwicklungsländer. Also folgern enttäuschte Kommunisten, dass diese Länder für den Sozialismus »nicht reif« seien. Sollten Kommunisten aber, weil die Klassiker faktisch nur sozialistische Bewegungen in den Industrieländern entstehen sahen, deswegen die sich bietende Chance in Entwicklungsländern nicht wahrnehmen? Es bleiben also zwei Fragen: Was ist Sozialismus? Sind diese vier Länder sozialistisch?

Marx und Engels haben keine Blaupausen einer idealen sozialistischen Gesellschaft hinterlassen; sie überließen dies den erfolgreichen Revolutionären. In der Deutschen Ideologie (1845) sagen sie: »Kommunismus ist für uns nicht ein Zustand, der hergestellt werden soll, ein Ideal, wonach die Wirklichkeit sich zu richten haben wird. Wir nennen Kommunismus die wirkliche Bewegung, welche den jetzigen Zustand aufhebt. Die Bedingungen dieser Bewegung ergeben sich aus der jetzt bestehenden Voraussetzung.« (MEW 3: 35)

Sie begrüßten den ersten Versuch der Pariser Kommune (1871). Rosa Luxemburg begrüßte begeistert den Sieg der Oktoberrevolution (1917), übte zugleich

5.4 Was ist Sozialismus?

Kritik an ihren undemokratischen Methoden und meinte im letzten Satz ihres berühmten Essays: »Und in diesem Sinne gehört die Zukunft überall dem ›Bolschewismus‹!« Die Anführungszeichen besagen Luxemburgs Vorbehalt, dass die besonderen Merkmale der russischen Revolution nicht für Revolutionen in hoch entwickelten Industrieländern gelten würden.

Die Bolschewiki hofften auf die Befreiung aus der Rückständigkeit durch die Revolution der Arbeiter und Bauern in den technisch fortgeschrittenen Ländern; Lenin sprach von der »Rückständigkeit im sozialistischen Sinne« und warnte mehrfach davor, die UdSSR als Vorbild, als Modell des Sozialismus für Industrieländer zu sehen. Nach dem Ausbleiben der Revolution im Westen entwickelte er die Neue Ökonomische Politik; ausländische Kapitalisten wurden eingeladen, in der Sowjetunion zu investieren. Dafür wurden ihnen territoriale und finanzielle Konzessionen angeboten. Von diesen wollte man die Technologie kaufen, um die eigene Industrialisierung zu beschleunigen und den Entwicklungsrückstand aufzuholen. Auf dieser Basis – der Übernahme der bisherigen Errungenschaften der bürgerlichen Gesellschaft (auch ihrer politischen Fortschritte) – würde man die sozialistische Gesellschaft schneller aufbauen.

Lenin sprach von Staatskapitalismus in der UdSSR. Dieser Begriff bekommt unter einer kommunistischen Regierung einen völlig anderen Sinn als bei den revisionistischen Theoretikern der SPD. Nach dem Sieg der Revolution geht es darum, dass der von den Bolschewiki beherrschte Staat die wichtigen Produktionsmittel besitzt, kontrolliert, planmäßig entwickelt – sozusagen im Auftrag der entstehenden Arbeiterklasse: »Der Staatskapitalismus, den wir bei uns geschaffen haben, ist ein eigenartiger Staatskapitalismus. Er entspricht nicht dem gewöhnlichen Begriff des Staatskapitalismus. Wir halten alle Kommandohöhen in unseren Händen, wir haben den Grund und Boden ... Das ist sehr wichtig ... und ich muss sagen, dass sich unsere ganze weitere Tätigkeit in diesem Rahmen entwickelt ... Unser Staatskapitalismus unterscheidet sich von einem buchstäblich aufgefassten Staatskapitalismus dadurch, dass der proletarische Staat nicht nur den Grund und Boden, sondern auch alle wichtigen Teile der Industrie in seinen Händen hält.« (LW 33: 413-414)

Bucharin warnte vor einer Verstaatlichung aller Produktionsmittel; es sei völlig ausreichend, wenn man die Kommandohöhen der Wirtschaft beherrsche. Er sah also für eine (längere?) Übergangsperiode das Nebeneinander mehrerer Eigentumsformen voraus. Im Wettbewerb müssten und würden die sozialistischen (staatlichen und kollektiven) Eigentumsformen sich als ökonomisch effizienter und sozial verträglicher erweisen.

Erst J. V. Stalin und dann Mao Zedong dachten, den langen, mühseligen Weg beschleunigen zu können, um das »Endziel« schneller zu erreichen. Thalheimer dagegen warnte schon 1928 vor dieser ahistorischen Vorstellung eines paradiesischen Endzustandes, nachdem er vier Jahre lang die Probleme und Schmerzen des Aufbaus aus der Nähe hatte beobachten können. In seiner Zeit der Mitarbeit in der Programmkommission der Komintern hat Thalheimer davor gewarnt, die Schwierigkeiten des Aufbaus einer sozialistischen Gesellschaft zu ignorieren und einen paradiesischen Endzustand zu entwerfen: »Wir sollten uns hüten, Anlässe zu geben, um die ›vollendete kommunistische Gesellschaft‹ quasi als einen metaphysischen Endzustand erscheinen zu lassen (nach der Art der langweiligen Paradiesvorstellungen). Wir sollen vielmehr stark hervorheben, dass sie der Ausgangspunkt einer neuen gewaltigen Entwicklung der Menschheit ist. Jede Entwicklung vollzieht sich in den Gesetzen der Dialektik, in Widersprüchen also, Widersprüchen auf den neugewonnenen Grundlagen. Auf diese Weise werden wir den philiströsen Beigeschmack des entwicklungs- und widerspruchslosen Endzustandes los, den die Vorstellung der ›vollendeten kommunistischen Gesellschaft‹ in manchen Köpfen erzeugt. Und warum sollen wir hier nicht die schönen und richtigen Formulierungen von Engels verwenden, vom Sprung der Menschheit aus dem Reich der Notwendigkeit in die Freiheit, vom Abschluss der menschlichen Vorgeschichte (Marx), was den Beginn der wirklichen Geschichte der Menschheit als menschlicher Geschichte einschließt. Die klassischen Formulierungen von Engels sind da. Warum sie nicht benützen, wo wir nichts Besseres zu sagen haben.« (1928/1993: 74)

In »Kultur des Sozialismus« (1937/1996: 199-202), geschrieben in Stalins Gefängnis vor seiner Hinrichtung, nennt Bucharin einige Merkmale einer sozialistischen Gesellschaft: »negative« Merkmale seien Freiheit 1. von Ausbeutung, 2. von politischer Knechtung und 3. von kultureller Unterdrückung. Diese müssten dann positiv »ausgefüllt« werden. Er nennt drei Punkte:
1. Erstens die Freiheit, für sich zu arbeiten, die Produktion zu leiten, das Lebensniveau zu heben.
2. Statt politischer Knechtung wird es in der sozialistischen Gesellschaft folgende Freiheiten geben: »Freiheit der Organisation des eigenen Staates, diesen zu leiten, seine Politik in allen Bereichen zu bestimmen, die Freiheit der Selbstorganisation überhaupt (Massenorganisationen der Werktätigen unterschiedlichsten Typs).«
3. Freiheit der kulturellen Selbstbestimmung besteht für Bucharin in Bildung in allen Schulen, außerschulischer Bildung, allen Arten von Kunstgenuss usw.

Ferner behandelt Bucharin die Freiheit der Frauen von Unterdrückung und die individuelle Freiheit. Man sieht die immanente Kritik am Zustand der Sowjetunion in der Stalin-Ära und erkennt die Vorstellungen des Verfassers von einer sozialistischen Zukunftsgesellschaft.

Thalheimer hat sich mehrmals mit dieser Problematik befasst – was ist Sozialismus. In einem Essay (1947/2008) behandelt er die Merkmale einer klas-

5.4 Was ist Sozialismus?

senlosen sozialistischen Gesellschaft und nimmt dabei ausdrücklich die reale Sowjetunion aus. Seine neun Merkmale lässt er nur für eine noch hypothetische, klassenlose, sozialistische Zukunftsgesellschaft gelten.
1. Das Verschwinden der Klassen führt zu einer sozialen Norm.
2. Die Gesellschaft wird nicht mehr durch Gewalt zusammengehalten.
3. »Die Grundlage (der Urgesellschaft) für ein religiös-phantastisches Verhältnis zur Natur« entfällt.
4. Die Blutsbande werden durch die rein rationellen Bande der kollektiven Arbeit ersetzt, die höheres Bewusstsein bedeuten und viel mehr Personen umfassen.
5. Die Individualität der spätkapitalistischen Gesellschaft geht als ein Moment in das kollektive Leben ein.
6. Voraussetzung einer klassenlosen sozialistischen Gesellschaft ist eine hohe gesellschaftliche Produktivität, die für alle ein Lebensniveau über dem physiologischen Minimum garantiert, wobei die obere Grenze beweglich ist.
7. Muße und Freizeit für alle in wachsendem Umfang.
8. Hochentwickelte Formen der Mitteilung sind jedermann zugänglich.
9. Die Fähigkeit zur »Verallgemeinerung in reiner, d.h. begrifflicher Form ist hoch entwickelt«.

Offenbar fehlen diese Grundmerkmale samt und sonders in der UdSSR jener Zeit; diese ist also noch keine sozialistische Gesellschaft. Aber daraus darf nicht gefolgert werden, sie sei kapitalistisch. Warnungen vor einer Überbeschleunigung des Übergangs zum Sozialismus wurden mehrfach formuliert, weil sie die Leidensfähigkeit der Menschen und die Leistungsfähigkeit der Volkswirtschaft überfordern, so von Bucharin und Trotzki in der Kollektivierung in der SU, von Liu Shaoqi, Zhou Enlai und Deng Xiaoping im Maoschen »Großen Sprung nach vorn«. Im Großen Sprung wurden über 125 Millionen Kleinbauern in 26.000 Volkskommunen zusammengefasst; mit primitiven technischen Methoden sollte Stahl produziert werden. Die Idee war, die Sowjetunion auf dem Weg zum vollendeten Kommunismus zu überholen. Ergebnis war eine ökonomische und technologische Sackgasse, deretwegen Mao von seinen Funktionen 1958 »freiwillig« zurücktreten musste.

Im chinesischen Bürgerkrieg gab es die »nationale Bourgeoisie«, die mit den Kommunisten zusammenarbeitete (im Unterschied zur »Kompradoren-Bourgeoisie«). Nach 1949 wanderten Teile der Bourgeoisie nach Taiwan (und Hongkong) aus; aber während der gesamten Mao-Ära (1949-1958, 1965-1976) gab es kapitalistische Unternehmen, auch während der Liu-Ära. Allerdings war es fast nur chinesisches Kapital. Unzweifelhaft gibt es seit der Dengschen Politik der Reform und Öffnung, der sozialistischen Marktwirtschaft mit chinesischen

Merkmalen, mehr Kapitalisten in der VR China, teils Kapital von Auslandschinesen, u.a. aus Taiwan, teils aus anderen Ländern und auch von internationalen Konzernen.

Woran erkennt man nun, ob in der VR China der Sozialismus aufgebaut oder der Kapitalismus wieder eingeführt wird? Diesen Vorwurf erhob schon Mao und die Viererbande gegen alle Reformvorschläge und alle Reformer. Der Vorwurf wird von allen enttäuschten Maoisten aufgenommen und besagt das Gleiche, wie fast alle bürgerlichen Medien; nur sei es eben Kapitalismus ohne »die Demokratie«, die ansonsten zum guten, erfolgreichen Kapitalismus gehöre, diesen begleite. Die Maoisten kennen nur zwei Farben – weiß und schwarz. Früher schien ihnen alles weiß. Mit Maos Tod haben sie nur die Farben ausgetauscht.

Marxisten sollten bei der Beantwortung der Frage vermeiden, von Vorstellungen auszugehen, die in industriell hoch entwickelten Ländern entstanden sind. Die KP Chinas betont stets die chinesischen Merkmale ihres Sozialismus und das frühe Stadium eines sozialistischen Aufbaus, der vielleicht 50 oder mehr Jahre dauern werde.

Diese Merkmale bestehen nicht nur in einer alten Kultur mit all ihren Wirkungen, sondern u.a. auch in folgenden Aspekten:

- ein Entwicklungsland von 10 Millionen qkm mit 1,3 Mrd. Menschen. Das bedeutete 1949 bei Beginn der kommunistischen Regierung im ganzen Land feudale und halbkoloniale Verhältnisse, Großgrundbesitz, Dominanz der Pacht, eine mehrheitlich analphabetische Bevölkerung, wenig Schulen und Universitäten
- äußerst mangelhafte technische Infrastruktur; diese war vor 1949 vor allem in Ostchina und Südchina entwickelt
- eine weitgehend agrarische Ökonomie
- die schwerindustrielle Basis im Nordosten in Händen japanischer Kapitalisten
- eine unterentwickelte Staatsverwaltung, Fehlen wichtiger Verwaltungsinstitutionen (Justiz, Steuer)
- keine Sozialversicherung, kein umfassendes Gesundheitswesen
- eine schwache Zentralregierung, in ständigem Kampf mit mehreren regionalen Kriegsherren, die zum Teil mit dem japanischen Militär zusammenarbeiteten
- zahlreiche exterritoriale »Konzessionen« der Großmächte an der Küste und im Inneren (bis nach Wuhan)
- nach der Besetzung Formosas (1895) durch Japan eine zweite japanische Invasion ab 1937, Bildung des japanischen Puppenstaates Mandschukuo, japanische Okkupation (Städte und Eisenbahnlinien), antijapanischer Krieg bis Sommer 1945

5.4 Was ist Sozialismus?

- eine vorkapitalistische Sozialstruktur (Dominanz der Agrarbevölkerung, kleine Arbeiterklasse, konzentriert in wenigen Großstädten, in denen die ausländischen Mächte Konzessionen besitzen. Die Arbeiter bilden noch eine Klasse an sich – mit geringer technischer Ausbildung und wenig Erfahrung in demokratisch verfassten eigenen Organisationen. Die Gewerkschaften werden von der KPCh »angeleitet«, dienen anfangs als verlängerte Arme der zentralen Planung, noch nicht der Vertretung der Forderungen der Werktätigen gegen die Planung.

Nach dem Sieg über Japan (1945) und über die Guomindang-Truppen (1949) standen die Kommunisten vor vielfältigen Aufgaben, die als nachholende Entwicklung zusammenzufassen sind – bei fast vollständigem Boykott durch die kapitalistische Welt, in der allein die siegreiche, aber ausgeblutete Sowjetunion Unterstützung anbot. Eine Entwicklungsstrategie war zu konzipieren, die den genannten Spezifika entsprach. Was unterscheidet die ökonomische Entwicklungsstrategie von der kapitalistischer Entwicklungsländer?

1. Zentrale Planung, deren Methoden und Bereiche sich mit den Ergebnissen schrittweise ändern. Planung bedeutet Konzentration aller Mittel auf einen oder wenige »strategische« Sektoren, auf denen ein Durchbruch erzielt werden soll, Setzung von Prioritäten: Schaffung einer kulturellen und sozialen Infrastruktur, Alphabetisierung der gesamten Bevölkerung, Volksschulpflicht, Barfußärzte, Auf- und Ausbau von öffentlichem Verkehr, Elektrifizierung, Ausbau der Bewässerung und des Hochwasserschutzes, Aufbau einer Grundstoff- und Schwerindustrie.

2. Kapitalakkumulation im Wesentlichen im Lande; das bedeutet hohe Investitionsquote, niedrige Konsumquote, hoher Faktorbeitrag des Agrarsektors, niedrige Produktpreise, niedrige Lebensmittelpreise, niedrige Löhne. Die Investitionen folgen nicht privaten Profitinteressen und nicht der unmittelbaren Profitabilität, sondern den langfristigen Grundbedürfnissen der gesamten Gesellschaft, sodass alle Bürger gefördert werden. Weitgehende Gleichheit auf niedrigem Niveau in der ersten Periode der Rekonstruktion nach der Zerstörung und Abnutzung der Produktionsmittel im Krieg und Bürgerkrieg – »Kriegskommunismus«. (Die Gleichheit in der Armut wird manchmal als Fortschritt marxistisch verbrämt.) Entfaltung der eigenen materiellen und geistigen Kräfte (»Stehen auf eigenen Füßen«) als Voraussetzung des späteren Verhandelns und Handels mit anderen Volkswirtschaften auf gleicher Augenhöhe.

3. Verstaatlichung der wichtigsten Produktionsmittel, Kontrolle der »Kommandohöhen der Wirtschaft«. Weniger wichtige Sektoren werden in anderen Eigentumsformen betrieben (kollektiv, privat, joint ventures).

4. Die Anfangsformen gesellschaftlicher Organisation entsprechen der niedrigen Produktivität und der schwachen Infrastruktur: In den neuen Staatsbetrie-

ben die Produktions-, Lebens- und Versorgungseinheit (Danwei), Verhinderung der Abwanderung vom Dorf durch unterschiedliche Registrierung von Agrar- und Stadtbevölkerung (Hukou), Förderung »primitiver« Dorf- und Kleinstadtindustrien, die im Energie- und Rohstoffverbrauch wenig effizient sind, »kostenlose« Gesundheitsfürsorge durch Barfußärzte, die, wie alle anderen Dienste, von den Volkskommunen lokal finanziert werden müssen.

5. Nach den Ergebnissen der Grundinvestitionen der frühen Planungsperiode verändert sich die Planung von direkten, quantitativen Vorgaben und zentraler Verwaltung aller Überschüsse und Fonds zu indirekter und Rahmenplanung. Die staatlichen Investitionen werden in bisher absichtlich »vernachlässigte« Bereiche, in die ärmeren Westgebiete, auf die Dorfbevölkerung gerichtet. Die Schulpflicht wird überall auf neun Jahre ausgebaut. Die Lebenseinheit der Großbetriebe (Danwei) wird aufgegeben; an ihre Stelle tritt eine Sozialversicherung, in der 2006 175 Millionen Menschen versichert sind. Diese Versicherung soll baldigst auf die gesamte Agrarbevölkerung ausgedehnt werden, die bisher davon ausgenommen war. Die besondere Registrierung der Bauern wird aufgehoben; eine einheitliche Registrierung gibt die legale Dorf-Stadt-Wanderung frei. Die primäre Gesundheitsfürsorge hat sich aufgelöst; sie wird ersetzt durch ein modernes System universitär ausgebildeter Ärzte und eine Krankenversicherung, an der die Versicherten sich beteiligen müssen. Für die etwa 150 Millionen Wanderarbeiter werden alle Schutzmaßnahmen eingeleitet. Die 2000 Jahre alte Agrarsteuer wurde abgeschafft.

6. Nachdem die materielle Produktion so gestiegen ist, dass die Grundbedürfnisse der Bevölkerung befriedigt werden können, ist die prioritäre Förderung einzelner Sektoren nicht mehr erforderlich. Die neuen Aufgaben sind: harmonische, nachhaltige Entwicklung, Übergang von arbeitsintensiven zu Hightech-Industrien, entsprechende Veränderung der Exporte, Förderung des Binnenmarktes, Lohnerhöhungen, Arbeitszeitverkürzung, längerer Urlaub, Umweltschutz, vom Ausland unabhängige technische Innovation, Agrarsubventionen, Ausbildung für aus der Landwirtschaft Abgewanderte, geplante Urbanisierung, Bau neuer Mittelstädte, Armutsbekämpfung, Begrenzung der Ungleichheit, Ausbau der Altenpflege.

7. Die Beseitigung der Kriegszerstörungen und der Neuaufbau wurden fast ohne ausländisches Kapital durchgeführt – mit Ausnahme der 150 sowjetrussischen Großprojekte. Die Eigenfinanzierung hatte zwei wesentliche Quellen: Faktorbeitrag des Agrarsektors und langsame Geldentwertung. Es wird angenommen, dass der chinesische Yuan in den 30 Jahren seit 1978 (Beginn der Reform) etwa drei Viertel seines Wertes verloren hat. Bei gleichzeitig allmählich steigendem Lebensstandard war das für die breiten Massen einigermaßen erträglich. Die staatlichen Banken versorgten die Großprojekte großzügig mit

5.4 Was ist Sozialismus?

Krediten. Bis zu deren Fertigstellung gab es keine verkaufsfähige Produktion. Die Riesenbeträge wurden daher weitgehend zu faulen Krediten; diese haben einen anderen Charakter als die faulen Milliardenbeträge zahlreicher Finanzinstitute kapitalistischer Länder im Jahr 2006/07. 2006 begann die chinesische Regierung, dem Bankensektor die begrenzte Zulassung ausländischer Kapitaleinlagen zu erlauben. Vorher wurden den vier Staatsbanken die »faulen Kredite« abgenommen, mit denen nach 1949 Werte geschaffen wurden. Der größte Teil des Mehrwerts wird vom Staat über die zentrale Planung investiert, also nicht mehr nach privaten Profitinteressen. Die Makrokontrolle gilt der Investitionsplanung, etwa durch staatliche Kreditvergabe, der Beherrschung des Finanzsektors und des Außenhandels, der Planung der Investitionen in die technische Infrastruktur, dem Auf- und Ausbau der Lebensvorsorge, des Bildungswesens und der Forschung.

Diese Entwicklungsstrategie wäre mit der des Entwicklungslandes Indien zu vergleichen, einem Land mit fast der gleichen Einwohnerzahl (siehe S. 234). Dann ist der chinesische Weg nachholender Entwicklung als nicht-kapitalistisch zu bezeichnen. – Die Regierung wird von der KP Chinas geführt, die sich zum Sozialismus als ihr Ziel bekennt. Sozialisten sollten daher den Irrtum der linientreuen Kommunisten nicht wiederholen, die jede Alternative zu dem ersten sozialistischen Entwicklungsmodell als Übergang zum Kapitalismus und jeden Reformer als Feind des Sozialismus verurteilt haben – mit den bekannten verheerenden Folgen.

In der Innenpolitik sind Reformen notwendig, die zum Teil schon länger (seit den Forderungen von Deng Xiaoping) diskutiert werden: Trennung von KP und Regierung, Altersgrenze für führende Funktionäre, Abbau aller Privilegien für Mitglieder der KP, Wahlen mit mehreren Kandidaten, Unabhängigkeit der Gewerkschaften, Aufbau des Justizwesens, Abschaffung der Todesstrafe, sozialistische Demokratie, Demokratie innerhalb der KP Chinas. Dafür sind die materiellen Voraussetzungen geschaffen: Beseitigung des Feudalismus durch Agrarrevolution, Befriedigung der Grundbedürfnisse, Alphabetisierung.

In der Außenpolitik ist der Gegensatz zum Imperialismus besonders deutlich: Völlig defensive Strategie, Bekenntnis zur friedlichen Koexistenz in einer multipolaren Welt und zum »friedlichen Aufstieg«, Hilfe bei der Beendigung des Boykotts und bei der Integration Nordkoreas in die Weltpolitik.

In der gegenwärtigen Umstrukturierung der kapitalistischen Industrieländer erleben wir eine Kapitaloffensive in allen Bereichen: Marginalisierung großer Teile der arbeitenden Bevölkerung, Abbau der Sozialversicherung, Verschlechterung der Arbeitsbedingungen; militärische Aggression der USA und ihrer wichtigsten Verbündeten, Abbau der Demokratie. Der Unterschied zur Politik der VR China ist nicht zu übersehen; diese kann daher als Weg zum Sozialismus bezeichnet werden. Es ist ein langer Weg großer Anstrengungen, äußerer Anfeindungen, noch zu lösender Probleme.

Ich sehe also die neue Gesellschaft im Aufbau befindlich; in diesem Prozess gibt es große strukturelle Veränderungen in der Produktion und in der Gesellschaft. Massen von Bauern verlassen die Landwirtschaft, werden Industriearbeiter, Lehrer, Ärzte, Ingenieure, KP-Funktionäre, Staatsbeamte, einige auch Unternehmer.

Die staatlich geplante nachholende Entwicklung führt zu einem beschleunigten Wandel der Sozialstruktur. Aus der Bauernschaft entsteht ein junges Proletariat, teils fest angestellt in den neuen staatseigenen Unternehmen, teils Wanderarbeiter. Aus der Arbeiter- und der Bauernklasse kommen Millionen Kinder auf die Universitäten, werden dann Lehrer, Ärzte, Ökonomen, Ingenieure, Architekten, Staatsbeamte, Fabrikdirektoren usw. Der Strukturwandel der Bevölkerung wird in gewissem Ausmaß staatlich gelenkt, jedenfalls staatlich gefördert durch Ausbau der Universitäten, durch Urbanisierung, durch Berufsausbildung von Ungelernten.

Der Begriff der Klasse hat in den Jahrhunderten einen Bedeutungswandel erlebt. Für Marxisten ist mit diesem Begriff dreierlei verbunden: Privateigentum an den Produktionsmitteln bzw. Nicht-Eigentum, private Aneignung des Mehrwerts und Verfügung darüber mit dem Ziel der Profitmaximierung sowie ein unüberbrückbarer Interessengegensatz zwischen Kapitalisten und Arbeitern (Antagonismus). In der chinesischen Übergangsgesellschaft nähern sich Arbeiterklasse und Bauernschaft einander an; und es entsteht eine neue Schicht oder gar zwei. Die meisten der 17,5 Millionen StudentInnen des Jahres 2007 kommen aus der Arbeiterklasse und der Bauernschaft. Sind sie schon eine besondere Klasse, wenn sie Ärzte usw. werden? Ferner entsteht eine »neue soziale Schicht« von »Teilen neuer ökonomischer und sozialer Organisationen, nämlich Aufsteiger und technisches Personal in privaten Technologiefirmen, Manager, angestellt von ausländischen Unternehmern, private selbständige Geschäftsleute, private Unternehmer, Beschäftigte in intermediary agencies [Dienstleistungsbetrieben] und Freiberufler.« Seit einiger Zeit können diese Mitglied der KP werden.[38]

Wohin gehört diese neue Schicht? Ist sie eine neue Klasse für sich? Wie weit und wie lange denken diese Menschen an ihre soziale Herkunft? Inwieweit haben sie eigene Interessen? Wenn es diese gibt, sind sie antagonistisch zu denen ihrer Eltern? Kann die sozialistische Gesellschaft sie so beeinflussen, dass sie sich in ihren neuen Aufgaben mit ihrer sozialen Herkunft weiterhin solidarisieren?

---

[38] Siehe Beijing Review, Growing a new social stratum. A new group of socialist builders are entering the high-leval-political arena. Vol. 56, No. 44, 1. 11. 2007, S. 18-19.

5.4 Was ist Sozialismus?

Ist in diesem Übergangsprozess der Marxsche Klassenbegriff noch anwendbar, wie er im Kapitalismus verstanden wurde? Denn vielleicht sind diese sozialen Klassen (Schichten, Gruppen?) nicht mehr antagonistisch, sondern verfolgen (zumindest auf lange Sicht) gemeinsame Interessen.

Lenin befasste sich mit der Frage der Aufhebung der Klassen, dem Endziel der Machtergreifung des Proletariats. In der Arbeit »Die große Initiative« (1919) meinte er, das würde eine langwierige und schwierige Arbeit sein. Zuvor definierte er Klassen als antagonistisch: »Als Klassen bezeichnet man große Menschengruppen, die sich von einander unterscheiden nach ihrem Platz in einem geschichtlich bestimmten System der gesellschaftlichen Produktion, nach ihrem (größtenteils in Gesetzen fixierten und formulierten) Verhältnis zu den Produktionsmitteln, nach ihrer Rolle in der gesellschaftlichen Organisation der Arbeit und folglich nach der Art der Erlangung und der Größe des Anteils am gesellschaftlichen Reichtum, über den sie verfügen. Klassen sind Gruppen von Menschen, von denen der eine sich die Arbeit eines anderen aneignen kann infolge der Verschiedenheit ihres Platzes in einem bestimmten System der gesellschaftlichen Wirtschaft.« (S. 410)

Die endgültige Abschaffung der Klassen sei ein langwieriger Prozess, der mit der Erreichung wichtiger Ziele der sozialökonomischen Entwicklung zusammenhängt (u.a. Aufhebung des Unterschieds zwischen Stadt und Land, zwischen Hand- und Kopfarbeit) und der damit einhergehenden Veränderung von Bewusstsein und sozialem Verhalten.

Da die Verwendung der Profite jetzt vom Staat gesteuert wird, der die langfristigen Interessen der gesamten Gesellschaft formuliert, sind die Klassen nicht mehr antagonistisch; das Wort Klasse bekommt daher in diesem Prozess einen anderen Inhalt.

Zwar sind die langfristigen Interessen aller Werktätigen, aller Arbeiter, Bauern, Ärzte usw. die gleichen mit denen der Gesellschaft; letztere können aber durchaus längere Zeit mit deren kurzfristigen Interessen (Bedürfnissen) im Widerspruch stehen.

In der KPCh ergibt sich die Frage: »Wer wen?«. Können die wenigen Angehörigen der neuen Unternehmerklasse Partei und Staat beeinflussen oder eines Tages beherrschen? Oder zwingt vielmehr die KP diese Klasse, sich »sozialismus-konform« zu verhalten? Diese Fragen werden verschieden beantwortet. Sozialistischer Optimismus, der von der Überlegenheit guter sozialistischer Regierungs- und Parteiarbeit ausgeht, antwortet auf diese Fragen: Solange Kommunisten das Land regieren, wird der Aufbau des Sozialismus vorangetrieben.

Das internationale Kräfteverhältnis ist jedoch nicht mehr das der 1990er Jahre. Die globale Dominanz der US ist angeschlagen. Der chinesische Einfluss in der Welt ist gewachsen. Die VR China ist heute das wichtigste Gegengewicht gegen den US-Imperialismus. Mit der Lösung seiner inneren Probleme dürfte sich China zu einer der entscheidenden Mächte in der künftigen internationalen Kräftekonstellation entwickeln.

6. Der Imperialismus und der internationale Klassenkampf

Seit einigen Jahren wird zwischen den USA und der VR China ein »Dialog« auf mehreren Ebenen über wirtschaftliche Beziehungen, über Rüstungen und über die DVRK (Nordkorea) geführt. Ende 2004 und Anfang 2006 haben die Regierungen der USA und der VR China Dokumente über ihre Militär- und Außenpolitik publiziert.[39]

Im Vorwort des US-Berichtes erklärte der damalige Verteidigungsminister Donald Rumsfeld: »Jetzt, im 5. Jahr dieses globalen Krieges, werden die Ideen und Vorschläge vorgelegt als Wegekarte (roadmap) für die Veränderungen (in Strategie, Taktik, Rüstung), die zum Sieg führen.« Aus den 104 Seiten können nur die wichtigsten Punkte summarisch referiert werden.

6.1 Allgemeine Ziele der Militärpolitik der USA

Um die USA »und ihre Interessen rund um den Erdball in den kommenden Jahren zu verteidigen, bedarf es der Fähigkeit, schnell zu Unruheherden über den ganzen Globus zu gelangen«. Krieg sei zu führen gegen Feinde, die keinen Staat bilden; ebenso sei maßgeschneiderte Abschreckung gegen Schurken-Staaten und »fast ebenbürtige Rivalen« vorzubereiten. Statt Reaktion auf Krisen seien Präventivaktionen notwendig und technisch zu planen. Mehrfach wird das »Recht« auf präventive Militärschläge erläutert. In den letzten Jahren habe man erfolgreich »über 50 Mio. Afghanen und Iraker von Despotismus, Terrorismus und Diktatur befreit, die ersten freien Wahlen in der Geschichte der beiden Völker ermöglicht«. Man habe eine Koalition mit mehr als 75 Nationen im globalen Anti-Terror-Krieg geschaffen. Das US-Militär in der ganzen Welt sei neu aufgestellt worden. Die NATO sei um neue Mitglieder zu erweitern, solle ihre Kräfte schnell überall einsatzfähig machen, und habe bereits in Afghanistan und Irak mitgewirkt (in Ländern also außerhalb ihres Geltungsbereiches). Die USA seien so auszurüsten, dass sie »diesen Krieg an vielen Plätzen gleichzeitig und auf viele Jahre führen« können. (S. 1) Vier strategische Prioritäten werden definiert: Vernichtung terroristischer Netzwerke, Tiefenver-

---

[39] Quadriennial Defense Report, 6th February 2006. Chinas Landesverteidigung 2004. Presseamt des Staatsrates der VR China. Siehe unter http://www.china.org.cn.

teidigung des Heimatlandes, Auswahl der Länder an strategischen Schlüsselpositionen und »Feindliche Staaten und nicht-staatliche Akteure sind daran zu hindern Massenvernichtungswaffen zu erwerben«. (S. 3)

Neben dem konventionellen Krieg bereitet sich das Ministerium verstärkt auf »langfristige unkonventionelle Kriegführung, Gegenterrorismus, Gegenrevolution (counter-insurgency[40]) und Militärhilfe für Bemühungen um Stabilisierung und Wiederaufbau« vor (S. 4). 2007 sollten u.a. folgende wichtige Anliegen forciert werden: Ausbau der Abteilung für psychologische Operationen und Zivilangelegenheiten von 11.200 auf 15.000 Mann, Schaffung einer Einheit für Kriegführung auf Flüssen (riverine warfare), Ausbau der Einheiten für »irreguläre Kriegseinsätze«.

Dazu kommen die privaten Söldnertruppen unbekannter Zahl, die von der Regierung gemietet werden. Ihr Einsatz entzieht sich jeglicher Kontrolle. Von dem umfassenden Rüstungs- und Entwicklungsprogramm neuer Waffensysteme seien erwähnt: Aufrechterhaltung einer robusten nuklearen Abschreckung, Umbau einiger U-Boote für den sofortigen globalen Einsatz, Verdopplung der unbemannten Flugkörper zur Luftüberwachung sowie Entwicklung einer neuen Generation von Systemen für ferne Schläge (S. 6).

Betont werden der erforderliche Ausbau der NATO und der Allianzen mit Australien, Japan, Südkorea, England. Die weiteren »demokratischen« Verbündeten (z.B. Saudi-Arabien) werden nicht erwähnt. In 44 Staaten sind 1,420 Millionen Soldaten mit ihren Flugzeugen, Panzern, etc. ständig stationiert (Stand August 2003). Dazu kommen 350.000 Männer und Frauen der Streitkräfte, die in 130 Ländern, »jeden Tag aktiv sind«. »Sie sind Kräfte des Guten«. (S. 9) Aber die technologische Modernität und Luftüberlegenheit reichen nicht aus: »Der Sieg der Armee kann nicht erreicht werden, wenn nicht die Infanterie das Territorium besetzt.« Man bemühe sich, »die Autorität der Zentralregierung über Kabul hinaus auszudehnen.«

Neben den offenen Militäroperationen werden die verdeckten Aktivitäten in anderen Ländern ausgebaut: »Physische und psychologische Verunsicherung der Gegner, ... Geheimoperationen, ... ständige, wenig sichtbare Präsenz auf den 5 Kontinenten«.

Die Operationen finden statt im »Pazifik, im Indischen Ozean, Zentralasien, dem Mittleren Osten, dem Kaukasus, dem Balkan, Afrika und Lateinamerika.« Dazu gehören »frühe Präventionsmaßnahmen«. Man bemühe sich ständig, »die eigenen Kosten an Leben und Ausgaben zu minimieren, Amerikas wissenschaftlichen und technologischen Vorsprung über jeden denkbaren Rivalen aufrecht-

---

[40] Counter-insurgency – etwa zu übersetzen als gegenrevolutionäre Intervention (ähnlich den Aktionen u.a. gegen Kuba 1959, Chile 1973, Venezuela 2005).

zuerhalten und dazu beizutragen, die Nation zu befähigen [jeder Nation] von zukünftigen Formen militärischer Rivalität abzuraten.« Jetzt seien der Irak und Afghanistan wesentliche Kampffelder, »aber der Kampf geht weit über diese Grenzen hinaus.« Der Sieg würde erst kommen, »wenn die extremistischen Ideologien des Feindes, Glauben wie Kommunismus und Nazismus diskreditiert, in Vergessenheit geraten sind«. (S. 22) Hier werden die völlig gegensätzlichen und einander feindlichen Bewegungen in einem Atemzug genannt und als gleichermaßen vernichtungswürdig bezeichnet.»Dieser Krieg ist zugleich ein Krieg der Waffen und ein Krieg der Ideen.« Die USA werden die weltpolitische Wahl von Staaten an Schlüsselpunkten zu beeinflussen versuchen und sich dagegen sichern, dass »eine bedeutende oder eine entstehende Macht sich in Zukunft feindlich [gegen die USA] stellen« würde.

6.2 Feinde und mögliche Partner

In diesem Dokument wird Venezuela zur Gefahr erklärt. Russland sei nach Ausmaß und Intensität keine Gefahr mehr wie noch zu Sowjetzeiten. Mit der entstehenden Großmacht Indien, als einer strategischen Schlüsselpartnerin, werde man eine Beziehung suchen. (Das hat George W. Bush dann Anfang März 2006 versucht, indem er den Transfer von Nukleartechnologie versprach und damit den Atomwaffensperrvertrag zur Makulatur machte (siehe dazu Kap. 5.1).

Ausführlich wird des Weiteren das Verhältnis zur VR China als einer entstehenden Großmacht behandelt. Das Land habe »das größte Potential, militärisch mit den USA zu rivalisieren und zerstörerische Technologien ins Feld zu führen, die mit der Zeit den traditionellen US-Vorsprung aufheben«. China sei nicht demokratisch, und man kenne nicht die dortigen Motive und Entscheidungen oder die Kapazitäten für die militärische Modernisierung, die dazu dienen, »seine Macht jenseits der Grenzen« zu zeigen. Diese Aufrüstung bedrohe bereits das militärische Gleichgewicht der Region. Seit Ende der 90er Jahre rüste man wegen (oder gegen) Taiwan. Seit 1996 seien die Militärausgaben jährlich (außer im Jahr 2003) um 10% real erhöht worden.

Der Bericht listet sehr detailliert Chinas Rüstungspläne auf, obwohl diese kurz zuvor als unbekannt deklariert wurden. Die USA würden aber »jedem militärischen Rivalen davon abraten, Kapazitäten zu entwickeln, die zu regionaler Hegemonie oder zu feindlicher Aktion gegen die USA führen können«. (S. 30) »Das Bündnis mit Japan ist (dagegen) wichtig für die Stabilität der Region Pazifisches Asien.«

Ein weiterer Feind ist Nordkorea, »das nukleare, chemische und biologische Waffen angestrebt hat«. Hauptziel der USA sei, feindliche Staaten am Erwerb solcher Massenvernichtungswaffen mit diplomatischen und ökonomischen Maßnahmen zu hindern; »das kann aber auch aktive Maßnahmen und den militärischen Einsatz bedeuten«. (S. 33) Nach vielen Drohungen von beiden Seiten (mehr von den USA) konnte die VR China die USA und Nordkorea an den Verhandlungstisch bringen. Die Verhandlungen ziehen sich hin; ab und zu erklären sich die USA bereit, Nordkorea diplomatisch anzuerkennen und von der Liste der Schurkenstaaten zu streichen.

Es werden im Folgenden Zahlen über die Ausweitung der eigenen Rüstung genannt. Dafür nur einige Beispiele:
- Infanterie des Marine-Korps + 12%
- Leichte Panzereinheiten + 25%
- Verbindungsteams für gemeinsame Aktionen der Streitkräfte + 42,2%
- Aufklärungs-Reserve + 30%
- Kampftruppen in Bereitschaft + 46%
- Budget der Sondereinsatzkräfte (SEK) (auch für indirekte und geheime Operationen) + 81%
- Aktive SEK-Bataillone + 33%
- Einheiten der psychologischen Kriegführung + 33%
- Luftexpeditionstruppen + 20% (= 51.000) (Gesamtstärke bisher 255.000)
- Fernschlagkapazität der Luftwaffe + 50%
- deren Durchschlagskraft + 400%.

Ferner werden die vielen neuen Waffen(systeme) aufgelistet und die weiteren Entwicklungspläne der Rüstungsindustrie. (Das ist Sache militärtechnischer Fachleute. Darauf muss an dieser Stelle verzichtet werden.) Besonders die Seestreitkräfte seien zu verstärken; 60% der U-Boote werden im Pazifik stationiert. Jedes Jahr sollen zwei U-Boote im Wert von je 2 Mrd. US-Dollar gebaut werden; diese Produktionskapazität soll spätestens 2012 erreicht sein. Die Weltraum-Militarisierung wird ausgebaut. Mehr Sprachkundige in Arabisch, Farsi und Chinesisch sind anzuwerben, um Kräfte für den Mittleren Osten und China auf dem Niveau zu haben, »wie gegen die Sowjetunion während des Kalten Krieges« (S. 78). Man muss auch Partner-Staaten helfen, denen »mehr innere als äußere Gefahren drohen«. Die NATO wird erweitert, und: »Im Pazifik fördern die Bündnisse mit Japan, Australien und (Süd-)Korea die .... Stellung in der Region.« Für alle diese Aufgaben und für die laufenden regionalen Kriege werden 2006 über 460 Mrd. US-Dollar ausgegeben. Dazu kommen die Sonderbewilligungen für den Krieg im Irak. – Das neue offizielle Strategiedokument National Defence Strategy (2008) bringt keine neuen Erkenntnisse und Daten.

6.3 Propaganda und Realität

Der militärisch-industrielle Komplex (MIK), vor dem schon Dwight D. Eisenhower am Ende seiner zweiten Präsidentschaft[41] warnte, nennt als seine Aufgaben den Schutz der USA vor allen Gefahren militärischer Bedrohung und die Durchsetzung von Demokratie und Menschenrechten in der ganzen Welt. Nach den erwähnten Verbrechen des US-Militärs von Vietnam bis Irak und der CIA, den Allianzen mit reaktionären Diktatoren und Diktaturen, dem Mord in Chile 1973, den vielen Mordversuchen gegen Fidel Castro, ist darüber nichts mehr zu sagen. Auch der Abbau der bürgerlichen Freiheiten in den USA im Gefolge des globalen Krieges kann hier nur erwähnt werden. Die wichtigsten Ziele des US-Imperialismus sind:
- Sicherung der Erdgas- und Erdölreserven, strategische Kontrolle des Mittleren Ostens und der Erdölländer südlich des Kaukasus.
- Etablierung von Puppenregierungen in strategisch wichtigen Ländern.
- Vormarsch der US-Streitkräfte, der Verbündeten, der NATO an die Grenzen der VR China und Russlands.
- Kalter Krieg gegen die nicht-kapitalistischen Länder und die Staaten und Bewegungen, die radikale Reformen anstreben (u.a. Kuba, Venezuela, Bolivien).

Es ist ein zweifacher Monopol-Anspruch: politisch für das kapitalistische Gesellschaftssystem, für kapitalistische Demokratie nach dem Muster der USA, militärstrategisch für Nuklear- und andere Massenvernichtungswaffen.

Die Mehrheit der Meinungsmacher im MIK der USA sieht im kommunistisch geführten China die zukünftige Bedrohung und klagt China einer riesigen Aufrüstung an, die die ganze Region destabilisiere. Die militärische Expansivität des US-Imperialismus bedroht in Wirklichkeit den labilen »Friedenszustand« der Welt. Seine Führer haben aus der Niederlage in Vietnam nicht gelernt, auch nicht aus den Niederlagen in Afghanistan und Irak. Es besteht die Gefahr der Ausbreitung des US-Krieges zu einem Flächenbrand, zumindest im Nahen Osten. Die führenden kapitalistischen Mittelmächte BRD, Frankreich, Italien und Großbritannien und Transformationsländer (Polen, neuerdings auch Tschechien, Rumänien und Bulgarien) üben internationale Solidarität mit den USA; ohne deren militärische und logistische Unterstützung könnten die USA die Fernkriege nicht führen. Diese Klassensolidarität ist gewichtiger als die ökonomischen Rivalitäten und gelegentlichen »Handelskriege«.

---

[41] Militärisch-industrieller Komplex: »Diese Verbindung eines gewaltigen militärischen Establishments und einer großen Rüstungsindustrie ist eine neue amerikanische Erfahrung.« Dwight D. Eisenhower bei seinem Abschied von der Präsidentschaft im Januar 1961.

6.4 Gefährliche Siegesgewissheit

Das Strategiepapier des US-Militärs wird zusammengefasst und zugespitzt in einem Beitrag von Lieber und Press in der Zeitschrift Foreign Affairs, dem offiziösen Sprachrohr der US-Außenpolitik, vom März/April 2006. Seit 1989 sei das nukleare Gleichgewicht des Schreckens aufgehoben, das die mächtigsten Atommächte in einem militärischen Patt eingeschlossen hatte – genannt: sichere gegenseitige Zerstörung. Beginn eines Nuklearkriegs bedeutete daher Selbstmord.

Die Kritiker dieser Vorstellung »erklärten dagegen, [dieser Zustand] habe nicht einen Krieg der Großmächte verhindert, sondern die Zurückdrängung von Macht und Einfluss der gefährlich expansionistischen und totalitären Sowjetunion [und] die Existenz eines bösen Imperialismus verlängert«. Jetzt aber seien die USA zum ersten Mal seit fast 50 Jahren dabei, nukleare Überlegenheit zu erreichen (attaining nuclear primacy). Daher würden »Russland und China – und die übrige Welt – für viele Jahre im Schatten der nuklearen Übermacht der USA leben«. Zu Beginn des Kalten Krieges, als die USA noch einzige Atommacht waren, war »die höchste Ebene der US-Regierung bereit zum Einsatz der Atomwaffen gegen die SU, ihre europäischen Verbündeten und China, wenn die SU nach Westeuropa einmarschiert wäre«. Inzwischen sei das Nuklear-Arsenal der USA wesentlich erweitert und verbessert worden, das Russlands sei veraltet und das Chinas sehr klein. Daher sei die nukleare Überlegenheit wieder erreicht; und selbst wenn diese Mächte auf einen Erstschlag noch antworten könnten, würde der Schaden in Amerika begrenzt bleiben. Und: »Je mehr Russlands Nuklear-Arsenal verfällt, umso leichter wird es für die USA werden, einen Erstschlag auszuführen.«

Die Autoren haben ein detailliertes Computer-Modell eines Erstschlags der USA gegen Russland durchrechnen lassen und (natürlich) die eigene Unbesiegbarkeit errechnet. Russland könne nicht mehr mit einer überlebensfähigen nuklearen Abschreckungsfähigkeit rechnen. Mit China hätte man noch weniger Probleme, da dem Lande ein gutes Verwaltungssystem fehle; das würde auch im nächsten Jahrzehnt so bleiben: »Die Vereinigten Staaten haben heute eine Erstschlagsfähigkeit gegen China und können diese für mehr als ein Jahrzehnt aufrecht erhalten. Die geplante Erhaltung der nuklearen Überlegenheit ist zudem völlig konsistent mit der erklärten Außenpolitik, die globale Dominanz auszuweiten.«

Abschließend werden die Argumente und Denkweisen der beiden Richtungen im militärisch-industriellen Komplex zusammengefasst: Die Falken: »Washington wird die Überlegenheit bei einer Eskalation des Krieges, (escalation dominance) behalten, die Fähigkeit, einen Krieg auf jeder Gewaltebene zu gewinnen – und daher besser in der Lage sein, die Ambitionen gefährlicher Staaten, wie China, Nordkorea und Iran zu durchkreuzen.« Diese verantwortungslosen Vorstellungen dominierten in der Partei der Republikaner. Bei der Führung der ab Januar 2009 regierenden Demokraten gibt es nur wenige offene Kriegsgegner; ihre Mehrheit unterstützte Bushs Strategie. Diese Position entspricht keineswegs der breiten Kriegsmüdigkeit in der Bevölkerung, die sich immer wieder in Massendemonstrationen zeigt. Die Aggressivität, die ahistorische Vorstellung von einer Vorherrschaft in der Welt, der Klassenhass gegen das kommunistische China, Kuba und gegen Nordkorea, die Siegesgewissheit aus den eigenen Computermodellen, schließlich die aktuellen Kriege des US-Militärs verdeutlichen die ungeheure Kriegsgefahr, die vom US-Imperialismus ausgeht.

6.5 Zwei Erklärungen zu Chinas Landesverteidigung

Die Regierung in Beijing hatte bereits im Dezember 2004 ihre weltpolitische Position auf 52 eng bedruckten Seiten öffentlich dargelegt. Allerdings befassen sich nur 21 Seiten mit Militärproblemen. Im Vorwort werden die Prinzipien der Außenpolitik formuliert: »Verschiedene Zivilisationen, Gesellschaftssysteme und Entwicklungsformen können nur dann an den Chancen teilhaben und die Herausforderungen meistern, wenn sie miteinander harmonieren, einander vertrauen und zusammenarbeiten.« China sei ein Entwicklungsland und müsse »alle Kräfte auf den umfassenden Aufbau einer Gesellschaft mit bescheidenem Wohlstand konzentrieren.« Das müsse weitgehend mit eigenen Ressourcen geschehen, weswegen »China für niemanden ein Hindernis oder eine Bedrohung« darstelle. Man werde unbedingt »an einer defensiven Verteidigungspolitik festhalten«, die Landesverteidigung modernisieren und am »System der absoluten Führung der Armee durch die Partei« festhalten. Die Sicherheitslage wird vorsichtig analysiert: »Der Trend zur Multipolarisierung, ... Tendenzen des Hegemonismus und Unilateralismus, ... Konflikte um strategische Gebiete, strategische Ressourcen und strategische Dominanz, ... Konfrontation der Systeme.« In Ostasien werde die Kooperation Chinas mit der ASEAN und (Süd-)Korea vertieft. Aber: »Die Vereinigten Staaten verstärken und gruppieren ihre Militärpräsenz im asiatisch-pazifischen Raum, festigen ihre militärischen Bündnisse und beschleunigen den Aufbau ihres Raketenabwehrsystems. Japan intensiviert den Prozess der Verfassungsänderung...«[42]

---

[42] Die japanische Nachkriegsverfassung, von der US-Militärregierung durchgesetzt, verbot ausdrücklich militärische Aufrüstung, erlaubte nur beschränkte, detailliert ange-

Die Taiwan-Politik der USA wird kritisiert. Die vermehrten Waffenlieferungen stehen im Widerspruch zum Ein-China-Prinzip, das die USA formell akzeptiert haben. Und natürlich besteht ein weiterer Widerspruch zwischen Unipolarität, wie sie sich in Militärdoktrin und Militäraktionen der USA zeigt, und der Multipolarität, zu der sich die VR China bekennt. Beijing übt also höfliche, aber deutliche Kritik an den USA, bietet jedoch friedliche Koexistenz an.

Es werden dann allgemein die Maßnahmen zur organisatorischen und technischen Modernisierung der Verteidigung aufgeführt, wozu ein Abbau der Truppenstärke gehört, zudem auch Ausrüstung mit »hochtechnologisch gestützten Waffen« (die noch zu entwickeln sind). Die Sollstärke der Armee wurde seit 2003 um 200.000 Soldaten auf 2,3 Millionen gesenkt, das Personal der Dienststellen wurde um 15% reduziert. Marine, Luftwaffe und Zweite Artillerie[43] werden auf Kosten der Infanterie verstärkt. Die Einzelmaßnahmen der Modernisierung der Struktur werden aufgelistet, die Verbesserung der Löhne, der sozialen Absicherung und Lebensbedingungen, die politische Erziehung der Soldaten. Es werden keine Zahlen über die anzuschaffenden Waffensysteme genannt.

Ab S. 21 beginnt eine detaillierte Beschreibung der Wehrpflicht (für die Soldaten zwei Jahre, mehr für die Dienstgrade), von Luftschutz, Verkehr, Erziehung der Bevölkerung für Landesverteidigung, Modernisierung der Rüstungsindustrie (die auch für zivile Bedürfnisse produzieren soll), Schiffbau, Stromerzeugung usw. Dann werden die Hilfe der Soldaten im zivilen Leben und andere nicht rein militärische Themen abgehandelt: Katastrophenschutz, Nothilfen, Hilfe für Schulgründung in armen Gebieten, der Verhaltenskodex der Soldaten, die internationale Kooperation, die Beziehungen und der Austausch mit den Streitkräften anderer Länder, Teilnahme an UNO-Friedensmissionen, Rüstungskontrolle, Non-Proliferation, Nicht-Militarisierung des Weltraums. Wesentliche Zahlen, die in der Erklärung genannt werden, finden sich in Tabelle 1.

Die Regierung hat am 3. Februar 2006 ihr zweites Weißbuch zur Außenpolitik auf neun eng bedruckten Seiten veröffentlicht. Die Kapitelüberschriften lauten: »1. Friedliche Entwicklung ist der einzige Weg zur Modernisierung Chinas; 2. Förderung des Friedens und der Entwicklung der Welt durch Chinas eigenes Wachstum; 3. Entwicklung durch eigene Kraft, Reform und unabhängige Innovation; 4. Streben nach gegenseitigem Vorteil und gemeinsamer Entwicklung mit anderen Ländern; 5. Aufbau einer harmonischen Welt von dauerhaftem Frieden und gemeinsamem Wohlstand.«

---

gebene »Selbstverteidigungskräfte.« Siehe dazu Ito, Narihiko (2001).

[43] Zweite Artillerie: Waffen »für die Abschreckung eines feindlichen Einsatzes von Nuklearwaffen gegen China, für nukleare Gegenschläge und für präzise Schläge mit konventionellen Raketen«. (S. 10)

6.5 Zwei Erklärungen zu Chinas Landesverteidigung

Tabelle 1: Rahmendaten der chinesischen Militärentwicklung

Kerntruppen der Miliz	2004	10 Mio.	
Streitkräfte	2005	2,3 Mio.	
Verteidigungsausgaben:			
2002		170,778 Mrd. Yuan*	= 1,66% des BIP
2003		190,787 Mrd. Yuan	= 1,62% des BIP
2004		211,701 Mrd. Yuan	= 5,69% der Ausgaben der USA, 56,78% von Japan, 37,07% von Großbritannien, 75, 94% von Frankreich.

* 1 Yuan = 0,146 US-Dollar

Das erste Kapitel erklärt die Regierungs-Prinzipien für die Außenpolitik. Man wolle ohne Abweichungen den Weg friedlicher Entwicklung, der Kooperation, des Aufbaus einer harmonischen Welt allgemeinen Wohlstands verfolgen. Dazu gehöre auch innere Harmonie. Denn China sei immer noch »das größte Entwicklungsland ... Zentrale Aufgabe ist Modernisierung, ökonomische und soziale Entwicklung, um ständig das Leben seiner Bevölkerung zu verbessern.« Dazu bedarf es eines friedlichen internationalen Umfelds. Die Multipolarität der Welt sei zu fördern; und bereits 1974 habe man erklärt, niemals Hegemonie anzustreben. Grundlage seien die fünf Prinzipien der friedlichen Koexistenz, die 1954 beim Besuch von Außenminister Zhou Enlai zusammen mit Jawaharlal Nehru in New Delhi proklamiert wurden. Jetzt wird Chinas Weg als »friedlicher Aufstieg« definiert; diesen werde man auch verfolgen, wenn das Land stärker werde.

Das zweite Kapitel konzentriert sich auf die Beschreibung der inneren Entwicklungsbemühungen, auf die sozioökonomische Entwicklung und den Aufbau der gesellschaftlichen Institutionen (z.B. Justizwesen), die nie existierten oder in den Kriegswirren und Umstürzen zerstört wurden, die neuen Aufgaben des Umweltschutzes und der Ressourcensparsamkeit. Der Euphorie, die sich gelegentlich bei der Erwähnung der Riesenzahlen einstellt, wird nüchtern begegnet: »Trotz gewaltiger Errungenschaften bleibt China weiterhin größtes Entwicklungsland der Welt mit einer riesigen Entwicklungsaufgabe vor sich ... Das aggregierte Sozialprodukt beträgt nur 16,6 Prozent dessen der US, das Pro-Kopf-Sozialprodukt nur 3,6 Prozent. China steht an 129. Stelle von 208 Ländern und Regionen ... Ende 2004 lebten noch 26,1 Mio. Dorfbewohner unter der Armutsgrenze, 100 Mio. Bauern suchen Arbeit in den Städten; ... und die Regierung muss jedes Jahr Arbeit für fast 24 Mio. Städter und Dörfler schaffen. Es ist noch ein langer Weg, bis China das Niveau mäßig entwickelter Länder und allgemeinen Wohlstand für das ganze Land erreicht hat. China muss ständige Anstrengungen machen, um für seine eigene Entwicklung eine friedliche internationale Umgebung zu erkämpfen.«

Für diese Entwicklung muss sich das Land – so der Tenor des dritten Kapitels – im Wesentlichen auf die eigenen menschlichen und materiellen Ressourcen stützen. Die wichtigsten inneren Aufgaben werden benannt. Selbständige Innovation, verbesserte makroökonomische Regulierung der sozialistischen Marktwirtschaft, Förderung des Binnenmarktes, Änderung von Wirtschaftsstruktur und Wachstumsweg. Förderung von Wissenschaft und Technologie, Ausbau des Bildungswesens, Umweltschutz.

Im vierten Kapitel wird der internationale Einsatz behandelt: Mitarbeit in den ostasiatischen Regionalinstitutionen, in UNO und WTO. Chinas Exporte und andere Außenhandelsbeziehungen hätten den Importländern nicht geschadet. Schließlich stellt das letzte Kapitel Chinas außenpolitische Prinzipien dar: Selbstbestimmung der Völker über ihr Gesellschaftssystem, Nichteinmischung in die inneren Verhältnisse, Multipolarität, keine Kalte-Kriegs-Mentalität, Beseitigung auch der (sozialen) Wurzeln, nicht nur der Symptome des Terrorismus, keine Begrenzung des Technologie-Exports,[44] Bewahrung der Vielfalt der Zivilisationen und ihrer Koexistenz.»Alle Länder sollten das Recht anderer Länder respektieren, unabhängig ihr eigenes soziales System und dessen Entwicklungswege zu wählen.«

6.6 Zur Außenpolitik der VR China

Chinas Außenpolitik hat mehrere Phasen durchlaufen. Seit Beginn der Reformpolitik unter Deng Xiaoping (etwa ab 1978) ist sie im Ganzen defensiv. Was territoriale Fragen betrifft, so ist nur noch die Rückgliederung Taiwans offen – ein ernster Streitpunkt mit den USA, die sich mit der Aufrüstung der Insel in Chinas innere Angelegenheiten einmischen. Wenn die Regierung in Taipeh die von Beijing gezogene rote Linie nicht überschreitet, wird China nicht militärisch handeln, sondern darauf setzen, dass die Zeit und das Profitinteresse der dortigen Kapitalisten auf Beijings Seite sind. Für Beijing ist die rote Linie jede Form einer Unabhängigkeitserklärung Taiwans. Nach dem Wahlsieg der jetzt Beijing-freundlichen Guomindang in Taiwan Ende 2007 kam es bald zu einem Regierungswechsel in Taipeh und zu einer Entspannung mit Beijing – mit der langfristigen Perspektive einer Lösung wie in Hongkong – ein Land, zwei Systeme. Mit den meisten Nachbarländern bestehen normale, mit Vietnam und Nordkorea gute Beziehungen. Von den USA bedrängt dürfte sich Moskau

---

[44] Diese Bemerkung richtet sich gegen die westliche Diskriminierung der VR China bei ihren Waffenkäufen. Beijing beschafft sich jedoch seinen Bedarf aus Russland und einige Hochtechnologie (»illegal«) aus Israel, was die USA zu verhindern suchen.

6.6 Zur Außenpolitik der VR China

weiter an China annähern. Ob Indien, von Washington neuerdings intensiv umworben, sich auf Seiten der USA stellen wird, ist zweifelhaft, jedenfalls noch offen. In zahlreichen Erklärungen und offiziösen Äußerungen bietet China den USA friedliche Koexistenz an. Die Mehrheit im dortigen Militärisch-Industriellen Komplex (MIK) hat das bisher abgelehnt. Wirtschaftsbeziehungen sind kein Gegenbeweis, wie das Verhältnis zwischen Hitlerdeutschland und Sowjetrussland bis zum Überfall vom 22. Juni 1941 zeigt: Im Ernstfall dominiert die Systemgegnerschaft.

Wahr ist, wie Washington klagt: China hat seine Rüstungsausgaben erhöht. Ein Vergleich (siehe Tabelle 2) – zeigt indes, dass China für seine Rüstung viel geringere Aufwendungen hat, welchen Maßstab man auch anwendet. Die Beijing Review gibt die chinesische Rechnung der Militärausgaben wieder. Die Statistiken des Stockholmer Friedensforschungsinstituts (SIPRI) bestätigen im Wesentlichen die chinesischen Angaben. Selbst wenn man wegen der unvergleichbaren Preisstrukturen und der Kaufkraft des Yuan die chinesischen Militärausgaben ihrem »Wert« nach mit drei multipliziert, bleiben sie absolut betrachtet weit, sehr weit hinter denen der US-Armee zurück. Berücksichtigt man ferner die Größe des Landes, seine Bevölkerung oder den Anteil der Ausga-

Tabelle 2: Vergleich der Militärausgaben VR China – USA

	VR China	USA
Fläche (km^2)	9.571.302	9.826.630
Bevölkerung 2005 (Mio.)	1.307	294,04
Militärausgaben (Mrd. US-$)		
2003	23,05	404,92
2004	25,58	460,55
2005	30,64	495,33[1]
pro km^2 Fläche (US-$)		
2003	2,400	4.200
2004	2,660	4.790
2005	3,200	5.410
pro Kopf (US-$)		
2003	18	1.360
2004	19	1.580
2005	23	1.680
In % des GDP		
2003	1,63	3,6
2005	1,35	4,0
In % des Staatshaushaltes	8,5	16,6

1) Planung für 2009: 612,5 Mrd. US-$
Quelle: China's national defence in 2006, BR, 18.1.2007

ben am Bruttosozialprodukt oder am Staatshaushalt, oder die Atombombenarsenale beider Mächte, so wird deutlich, dass Chinas Militär kaum eine Bedrohung für die USA sein kann.

Der internationale Klassenkampf wird von der Bourgeoisie und ihren Führungsmächten mit verschiedenen Methoden geführt: militärisch (wie in der Intervention im russischen Bürgerkrieg), wirtschaftlich – »zu Tode rüsten« (z.b. im Kalten Krieg gegen die SU), politisch – counter-insurgency – materielle Unterstützung bürgerlicher Opponenten (auch Sekten wie Falun Gong).

Gegen die militärische und ökonomische Bedrohung muss das sozialistische China verteidigt werden, aber asymmetrisch, d.h. sparsam – kein Wettrüsten. Gegen die politische Unterwanderung wirkt eine erfolgreiche Innen- und Wirtschaftspolitik, offene Debatte und geistige Mobilisierung der Werktätigen.

Nicht nur der Tenor der Weißbücher der VR China ist völlig anders, als der des US-Weißbuches; auch die Ziele sind konträr. Die Chinesen betonen ihren dringenden weiteren Entwicklungsbedarf, den Wunsch nach einem friedlichen Umfeld und nach friedlicher Koexistenz mit dem kapitalistischen System in einer multipolaren Welt. Sie lehnen jede Form der Einmischung ab. Ihre Militärpolitik und Aufrüstung ist defensiv, begnügt sich auch in der Taiwan-Frage mit der Aufrechterhaltung des Status quo. Beijing befürwortet »präventive Diplomatie« – das Gegenteil von präventiven Militärschlägen, das Land wird »kein nukleares Wettrüsten mit einem anderen Land mitmachen«. Der MIK der USA hat in allen diesen Punkten eine entgegengesetzte Position: Anspruch auf Weltmonopol des kapitalistischen Gesellschaftssystems, Unipolarität, »Recht« auf nuklearen Erstschlag, präventive Militärintervention. Counter-insurgency bedeutet konterrevolutionäre Einmischung mit militärischen und anderen Mitteln.

Das ist das Fazit der bisherigen US-Außenpolitik und der vorliegenden offiziellen Dokumente. Seit dem 20. Januar 2009 ist Barack Obama neuer Präsident der USA. Viele Hoffnungen richten sich auf ihn. Seine Demokratische Partei hat bisher überwiegend die gesamte Militärstrategie der Bush-Regierung mitgetragen. Obama hat in seine neue Regierung viele Fachleute der Bush-Ära übernommen. Noch ist nicht eindeutig, welche Änderungen Obama in Außen- und Militärpolitik vornehmen will und ob er diese gegen das militärisch-industrielle Establisment durchsetzen kann. Die ersten Erklärungen deuten auf folgendes hin: 1. Auszug aus dem Irak, 2. Versuch der Verhandlungen mit dem Iran, 3. Konzentration des Militäreinsatzes auf Afghanistan, 4. Halb ausgesprochenes Angebot an Russland, auf eine Stationierung der Raketenbasen in Polen und Tschechien (die angeblich gegen Iran gerichtet sein sollten) zu verzichten, 5. vielleicht Lockerung der Blockade Kubas.

7. Militärische Probleme

7.1 Konflikte nach 1945

Die Niederlage der Achsenmächte im Herbst 1943 (Italien), im Mai 1945 (Deutschland) und Japan (im August 1945) führte keineswegs zu einer langen Periode ohne »kleine Kriege«. Die Zusammenarbeit der Siegermächte endete faktisch mit dem Sieg über den deutschen Faschismus. Die neuen militärischen Einsätze können in einige Typen zusammengefasst werden. Und es ist zu fragen, wie Internationalisten sich zu diesen verhalten. Wir bilden (vielleicht etwas willkürlich) folgende Kategorien:
1. Kalter Krieg
2. Kriege zwischen kapitalistischen und sozialistischen Ländern
3. Kriege zwischen sozialistischen Ländern
4. Kriege zwischen Entwicklungsländern
5. nationale Befreiungskriege
6. imperialistische Kolonialkriege
7. Nahostkonflikt Israel-PLO.

Der Kalte Krieg begann eigentlich sofort nach dem 8. Mai 1945, der Kapitulation der deutschen Wehrmacht. Es ging den kapitalistischen Siegermächten von Anfang an darum, die Sowjetunion »einzudämmen« und später »zurückzudrängen«. Der Klassengegensatz zwischen den Alliierten wurde nach dem Ende der faschistischen Bedrohung wieder Hauptmotiv für Großbritannien unter Winston Churchill, der von der Labour Party sehr bald (im Juli 1945) als Premierminister abgelöst wurde, sowie für die USA unter dem neuen Präsidenten Harry S. Truman. Der Gegensatz wurde schon während der Potsdamer Konferenz der Siegermächte (Juli/August 1945) deutlich. Da Japan im August 1945 bereits militärisch am Boden lag, muss der Atombombenabwurf auf Hiroshima und Nagasaki noch während der Potsdamer Konferenz als Warnung an die UdSSR gesehen werden.

Offiziell wurde der Kalte Krieg von Winston S. Churchill im März 1946 in Fulton (Missouri, USA) erklärt. Dieser wurde fortgesetzt im Kampf gegen die UdSSR und ihre Verbündeten bis 1989; er findet seine Fortführung im Ausbau der US-Militärbasen rund um die VR China und um Russland, in der fast 50 Jahre dauernden Blockade Kubas, in der Invasion in der Schweinebucht 1961, in dem Attentat auf Salvador Allende im September 1973, in den Mordversuchen an Fidel Castro, in der massiven Unterstützung des »Arbeiterführers« Lech Walesa, in der von außen gesteuerten Orange-Revolution in der Ukraine

2006 und in der Aufrüstung Taiwans. Die Liste der Beispiele ließe sich verlängern. Die Position von Internationalisten im Kalten Krieg ist eindeutig und unumstritten: Es kann keine Sympathie mit den kapitalistischen Führungsmächten geben.

In die zweite Kategorie gehört der kurze Angriffskrieg der VR China gegen Indien im Winter 1962/63 an den Grenzen Indiens im Nordosten und Nordwesten – ein schwerer politischer Fehler, der zu einer langen Störung der freundschaftlichen Beziehungen führte.

Während der Kalte Krieg ohne Militäreinsätze, nur mit militärischen Drohungen und mit Wettrüsten geführt wurde, wurden in einigen Ländern militärische Mittel massiv eingesetzt. So vom US-Imperialismus im Korea-Krieg 1950-1953, von Frankreich in Vietnam 1945-1954, und von den USA im Befreiungskrieg der Viet Minh (Liga für die Unabhängigkeit Vietnams) 1945-1975. In diese Kategorie gehört eventuell auch die Intervention Südafrikas (in der Zeit der Apartheid) in die Kämpfe in Angola und Mosambik, nachdem diese Kolonien von Portugal aufgegeben worden waren.

Zwischen sozialistischen Ländern kam es nach 1945 einige Male zu militärischen Auseinandersetzungen, die nicht alle den gleichen Charakter hatten:

- Einsatz der Roten Armee in Budapest und Ungarn 1956
- Einmarsch der fünf Armeen gegen den Prager Frühling 1968
- Konfrontation VR China-UdSSR am Ussuri 1968/69
- Militärschläge der VR China gegen Vietnam 1978/79
- Intervention Vietnams in Kambodscha 1979
- Intervention der UdSSR in Afghanistan 1979-1988.

Die meisten dieser (begrenzten) Militäraktionen haben dem Ansehen des Sozialismus geschadet. Sie haben das Axiom widerlegt, dass es zwischen sozialistischen Ländern nur solidarische Beziehungen geben kann, und zeigen, dass kommunistisch geführte Regierungen der Kritik bedürfen und bei diesen noch Lernbedarf besteht.

1980 bis 1988 haben die Entwicklungsländer Irak und Iran Krieg geführt. 1983 hat Libyen gegen das Nachbarland Tschad gekämpft. 1965 und 1971 führten Indien und Pakistan um Kaschmir gegeneinander Krieg.

In die Kategorie der nationalen Befreiungskriege gehören der Konflikt Algerien-Frankreich 1954-1962, der Kampf der Viet Minh gegen Frankreich und dann gegen die USA, der Kampf in Rhodesien (jetzt Zimbabwe) gegen die britischen Kolonialisten 1965-1979. In den nationalen Befreiungskriegen sollten Internationalisten für die Beendigung der Kolonialherrschaft eintreten. Die KPF hat in den Kolonialkriegen die französische Regierung gegen die Befreiungsbewegungen in Algerien und Vietnam unterstützt und damit nicht internationalistisch gehandelt.

7.1 Konflikte nach 1945

Die drei wichtigsten imperialistischen Regionalkriege der Gegenwart sind der Balkankrieg, Afghanistan und Irak. Sie wurden von den kapitalistischen Führungsmächten nach dem Zerfall der Sowjetunion 1989 begonnen und sind bisher zu keinem Ende gekommen.

Den Balkankrieg hat – wie erwähnt – die deutsche Bundesregierung 1999 begonnen; ihr Ziel war und ist, zur dominanten Macht in Europa zu werden. Nach dem Tode Titos hat Bonn die zentrifugalen Kräfte in Jugoslawien systematisch gefördert (z.b. die UCK im Kosovo in den 1990er Jahren und Franjo Tudjman in Kroatien), organisiert und bewaffnet mit dem klaren Ziel, Jugoslawien zu zerstören. Sie griff auch in die internen Auseinandersetzungen ein. Gegen die Ratschläge Englands und Frankreichs hat Bonn die kroatische Regierung anerkannt. Jugoslawien wurde erneut balkanisiert, in sieben Staaten zerkleinert, in denen die ethnischen Auseinandersetzungen fortgesetzt werden. Internationale »Friedenstruppen« sind zehn Jahre nach dem Krieg noch immer auf dem Balkan.

Nach der Ankündigung der Sowjetregierung, dass sie ihre Truppen und Berater aus Afghanistan abziehen würde, haben die Regierungen der USA und Pakistans die Taliban intensiv mit Geld und Waffen gefördert; in Pakistan wurden sie ausgerüstet und gedrillt – alles im Interesse des Kampfes gegen die Sowjetunion und gegen soziale Reformen. Jetzt wenden die Taliban die Waffen der USA gegen deren Soldaten und haben ein reaktionäres inneres Regime zu etablieren versucht. Die »demokratischen Mächte« haben eine Regierung wählen lassen, die wenig Einfluss im Lande hat. Die von den USA geführte Militärallianz ist gegenüber den Taliban kaum erfolgreich.

Noch katastrophaler ist das Ergebnis der zweiten militärischen Invasion der USA im Irak (2003). Bereits nach wenigen Monaten wurde der Krieg am 1. Mai für beendet erklärt. Seitdem verschärfte sich jedoch die militärische Auseinandersetzung, in der die beiden »religiösen« Strömungen Sunniten und Schiiten gegeneinander und gegen die US-geführten internationalen Armeen kämpfen. Auf beiden Seiten sterben viel mehr Zivilisten als ausländische Soldaten; aber nur letztere werden genau gezählt. Die zivilen Opfer gehen in die Zehntausende; in den Nachbarländern leben ungezählte Kriegsflüchtlinge. Der Einfluss der Teheraner Regierung wächst ständig; das Land scheint zu zerfallen. Nachdem Saddam Hussein die kommunistischen Führer im Jahre 1975 hatte hinrichten lassen, ist die KP illegal. Sie hat sich in zwei oder drei Parteien gespalten: Eine Richtung will mit den USA kooperieren, die andere lehnt das ab; und vermutlich gibt es im Kurdengebiet eine eigene KP. Im Frühjahr 2007 wurde die US-Armee verstärkt – jedoch ohne Erfolg im Kampf gegen den ständig wachsenden Widerstand und Bürgerkrieg. Folge der US-Invasion ist eine Stärkung des Einflusses der reaktionären Regierung in Teheran. Im Sommer 2008 hatten die USA 160.000 Soldaten und 130.000 Söldner privater Firmen im irakischen Einsatz.

Die zahlreichen regionalen Kriege zwischen Entwicklungsländern und von Gruppen in diesen entstanden offenbar aus unterschiedlichen Ursachen. Manchmal sind es Kämpfe zwischen ethnischen Gruppen (Ruanda und östlicher Kongo); in anderen Fällen zwischen Nomaden und Ackerbauern, die verschiedenen Ethnien angehören (Ruanda und Burundi; Darfur, Sudan). Manche Auseinandersetzungen könnten um Rohstoffe geführt werden – oft mit Unterstützung oder Führung durch Unternehmen und Regierungen von Industrieländern (Angola, Marokko gegen das Wüstenland Mauretanien). Die vielen, oftmals militärischen Konflikte dieser Art beweisen, dass Entwicklungsländer nach der Unabhängigkeit unterschiedliche, oft entgegengesetzte Interessen entwickeln. Daher konnte die »Bewegung der Blockfreien« auf Dauer keine Solidarität dieser Länder begründen und ist im Abklingen begriffen.

Es gibt jedoch auch Versuche der Kooperation von Entwicklungsländern, die auf verschiedenen Wegen eine soziale Transformation vorantreiben. Hier ist an die Staaten Südamerikas zu denken, die sich Anfang Dezember 2006 in Cochabamba in Bolivien getroffen haben: Kuba, Venezuela, Ekuador, Bolivien, Chile, Brasilien und Argentinien. Die Regierungen und die sie stützenden Parteien gehen nicht ganz die gleichen Wege der Transformation, und die Bekenntnisse zum Sozialismus sind vielfältig. Jedoch wurde auf der Konferenz Ende 2006 eine ökonomische Kooperation in einigen Bereichen, vor allem bei Energie, vereinbart.

7.2 Der Nahostkonflikt

Der Nahe Osten, eine nicht eindeutig abzugrenzende Region, ist gegenwärtig einer der Brennpunkte weltpolitischer Spannungen und militärischer Auseinandersetzungen. Diese Region ist eine der erdölreichsten der Erde, formal organisiert in zahlreichen Staaten mit einer besonderen Sozialstruktur. Viele dieser Staaten befinden sich in feudalen Zuständen, und die Arbeiterklasse besteht überwiegend aus Migranten ohne Chance auf Einbürgerung; Organisation und Klassenbewusstsein sind noch schwach entwickelt. Die US-Energiekonzerne haben große Interessen und werden von ihrer Regierung durch starke Militärpräsenz und »Beratung« der Regierungen unterstützt. Für den US-Imperialismus ist die Region nicht nur Energie-Reservoir, sondern in der militärischen Weltstrategie ein wichtiger Stützpunkt zur Kontrolle Russlands vom Süden her und als eine Zwischenstation auf dem Weg nach Ostasien. Trotz der offensichtlichen militärischen Schwäche beherrschen diese Vorstellungen noch immer

7.2 Der Nahostkonflikt

die führenden Kreise des militärisch-industriellen Komplexes und ihrer Ideologen. Einige der Erdöl-Staaten haben nach dem Zweiten Weltkrieg versucht, eine regionale Vormachtstellung zu erringen, so zuerst Libyen, dann der Irak, jetzt als letzter Iran.

Der fast 100-jährige Kampf in Israel ist eines der regionalen Probleme, die militärischen und materiellen Interessen der USA, der regionale Vormachtanspruch Irans und der Widerspruch zwischen der feudalen Gesellschaftsordnung und dem ökonomischen Vordringen des modernen Kapitalismus sind die anderen Probleme. Es bestehen gewisse Wechselwirkungen zwischen diesen Problemen, so z.b. die Versuche der Einflussnahme auf den Konflikt zwischen Israel und den Palästinensern. Die USA, Libyen, Irak und Iran verfolgen in diesem Konflikt je eigene Interessen.

Die sozialistische Bewegung in der Nahost-Region ist teils noch in einem frühen Stadium, teils unterdrückt und verfolgt, wo sie weiterentwickelt war. In manchen Ländern ist die Bezeichnung sozialistisch ohne Bedeutung; so war die Baath-Partei im Irak rein nationalistisch. In der Breschnew-Ära bezeichneten sich mehrere Staaten als sozialistisch, weil sie Hilfe (und billige Waffen) von der Sowjetunion erbaten. In der Türkei bestehen mehrere kommunistische Parteien. Die KP Syriens hatte lange mit der Regierung zusammengearbeitet, die sich zum »Baath-Sozialismus« bekannte; diese hatte mit Ägypten 1958 formal eine syrisch-ägyptische »Vereinigte Republik« gebildet, die jedoch nie funktioniert hat. Im Herbst 1975 begann eine intensive Verfolgung der Kommunisten; Zeitungen berichteten von 300 Verhaftungen von KP-Funktionären. Ihr Führer Bakdasch floh aus dem Lande. In Ägypten ist die KP verboten. Im Libanon ist sie nationalistisch und unterstützt die von Iran gesponserte Hisbollah ohne Vorbehalte. Besonders tragisch ist die Situation der Kommunisten im Iran (siehe Kap. 7.3). Seit dem Ende des britischen Mandats ist die KP Israels eine legale Partei und im Parlament vertreten; sie hat sich den neuen Namen Chadasch gegeben. In Jordanien ist die KP verboten.

Der Regionalkonflikt, der schon am längsten dauert und fast periodisch zu kurzen Kriegen führt, ist der Konflikt zwischen Israel und den Palästinensern. Hier war und ist die deutsche Arbeiterbewegung in Bewertung und Stellungnahme zutiefst gespalten; es muss auch unterschieden werden zwischen den Positionen von Sozialisten in der BRD und der DDR.

Nach 1945 gab es anfangs in Ostdeutschland Sympathie mit den Israelis – etwa bis zum Beginn der antisemitischen Welle in den letzten Jahren der Stalinära. Danach kam es zu einer offiziellen Abkühlung, die vielleicht zum Teil mit der westdeutschen Hallstein-Doktrin (1955) zusammenhing; diese verwehrte dem Staat Israel diplomatische Beziehungen mit der DDR, wenn man die dringend für den Aufbau notwendigen Wiedergutmachungsgelder aus der

BRD haben wollte.⁴⁵ Die ostdeutsche Propaganda begann, die Geschichte zu fälschen. Walter Ulbricht erklärte 1956, der Staat Israel sei ein Produkt des US-Imperialismus. Die Nachbarstaaten Israels wurden massiv mit Waffen beliefert und 1967 offen zum Krieg gegen Israel ermutigt, der mit einem Sieg der Araber enden könne, da alle arabischen Nachbarn sich verbündet hätten. Nach dem unerwarteten Sieg Israels wurde den jüdischen Kommunisten in der DDR nahegelegt, eine antiisraelische Erklärung zu unterschreiben. Erst kurz vor dem Zusammenbruch der DDR suchte ihr letzter Ministerpräsident Dr. Hans Modrow, freundschaftliche Kontakte mit Israel herzustellen und flog zu diesem Zweck nach Jerusalem.

Unter dem Druck der Breschnew-Doktrin von der begrenzten Souveränität der Staaten des sozialistischen Lagers handelten diese ähnlich wie die DDR: Sie brachen die diplomatischen Beziehungen ab. Nur das sozialistische Jugoslawien hielt seine Beziehungen aufrecht, mehr im Stillen, mit wenig Aufsehen. Aber die Kameradschaft des Partisanenkrieges 1941-45 führte zu begrenzter Kooperation. So war z.B. der israelische Militärführer im Jom-Kippur-Krieg 1973 der jugoslawische kommunistische Partisanenführer David Elazar.

In der BRD überwogen bis 1967 bei den Linken Sympathien und Solidarität mit den Überlebenden der faschistischen Vernichtungspolitik, die in Israel für sich einen eigenen wehrhaften Staat aufbauten. Das änderte sich schlagartig nach dem völlig unerwarteten Sieg Israels. Soweit die Linke zu außenpolitischen Fragen Stellung bezog, gab es eine tiefe Spaltung. Ein großer Teil befand nun, dass die Opfer des Faschismus zu Tätern geworden seien; manche erklärten sie zu Faschisten, Imperialisten, den Staat zu einem Apartheid-Staat, der kein Existenzrecht habe. Sympathie für »die Palästinenser« (ohne Differenzierung) überwog. Ein kleinerer Teil der Linken verteidigte Israels Existenzrecht, wünschte aber 1967 ein baldiges Ende der Okkupation und einen Friedensschluss.⁴⁶

Der für das Überleben notwendige Sieg Israels 1967 hatte im Lande selbst eine ambivalente Wirkung; er verführte manche zu der Vorstellung, dass Israel alles könne. Und die rechten Parteien begannen erst mit einer »Siedlung« im arabischen Hebron und dann mit einem stark subventionierten Bau von Siedlungen in den besetzten Gebieten. Das Angebot der israelischen Regierung, sofort nach Ende des Sechstagekrieges, alle besetzten Gebiete gegen einen Friedensschluss zu räumen, wurde zurückgewiesen oder gar nicht beantwortet. In Khartum beschlossen die verbündeten arabischen Staaten, keinen Frieden zu schließen und Israel nicht anzuerkennen. Je länger die Okkupation

---

⁴⁵ Adenauers Außenminister Walter Hallstein erklärte, dass die BRD die Beziehungen zu Staaten abbricht, die die DDR diplomatisch anerkennen.
⁴⁶ Siehe dazu u.a. Kloke (1990); Gollwitzer (1968).

7.2 Der Nahostkonflikt

dauerte, umso mehr verhärteten sich die Positionen der Konfliktparteien. Für seinen mutigen Schritt 1977/79, mit Israel Frieden zu schließen, wurde Ägyptens Staatschef Anwar el-Sadat 1981 in Kairo ermordet. Das gleiche Schicksal ereilte Israels Ministerpräsident Jizhak Rabin nach dem Osloer Friedensabkommen von 1994. Ein jüdischer Student erschoss ihn – während einer großen Friedensfeier in Tel Aviv.

Jene deutschen Linken, die immer einseitiger für die Hamas Partei ergreifen, denken an die Leiden der Palästinenser in den besetzten Gebieten; doch manche sehen auch in jedem Gegner des US-Imperialismus einen potenziellen Verbündeten der Sozialisten. Daher wird dem Staat Israel das Existenzrecht abgesprochen; er wird als »zionistisches Projekt« bezeichnet, und die mehrfachen Drohungen des iranischen Präsidenten Ahmadinedschad werden bagatellisiert, der Israel von der Landkarte streichen will und dafür Waffen liefert (die am Ende auch im Bürgerkrieg der Palästinenser gegeneinander eingesetzt werden).

Wie könnte eine internationalistische Lösung gestaltet sein, für die Sozialisten sich einsetzen sollten? Es gibt drei Grundforderungen:
1. Anerkennung des Existenzrechts Israels durch die Führung der Palästinenser
2. Räumung der israelischen Siedlungen in der Westbank
3. Bildung eines Staates der Palästinenser.
Alle darüber hinausgehenden Forderungen der Maximalisten auf beiden Seiten sind unrealistisch und abzulehnen: Vertreibung aller Israelis, Vertreibung aller Palästinenser, Rückkehr aller palästinensischer Flüchtlinge.

Die vielen bisherigen mehr oder weniger ernsthaften Bemühungen (Nahostquartett, Roadmap, Sondergesandte) blieben ohne Ergebnis. Die große Bevölkerungs-Mehrheit auf beiden Seiten möchte Frieden. Wenn Sozialisten überhaupt etwas bewirken können, sollten sie Brücken bauen zwischen den Arbeitern und Bauern auf beiden Seiten. Das dürfte eine internationalistische Position sein. Schon 1946 hat der Kommunist August Thalheimer das vorgeschlagen. In den Internationalen monatlichen Übersichten behandelte er im August 1946 zum ersten Mal nach Kriegsende die Palästina- und die Judenfrage, die er als zwei getrennte Probleme betrachtete. Zum jüdischen Problem macht er nur zwei kurze Bemerkungen: »Die eine ist die, daß wenn die Behandlung der Judenfrage ein ziemlich zuverlässiger Maßstab für die jeweilige Höhe der Weltkultur ist, dass dann die absolute Unfähigkeit der gegenwärtigen Welt, sie zu lösen, eines der schärfsten Urteile über diesen Weltzustand ist. Die zweite, dass die bürgerlichen Juden, indem sie nicht verstehen, dass die Judenfrage ebensowohl und abwechselnd eine nationale wie eine Klassenfrage ist, sich das Verständnis ihrer tragischen Lage versperren.«[47]

---

[47] ImÜ, August 1946, zitiert nach Westblock-Ostblock ... 1992, S. 84.

Thalheimer wünscht also, wie in den »normalen« Zeiten vor 1933, dass die aufgeklärten unter den Juden sich mit dem Kampf aller Unterdrückten verbünden. Er behandelt des Weitern die Palästina-Frage – noch vor der Gründung des Staates Israel im Frühjahr 1948. Er zeigt, dass Großbritannien und die USA imperiale und Erdölinteressen verfolgen, indem sie Englands Besitz des Landes festhalten wollen: »So ist eine Lösung der Palästina-Frage im Sinne der Erreichung der wirklichen nationalen Unabhängigkeit und des friedlichen Zusammenlebens der arabischen mit der jüdischen Bevölkerung des Landes unter dem imperialistischen Vorzeichen ausgeschlossen.«[48]

Im Mai 1948 nimmt er erneut in den »Übersichten« zur Palästina-Frage Stellung: »Die arabische Liga, die keine Liga der arabischen Völker, sondern der Fürsten und feudalen Großgrundbesitzer ist und die heute noch als Werkzeug des englischen Imperialismus dient, wird bei dieser Gelegenheit zersetzt werden. Der leitende Gesichtspunkt der internationalen Arbeiterbewegung in der Palästinafrage müsste sein, sich in den arabischen Ländern Kräfte gegen die feudalen Herrschaften zu schaffen und sie mit den entsprechenden Kräften in Israel zusammenzubringen, um ein friedliches Zusammenleben und Zusammenarbeiten zwischen Israel und der arabischen Umwelt zu erzielen. Es ist klar, dass dieses Ziel, wenn überhaupt, so nur auf längere Sicht zu erreichen ist; denn die Widerstände gegen eine solche Lösung sind riesengroß. Aber der arabische Fellache und Arbeiter hat zu den hebräischen Arbeitern und Bauern keine Gegensätze, die nicht zu überwinden wären.«[49]

Das ist Internationalismus, wie ihn manche in der deutschen Linken nicht kennen.

7.3 Die Tudeh-Partei

Die Tudeh-Partei im Iran, faktisch Nachfolgerin der Kommunistischen Partei, hat Ende 2007 in einer interessanten Erklärung ihre Position erläutert.[50] Sie ist seit der iranischen Konterrevolution 1979 »unter kompliziertesten Bedingungen gnadenloser Verfolgung und großen Opfern« ausgesetzt. Seitdem ist sie im Untergrund aktiv. Die Partei spricht vom »Verrat der iranischen Führung an der Februarrevolution«, dem Sturz des Schah. Dieses Verständnis der Machtübernahme der Anhänger des Ayatollah Khomeini ist zu hinterfragen. Damals haben

---

[48] Ebd. S. 84.
[49] Ebd. Mai 1948, S. 337
[50] Die Erklärung wird auszugsweise wiedergegeben in »Rotfuchs«, Februar 2008, S. 19.

7.3 Die Tudeh-Partei

sozialistische Regierungen auf Khomeini als Gegner des Schahs und der USA gesetzt. Die SED und manche regierende Bruderparteien empfahlen daraufhin den iranischen politischen Emigranten die Rückkehr in den Iran, wo sie bald scharf verfolgt wurden. Die Partei protestierte 2008 gegen ausländische Einmischung in die inneren Angelegenheiten. Aber: »Wir betonen zugleich, dass die abenteuerliche und provozierende Politik des Regimes gegenüber dem Westen bei gleichzeitiger permanenter gröblicher Verletzung der Rechte der Mehrheit unserer Bevölkerung die Öffentlichkeit von den wachsenden Problemen und der verstärkten Unterdrückungspolitik ablenken soll.«

Die Partei bekennt sich zu den Prinzipien des Marxismus, kämpft »für die nationalen und sozialen Interessen der Völker Irans, vertritt unverrückbar internationalistische Positionen«. Sie lehnt zugleich die provokativen Äußerungen des iranischen Präsidenten ab, die den nationalen Interessen Irans schaden und den USA und ihren Verbündeten, »besonders Israel willkommene Vorwände liefern, ihre Provokationen gegen Iran fortzusetzen«.

Die Erklärung zeigt eine klare Distanzierung von der Innen- und Außenpolitik der Teheraner Regierung, aber auch, dass die iranischen Kommunisten 1979 von der reaktionären Politik Khomeinis und seiner Gefolgsleute überrascht wurden; sonst würden sie nicht von Verrat sprechen.

Nach dem Sturz des Schahs 1979 bemühte sich die UdSSR um ein gutes Verhältnis zu Teheran; entsprechend passte sich die Tudeh-Partei dem neuen Regime an und unterstützte es. Als die Ayatollahs ihre Macht konsolidiert hatten, begann 1983 eine intensive Verfolgung der Kommunisten. Viele wurden verhaftet und physischer und psychischer Folter ausgesetzt. Es kam zu »Geständnissen«. Die Gefangenen bezichtigten sich selbst, denunzierten ihre Genossen. Anfang 1984 fand ein großer Prozess gegen etwa 100 Tudeh-Mitglieder mit »geständigen« Angeklagten statt; Parteiführer traten als Zeugen der Anklage gegen ihre Genossen auf. Mindestens zwei Funktionäre wurden zum Tode verurteilt; 87 zu langen Freiheitsstrafen. Danach wurden etwa 100 Tudeh-Anhänger verurteilt. Manche Quellen sprachen von etwa 6.000 Verhaftungen. Generalsekretär Kianuri zeigte 100 Prozent Reue, verurteilte den Marxismus und die Sowjetunion. Die sowjetische Führung unternahm einige Versuche, um die Lage der Tudeh-Häftlinge zu erleichtern – aber ohne Erfolg. Die kommunistischen Emigranten, die die ihnen empfohlene Rückkehr ablehnten, distanzierten sich von den Erklärungen der Teheraner Gefangenen und der Regierungspolitik.

7.4 Einige neue Merkmale der aktuellen Kriege

Große Nuklearwaffen sind seit Hiroshima nicht mehr eingesetzt worden, wenn auch General Douglas MacArthur im Korea-Krieg deren Einsatz erwogen hat. Soldaten werden zunehmend auch außerhalb der direkten Kämpfe gegen äußere und innere Feinde eingesetzt – Militarisierung der Innenpolitik. Vor allem die USA übertragen militärische Aufträge an private Söldner-Truppen, die außerhalb jeder zivilen Kontrolle agieren. Trotz angeblicher Präzision der neuen Waffen werden mehr Zivilisten als Soldaten getötet. Scheler (2004) spricht von manchen neuen Waffen als Omnizid-Waffen, die Menschen ohne Unterschied, ob Zivilisten oder Soldaten, töten und alles zerstören. Damit, so meint er, verliere der Krieg »jeden politischen Sinn, er wird sinnwidrig«. Und er fährt fort: »Diese gravierende Tatsache, die Sinnwidrigkeit eines alles vernichtenden Krieges, erzeugte in der Endphase des Kalten Krieges den politischen Willen in Ost und West, nicht zuzulassen, dass der Systemkonflikt mittels Krieg gegeneinander ausgefochten wird.« (S. 55)

Allerdings zweifelt Scheler vorsichtig an den pazifistischen Hoffnungen, die Sinnwidrigkeit des Krieges werde zum »Sieg der Vernunft«, zum dauernden Verzicht auf Kriege führen. Es bleiben die imperialistischen Kriegsziele und der Systemgegensatz; mit der Existenz sozialistischer Staaten haben sich die führenden kapitalistischen Mächte nicht abgefunden. Und bisher hat es nicht den Anschein, dass sie fähig wären zur friedlichen Koexistenz, zum friedlichen Wettbewerb der Systeme und zur Akzeptanz radikaler sozialer Veränderungen in den kapitalistischen Ländern.

Die quantitative und technologische Überlegenheit der US-Armeen war weder in Vietnam noch im Irak oder Afghanistan kriegsentscheidend. Die Viet Minh haben ihren Kampf auf die gegnerischen Armeen konzentriert und die Zivilbevölkerung möglichst geschont, die die Viet Minh meist aktiv unterstützte. Die Moral der vietnamesischen Bauernsoldaten war wesentlich höher als die der US-Armee. Greiner (2007) weist nach, dass es zahlreiche Dörfer wie My Lai gegeben hat, in denen die Bevölkerung vernichtet und das Dorf dem Erdboden gleichgemacht wurde. Dieses Vorgehen war Teil der Strategie des US-Oberbefehlshabers in Vietnam, General Westmoreland. In der Buch-Ankündigung des Verlags wird der Krieg so charakterisiert: »…er war von Kriegsgräueln und Kriegsverbrechen, von Folter, Gefangenenmord und Massakern gekennzeichnet, ging mit einer faktischen Aufhebung des internationalen Kriegsrechts einher und wurde trotz des Wissens um die Unerreichbarkeit seiner Ziele Jahr um Jahre fortgesetzt.«

Andrian Kreye (2006) zitiert einen Untersuchungsbericht aus den USA: »Rund zwei Jahre nach dem Massaker in einem kleinen Dorf in der vietname-

7.4 Einige neue Merkmale der aktuellen Kriege

sischen Provinz Quang Nam trat der ehemalige Armeesanitäter James D. Henry zum ersten Mal an die Öffentlichkeit. Im Februar 1970 erzählte er die Geschichte jenes unseligen Morgens des 8. Februar 1968 den Redakteuren des Scanlan Monthly, eines couragierten Monatsmagazins ... und dem ein paar Monate später Präsident Nixon persönlich die Steuerfahndung auf den Hals hetzte. Am Tag der Veröffentlichung gab Henry in Kalifornien eine Pressekonferenz, nach der er prompt Besuch von Ermittlern der US-Army erhielt. Doch dann wurde es still um den Fall, und es sollte fast vierzig Jahre dauern, bis Henrys Erinnerungen als historische Tatsache in die Geschichte des Vietnamkrieges eingingen. Bis zum vergangenen Wochenende, um genau zu sein, denn da veröffentlichte die Los Angeles Times eine Artikelserie, die auf einem Tausende Seiten dicken Aktenpaket beruht, in dem sich auch die Aussagen von James D. Henry und die anschließenden Untersuchungen finden. Tausende Seiten, die deutlich machen, dass die Vorfälle am 8. Februar in Quang Nam und das legendäre Massaker von My Lai am 16. März 1968 in Vietnam keineswegs Einzelfälle, sondern Alltag waren.«

Ein Jahr später veröffentlichte der Journalist Seymour Hersh seine Berichte über das Massaker von My Lai, bei dem 504 Zivilisten getötet wurden, und die Versuche der Streitkräfte, den Vorgang zu vertuschen. Nach der Veröffentlichung dieses Berichts drehte sich die Stimmung der amerikanischen Bevölkerung. Allerdings ging man bis heute davon aus, My Lai sei ein Einzel- und Extremfall gewesen. Wie die Akten ergeben, welche die Los Angeles Times nun auswertete, muss dieses Geschichtsbild stark korrigiert werden. Doch auch Vietnam war kein Einzelfall.

Die immer wiederkehrenden Abrüstungsverhandlungen und die auf diesen erarbeiteten Abrüstungsabkommen sind ohne Wirkung. Tatsächlich gehen weltweiter Waffenhandel, Aufrüstung und Entwicklung neuer, auch nuklearer Waffen ständig weiter. Die USA versuchen, auch den Weltraum zu militarisieren. Die modernen Waffen und Waffensysteme sind immer teurer, was zur Steigerung der Profite der Rüstungsindustrie beiträgt. Moderne Waffen werden auch »nicht-militärisch« eingesetzt, z.B. zur Verhinderung der Zuwanderung aus armen Ländern. Der Einfluss der Vereinten Nationen auf Rüstung und Krieg ist gering. Die imperialistischen Regionalkriege werden meist geführt mit den angeblichen Zielen Demokratie, Menschenrechte und nationale Unabhängigkeit.

7.5 Vergleiche mit Vietnam

Die kriegerischen Auseinandersetzungen der Gegenwart wurden oft auch auf sehr verschiedene Weise mit Vietnam verglichen. Der anti-israelische Teil der deutschen Linken setzte nach 1967 die PLO mit den Viet Minh gleich. Ein anderer Vergleich sieht die Position des US-Militärs im Nahen Osten, in Afghanistan und besonders im Irak, ähnlich der in Vietnam von 1954 bis 1975. Alle historischen Vergleiche sind begrenzt wegen des zeitlichen und räumlichen Unterschieds; in manchen Fällen sind die Vergleiche irreführend.

Der Krieg der Viet Minh und Vietcong richtete sich gegen die französische Kolonialherrschaft, danach gegen ihre US-Nachfolger und gegen jene Oberschicht, die den fremden Herren über Generationen gedient hatte, Großgrundbesitzer, höhere Verwaltungsbeamte, Missionare. Der Krieg war zugleich Bürgerkrieg und nationaler Befreiungskrieg; beide Ziele gehörten eng zusammen, waren nur gemeinsam zu erreichen.

Die Kriegsparteien unterschieden sich in ihrer Position im Lande, durch ihre Kampfmoral, durch ihre Kampfmethoden, durch ihre Ausrüstung. Die Viet Minh hatten eine Massenbasis in Dörfern und Städten, waren eine Freiwilligenarmee, mit hoher Kampfmoral, ausschließlich gegen die fremden Soldaten und die wenigen vietnamesischen Helfer gerichtet; sie schützte die Zivilbevölkerung, war schlecht bewaffnet, verursachte wenig »Kollateralschäden«. Die Viet Minh versuchten, mit revolutionärer Aufklärung die feindlichen Armeen zu zersetzen, die fremden Soldaten über die Ziele ihres Kampfes aufzuklären – mit gewissem Erfolg: Es gab Überläufer. Diese besonderen Merkmale des Kampfes der Viet Minh sind großenteils der Führung durch eine revolutionäre Partei geschuldet.

Ganz anders die französische Kolonialarmee und ihre US-Erben. Sie fanden nur wenige Helfer im Lande, vor allem unter einigen ethnischen Minderheiten der Bergvölker. Das fremde Militär, besonders das der USA, nahm keinerlei Rücksicht auf die Zivilbevölkerung und ihre Umwelt. Es blieb nicht bei (angeblich irrtümlichen) Kollateralschäden; es gab organisierte Massaker. Langfristig wirkende genetische Schäden an der Zivilbevölkerung sind durch die Zerstörung der Umwelt verursacht.

Wir erwähnen nur eine der erfundenen Begründungen für die Luftangriffe auf zivile Ziele, den »Tongking-Zwischenfall«. Angeblich hatten die Viet Minh ein US-Kriegsschiff im Golf von Tongking angegriffen. Erst nach der endgültigen Niederlage 1975 zogen die USA ihre 560.000 Soldaten aus Südvietnam zurück. Es dauerte drei weitere Jahre, bis der verantwortliche Kriegsminister Robert McNamara nach seiner Ernennung zum Chef der Weltbank gestand, dass der Vietnam-Krieg ein großer politischer Fehler war.

7.5 Vergleiche mit Vietnam

In den USA und in vielen europäischen Ländern gab es Protestaktionen, die mit zunehmender Stärke den Rückzug der fremden Armeen forderten, und Solidaritätsaktionen für die Viet Minh. Einige Sozialisten unterstützten den militärischen Kampf der Viet Minh als Ärzte und als revolutionäre Propagandisten unter den französischen Fremdenlegionären, die zum Teil keine Freiwilligen waren. Ein Teil der französischen Fremdenlegionäre war zu verschiedenen Zeiten von den Behörden faktisch in die Legion gezwungen worden.[51] Das war insbesondere der Fall 1939, als viele Emigranten vor die »Wahl« gestellt wurden: Fremdenlegion oder Auslieferung an Hitlerdeutschland.

Ein Vergleich des Konfliktes Israel-PLO mit dem Vietnamkrieg ist offenbar völlig verfehlt, noch mehr eine Gleichsetzung der PLO mit den Viet Minh und ihrer Führung durch eine kommunistische Partei oder Israels mit der US-Armee in Vietnam. Darauf hat bereits Gollwitzer (1968) in seiner Schrift hingewiesen.

Ebenso wenig kann der Irak-Krieg der USA und der ihrer inneren Gegner mit dem Vietnam-Krieg verglichen werden. Die Gegner der USA sind nicht greifbar. Die Opfer auf beiden Seiten sind weit überwiegend ungezählte Zivilisten. Auch die Gegner der USA führen Krieg weitgehend gegen die irakische Zivilbevölkerung der anderen Ethnie oder der anderen »Glaubensrichtung« im Islam, weniger gegen die US-Armee. Die in der »Regierung« dominierenden Schiiten werden von der reaktionären iranischen Regierung unterstützt und »beraten« und handeln im Interesse von deren expansiven Zielen. Noch im Einvernehmen mit den USA hat Saddam Hussein Ende der 1970er Jahre die Führung der KP öffentlich hingerichtet. Heute sind die Kommunisten faktisch illegal und politisch gespalten, nur eine schwache Strömung im Irak. Eine Richtung scheint mit den USA zusammenzuarbeiten, die andere lehnt die Kooperation ab, eine dritte dürfte eine überwiegend kurdische Partei sein.

Vergleichbar mit dem Vietnamkrieg wäre nur die Brutalität der US-»Freiwilligen-Armee« und die Unfähigkeit der politischen und militärischen Führung, ihre militärische Niederlage einzugestehen und sich aus dem Irak zurückzuziehen. Im Übrigen hat der Verzicht der USA auf die Wehrpflicht zu merkwürdigen Rekrutierungsmethoden der Militärbehörden für die »Freiwilligen-Armee« geführt. Ein Teil der militärischen Aufgaben wird an Privatfirmen vergeben, die Söldner anwerben. Diese sind jeder staatlichen Kontrolle entzogen. Für die staatliche Armee wurden Einwanderer ethnischer Minderheiten mit dem Versprechen der Einbürgerung angeworben, ferner Kriminelle, denen die Freilassung zugesagt wird.

---

[51] Siehe dazu ausführlich Schütte (2007).

Die Sympathie mancher Linker mit den von Teheran geförderten schiitischen Gruppen ist nicht internationalistisch. Nicht jeder heutige Feind Washingtons kann Freund internationalistischer Sozialisten sein.

8. Globale Probleme[52]

Viele Probleme des 21. Jahrhunderts betreffen mehrere Länder und Völker gleichzeitig, manche betreffen die gesamte Weltbevölkerung. Sie betreffen einzelne Bereiche der Gesellschaft; wenn sie hier auch kategorisiert werden, so hängen sie doch miteinander zusammen und stehen zum Teil in Wechselwirkung. Hier seien die wichtigsten aufgelistet. Die Reihenfolge deutet meine Prioritätensetzung an, die Dringlichkeit für die Werktätigen; sie hat jedoch auch andere, noch zu erläuternde Gründe.
1. Probleme der Weltwirtschaft: Dominanz der wenigen kapitalistischen Industrieländer: Massenarbeitslosigkeit, Hunger, Unterernährung, Krankheiten, Epidemien, Landlosigkeit und andere Agrarprobleme, Analphabetismus, internationale Migration und ihre Behinderung.
2. Politische Probleme: Aufrüstung, Kriege, insbesondere Gefahr des Nuklearkriegs, fortschreitende Militarisierung des Weltraums, Imperialismus (u.a. USA, Iran), Ausbau, Fortentwicklung militärischer Hochtechnologie, Faschismus, antisozialistischer Klassenkampf, internationaler »Neoliberalismus« (= Kapitalsoffensive), Abbau der sozialen Sicherungen, Prekarisierung der Arbeitsbedingungen der Wanderarbeiter, internationale Konkurrenz der Arbeiterklassen.
3. Globale »ökologische« Probleme: Umweltverschmutzung, Bevölkerungsexplosion, Klimakatastrophe, Waldsterben, Ressourcenknappheit bzw. -begrenzung.

8.1 Apokalyptische Projektionen

Die Welt, in der wir leben, wird kleiner. »Das Raumschiff Erde mit seinen endlichen Ressourcen wird wegen des rapiden Bevölkerungswachstums enger« – so lautet eine der eindringlichsten apokalyptischen Visionen oder Botschaften. Der Kapitalismus durchdringt die ganze Welt bis in ihre letzten Winkel – mit Ausnahme der sozialistischen Länder (China, Vietnam, Nordkorea, Kuba), lässt keine Nischen, beutet die Natur erbarmungslos aus. Die großen multinationalen Konzerne globalisieren die Ausbeutung, internationalisieren die Konkurrenz unter den Werktätigen. Neue Kommunikationstechnologien ermöglichen schnelle Geschäfte rund um die Uhr, rund um den Erdball. Die »Informations-

---

[52] Siehe dazu ausführlich Bergmann (2003).

gesellschaft« überflutet die Menschheit dank der neuen Medien mit Nachrichten, aber natürlich recht selektiv. Viele Probleme bekommen eine neue, globale Dimension.

Schon Thomas Robert Malthus meinte, die Bevölkerung vermehre sich in geometrischer Progression, während die Agrarproduktion nur in arithmetischer Progression zu steigern sei. Die erste globale Warnung war das berühmte Buch von Meadows und Meadows für den Club of Rome »Grenzen des Wachstums« (1972). Die Verfasser sagten damals, im Jahre 2000 werde es kein Erdöl und Erdgas mehr geben; dann seien die Vorräte erschöpft. Kürzlich meinte Hermann Scheer, Befürworter der Solarenergie: »... die Erschöpfung dieser endlichen (fossilen) Ressourcen rückt in dramatischen Schritten näher und damit in wenigen Jahrzehnten nicht nur das Ende der globalisierten Ökonomie, sondern auch der Zivilisation.«[53]

Nun möchten wir die Bedeutung von Projektionen und Prognosen keineswegs ignorieren oder bagatellisieren. Aber wir sollten sie nicht als Realität von morgen verstehen. Die quantitativen Prognosen sind nämlich oft lineare Fortschreibungen bisheriger Entwicklungen. Neue, unvorhergesehene Faktoren und menschliche Entscheidungen können nicht berücksichtigt werden. Daher sind diese Szenarien nur als Warnungen vor möglichen Entwicklungen zu verstehen und nicht als unser unabweisbares Schicksal.

Auch können die Antworten auf die Probleme sehr verschieden lauten, je nachdem, welche Absichten die »Experten« hegen und wes Geistes Kind sie sind. Viele Prognosen zeigen mit dem Finger auf die arbeitenden Massen der wenigen hoch entwickelten Industrieländer; deren verschwenderische Lebensweise sei eine der Hauptursachen der globalen Probleme, sei es der Hunger in Indien oder seien es die CO_2-Emissionen der Autos. Diese Massen – so meinen die Propagandisten der Bescheidenheit (der Arbeitenden) – müsse gelehrt werden, nicht über unsere Ressourcen zu leben. Wir müssen den Ernst vieler globaler Probleme anerkennen, aber uns nicht durch Endzeitvisionen ängstigen lassen, sondern als Sozialisten optimistisch bleiben und Lösungen suchen.

Folgende globale Probleme werden am häufigsten genannt: Bevölkerungswachstum, Agrarproduktion und Ernährung, Endlichkeit der natürlichen Ressourcen, Umweltzerstörung und Erderwärmung. Weniger häufig werden genannt: Nord-Süd-Gefälle, wachsende Armut und Erwerbslosigkeit in den reichen, hochindustrialisierten Ländern, die Gefahr nuklearer und konventioneller Kriege sowie Faschismus und Rassismus.

---

[53] Brüder zur Sonne. Scheer und Altvater diskutieren über eine »neue Internationale«. In: Süddeutsche Zeitung, 26.2.2002.

8.2 Optimistische Antworten

Viele dieser Probleme sind interdependent, miteinander verknüpft. Dennoch können hier nur wenige ausgewählt und dargestellt werden. Wir müssen uns außerdem klar sein, dass viele Zahlenangaben nicht Tatsachen wiedergeben, sondern Berechnungen unter bestimmten, oft gleichbleibenden Prämissen. Aber in der Zukunft können neue, uns unbekannte Faktoren entstehen, die eine prognostizierte Entwicklung beschleunigen oder bremsen oder ihr gar eine andere Richtung geben. Viele der globalen Probleme werden auch von Forschern sehr kontrovers diskutiert, und die Warnungen vor der »Verselbständigung« der Prognosen dürfen nicht übersehen werden. So warnt mit Recht die Bildungspolitikerin Elboim-Dror (1996) davor, dass Schulkinder zwar weltweit alles erfahren über den Schutz der Umwelt, die Gefährdung von Tier- und Pflanzen-Spezies, nichts aber über die Nöte der Kinder armer Eltern bei uns und in den Entwicklungsländern. Immer werde eine ursprünglich heile statische Natur zugrunde gelegt, das in Wirklichkeit dynamische Gleichgewicht der Natur indessen wird verheimlicht, das sich dadurch ergibt, dass die Stärkeren die Schwächeren vernichten.

Die gewaltigen sozialen und politischen Probleme werden so ausgeblendet. Der skeptische Umweltschützer Björn Lomborg versucht in seinem Buch (2001) hinter die Gründe für die Angst der Menschen vor drohenden Umweltkatastrophen zu kommen und zitiert Umweltsorgen, die es schon vor 750 Jahren gab. Er gibt Zahlen über die wesentlich verbesserten Lebensbedingungen heute, z.B. über sinkende Säuglingssterblichkeit und wachsende Lebenserwartung.[54] Damit soll die Umweltzerstörung nicht bagatellisiert werden; sie betrifft alle Bereiche unserer Umwelt und besonders die ärmeren Schichten der Weltbevölkerung. Aber im Kapitalismus wird die Verantwortung weitgehend auf das Individuum abgewälzt, obwohl gesellschaftliche Lösungen notwendig sind. z.B. öffentlicher statt Individualverkehr. Und die nächstliegenden drängenden Probleme werden von Regierungen und Medien in den Hintergrund gedrängt.

8.2 Optimistische Antworten

Für meine Einstellung zu den materiellen globalen Problemen möchte ich folgende Grundgedanken formulieren: Bezüglich der Begrenztheit der planetarischen Ressourcen und der daraus abgeleiteten apokalyptischen Visionen lässt sich gegen die zutiefst pessimistische auch eine optimistische, sozialistische Perspektive formulieren. Natürlich will kein Sozialist der Verschwendung das Wort reden; schon Marx hat davor gewarnt. Jeder Sozialist ist für sparsamen

---

[54] Entnommen einer Rezension des Buches von Lomborg (2001).

Umgang mit der Natur und ihren Schätzen und für verantwortungsbewusste Familienplanung. Aber:
1. Die Vorgabe eindeutig begrenzter Ressourcen und eines jeweils vorzuschreibenden Verbrauchs ist falsch. Mit ihrer Erfindungsgabe können die Menschen neue Ressourcen entdecken und erfinden. Die Möglichkeiten sind nicht ausgeschöpft. Die Malthussche Apokalypse ist nicht eingetroffen.
2. Wir sind fähig und verpflichtet, allen Menschen einen humanen Lebensstandard zu gewähren.
3. Der Ressourcenverbrauch ist klassenspezifisch sehr verschieden. Durchschnittsquoten des Verbrauchs sind völlig irreführend. Primäre Ursache der Verschwendung ist die Allmacht der Profitmaximierung, nicht der »Konsumrausch« der Arbeitenden.
4. Es muss gespart werden. Da ist oben zu beginnen, d.h. bei Rüstung, Militär und Krieg, beim Luxusleben der herrschenden Klasse. Allgemeine Bescheidenheitsappelle der Herrschenden sind abzulehnen.
5. Kleinräumige Lebenssicherung, dörfliche oder gar individuelle Autarkie ist heute nicht mehr möglich.
6. Ebenso ist es unmöglich, den Menschenmilliarden in den Entwicklungsländern vorzuschreiben, welchen Grad technologischer Entwicklung sie wählen dürfen. Auch sie haben einen humanen Anspruch auf die Auswahl des Besten aus der menschlichen Erkenntnis, soweit es ihren Bedingungen angepasst ist oder angepasst werden kann.

Die Menschheit befindet sich in verschiedenen politischen und sozio-ökonomischen Entwicklungsphasen. Auch in den reichen Ländern gibt es eine wachsende Zahl von Menschen, deren Lebensstandard wesentlich erhöht werden sollte. In diesen Ländern könnten jedoch Produktion und Ressourcenverbrauch gesenkt werden. In vielen Entwicklungsländern, in denen die überwältigende Mehrheit der Menschheit lebt, muss die Produktion auf vielen Gebieten (nicht auf dem der Rüstung) noch wesentlich gesteigert werden.

Der dänische Marxist Boserup (1977: 17) diskutiert auch einige frühere Untergangsszenarien (doomsday prophecies) und beendet seinen Essay mit folgender »subjektiver Überlegung«: »Ich möchte hinzufügen, daß Weltuntergangssorgen wegen der Erschöpfung der Naturschätze mir nicht nur bedeutungslos erscheinen. Sie sind auch schädlich, weil sie dazu dienen, die Aufmerksamkeit der besorgten und gutwilligen Menschen von den wirklichen Gründen für Besorgtheit abzulenken. Diese sind eher politischer und soziologischer, als physischer Natur: Wie können wir den schnellen technischen Wandel für eine machbare Senkung der erschreckenden Unterschiede im Einkommens- und Kulturstandard nützen? Und wie verhindern wir Atombomben, nicht Kernkraftwerke?«

8.3 Agrarproduktion, Bevölkerung und Ernährung

Die globale Agrarproduktion ist langfristig ständig gestiegen, besonders dank den Erkenntnissen der Agrarwissenschaften, der Verfügbarkeit industriell erzeugter Produktionsmittel, dem Ersatz menschlicher und tierischer Energie durch fossile Energie, der Be- und Entwässerung, der Ödlandkultivierung, der Erfolge von Pflanzen- und Tierzüchtung. Die großen Unterschiede in der Flächenproduktivität der einzelnen Länder zeigen – soweit sie nicht naturbedingt und nur schwer zu verändern sind – das große, unausgeschöpfte Potenzial. Die neu eröffneten Möglichkeiten, die Agrarproduktion zu steigern, waren völlig unbekannt, als Malthus seine pessimistischen »Prognosen« niederschrieb. »Es wächst hienieden Brot genug für alle Menschenkinder.« Auch bei naturschonender Produktion ist eine ausreichende Versorgung aller Menschen möglich. Da die Weltbevölkerung ständig wächst, steigt die Pro-Kopf-Produktion kurzfristig langsamer als die Produktion. Den Wettlauf zwischen Wachstum der Bevölkerung und der Agrarproduktion kann die Landwirtschaft gewinnen – so sagt der Optimist. Aber: Die Ernährung der Menschen ist in Menge und Qualität höchst ungleichmäßig. Gerade Industrieländer mit hoher Besiedlungsdichte produzieren Überschüsse, während agrarisch geprägte Volkswirtschaften oft ihre Bevölkerung nur mit Schwierigkeiten ernähren können.

Das globale Bild wäre regional, national und sozial zu differenzieren. Es gibt Entwicklungsländer mit Agrarüberschüssen (z.B. Brasilien, Thailand, Vietnam, Myanmar = Birma); in anderen Entwicklungsländern sind zugleich Millionen nicht genügend ernährt. Es herrschen in hochentwickelten Industrieländern Unterernährung und Hunger, es existieren Schichten mit qualitativ schlechter Ernährung (Übermaß an Kohlehydraten, die den Menschen dick machen). Aus den Haushaltsstatistiken der BRD ergibt sich, dass ein beträchtlicher qualitativer und quantitativer Unterschied im Lebensmittelkonsum je nach Familieneinkommen besteht. Also gibt es hier einen Spielraum für den Absatz hochwertiger Lebensmittel, vorausgesetzt die Masseneinkommen steigen. In Entwicklungsländern gibt es ebenfalls eine Schicht von Reichen, denen es auch in der Ernährung an nichts mangelt.

Für die Lösung des grundlegenden Ernährungsproblems gibt es mehrere Wege. Zwei »Ideen« sind von vornherein auszuschließen. So wird behauptet: Wenn die hungrige Mehrheit der Menschen, die in den Entwicklungsländern lebt, auf europäischem Lebensstandard leben soll und will, gehe die Welt an Ressourcenmangel zugrunde. Die Landwirtschaft dieser Länder solle doch gefälligst bei ihrer »ressourcenschonenden« Produktionsweise bleiben und so die Exzesse und Schäden industriemäßiger Agrarproduktion vermeiden. Das erstere ist inhuman, das letztere sachlich falsch und unrealistisch. Denn die Menschheit ist verpflichtet und fähig, für alle Menschen genügend Lebensmittel zu erzeugen. Und eine wesentliche Produktionssteigerung auf gegebener Nutzfläche ist nur möglich, wenn produktionssteigernde Inputs eingebracht werden (verbessertes Saatgut, Handelsdünger, fossile Energie, Bewässerung, Traktoren und Landmaschinen).

Das Wachstum der Erdbevölkerung ist der zweite Faktor des Problems der Welternährung. Es ist auch die Sorge vieler Menschen und wird von nationalistischen Politikern in Europa und den USA genutzt, um die Ängste der Bürger in der »Wohlstandsfestung« zu schüren. Hunderte Millionen harren angeblich vor den Toren Europas auf Einlass. Und wenn das so weitergehe... Diese apokalyptischen Visionen sind uralt. Zum ersten Mal fand ich sie bei dem Kirchenhistoriker Tertullian, der schon im Jahre 222 unserer Zeitrechnung schrieb: »Die große Zahl der Menschen fällt der Erde zur Last. Schon reichen die Rohstoffe nicht aus, und lauter werden die Klagen, die Natur könne die Menschen nicht mehr ernähren. Man muß in der Tat Pest, Hungersnot, Kriege und den Untergang der Staaten als Heilmittel begrüßen, damit die Bevölkerung nicht überhandnimmt.«

Die Malthussche »Prognose« wurde bereits erwähnt. Die aktuellen Apokalyptiker verlängern den »Trend« der letzten Jahrzehnte und erhalten als »Ergebnis« ein weiteres schnelles, bedrohliches Wachstum. Würden sie statt der letzten 30 Jahre die letzten 500 oder 2.000 Jahre zur Grundlage ihrer Trendberechnungen nehmen, so käme eine viel flachere Kurve heraus. Heutige Projektionen geben oft nur eine mögliche Entwicklungskurve, obwohl sie »Vorausberechnungen« in eine ferne Zukunft von 40-50 Jahren vorlegen. Seriöse Demografen sehen meist mindestens einige Varianten der Entwicklung vor und berechnen zwei Extreme, zwischen denen irgendwo die wirkliche Entwicklung liegen könnte. Laut der mittleren Variante der Vorausschätzung der UN von 1992 würden im Jahre 2150 etwa 11,5 Milliarden Menschen die Erde bevölkern, laut der hohen Variante aber 28 Milliarden. Man begreift die Unsicherheit und die geringe Aussagekraft solcher Schätzungen.

Ihren Tiefpunkt erreichte die Hysterie mit den großdeutschen Parolen vom »Volk ohne Raum«. Damit wurden zweimal die Kriege des deutschen Imperialismus »begründet«. Der Lebensstandard ist jedoch heute für die Masse derer, die Arbeit haben, ganz gewiss höher als 1914 oder 1939. Dabei leben nach zwei verlorenen Weltkriegen auf dem verkleinerten Territorium der Bundesrepublik viel mehr Menschen als 1914 und 1939.

Den Pessimisten stehen die »Optimisten« gegenüber. Ester Boserup (1965) weist anhand ihrer afrikanischen Beobachtungen nach, dass unter bestimmten Bedingungen und in bestimmten Grenzen erst das Bevölkerungswachstum eine Aufwärtsentwicklung der Agrikultur erfordert und zugleich ermöglicht. Damit

8.3 Agrarproduktion, Bevölkerung und Ernährung

stellt sie Malthus vom Kopf auf die Füße. Ähnlich argumentiert der marxistische Ökonom Mogens Boserup (1974) aufgrund ausführlicher Vergleiche der demografischen Entwicklung verschiedener Länder. Wenn nämlich die globale Bevölkerungsentwicklung regional und national aufgegliedert wird, zeigen sich ganz verschiedene Entwicklungskurven.

Die Entwicklung der Bevölkerung ist das Resultat aus der Zahl (Rate) der Geburten abzüglich der Zahl (oder Rate) der Todesfälle. Dazu käme der externe Faktor der Zu- und Abwanderung. Nun hat die Sterblichkeit im Laufe der letzten Jahrzehnte dank besserer Ernährung, Hygiene, Gesundheitsfürsorge abgenommen, ebenso die Zahl der Fehl- und Totgeburten; die Lebenserwartung hat sich erhöht. Die Geburtenrate ist gleichfalls gefallen, aber mit einer Phasenverschiebung. Während dieser Übergangsphase, in der sich das Reproduktionsverhalten allmählich an die sinkende Sterblichkeitsrate anpasst, wächst die Bevölkerung relativ schnell. Man nennt diese Phase die »demografische Transition«. Mehrere hochentwickelte Industrieländer erleben nun nach dieser Phase eine gewisse Bevölkerungsabnahme. Diese Länder, z.B. Finnland, Schweden, Deutschland, Schweiz, Österreich, haben die Phase demografischer Transition – der schnellen Bevölkerungszunahme – hinter sich. Wenn sie jetzt ihre Bevölkerungszahl aufrechterhalten wollen, sind sie auf Zuwanderung angewiesen. (Nur für Rassisten kann das anstößig sein.) Unser Reproduktionsverhalten hat sich in einer Generation radikal verändert – hin zur Kleinfamilie – und das trotz staatlicher Förderung und Druck in Richtung auf erhöhte Kinderzahl. Die sozialistische Arbeiter- und Kulturbewegung hat hier erzieherische Aufklärungs- und Pionierarbeit geleistet.

In den meisten Entwicklungsländern wächst die Bevölkerung – mit unterschiedlichen Zuwachsraten: im Jahre 1989 von 1,5% in der VR China bis zu 7,7% in Yemen. Einige der großen volkreichen Länder propagieren Familienplanung, wenn auch mit unterschiedlichem Erfolg. Aber Optimisten können annehmen, dass im Zuge der gesellschaftlichen Modernisierung, der Urbanisierung, der allgemeinen Schulbildung und Alphabetisierung, des Aufbaus einer Sozialversicherung, die meisten Menschen ihr Reproduktionsverhalten so ändern, wie das in entwickelten Ländern geschehen ist oder gerade geschieht. Aufgeklärte Menschen planen heute weitgehend ihre Familie. Das und die verringerte Kinderzahl sind wichtige Faktoren der Befreiung und Selbstverwirklichung der Frauen. Aufklärung, Information, Angebot aller Verhütungsmittel, Abtreibungsmöglichkeit ohne staatliche oder kirchliche Bevormundung sind die besten Wege zu rationaler Familienplanung und freiwilliger Geburtenkontrolle. Zwangsmittel jedweder Art sind untauglich und unwirksam, weil die meisten Staaten gar nicht über die Mittel und Organe verfügen, um den Zwang flächendeckend auszuüben und weil sie Gegendruck erzeugen.

Natürlich gibt es auch Gegner der Familienplanung, die Militärführungen vieler Länder, die noch immer in alten Kategorien denken und das Gewicht eines Staates von der Zahl seiner Einwohner abhängig machen. Dazu kommen einige der großen Kirchen bzw. »Religionen«, vor allem die katholische Kirche und in vielen Ländern (nicht überall) der Islam. Aber auch Regierungen der USA haben häufig gegen Familienplanung in Entwicklungsländern opponiert.

Sozialisten sind natürlich allgemein für Familienplanung, nicht weil sie fürchten, andernfalls würde die Menschheit verhungern, sondern aus humanistischen Motiven. Unser Leitbild ist der bewusst handelnde, lebende, planende, rundum gebildete, sozial verantwortungsbewusste Mensch, der nur Wunschkinder hat und ihnen gute Chancen im Leben schaffen will, die Frau, die über ihren Körper selbst bestimmt und sich geistig entfalten will. Viele Religionen und Nationalismen hindern die Bewusstwerdung des Menschen.

Vor 200 bis 300 Jahren galt für viele Herrscher noch die Maxime: Développer c'est peupler. In einer Periode kommunistischer Regierung in der Sowjetunion und in China glaubten Stalin und Mao an diese Devise, verhinderten Familienplanung und verboten die Abtreibung. Inzwischen hat man in den meisten Entwicklungsländern (auch auf den weitgehend katholischen Philippinen) erkannt, dass ein schnelles Bevölkerungswachstum die nachholende Entwicklung hindert. Allerdings ist es nutzlos, Familienplanung als Voraussetzung wirtschaftlicher Entwicklung zu fordern. Sie ist vielmehr selbst Folge und zugleich Faktor der Entwicklung. Vernünftig wäre also, wie gesagt, in den Industrieländern die Agrarproduktion zu beschränken, in den meisten Entwicklungsländern diese zu erhöhen.

8.4 Sozialisten und Atomenergie

Auch für die Frage der Energieversorgung lassen sich optimistische Antworten denken. Boserup (1977; 1974) verweist auf verbesserte Methoden der Suche nach und Nutzung der Lagerstätten. Noch kennen wir nicht das Ende der Ressourcen; dennoch sollte gespart werden im Verbrauch, u.a. durch Ausbau des öffentlichen Verkehrs und Rücknahme bei Kurzstreckenflügen. Großer Energiekonsument ist das Militär aller Länder und der Krieg. Sauberste und dauerhafteste Energiequelle sind die Staudämme der großen Flüsse. Wenn Chemiker billiges und leichtes Material für Akkumulatoren entwickelt haben, wird Solarenergie eine weitere unerschöpfliche Quelle. Vom Gesichtspunkt der energetischen Bilanz sind Windenergie und Biotreibstoff aus Weizen, Mais, Raps, Zuckerrohr und Zuckerrüben am wenigsten ergiebig. Die Transformation von Lebensmitteln in Treibstoff treibt die Preise der Nahrung in die Höhe und senkt

8.4 Sozialisten und Atomenergie

den Lebensstandard der arbeitenden Bevölkerung, besonders des armen Teils. Von den vielen Möglichkeiten sind die umweltfreundlichsten zu nutzen.

In der Frage der Atomenergie ist zu unterscheiden zwischen friedlicher und militärischer Nutzung. Bei der friedlichen Nutzung in Atomkraftwerken (AKW) gibt es sehr unterschiedliche Positionen, die sich im Laufe der Zeit immer wieder geändert haben. Leo Trotzki sagte in einer Rede am 1. März 1926 das Atomzeitalter voraus: »Die Phänomene der Radioaktivität führen uns direkt zum Problem der Freilassung der inneren Atomenergie ... Die größte Aufgabe der gegenwärtigen Physik liegt darin, dem Atom die ihm innewohnende Energie zu entziehen – einen Pfropfen aufzureißen, so dass die Energie mit ihrer ganzen Macht emporschießt. Dann wird es möglich sein, die Kohle und das Petroleum durch die Atomenergie zu ersetzen, die unsere elementare Brenn- und Treibstoffkraft werden wird ... Das ist keinesfalls eine hoffnungslose Aufgabe, und welche weiten Möglichkeiten tun sich vor uns auf ... Das wissenschaftliche und technologische Denken erreicht den Grad einer großen Umwälzung; und so fällt die soziale Revolution unserer Zeit mit einer Revolution zusammen, die der Mensch auf dem Gebiet der Erforschung der Materie und ihrer Beherrschung vollbringt.«[55]

Nach der ersten experimentellen Kernspaltung 1938 in Berlin (Otto Hahn und Lise Meitner) begannen Hitlerdeutschland und die USA, sich intensiv mit der militärischen Nutzung der Atomenergie zu beschäftigen. Im Zweiten Weltkrieg sammelten sich die antifaschistischen Atomphysiker um Robert Oppenheimer im Manhattan-Projekt; sie wollten eine Atombombe entwickeln und der faschistischen Bedrohung zuvorkommen. Die ersten und bisher einzigen Atombombeneinsätze ordnete Harry S. Truman am 6. August 1945 gegen die Städte Hiroshima und Nagasaki an, obwohl der japanische Militarismus faktisch besiegt war. Es war, wie oben erwähnt, ein deutliches Zeichen des begonnenen Kalten Krieges.

Sozialisten wollten nun der SU zu einer eigenen Atomwaffe verhelfen, so der Atomphysiker Klaus Fuchs, dafür wurde er in England zu 14 Jahren Haft verurteilt; das Ehepaar Julius und Ethel Rosenberg wurde in den USA 1954 hingerichtet. Schneir und Schneir (1992: 658-661) nehmen an, es habe sich um einen der US-amerikanischen Justizmorde an Revolutionären gehandelt. Der Sozialist Oppenheimer wurde von der weiteren Forschung ausgeschlossen; vor dem Untersuchungsausschuss erklärte er, er habe viele Sozialisten im Krieg um sein Projekt gesammelt; es seien unter den Atomphysikern viele Sozialisten, weil

---

[55] Trotzki, Sotschinenjia, Bd. XXI, S. 415; zitiert nach Deutscher, Trotzki, Bd. 2, S. 177-178.

man eine gewaltige Kraft entdeckt habe, für deren Kontrolle und friedliche Nutzung man eine sozialistische Gesellschaft brauche.

Nach dem Ende des Zweiten Weltkriegs und den ersten und bisher einzigen Atombombenabwürfen sah Thalheimer den »Doppelcharakter der Atomenergie«. Thalheimer war Anfang 1946 in seiner Analyse der weltpolitischen Kräfteverhältnisse durchaus optimistisch über die Anwendung der Atomenergie und unterschied deutlich zwischen militärischer und ziviler Nutzung: »Der vollen Entfaltung der produktiven Anwendung der inneratomaren Kräfte aber, vermutlich der größten aller bisherigen technischen Revolutionen, ist die alte kapitalistische Gesellschaft nicht mehr gewachsen ... Nur eine von Grund auf neue, die sozialistische Gesellschaft, ist der universellen praktischen Anwendung der neu erschlossenen Kräfte voll gewachsen. Sie bändigt endgültig die gesellschaftlichen Antriebe für die massenhafte Vernichtung von Menschen und Gütern. Die unermessliche Steigerung der gesellschaftlichen Produktivkräfte durch die universelle technische Verwendung inneratomarer Kräfte gibt ihr die Möglichkeit einer raschen und gewaltigen Hebung der Lebenshaltung der ganzen Gesellschaft... Die Atombombe ... ist das letzte Wort der alten Gesellschaft. Die Atombombe in ihrer Allgemeinheit, als ein Fall der produktiven Verwendung der inneratomaren Energie wird das erste Wort der neuen Gesellschaft sein ... Das unheimliche Gefühl des durch die Atombombe drohenden Weltendes, das ihr Erscheinen in der bürgerlichen Welt begleitet hat, ist das Vorgefühl der alten Welt vom Ende ihrer Welt ... Die Atombombe in ihrer Doppelnatur weist klar über die alte Gesellschaft hinaus, und somit wohl auch über die bisherige Weltpolitik.« (S. 22)

Die frühe Friedensbewegung in Deutschland wandte sich in ihren Erklärungen und Ostermärschen eindeutig nur gegen die militärische Nutzung der Atomkraft, nicht aber gegen den Bau von Atomkraftwerken. Diese Position änderte sich im Niedergang der Vision einer sozialistischen Zukunft und mit dem Aufkommen der Grünen, deren Aussagen sich immer mehr und schließlich nur gegen die Atomkraftwerke richteten, von der militärischen Nutzung jedoch schwiegen. Die Furcht vieler Menschen wurde verstärkt nach dem bisher größten Störfall, der Explosion im sowjetischen AKW Tschernobyl im März 1987. Seither standen allein die AKWs in der öffentlichen Debatte; die »rot-grüne« Koalition beschloss 2000 den allmählichen Ausstieg aus der Atomenergie, die Schließung aller AKWs bis zum Jahre 2030. Das war ein rein populistischer Beschluss; denn die Regierung war sich wohl bewusst, dass dieser Beschluss keine reale Bedeutung haben kann.

In der gleichfalls von den Grünen forcierten Umweltschutzdebatte kommen nun neben den Profitinteressen von Atomindustrie und AKW-Betreibern zwei Argumente zum Tragen: Einerseits, dass Atomenergie, solange es keine

8.4 Sozialisten und Atomenergie

schweren Störfälle gibt, die Energieform ist, die die Umwelt am wenigsten belastet und andererseits, dass die fossilen Energieträger endlich sind.

Eine optimistische sozialistische Position zur Nuklear-Energie lässt sich in folgenden Punkten zusammenfassen:

1. Die größte Gefahr geht von der militärischen Nutzung aus, weil bei dieser die unbegrenzte Zerstörungskraft erwünscht ist und die langfristigen Folgen nicht kontrolliert werden können. Als Waffe in der Hand der imperialistischen Regierungen und in den Händen anderer reaktionärer »verantwortungsloser Regierungen« ist die Nuklearenergie eine schwere Gefährdung der Menschheit. Die internationalen Institutionen und Verträge haben sich bisher als wenig wirksam erwiesen. Nuklearwaffen werden weiter entwickelt und produziert. Gelegentlich wird »kleine« Munition mit »abgereichertem Uran« in regionalen Kriegen eingesetzt.
2. Bei der friedlichen Nutzung muss die öffentliche Kontrolle besonders intensiv sein, es darf nicht (aus Profitinteresse) gespart werden. Atomkraftwerke gehören daher in die öffentliche Hand. Das Problem der Entsorgung muss noch gelöst werden.

9. Soziale Bewegungen

Die Probleme der politischen Organisationen der Arbeiterbewegung werden in Kapitel 13 behandelt, die der Gewerkschaften in Kapitel 14. Hier werden die Fragen der neuen sozialen Bewegungen und die agrarischen Bewegungen diskutiert. Neben und unabhängig von der organisierten Arbeiterbewegung bestehen und entstehen auch andere soziale Bewegungen von unterschiedlichem Charakter, von denen manche auch antikapitalistische Inhalte und Ziele vertreten.

Agrarische Bewegungen existieren in mehreren Ländern; meist geht es um die Landfrage, die Forderung nach Agrarreform und Landverteilung, so z.b. in einigen Ländern Lateinamerikas (Brasilien), in Ländern Südafrikas, bewaffneter Bürgerkrieg in Kolumbien. In Nepal ist nach langem Bürgerkrieg ein Waffenstillstand geschlossen worden. In Indien gibt es permanent agrarische Unruhen mit regional begrenzten bewaffneten Kämpfen.

9.1 Neue Soziale Bewegungen und Nichtregierungsorganisationen

Viel Aufmerksamkeit finden in der öffentlichen Meinung die neuen sozialen Bewegungen, die einen anderen Charakter haben als die proletarischen und agrarischen Bewegungen. Die Gegnerschaft gegen die Globalisierung verbindet sie. Aber unter ihrem Dach versammeln sich völlig verschiedene Gruppen und Zielsetzungen; wenige richten sich gegen den Kapitalismus. Sie sind fähig, große internationale Manifestationen zu veranstalten, die jedoch keine Folgen in den täglichen Kämpfen der Arbeiter und Bauern in den einzelnen Ländern haben. Feste Organisationen mit demokratischen Strukturen gibt es nicht. Auf ihren Schulungen wird z.b. gewaltloser Widerstand gelehrt und geübt. Zu ihren Themen gehören u.a. Klimawandel, Kampf gegen Staudammprojekte, die mehr an Ängste anknüpfen, aber keine realistischen, weiterführenden Kämpfe anregen.

Die hier kurz charakterisierten Bewegungen sind ungleichartig und ungleichzeitig; ihre Verschiedenartigkeit ist anzuerkennen. Sie können nicht synchronisiert werden. Die neuen sozialen Bewegungen gehören nicht zu denen, die unsere Welt in eine sozialistische Richtung verändern wollen, bedürfen aber – soweit sie antikapitalistisch sind – der internationalen Solidarität. Diese Unterschiede müssen in einer neuen sozialistischen Internationale beachtet werden.

Charakteristisch für die neuen sozialen Bewegungen ist nicht nur ihre Heterogenität, sondern auch, dass sie keine feste Organisation darstellen und das

9.1 Neue Soziale Bewegungen und Nichtregierungsorganisationen

auch nicht beabsichtigen, dass ihr »basisdemokratischer« Anspruch de facto demokratische Entscheidungen der Anhänger fast unmöglich macht, dass ihre Finanzierung unklar ist. Ihre Aktionen sind oft spektakulär, öffentlichkeitswirksam, aber ohne dauerhafte Folgen. Die globalen und regionalen Sozialforen sind eher nützliche Märkte kritischer Meinungen als dauerhafte Gegenkräfte gegen die kapitalistische Gesellschaft. Die sozialen Anliegen der modernen Arbeiterklasse werden selten behandelt.

Wenn Sozialisten an diesen Demonstrationen teilnehmen, ist es wünschenswert, dass sie ihre Anliegen und Ansichten ebenso offen einbringen wie die anderen Beteiligten. Diese Bewegungen können Menschenmassen kurzfristig mobilisieren, bei ihnen Begeisterung erzeugen. Aber es bleibt zweifelhaft, ob sie am Ende mehr Energie und Kampfbereitschaft verbrauchen, als sie zum ständigen Klassenkampf beitragen.

In vielen Ländern sind heute Nichtregierungsorganisationen (NRO) tätig, die einen Teil der schwer definierbaren Zivilgesellschaft bilden. Ihre Ziele sind sehr unterschiedlich: vom Schutz bedrohter Tierarten, von der karitativen individuellen Hilfe für arme Menschen oder arme Dörfer über den Kampf für Menschenrechte und Demokratie in den sozialistischen Ländern bis zum Kampf für die Unabhängigkeit Tibets und Uiguriens.

Manche NROs arbeiten mit Staatsgeldern in der Entwicklungshilfe, sie führen also Aufgaben aus, die die geldgebende Regierung ihnen stellt. Andere sind verlängerte Arme, leicht getarnte Instrumente von im Hintergrund agierenden staatlichen Geldgebern. Manche Anhänger und Mitarbeiter mögen die besten Absichten haben und kennen ihre Geldgeber gar nicht. Sehr oft sind die Geldgeber kapitalistische Regierungen oder wohlhabende Kapitalisten (z.B. George Soros), die vor allem demokratisch getarnten Klassenkampf gegen radikale Gewerkschaften und sozialistische Länder führen.

Zur europäischen Arbeiterbewegung gehörten vor dem Faschismus und vor dem Zweiten Weltkrieg zahlreiche Kultur- und Hilfsorganisationen. Diese bekannten sich klar zu ihren politischen Zielsetzungen, zu ihrer Nähe zu den beiden großen Parteien der Arbeiterbewegung. Sie wurden von Mitgliedsbeiträgen und kleinen Spenden der Sympathisanten finanziert. Diese Klarheit gibt es heute bei vielen NROs nicht.

9.2 Agrarische Bewegungen im 21. Jahrhundert: Die Bauern – eine vergessene Klasse?

Einleitung

Europäische Marxisten befassen sich heute meist mit den Bewegungen der Arbeiterklassen in den »entwickelten«, industriellen Ländern, obwohl die Bevölkerung der G7-Staaten nur 700 Millionen zählt (11,5% der Weltbevölkerung). In diesen Ländern sind die, die in der Landwirtschaft leben und arbeiten, eine kleine Minderheit von 5 bis 15%. Die überwältigende Mehrheit lebt jedoch in Entwicklungsländern; ihre Volkswirtschaft ist immer noch agrarisch dominiert, und die Mehrheit – etwa 60% weltweit – lebt auf dem Dorf, bearbeitet den Boden, oft unter feudalen Verhältnissen, in harter physischer Arbeit. Ihr Einkommen und Lebensstandard lässt nichts übrig für Investitionen und Verbesserungen ihres »Betriebes«; manchmal reicht es nicht, den Hunger der Familie zu stillen. Der Lebensstandard ist auf dem Lande eingeschränkt durch die Abgaben an Grundbesitzer, international durch kapitalistische Globalisierung und die großen kapitalistischen Unternehmen, die den Weltmarkt beherrschen. Landlosigkeit, Analphabetismus, Krankheiten sind weit verbreitet in vielen Teilen dieser agrarischen Welt – keineswegs ein idyllisches Leben.

Während der Dekolonisierung nach dem Zweiten Weltkrieg versprachen die neuen, politisch unabhängigen Regierungen in mehreren Ländern Agrarreformen; sie wollten den »Boden dem, der ihn pflügt« geben, indem sie das Feudalsystem in seinen unterschiedlichen Ausprägungen im Dorf – Pacht, Teilpacht, Vorherrschaft weißer Kolonialfarmer in den fruchtbaren Regionen – abschaffen. In einigen Ländern gab es Agrarrevolutionen. In den meisten Ländern waren die Versprechen bald vergessen.

Die Berater aus Europa und den USA argumentierten, radikale Reformen würden die Lebensmittelproduktion beeinträchtigen. Als Ersatz erfanden sie die »grüne Revolution«; diese würde jedem Bauern neue Produktionsmittel bringen und daher jeden, auch die Kleinbauern auf ihrem kleinen Acker fördern. Dies war ein Misserfolg, da die neuen Inputs überwiegend den substantial farmers, den zahlungsfähigen größeren Landwirten zur Verfügung standen, einer kleinen Minderheit, während die große Mehrheit vom technischen Fortschritt und der wirtschaftlichen Entwicklung ausgeschlossen blieb. Um die Entwicklung eines Agrarlandes voranzubringen, ist es aber unerlässlich, die große Masse der Kleinbauern und Pächter zu fördern.

Innerer Druck, der inferiore Status und der Kampf gegen die doppelte Ausbeutung haben dazu geführt, dass agrarische Bewegungen mit einem bedeutenden revolutionären Potenzial entstanden. In diesem Kapitel wird versucht, einige dieser Bewegungen darzustellen und die besonderen Merkmale zu analy-

9.2 Agrarische Bewegungen im 21. Jahrhundert

sieren, die sie von proletarischen Bewegungen unterscheiden, die aber zugleich die Kooperation mit dem städtischen Proletariat notwendig machen.

Kurzer Überblick über einige agrarische Bewegungen
In Nepal beherrschten und kontrollierten die Bauern-Rebellen einen großen Teil der ländlichen Gebiete. Seit 1996 wurde ein Guerillakrieg mit großen und harten bewaffneten Kämpfen geführt. Die Guerillas stehen einer Strömung in der KP nahe. Sie sind kaum maoistisch in dem Sinne, dass sie Maos Ideen kennen und akzeptieren; sie herrschten jedoch in »befreiten Gebieten«, wie die Roten Armeen Chinas während des Bürgerkrieges. Sie sind am stärksten in großen Teilen des Westens von Nepal, aber auch in einigen Distrikten östlich der Hauptstadt Kathmandu, meist in Gebieten mangelhafter Infrastruktur. In den befreiten Gebieten haben sie Schulen, Volksgerichte, Genossenschaftsbanken und Kollektivfarmen errichtet sowie Regierungsanhänger eliminiert oder vertrieben. Manchmal griffen die Guerillas die Hauptstadt an. Die KPN-ML bezeichnet sich als maoistisch; sie wird jedoch weder von der KP noch von der Regierung Chinas unterstützt. Die Waffen entstammen eigener Produktion oder sind bei Angriffen auf Polizeistationen erobert worden. Angeblich ist die Organisation Glied eines »Internationalistischen Revolutionären Komitees« in London und hat Verbindungen zu Perus »Leuchtendem Pfad« und maoistischen Gruppen im Norden Indiens, wo sie Strategie und Taktik lernen. Die Führer sind Prachanda und Baburam Bhattarai.

In ihrem Programm der 40 Punkte fordern sie u.a. gleiche Rechte für Frauen, Religionen, Sprachen, Kasten, Verbot von Alkohol und Glücksspielen, Ende der ungleichen Verträge mit Indien, Enteignung der Großgrundbesitzer, Agrarreformen und die Abschaffung der Monarchie.

Der Guerillakrieg verstärkte sich in der Krise nach dem mysteriösen Mord fast der ganzen Familie von König Birendra. Die Guerillas wurden auf etwa 10.000 Mann geschätzt. In den Kämpfen mit 45.000 Polizisten und Soldaten wurden bis Mitte 2002 mehr als 3.000 Menschen getötet; einige Quellen sprechen von 8.000 Toten. Die Regierung von König Gyanendra in Kathmandu hatte die USA um militärische Hilfe gebeten. Mehrere Versuche, einen Kompromiss zwischen seiner Regierung und den Guerillas zu vermitteln, waren gescheitert. Nach jedem Waffenstillstand waren die bewaffneten Kämpfe wieder aufgeflammt.

Nach der mysteriösen Ermordung fast der gesamten Königsfamilie hatte Gyanendra, der einzige Überlebende, den Thron besetzt und das Parlament aufgelöst; nach harten Kämpfen hat er im Herbst 2006 aufgegeben. Eine normale Regierung wurde gebildet, die mit den Guerillas Frieden schloss. Eine neue Verfassung wird ausgearbeitet. Nach der Parlamentswahl im April 2008, in der die KP stärkste Partei wurde (220 von insgesamt 450 Mandaten), wurde die

Monarchie abgeschafft und die Republik ausgerufen. An zweiter Stelle kommt der Nepali Congress mit 108 Mandaten. Der Guerilla-Führer Prachanda bildete eine Koalitionsregierung. Der lange bewaffnete Kampf hat zu einem gewissen Erfolg geführt.

In Indien hat die CPI-M großen Anhang unter Kleinbauern und landlosen Arbeitern in den Bundesstaaten Kerala, West Bengal und Tripura. In Kerala hat die KP mehrmals die Regierung gestellt und eine recht erfolgreiche Agrarreform durchgeführt. Gleiches gilt für West Bengal. In den Bundesstaaten Bihar, Orissa und Andhra Pradesh führt eine illegale KP (nach der Stadt Naxalbari in West Bengal Naxaliten genannt) eine bewaffnete radikale Bewegung gegen die Großgrundbesitzer mit häufigen Kämpfen gegen staatliche Polizei und Privatarmeen der Landlords. Es scheint intensive Kontakte der nepalesischen Bewegung mit den in Andhra Pradesh kämpfenden Kleinbauern zu geben.

In Zimbabwe hat ein langwieriger Guerilakrieg 1979 zur Errichtung einer schwarzen Regierung geführt. Aber noch immer besitzen weiße Farmer den größten Teil der fruchtbaren Böden, während die lokale schwarze Bevölkerung auf die marginalen (Grenz-)Böden verwiesen bleibt oder auf den Farmen der Weißen in Lohnarbeit steht. Während der Verhandlungen über die Entkolonisierung erklärte die Regierung in London sich bereit, eine Landverteilung auf geordnetem, friedlichem Wege zu fördern, indem sie den europäischen Farmern Entschädigungszahlungen versprach. Das wurde jedoch nie durchgeführt. Das ist der Hintergrund der tiefen agrarischen Unruhe, der manchmal gewaltsamen Besetzung von weißen Farmen, bewaffneten Kämpfen landloser schwarzer Bauern mit weißen Farmern und deren Bemühungen, Robert Mugabe zu stürzen. Nach jahrelangen fruchtlosen Verhandlungen in London, Stillstand und Passivität hat Robert Mugabe die Angelegenheit aufgegriffen. Landlose Bauern und Veteranen des Unabhängigkeitskampfes begannen, die Farmen weißer Siedler zu besetzen, das Land zu verteilen und zu bebauen. Diese Aktivitäten haben die Landlosen der Nachbarländer Namibia und Südafrika mobilisiert.

Während der weißen Kolonisierung Südafrikas wurden die schwarzen Bauern von ihrem Land in die Reservate vertrieben (Bantustans); die weißen Farmer eigneten sich die besten, fruchtbarsten Gebiete an, oft mit den besten Niederschlägen oder/und der Bewässerung. Jetzt behaupten sie, die Rückgabe des Bodens an die ursprünglichen Eigentümer würde die Agrarproduktion beeinträchtigen. Offenbar hat in diesen Gebieten Afrikas die Entkolonisierung die Agrarprobleme nicht gelöst. Der gewaltlose, friedliche Weg, den die neuen schwarzen Politiker benutzen wollten, war erfolglos; die agrarische Unruhe wächst.

Die Apartheid wurde 1991 beendet, aber auch Thabo Mbeki, Nachfolger von Nelson Mandela als schwarzer Präsident, hat die Situation im Agrarsektor kaum geändert. 80% des fruchtbaren Bodens sind weiterhin von weißen Farmern be-

9.2 Agrarische Bewegungen im 21. Jahrhundert

wirtschaftet, die Marktproduzenten sind, während die schwarzen Bauern auf den marginalen Böden mehr für den Eigenverbrauch produzieren. Weißen Farmern gehören 35.000 große Güter und 60.000 Familienbetriebe. Die schwarze Mehrheit besitzt 12% der landwirtschaftlichen Nutzfläche. Nach dem Ende der Apartheid versprach Nelson Mandela 1994, dieser Prozentsatz werde auf 30% steigen. Bisher betrug der Zuwachs weniger als 5%. Das hat zu erneuter Unruhe geführt. »Wenn schwarze Bauern gegen weiße Farmer kämpfen, so ist das keine Frage der Rasse oder Ethnie, vielmehr ein soziales Problem« (Guardian Weekly, 2003).

Ein »stiller« Kampf wird geführt, der allmählich schärfer und lauter wird. Die Entschädigung nach dem Marktwert ist eines der Hindernisse der Agrarreform. Von 1995-2002 wurden 740 weiße Farmer von schwarzen Landlosen getötet, und 347 Farmen wurden angegriffen. Die Zahl der in diesen Kämpfen getöteten Schwarzen ist nicht bekannt. In einigen Provinzen haben landlose Schwarze versucht, weiße Farmen zu besetzen. Eine Bewegung der Landlosen (Landless People's Movement, LPM) wurde 2001 als Dachorganisation der Landlosen, der unständigen Landarbeiter und der Menschen in den Bantustans (oder Homelands) und den schwarzen Siedlungen (Settlements) gegründet; die Organisation ist sehr attraktiv für diese Schichten (oder Klasse).

In Namibia besitzen und bewirtschaften etwa 4.000 weiße Farmer (meistens Deutsche) die von der Natur meistbegünstigten Gebiete. Seit der Unabhängigkeit (1991) hat Sam Nujoma von Agrarreform und Landverteilung gesprochen. Er kündigte die Enteignung von 192 Farmen abwesender Gutsbesitzer (absentee landlords) an; aber nur wenig Fortschritt ist festzustellen. So wächst der Unmut der Landlosen auch hier.

In einigen Ländern Lateinamerikas ist ein Erwachen der Indio-Gemeinschaften festzustellen, z.B. in Guatemala, Ecuador, Kolumbien, Bolivien, Chile, Peru, Argentinien. In den 1960er Jahren wurden viele dieser Gemeinschaften enteignet, teils für Erdölprospektierung, Bergbau, Holzgewinnung oder für die Schaffung großer Farmen für Marktproduktion. Die Gemeinschaften wurden zerstört, und ohne Land waren viele Junge gezwungen, in die Städte abzuwandern. Die agrarische Unruhe ist weit verbreitet, auch unter den Indios. Ein älterer offizieller US-Bericht fasste die Lage auf dem Land zusammen: »Es gibt eine ideologisch unterstützte Quasi-Insurgenz von Bauernaufständen als einen Aspekt der Gewalt, als allgemeines Merkmal des politischen Lebens in vielen Ländern Lateinamerikas. Gewöhnlich haben diese Bewegungen eine Lösung für eine besondere Beschwerde gesucht, oder es waren Versuche von Landbesetzern, ihre Forderungen gegen die Streitkräfte der Regierung durchzusetzen. Das geht bis zu ländlichem Banditentum. Vorfälle dieser Art bei Bauern sind kein Aufstand, können sich jedoch dazu entwickeln. Illegitime Guerillas nutzen oft die bäuerliche Unzufriedenheit oder rekrutieren Banditen für ihre Truppe.« (Insurgency in Latin America, 1968, S. 8)

Nach einem 36-jährigen Bürgerkrieg kehrten tausende Flüchtlinge von Mexiko nach Guatemala zurück und schlossen sich einem großen Treck von Landarbeitern an, der nach Norden zog, sich im großen Naturreservat ansiedelte und dort Brandrodungskultur betrieb. In dem Friedensabkommen wurde jedem Bürger Land versprochen; da das nicht erfüllt wurde, nahmen die Landlosen ihr Recht in die eigenen Hände.

Die Revolte in Chiapas (im Süden Mexikos), geführt von Subcomandante Marcos, ist bekannt. Auch hier sind die Indio-Bauern der Kern der Bewegung. Das plötzliche Aufflammen des Widerstandes gegen die Armee und der ebenso plötzliche Abschwung des bewaffneten Kampfes erscheinen als typisch für viele agrarische Bewegungen.

In Venezuela verfügen 5% der Bevölkerung über 80% der landwirtschaftlichen Nutzfläche. Im Frühjahr 2004 hat Hugo Chávez ein Dekret über die Landverteilung unterzeichnet. Schon bis zum Juni 2004 sollten 100.000 Bauern Ackerland erhalten. 2003 sei eine Million ha verteilt worden; 2004 sollten 1,8 Mio. ha zugeteilt werden. Chávez erklärte, das sei »Sauerstoff für die Revolution«.

In Paraguay besitzt 1% der Bevölkerung 77% der Nutzfläche. Manchmal wird über bewaffnete Zusammenstöße und die Besetzung von Farmen berichtet. Zum Beispiel wurde im Mai 2000 eine 25.000-acre-Farm nahe der Hauptstadt Asuncion besetzt, und die Besetzer forderten eine Landverteilung.

In Kolumbien tobt seit 40 Jahren ein Bürgerkrieg mit etwa 200.000 Toten und Millionen aus ihren Häusern Vertriebenen. Tatsächlich begann der Bürgerkrieg schon in den 1920er Jahren, eine Folge von Armut, Ungleichheit und chronischer Unfähigkeit oder Unwillen des Staates, der den Landlords die Freiheit ließ, ihre Arbeiter zu terrorisieren.

Es gibt zwei große Guerilla-Armeen, die FARC (Fuerzas Armadas Revolucionarias de Colombia), geführt von Manuel Mirulanda (im Frühjahr 2008 verstorben), und die ELN (Ejercito de Liberacion National). Die FARC zählt 17.000 bis 20.000 Bewaffnete, die ELN etwa 7.000. Die FARC nennt sich marxistisch, fordert eine gründliche Agrarreform und eine Einkommensumverteilung und sieht dies als Voraussetzung für die erwünschte Beendigung der Produktion von Coca und Schlafmohn. Diese Forderungen sind jedoch für die in Bogotá Herrschenden unannehmbar. Die FARC kontrolliert im Süden des Landes ein Gebiet von der Größe der Schweiz mit eigener Verwaltung, Schulen, Gesundheitsdienst, Gerichten etc. mit der Hauptstadt (zumindest bis ins Frühjahr 2003) San Vicente de Caguan. Das Gebiet reicht von Süden bis nahe an die Hauptstadt Bogotá.

9.2 Agrarische Bewegungen im 21. Jahrhundert

Das ELN-Gebiet liegt im Norden des Landes westlich von Bogotá: Insgesamt werden etwa 40% des Landes nicht von der Regierung beherrscht und verwaltet. Die Armee wird von dem im Mai 2002 gewählten Präsidenten Alvaro Uribe ausgebaut; sie wird von einer paramilitärischen Truppe von etwa 9.000 Mann, und von US-Beratern, Flugzeugen der USA und anderem Gerät unterstützt. Die Truppe wird vor allem von den Gutsbesitzern finanziert. Uribe plant, sie zu legalisieren und enger mit dieser zu kooperieren. Washington hat Bogotá 1,3 Milliarden US-Dollar Hilfe versprochen, von denen 900 Millionen für Militärhilfe vorgesehen sind. Davon wurden 400 Millionen für den Kauf nordamerikanischer Hubschrauber ausgegeben. Kritiker in Washington befürchten, Kolumbien könnte für das US-Militär ein zweites Vietnam werden. (Kolumbien ist mit 1,14 Mio. km^2 3,5-mal so groß wie Vietnam.)

Der »Krieg gegen die Drogen-Mafia« scheint eher ein Vorwand für das Engagement der USA zu sein. Washington fürchtet mehr die Bauernrevolte und die Bedrohung der US-amerikanischen Erdölfirmen und ihrer Rohrleitungen. Der Coca-Anbau ist für den Lebensunterhalt der Bauern in den Höhen der Anden wichtig. Coca wird in großen Höhen gewöhnlich als Stimulans gebraucht, wird jedoch auch von Drogenhändlern in die USA verkauft; dort wird daraus Kokain produziert.

Der Bauernkrieg hat bisher keiner Seite den Sieg gebracht. Es gab Verhandlungen über einen Waffenstillstand und begrenzte Autonomie für die befreiten Gebiete. Die FARC war bereit, die Vernichtung des Coca-Anbaus zu akzeptieren unter der Bedingung, dass dabei keine Chemikalien eingesetzt würden. Nach zähen Verhandlungen hat Präsident Andres Pastrana die Verhandlungen im Januar 2002 abgebrochen und ist zurückgetreten. Sein Nachfolger Uribe ist der Mann Washingtons und hat sofort nach seiner Wahl den vollen Krieg gegen die Guerillas erklärt.

In Peru hat die Regierung unter Präsident Alberto Fujimori in ihrem Krieg gegen den Sendero Luminoso (den Leuchtenden Pfad) in den Hohen Anden Bauern-Milizen organisiert und bewaffnet. Anfangs haben diese die Regierung gegen die Guerilla unterstützt, da ihnen fließend Wasser, Elektrizität, Straßen und Gesundheitszentren versprochen wurden. Etwa 25.000 Indio-Bauern sind jetzt unter der Führung von Alberto Suarez in den Rondas campesinas organisiert; sie verlangen Einlösung der Versprechen und drohen mit einer Revolte.

In Chile hat die Volksfrontregierung von Salvador Allende Anfang der 1970er Jahre versucht, die Vertreibung von Indio-Bauern zu korrigieren und wenigstens einen Teil der Mapuche-Indios wieder in ihr (kollektives) Bodeneigentum einzusetzen. Nach dem Staatsstreich von Alberto Pinochet wurde der Boden erneut enteignet. Nach dem Ende der Militärdiktatur hat die neue Regierung nach 1994 »umstrittenen Boden« für 1.561 Familien gekauft. Das löst allerdings nicht die Probleme von 400.000 Mapuches, die auf den Dörfern geblieben sind, während etwa 600.000 in die Städte gingen. Auch hier bleibt die Bodenfrage demnach ungelöst.

In Brasilien, dem größten Land Lateinamerikas, ist Großgrundbesitz und das besonders extensive System der Haziendas die Hauptform des Grundeigentums. Die ärmsten 40% der 170 Millionen Einwohner verfügen über 1%, die reichsten 20% verfügen über 90% der Nutzfläche. Brasilien hat weltweit die stärkste Konzentration von Grundbesitz. Im Jahre 2003 lebten etwa 150.000 Familien auf besetztem Land und bebauten es. Seit 1985 wurde immer wieder von den Regierungen eine Agrarreform versprochen; aber wenig wurde getan. So wuchs die Armee der Landlosen in der ländlichen Bevölkerung durch den Geburtenüberschuss und durch wachsende Arbeitslosigkeit im industriellen Sektor. Die Landlosen haben teilweise vernachlässigte oder nur extensiv genutzte Latifundien besetzt, andere sind nordwärts gewandert. Bewaffnete Kämpfe mit der Polizei und mit Privatmilizen der Gutsbesitzer sind häufig. Über 100 Bauernführer wurden ermordet; Brutalitäten der Polizei bleiben straflos.

1984 wurde die Bewegung der Landlosen gegründet (Movimiento Sem Terra, MST). Sie fordert eine Landreform und eine Obergrenze von 500 ha für die Latifundien. Gleichzeitig organisiert sie die Besetzung großer Güter und ihre Aufteilung. 1984 waren ihre Forderungen: Boden dem, der ihn bearbeitet; Kampf für eine Gesellschaft ohne Ausbeuter; Enteignung der Latifundien und der multinationalen Konzerne. 4,8 Millionen Familien folgen der MST und wünschen sich Land. Die MST bezeichnet sich als marxistisch. Im ersten Halbjahr 2003 besetzte die MST über 100 Latifundien. Mehrfach wurden große Demonstrationen organisiert, und Tausende Landlose marschierten zur Hauptstadt, um ihren Forderungen Nachdruck zu verleihen.

Die Regierungen wollten meist nur ungenutzten Boden der Latifundien gegen Entschädigung »enteignen«. Jedoch wurden auf diesem Wege nur wenige landlose Familien angesiedelt, teils weil die Regierungen Eigentumsrechte nicht antasten wollten, teils wegen des Fehlens der Finanzierung. Daher organisiert die MST oft Besetzungen und Landverteilungen, was zu bewaffneten Auseinandersetzungen mit Schutztruppen der Gutsbesitzer führen kann.

Als Luiz Inácio Lula da Silva zum Präsidenten gewählt wurde, kam neue Hoffnung auf, jedoch zugleich größere Forderungen der MST, und allmählich wuchs auch der Druck auf Lula. Nach einem Treffen mit einer Delegation der Landlosen im Juli 2003 versprach er eine »friedliche Agrarreform«. Nach über einem Jahr offizieller Versprechen und kleinerer Leistungen wächst die Unruhe auf beiden Seiten. Im März 2004 drohte der MST-Leiter João Pedro Stédile, die Bauern würden der Regierung und den Landlords die Hölle heißmachen. Im April okkupierten 30.000 Familien 135 Haziendas. Auf der anderen

Seite unterhalten die Latifundisten illegale ländliche Milizen und mieten private »Sicherheitsfirmen«. Diese Söldner schießen gerne. So wurden in Lulas erstem Regierungsjahr 42 Landlose getötet. Seine Lage ist schwierig zwischen dem Druck der Weltbank und dem Widerstand der herrschenden Klasse (Latifundisten und Industrielle) einerseits und den Erwartungen seiner Wähler (Arbeiter, Erwerbslose, Landlose) andererseits. Die Weltbank hat ihm eine Anleihe von 30 Mrd. US-Dollar angeboten zu ihren üblichen politischen Bedingungen, die jede ernsthafte Reform verbieten. Verbal bekämpft die Weltbank die Armut in den Entwicklungsländern; in der Wirklichkeit jedoch führt sie ihre alte Strategie gegen die Gläubigerländer fort, womit die Grenzen von Reformen im Kapitalismus angezeigt werden. Es bleibt abzuwarten, ob Lulas friedlicher reformistischer Weg erfolgreich ist.

Mehr Fakten für Entwicklungsländer könnten dargelegt werden; jedoch mögen die obigen Beispiele genügen. Auch in den hoch industrialisierten Ländern der nördlichen Hemisphäre bleiben viele Probleme des Bodenbesitzes ungelöst, die jedoch nur kurz erwähnt werden sollen. Während der kapitalistischen Transformation in früher sozialistischen Ländern versuchen die enteigneten früheren Landlords deutscher Nationalität, ihre Güter zurückzugewinnen, indem sie die polnischen oder tschechischen Bauern vertreiben oder den Boden (gesetzwidrig) kaufen. Diese »Bewegung« nimmt an Stärke, Umfang und Lautstärke zu. In einigen dieser Länder, vor allem in der früheren DDR, Tschechien und Ungarn, versuchen die Genossenschaftsbauern ihre Kooperativen fortzuführen, während die Regierungen dieses soziale Phänomen abschaffen wollen.

Merkmale und Hauptforderungen agrarischer Bewegungen
Marx und Engels haben verschiedentlich die Kleinbauernprobleme behandelt. Über Kleinbauern, die nach der Landverteilung saturiert sind, schreibt Marx (1852) etwas geringschätzig, sie seien »wie ein Sack Kartoffeln«, alle gleichermaßen passiv, ohne eigene Stimme. Engels jedoch analysiert (1850) die Verhältnisse, unter denen die Bauernschaft ein revolutionäres Potenzial entfaltet. Allgemein zeigt historische Erfahrung beide Aspekte agrarischer Bewegungen: Radikalität vor der sozialen Revolution, Saturiertheit nach der Erfüllung ihrer Forderungen, manchmal auch Beginn einer Gegnerschaft gegen die revolutionäre Regierung, wenn diese die neuen Bauern zu hart besteuert. Diese dialektische Peripetie wird gelegentlich ignoriert oder fehlinterpretiert von ungeduldigen Revolutionären, die den Faktorbeitrag des Agrarsektors zur Entwicklung des modernen Industriesektors und der technischen und kulturellen Infrastruktur maximieren möchten.

Bauernbewegungen sind oft auf ein kleines Gebiet beschränkt und von begrenzter Dauer, weil sie für Versorgung auf ihren Betrieb angewiesen sind und nicht über Lebensmittelvorräte verfügen. Während des langen Marsches überlebte die chinesische Bauernarmee dank ihrer guten Beziehungen zur örtlichen Bauernbevölkerung (Soldaten halfen bei der Feldarbeit) und eigener Produktion der Soldaten in den befreiten Gebieten.

Ursprünglich ist Solidarität von Kleinbauern nicht sehr verbreitet, da sie im Allgemeinen mit ihren Klassengenossen um jede Bodenparzelle konkurrieren. Da sie häufig ökonomisch unterdrückt und analphabetisch sind, sind sie weitgehend außerstande, Führer aus den eigenen Reihen hervorzubringen. Daher kamen ihre Führer in vielen großen Kämpfen aus der Arbeiterklasse oder der Arbeiterbewegung. Erfolgreiche Revolutionen agrarischer Gesellschaften hatten ihre Massenbasis in der Bauernschaft, während ihre Führer städtische Arbeiter waren.

Die typischen Lebensbedingungen der Bauernschaft führen zu einigen Schwierigkeiten, wenn diese den sozialen Wandel vorantreiben und an der Politik teilhaben will. Einige Merkmale lassen sich allgemein benennen:
1. Physische Schwäche armer Bauern und Abhängigkeit von regelmäßiger Versorgung aus ihrem Betrieb.
2. Verteilung über ein weites Gebiet und Mangel an Kommunikation; sie arbeiten allein oder in kleinen Gruppen.
3. Fehlen einer landesweiten politischen und beruflichen Organisation.
4. Das Problem einer Führung aus der eigenen Klasse.
5. Verbreiteter Analphabetismus.
6. Kastensystem oder ähnliche Formen der sozialen Stratifikation, ihre immanente Festigkeit und Verfestigung durch religiöse Organisationen und Institutionen, woraus sich ein Inferioritätsgefühl gegenüber der wirtschaftlichen und politischen »Elite« im Dorfe ergibt.
7. Das Klassenbewusstsein ist in der Bauernschaft wenig entwickelt.
8. Bauern entwerfen nur selten utopische Visionen oder weitreichende Zielvorstellungen, die Energien und Ausdauer in einem Kampf mobilisieren.
9. Agrarische Bewegungen sind oft nur von kurzer Dauer; gewöhnlich lösen sie sich nach Durchsetzung ihrer unmittelbaren Ziele auf.

In den letzten Jahren gab es manchmal internationale agrarische Bewegungen; internationale Bündnisse formierten sich, z.B. Via Campesina mit ihren nach eigenen Angaben 50 Millionen Mitgliedern. Vertreter von Bauern haben sich an einigen Aktivitäten gegen die Globalisierung beteiligt.

Entscheidendes Thema, besonders in agrarischen Entwicklungsländern ist »Boden dem Bewirtschafter«. Das bedeutet Enteignung der Grundbesitzer, damit zugleich die Befreiung der Dorfbevölkerung von deren ökonomischer, kultureller und politischer Dominanz, Abschaffung von Pacht und Teilpacht und damit der unproduktiven Zahlungen.

9.2 Agrarische Bewegungen im 21. Jahrhundert

Im 19. Jahrhundert wurde die europäische Kolonisation auf verschiedene Weise durchgeführt. Große Latifundien wurden geschaffen mittels weiträumiger, oft gewaltsamer Enteignung der ansässigen Bauern nach der britischen Eroberung Ostafrikas und Indiens, nach der spanischen und portugiesischen Eroberung Lateinamerikas, nach der deutschen Eroberung von Ost- und Südwestafrika. Nach der Kolonisierung entstand durch das britische Bodensteuersystem eine Schicht von indischen Zamindars, Steuerpächtern, die allmählich zu Landlords wurden. Europäische Siedler organisierten große Pflanzungen mit einheimischen Arbeitern. Portugal, Italien und Frankreich haben mehr Bauern angesiedelt, keine Latifundisten. Daher ging auch die Dekolonisierung nach dem Zweiten Weltkrieg verschiedene Wege. Frankreich, Italien und Portugal führten die meisten ihrer Siedler in ihre Heimatländer zurück und vermieden die oben erwähnten Zusammenstöße.

Da die Landlords und Plantagenbesitzer (der britischen Kolonien) Europäer waren und oft noch sind, erscheinen die afrikanischen Bewegungen äußerlich als Kämpfe der Schwarzen gegen die Weißen; in Wirklichkeit sind es jedoch Kämpfe zwischen Landlords und landlosen Kleinbauern. So kann agrarischer Klassenkampf als rassischer oder ethnischer Konflikt erscheinen.

Agrarreform in dicht besiedelten Ländern (oder Regionen) löst nur das Problem der Ungleichheit und gibt dem Kleinbauern eine kleine Landparzelle. Eine Abwanderung aus der Landwirtschaft ist jedoch notwendig, damit die verbleibenden Produzenten mehr Land erwerben können, um darin zu investieren, ihre Produktion zu verbessern und zu erhöhen und dann der Gesellschaft ihren Teil abzugeben. Daher ist Industrialisierung begleitend zur Agrarreform notwendig, die nur unter dieser Bedingung makro-ökonomisch erfolgreich sein kann. Nicht zufällig ist die Agrarreform in den meisten Ländern Lateinamerikas nicht erfolgreich. Die Heiligkeit kapitalistischen Privateigentums und die »Notwendigkeit«, Landlords bei der Enteignung nach dem Marktwert zu entschädigen, macht die Landverteilung so aufwendig, dass die meisten Regierungen erklären, sie hätten dafür keine ausreichenden Mittel. Eine erfolgreiche Agrarreform und Landverteilung an die Bewirtschafter ist am besten – so zeigt die historische Erfahrung – nach einer Revolution durchzuführen. Wenn jedoch die Begünstigten der Landverteilung den früheren Grundbesitzer direkt oder über den Staat entschädigen müssen, sind sie für längere Zeit außerstande, in ihr Land zu investieren; daher bleibt ihre Produktivität niedrig. Enteignung sollte deshalb ohne Entschädigung erfolgen.

Kooperation der Neubauern ist nützlich und kann den Mangel an Kapital lindern. Der Misserfolg der Kollektivwirtschaften in der SU und die Auflösung der Volkskommunen im kommunistischen China beweist nicht das Gegenteil. Die radikale Umgestaltung der sozialen Strukturen und der Organisation der Bauernschaft war jedoch übereilt. Das wurde bereits bei Beginn der Umstrukturierung von Bucharin, Liu Shaoqi und Zhou Enlai kritisiert. Trotzki fasste die Argumente zusammen: »Die Kollektivierung der Holzpflüge ist ein Fehler.« Der Kleinbauer wird nicht nur von der Dreieinigkeit von Landlord, Geldverleiher und Händler ausgebeutet, er ist auch benachteiligt bei der Vermarktung seiner Produkte. Für Vermarktung, Kauf und Einsatz der Produktionsmittel und für Bewässerung müssen Kleinbauern zusammenarbeiten, wenn sie die Dominanz der organisierten Marktkräfte verhindern wollen.

Die Forderung der kapitalistischen Ökonomien, Entwicklungsländer sollten alle Handelsschranken beseitigen und die Türe für den Getreideüberschuss der Industrieländer öffnen, bedroht die Existenz vieler Kleinbauern, zumal die Überschüsse auf dem Weg vom Produzentenfeld zum Tisch des Konsumenten stark subventioniert sind. Agrarische Wirtschaften dürfen ihre Tore so lange nicht öffnen, wenn sie ihre Agrarproduktion schützen wollen, bis sie auf dem kapitalistischen Weltmarkt wettbewerbsfähig sind. Sie müssen eine Alternative zur kapitalistischen Globalisierung und zu einem völlig offenen Weltmarkt suchen, der nur den hoch entwickelten Volkswirtschaften und ihren subventionierten kommerziellen Agrarproduzenten nützt.

Eine weitere Gefahr für den Kleinbauern sind einige neue Produktionstechniken, z.B. das von modernen Monopolen angebotene Terminator-Saatgut, das die Unabhängigkeit des Bauern beseitigt, ihn in die völlige Abhängigkeit von den Unternehmen bringt, die die neuen Produktionsmittel anbieten, deren langfristiger Nutzen und Profitabilität noch gar nicht nachgewiesen ist. Hier sollte eine unabhängige Abschätzung der Langzeitwirkungen moderner Technologien der breiten Anwendung vorausgehen.

Moderne Produktionsmittel beeinflussen die Sozialstrukturen unterschiedlich. Manche sind auch in kleinen Mengen einsetzbar, z.B. Handelsdünger; also kann der Kleinbauer sie nutzen. Andere (Traktoren, Mähdrescher) sind zu groß und zu teuer für den Kleinproduzenten, daher jenseits seiner Finanzkraft und seines Nutzungsbedarfs. Diese Maschinen »begünstigen« den großen Landwirt. Wenn Kleinbauern sie nutzen wollen, müssen sie kooperieren.

Einige Umweltschützer, oft aus europäischen Ländern mit Agrarüberschüssen, übertragen ihre Probleme in Entwicklungsländer, die sich in einer anderen Entwicklungsphase befinden. In Europa wäre eine Senkung (Begrenzung) der Agrarproduktion wünschenswert, allerdings in einer kapitalistischen Gesellschaft kaum durchsetzbar, die den Profit maximieren will. In den meisten Entwicklungsländern ist noch eine Produktionssteigerung erwünscht. Daher führen manche europäische Berater, Experten und Entwicklungshelfer die armen Bauern in die Irre, die die Folgen der Globalisierung fürchten, indem sie moderne Produktionsmittel und -methoden ablehnen und den Rat geben, man möge bei den traditionellen Mitteln bleiben oder zu diesen zurückkehren. Bauern sollten vielmehr versuchen, diese Produktionsmittel und -methoden anzunehmen, soweit sie erprobt sind, die Produktion so steigern und gleichzeitig negative soziale Wirkungen zu vermeiden suchen.

Die Urproduzenten der Lebensmittel sind die zahlreichste und am meisten ausgebeutete Schicht der Agrarbevölkerung. In traditionellen Gesellschaften waren sie Selbstversorger und produzierten auf niedrigem Niveau für ihren Haushalt. Oft waren sie abhängig vom Landlord (für das Recht auf Landnutzung), vom Dorfwucherer (für Kredite), vom Marktmittler (für die Vermarktung) und von den Ungewissheiten der Natur.

Die Globalisierung produziert ein weiteres Element des Drucks. Das Bevölkerungswachstum fordert Modernisierung und neue produktionssteigernde Hilfsmittel. Das zwingt den Kleinbauern auf den nationalen und internationalen kapitalistischen Markt. Dieser ist von großen, oft multinationalen Unternehmen für Produktionsmittel und für den Verkauf der Produkte dominiert. Die Industrienationen subventionieren den Export ihrer Agrarüberschüsse, fordern aber zugleich offene Grenzen für ihre Produkte. Das bedeutet eine neue Bedrohung für die Produzenten in Entwicklungsländern. Niedrige Arbeitsproduktivität (infolge kleiner Nutzflächen) beschränkt die Einkommen der meisten Kleinbauern.

Zusammenfassung

Moderne Technologien (im weitesten Sinne) haben Produktion und Produktivität des Agrarsektors wesentlich gesteigert. Aber der Kapitalismus hat die Strukturprobleme des Agrarsektors für die Mehrheit der Weltbevölkerung nicht gelöst, die in den Entwicklungsländern lebt und arbeitet. (Auch das Ernährungsproblem ist trotz der Überschüsse ungelöst.) Vielmehr haben die kapitalistischen Regierungen versucht, den sozialen Wandel zu blockieren, der für die Erhöhung der Produktivität des Agrarsektors erforderlich ist. Daher bleibt die Produktivität im traditionellen Teil des Agrarsektors hinter dem Standard unserer Zeit und den Bedürfnissen ihrer schnell wachsenden Bevölkerung zurück.

Die Unterdrückung der Kleinbauern durch die herrschende Klasse im Dorfe und der wirtschaftliche Druck der kapitalistischen Volkswirtschaften produzieren innere und internationale Widersprüche, die ein revolutionäres Potenzial in sich tragen. Dieses kann mobilisiert werden durch ein Bündnis von Kleinbauern mit der städtischen Arbeiterklasse.

Agrarische Bewegungen unterscheiden sich von proletarischen Bewegungen, und kein »Hauptquartier der Weltrevolution« war imstande oder wird imstande sein, sie mit den sozialen Bewegungen der industriellen Welt zu synchronisieren.

Auch in unserer Zeit modernster Rüstungstechnologie und quantitativer Überlegenheit moderner Armeen in »regulären« Kriegen sind bewaffnete Kämpfe der Unterdrückten möglich. Gegen die quantitative und qualitative Überlegenheit moderner Armeen haben sie den Vorteil der Kenntnis der lokalen Bedingungen und den Vorteil des Fisches, der im Wasser schwimmt. Bauernbewegungen sind »weich«, können aber nicht leicht unterdrückt werden und sind dann recht dauerhaft, wenn sie fähig sind, »befreite Gebiete« zu etablieren, in denen sie eine Basis für Versorgung und Logistik sichern können. (In dieser Hinsicht sind agrarische Bewegungen ähnlich dem langen Marsch der chinesischen Bauern und können als maoistisch bezeichnet werden.)

Das frühe Konzept einer Weltrevolution, entwickelt von Lenin und Trotzki, Mao Zedong und vielen ihrer revolutionären Zeitgenossen, war unrealistisch. Sie hatten gedacht und gehofft, ihre Revolution und ihr Sieg würde von der Arbeiterklasse anderswo aufgenommen oder von ihren Armeen hinausgetragen werden (oder von Parteien, die von den kommunistischen Regierungen subventioniert werden). Revolutionäre Bewegungen und Revolutionen entwickeln sich auf eigenem Boden; sie werden nicht gemacht »von einer Handvoll Agitatoren«, wie bürgerliche Verschwörungstheoretiker immer noch glauben wollen. »Jeder revolutionären Erschütterung [muss] ein gesellschaftliches Bedürfnis zugrunde liegen, dessen Befriedigung durch überlebte Einrichtungen verhindert wird.« (Engels 1852a) Revolutionen entwickeln sich aus dem Zusammenwirken widersprüchlicher Faktoren – Unterdrückung und Widerstand, kapitalistische Hegemonie und Klassenbewusstsein.

Agrarische Bewegungen haben daher andere Merkmale und Ziele als proletarische Revolutionen und lassen sich nicht nach den Bedürfnissen oder Wünschen von Bewegungen in anderen Ländern mit anderen Bedingungen synchronisieren. Sie sind Teil des revolutionären Potenzials unserer Zeit. Oft mögen sie außerstande sein, die Überreste des Feudalismus und den Angriff der multinationalen Unternehmen ohne die Organisationsfähigkeit der Arbeiterbewegung zu überwinden. Wenn ein vollständiges Bild der kapitalistischen Welt zu zeichnen ist, sollten diese Bewegungen nicht vergessen werden. Sie bedürfen unserer kritischen Solidarität und verdienen diese.

10. Der Aufbau einer sozialistischen Gesellschaft

10.1 Probleme

Kommunistische Regierungen und regierende kommunistische Parteien bedürfen – zumal in den ersten Phasen nach ihrem Sieg angesichts der Quarantäne, die die kapitalistische Welt über sie verhängt – internationaler Solidarität. Ihre Propagandisten stellen die ersten Erfolge groß heraus, beschönigen oder verheimlichen die gewaltigen Probleme. Das Gegenteil wäre notwendig und möglich; sie müssten den Werktätigen der kapitalistischen Länder ihre Probleme offen darlegen.

Die sozialistischen Großversuche fanden bisher meist in Entwicklungsländern statt: Großer Nachholbedarf in der Ausstattung mit Schulen, Universitäten, Krankenhäusern, Eisenbahnen, Elektrizitätswerken, Fabriken, Wohnungen, Staudämmen, hohe Entwicklungserwartungen, militärische Interventionen (oder zunehmende Bedrohung), politische Exklusion, ökonomische und technologische Blockade. Ein sozialistischer Beobachter kann die folgenden Probleme erkennen.

1. Innere Umstellung von Bürgerkrieg und Revolution auf sozialistischen Aufbau. Die neuen Aufgaben sind das Gegenteil der alten: statt (schneller) Zerstörung langsamer, geplanter Aufbau. Für diese neuen, andersartigen Aufgaben müssen die revolutionären Kämpfer umlernen und neue Berufe erlernen. N. I. Bucharin und Josip Broz Tito haben das bald erkannt; Bucharin schuf die Rote Professur, eine ökonomische Hochschule für spätere kommunistische Funktionäre; Tito verlangte von seinen Partisanenführern, dass sie auf die Hochschulen zum Studium gingen. Es ist kein Zufall, dass die »dritte Generation« der führenden Funktionäre der KP Chinas aus den Provinzen, nicht aus der Hauptstadt kam und alle einen »technischen« Beruf an einer Universität erlernt haben.

2. Geduld in der Entwicklungsstrategie. Ein Teil der Führungen, die vorübergehend in der KP dominierten, konnte die Leistungsfähigkeit der Gesellschaft und Wirtschaft und die Leidensfähigkeit der Erbauer nicht richtig einschätzen, hatte keine Geduld und kein Verständnis für die sozialen und ökonomischen Probleme und eine falsche Vorstellung vom »Endziel«. Sie sprachen von einem vollendeten wissenschaftlichen Kommunismus und beschleunigten technischen Aufbau und soziale Umstrukturierung über alles vernünftige, sozial verträgliche Maß hinaus: Stalins Kampagne der Kollektivierung in der Sowjetunion, Erfül-

lung des Fünfjahrplans in vier Jahren (welcher Widerspruch zur Planungsidee!), Mao Zedongs Großer Sprung nach vorn (1956-58). An die Stelle des geduldigen, dem Plan folgenden Aufbaus traten voluntaristische Kampagnen.

3. Damit hängt ein besseres historisches Verständnis des »Endziels« bei der späteren Führungsgeneration zusammen. Die neue Gesellschaft, die die Kommunisten schaffen wollen, wird wieder eine Gesellschaft mit Widersprüchen sein, Widersprüchen auf einer höheren Ebene, nicht antagonistisch, daher lösbar auf dem Wege demokratischer Verhandlung der autonom organisierten Interessen und des Ausgleichs. Sozialismus wird so nicht zu einem statischen Endziel, sondern zu einem (unendlichen) Prozess der Weiter- (und Höher-)Entwicklung der Gesellschaft (siehe Kapitel 5.3).

4. Planung. Diese ist notwendig, ist aber in der Sowjetunion erstarrt. Die Planziele wurden allmählich realitätsfern. Beamte berichteten Planerfolge übertrieben und ebenso realitätsfern, sodass sich in der Wirklichkeit eine graue Wirtschaft entwickeln musste. Mit den Planergebnissen sind auch der Plan selbst, seine Methoden und Ziele immer wieder zu überprüfen, Alternativen zu diskutieren. Das »Stalinsche Modell«, das in der agrarischen Sowjetunion anfangs manches geleistet hatte, wurde mit der sozialökonomischen Entwicklung aus einem Motor zu einer Fessel. Als dieses Modell den technologisch fortgeschrittenen realsozialistischen Staaten nach 1945 oktroyiert wurde, wurde es kontraproduktiv.

5. Ökonomische Reformen – auf der Basis des bisher Erreichten und von Kommunisten durchgeführt – sind immer wieder notwendig: In China nach 1978, in Vietnam (vietnamesischer Ausdruck Doi Moi) 1988, in Nordkorea 2006, in Kuba. Ohne diese gerät die Gesellschaft in eine Sackgasse; findet sie aus dieser nicht zurück und dann zu einem anderen Weg, gerät sie in eine Abwärtsspirale und schließlich in den Zusammenbruch – siehe 1989/90. Ständige Überprüfung, neue quantitative und qualitative Aufgaben und Ziele, Selbstkritik und lebendiger Kontakt mit den Erbauern der neuen Gesellschaft, politisches Fingerspitzengefühl sind unerlässlich für ökonomischen Fortschritt und soziale Stabilität.

Die ökonomische Erstarrung hing ursächlich zusammen mit der Erstarrung der marxistischen Ökonomie, der Unterbindung der wirtschaftspolitischen Debatte über Alternativen (in der SU 1928). Die unkritischen Anhänger der Stalin- und Mao-Fraktionen hielten das Stalinsche Modell für das einzig mögliche. Daher widersetzten sie sich den Reformversuchen, die – wie wir heute wissen – überlebensnotwendig waren, sahen in diesen eine Rückkehr zum Kapitalismus, beschimpften die mutigen Vorkämpfer der Reform, die Reformökonomen als »capitalist roaders«. Diese wurden in der »großen Säuberung« in der SU vernichtet; in China überlebten einige wichtige den langen Gefängnisaufenthalt während der »Großen Proletarischen Kulturrevolution« (Sun Yefang und Zhang Wentian). Mit der Verhinderung jeder Reform legte eine erstarrte, nur noch um ihre Privilegien besorgte Bürokratie die Axt an den sozialistischen Staat. Die Reformen der Deng Xiaoping-Ära forderten und förderten die politökonomische Debatte (nach 1978) und unternahmen zugleich einen soziologischen Großversuch in der Agrarpolitik. In der Provinz Sichuan (100 Mio. Einwohner) begannen der Provinzsekretär der KP Zhao Ziyang, in der Provinz Anhui (60 Mio.) der Provinzsekretär Wan Li im Jahre 1980 die Bauern zu »befragen«, ob sie die Volkskommunen beibehalten wollten; man ließ ihnen die Freiheit, selbst über den Fortbestand der Volkskommunen zu entscheiden. Die Bauern entschieden sich für die Auflösung. In der Folge wurde dieses Ergebnis des Großversuchs im ganzen Lande nachvollzogen – die Volkskommunen lösten sich auf. Ein neues System der »Verantwortlichkeit auf der Basis der bäuerlichen Haushalte« wurde eingeführt. Reform und Öffnung bedeuteten auch die Aufnahme der neuesten wissenschaftlichen und technologischen Erkenntnisse der entwickelten Industrieländer, die die Produktivität wesentlich zu steigern erlauben.

10.2 Perioden sozialistischer Wirtschaftsplanung

Was dem alleinigen Modell nicht entspricht, wird von unhistorischen Sozialisten fast automatisch als kapitalistisch erklärt. Es muss aber offensichtlich mehrere, verschiedene Wege sozialistischen Aufbaus geben. Dieser vollzieht sich auch unter spezifischen nationalen Bedingungen in verschiedenen Perioden, die sich u.a. durch Methoden, qualitative Zielsetzungen, veränderte Prioritäten für die einzelnen Sektoren und unterschiedliche Faktorbeiträge der Sektoren unterscheiden. Zwei schematisierte Beispiele für Agrarpolitik, eine allgemeine Entwicklungsstrategie und eine Periodisierung der Industriepolitik (im Anhang) sollen das verdeutlichen.

Die Reformpolitik der KPCh nach 1978 ist mit der Neuen Ökonomischen Politik der Bolschewiki ab 1921 vergleichbar. Eine Voraussetzung für den Erfolg der chinesischen Reformpolitik unter Beibehaltung der sozialistischen Zielsetzung und der Führung durch die Kommunistische Partei war die vorausgegangene Entfaltung der eigenen geistigen Ressourcen (durch Alphabetisierung, Schulen, Universitäten) und der eigenen materiellen Ressourcen – Zhou Enlais »Stehen auf den eigenen Füßen«. Als dritte Phase nach der ursprünglichen Akkumulation und der Reformpolitik mithilfe kapitalistischer Investitionen (mit möglichst viel neuer Technologie) kann man im laufenden Fünfjahrplan der chinesischen Regierung (2006-2010) die ersten Umrisse einer neuen Orientierung erkennen: Begrenzung des quantitativen Produktionswachstums, Kampf gegen dessen negative Nebenwirkungen (Umweltschutz), Sparsamkeit bei den natürlichen Ressourcen, Begrenzung und Bekämpfung der sozialen und regionalen Ungleichheiten (harmonische Gesellschaft), intensiver Ressourcentransfer aus den entwickelten in die rückständigen Regionen, Unabhängigkeit in der Weiterentwicklung von Wissenschaft und Technologie vom Technologietransfer (independent innovation), Fähigkeit zur Selbstbehauptung auf dem bisher vom Kapitalismus dominierten Weltmarkt, allseitige Förderung des Binnenmarktes.

Viele Sozialisten und Kommunisten kannten (aus ihren Schulungen) nur einen Weg zum Sozialismus; die Vielfalt kommunistischen Denkens und dessen geistiger Reichtum waren ihnen unbekannt. Daraus erklärt sich, dass viele von ihnen – zumal nach dem Zusammenbruch des Modells (von Berlin bis Wladiwostok) – die vier sozialistischen Länder, genau wie fast alle kapitalistischen Medien, als eindeutig kapitalistisch beurteilten. Damit trugen sie unabsichtlich zur Verstärkung der Krise der sozialistischen Bewegung bei.

Daraus ergaben sich auch die fragwürdigsten aktuellen Positionen. So gab es 1980 und danach Sympathieerklärungen von Marxisten für den »Arbeiterführer« Lech Walesa, nach 1989 für den Antikommunisten Boris Jelzin und andererseits heftigste Kritik an den (zu spät erfolgten) Reformbemühungen von Michael Gorbatschow (1985-1989).[56] Nach dieser Be- und Verurteilung auch der fortbestehenden sozialistischen Großversuche bedurfte es für diese linken Kritiker der sozialistischen Länder auch keiner Solidarität. Und in den tatsächlichen Problemen des internationalen Arbeitsmarktes verstellt man sich die Erkenntnis internationalistischer Lösungswege und wird dazu verführt, ähnlich reaktionären US-Gewerkschaften in den Werktätigen Chinas (oder Vietnams und Indiens) unsere Gegner zu sehen, nicht mehr unsere Klassengenossen.

Ganz anders Böke (2007: 169). Er sieht einen grundlegenden Unterschied zwischen den Entwicklungsstrategien kapitalistischer Länder und der Chinas, nennt diese aber nicht sozialistisch: »Vom neoliberalen Kapitalismus unterscheidet sich China dadurch, dass seine kommunistische Führung an dem Prinzip festhält, die Wirtschaft in den Dienst der Entwicklung der Gesellschaft zu stellen statt umgekehrt. An die Stelle der gescheiterten linken Utopie ist in China zu-

---

[56] Siehe zu Gorbatschow besonders die Kontroverse Jung-Bergmann. Der Marxist Heinz Jung erklärte 1991 den Kampf gegen den Gorbatschowismus zur wichtigsten Aufgabe der deutschen Werktätigen. Den parteiinternen Kämpfern gegen den »Gorbatschowismus« antwortete Stern (1995): »Das Hager-Interview war Ausdruck der absoluten Sprachlosigkeit, Ideenlosigkeit, Konzeptlosigkeit der Anti-Gorbi-Partei. Die SED-Führung meldete Konkurs an. Es war zugleich die Selbstaufgabe der DDR. Der Rest war Schweigen. Der erste Arbeiter- und Bauernstaat auf deutschem Boden versank in Agonie. Eines Verrats oder Verräters bedurfte es nicht mehr. Die DDR war schon verraten – von den Kämpfern gegen den ›Gorbatschowismus‹.«

mindest nicht die asoziale Utopie des Neoliberalismus getreten. Der Staat behält wichtige Funktionen der Steuerung, Regulierung und ethischen Aufsicht.«

Sozialistische Marktwirtschaft bedeutet auch zentrale staatliche Kontrolle der gesamten außenwirtschaftlichen Beziehungen, nicht nur der finanziellen, also auch des Außenhandels. Die Öffnung zum Weltmarkt geschieht sektorenweise, nach dem die einzelnen Sektoren konkurrenzfähig (gemacht) geworden sind. Der Beitritt zur Welthandelsorganisation hat Chinas Ökonomie nicht den »Gesetzen«, den Wünschen der kapitalistischen Industrienationen unterworfen. Vielmehr hat China sich mit anderen ökonomisch aufstrebenden Ländern (Indien, Brasilien u.a.) verbündet und die kapitalistischen Regeln in Cancun 2003 und in Genf 2008 abgelehnt. Diese Länder bleiben zwar Entwicklungsländer, aber ihr Wirtschaftswachstum gibt ihnen ein Gewicht, das die Rohstoff- und Produktionsströme des Weltmarkts verändert. In diesem Prozess muss ihnen ein der Bevölkerung entsprechender Anteil an den Ressourcen der Welt zustehen. Ihr Aufschwung ist zugleich ein gewisses Gegengewicht gegen die tiefe Krise der führenden kapitalistischen Industrienationen.

Die grundlegende Verschiebung der ökonomischen Gewichte in der Weltwirtschaft zugunsten der großen aufstrebenden Entwicklungsländer einzusehen und ihre Konsequenzen zu akzeptieren, erfordert eine Einsicht, die viele bürgerliche Ökonomen noch nicht haben. Das erklärt vielleicht auch manche hysterischen Ängste, dass China seine Bevölkerung bei steigendem Lebensstandard nicht werde ernähren können.[57]

Soweit zu den wichtigsten Problemen sozialistischer Entwicklungsstrategie und Wirtschaftspolitik. Nun die wichtigsten politischen Probleme.

10.3 Erstarrung des Marxismus

Marx und Engels haben sich weit überwiegend mit der Kritik des Kapitalismus befasst und nur sehr wenige, sehr allgemeine Hinweise auf die Wesensmerkmale einer zukünftigen sozialistischen Gesellschaft gegeben, ausgehend vom modernsten Kapitalismus ihrer Zeit. Dabei ignorierten sie keineswegs die Probleme der nicht-industrialisierten »Entwicklungsländer«, vor allem der Kolonialländer. Sie nahmen an, dass der Sozialismus zuerst dort siegreich sein würde, wo die Entwicklung der Produktivkräfte vollendet, ausgereift sei und ein modernes Proletariat zum Umsturz aller bisherigen Verhältnisse entstanden sei. Diese Annahme in der Mitte des 19. Jahrhunderts wurde 1917 widerlegt. Sta-

---

[57] Siehe die wiederholten »Warnungen« in den Büchern von Lester Brown (u.a. 1997).

lin hat einen Kanon dessen formuliert (oder formulieren lassen), was Sozialismus ist und welcher Weg zu ihm führe. Danach wurde jede weitere Diskussion für überflüssig, schädlich erklärt und »allen Alternativen der Kopf abgesäbelt«.

Aber Marxismus muss ständig weiterentwickelt werden; er ist für seine Anwendung an die spezifischen Verhältnisse jedes Landes und an die neuen Entwicklungen nach dem Sieg der Werktätigen anzupassen und weiter zu entwickeln. Für die vielen komplizierten Aufgaben von Revolutionären nach ihrem Sieg finden sich bei den Klassikern keine Rezepte; und auch Kommunisten arbeiten und regieren by trial and error. Wenn sie gut sind und zuhören können, kritisieren und korrigieren sie ihre Fehler frühzeitig.

10.4 Verhältnis von Partei und Staat

Nach dem Sieg der Revolution bekommen Partei und Regierung verschiedene Aufgaben. Deswegen plädierte schon Lenin und viel später Deng Xiaoping (1987) für eine Trennung der beiden Institutionen und eine klare Arbeitsteilung. Der »Erste Sekretär« jedes Gebietes (Provinz, Bezirk, Stadt, Volkskommune) kontrollierte und dirigierte alles. Es gab noch keine countervailing powers, keine Gegengewichte, keine Gewaltenteilung. Die KP organisierte und dirigierte alle Massenorganisationen und die zugelassenen (Block-)Parteien. (Mit Auflösung der Volkskommunen 1980-84 wurde die politische Macht zuerst im Dorf halbiert.)

Der Trennung von Partei und Regierung stehen jedoch Hindernisse im Wege. Zum einen: Die regierende KP braucht Verbindungen zu den Massen, um diese zu schulen, zu überzeugen und zu führen. Sie muss anfangs den bisher benachteiligten Arbeiter- und Bauernkindern einen Bonus für ihre Entfaltung geben (Arbeiter- und Bauernfakultäten; Arbeiterquote an Universitäten). Das Problem entsteht erst, wenn diese Maßnahmen zu Dauereinrichtungen werden. Die KP möchte ferner die bürgerlichen Fachleute einbinden, sie kontrollieren und ihre Fähigkeiten für den Aufbau einsetzen. Das soll durch die Parteizugehörigkeit erleichtert werden. Und schließlich ist eine regierende Partei für viele Karrieristen und Opportunisten eine Karriereleiter. Deswegen schlug Lenin in der ersten politischen und militärischen Krise nach dem Sieg (im Juli 1918) der Regierung einen Aufruf vor: »Das sozialistische Vaterland ist in Gefahr«, der die Mutigsten zum Beitritt zur revolutionären Partei aufforderte.

Mit wachsender Mitgliedschaft wächst der Parteiapparat, den Stalin als Generalsekretär mit materiellen Privilegien ausstattet. Diese funktionalen Privilegien sind vielleicht in Zeiten allgemeinen Mangels notwendig, die Aufrechterhaltung über längere Zeiträume etabliert jedoch Sonderinteressen und Realitätsferne der

10.4 Verhältnis von Partei und Staat

Funktionäre, die zu einer abgehobenen Bürokratie werden; sie kommt zwar aus der Arbeiterklasse, entfremdet sich ihr jedoch allmählich. Noch schlimmer wird es, wenn die Privilegien nicht mehr funktional sind, sondern von den Kindern der Funktionäre geerbt werden sollen. Dann entsteht als Nachfolger der revolutionären Führer, die in Revolution und Bürgerkrieg mit ihren Mitkämpfern alles geteilt haben, eine erbliche Kaste, die statt Opferbereitschaft (nur noch) ihre Privilegien bewahren will – konservativ wird, statt neu gestaltend.

Nach dem Sieg der Revolution ändern sich die Aufgaben und die Struktur der regierenden Kommunistischen Partei. Die veränderte Funktion der KP ist an anderer Stelle (Kapitel 11) behandelt. Über ihre Struktur hat die KPCh Ende 2007 anlässlich des 17. Parteitages Zahlen veröffentlicht (siehe Tabelle 3). Die riesige Mitgliedschaft (73,4 Mio.) entspricht 5,5% der Bevölkerung. (In der DDR war der Prozentsatz noch höher.) Diese Zahl wirft Fragen auf. Können das alles überzeugte Kommunisten sein – oder besteht ein unbekannter Anteil aus Karrieristen, die sich Vorteile versprechen? In letzterem Falle wäre Deng Xiaopings Forderung noch immer nicht erfüllt, dass niemand KP-Mitglied werden muss, um eine verantwortungsvolle Position zu übernehmen; er müsse nur seine Funktion gut erfüllen (»Mäuse fangen«) können.

Tabelle 3: Sozialstruktur der KP Chinas 2007

	Mio.	%	Zuwachs 2002-2007	
			Mio.	%
Arbeiter	7,980	10,80	0,760	10,60
Bauern	23,100	31,50	1,378	6,30
Beamte in Staat, Sozialinstitutionen, Techniker	21,340	29,10	1,100	5,40
Militär	1,600	2,20		
Studenten	1,950	2,60	1,398	21,50
Rentner	13,780	18,80		
Andere	3,640	5,00		
Gesamt	73,360	100,00	6,422	8,75
Nichtöffentlicher Wirtschaftssektor	3,180	4,30	1,690	113,40
Weibliche Mitglieder	14,617	19,90	2,699	22,60
Nationale Minderheiten	4,721	6,40	0,490	11,60
Akademiker	22,797	31,10	6,610	40,80

Quelle: Beijing Review 50,44, 1.11.2007: 22-23

Zu den »Anderen« (3,64 Mio.) gehören auch die Unternehmer, die seit einigen Jahren Aufnahme finden können. Können die vielleicht Hunderttausend Kapitalisten – eine kleine Minderheit von weniger als ein Prozent, aber mit gewisser ökonomischer Macht – das Handeln der Partei auf verschiedenen Ebenen beeinflussen oder gar grundsätzlich verändern? Oder werden sie von der KP erzogen zu sozial verträglichem Verhalten, vielleicht gar zu »freiwilligen« Sozialleistungen veranlasst? Böke (2007) sieht die Beweggründe für die Aufnahme von Kapitalisten in die KP richtig: »Politisch maßgeblich ist allerdings das Interesse, die Entstehung unkontrollierter Paralleleliten in der Wirtschaft durch Integration in die KP zu verhindern.« (S. 161) Es ist die Leninsche Frage: Wer wen? – Wer von der Überlegenheit des Kommunismus (Sozialismus) überzeugt ist, wird annehmen (hoffen), dass eine von Kommunisten geführte Regierung die Entwicklungsrichtung bestimmt und die unerwünschten Nebenwirkungen der »Neuen Ökonomischen Politik« ständig begrenzt.

Die Sozialstruktur der KP entspricht natürlich nicht ganz der der Gesamtbevölkerung. Erfreulich ist, dass akademisch Ausgebildete überrepräsentiert sind, weniger erfreulich, dass Arbeiter und noch stärker Frauen unterrepräsentiert sind.

10.5 Herausbildung der neuen Führungsgeneration und Generationswechsel

Der rechtzeitige und geordnete Generationenwechsel in der Führung der von Kommunisten geführten Länder war lange ein Problem. Lenin warnte bekanntlich seine Partei vor Stalin und forderte sie auf, Stalin abzusetzen. Es ist hier nicht der Platz, die Ursachen für die Nichtbefolgung dieses Ratschlags zu erörtern.[58] Jedenfalls ist es eine (absichtliche) Missdeutung der Geschichte, den Niedergang in der Stalin-Ära und die langfristige katastrophale Folge von Anfang an als im Kommunismus angelegt zu erklären. Der Reformversuch Nikita Chruschtschows war der erste Versuch, zu einem normaleren Generationswechsel zu kommen; dieser reichte jedoch nicht. Der Wechsel war fortan nicht mehr gewaltsam, erfolgte jedoch nicht nach Qualität, sondern nach Ancienität. Als 1985 endlich die Einsichtigen im Zentralkomitee der KPdSU von dieser Regel abwichen und einen sozialistischen Reformer aus der jüngeren Generation vorschlugen, Michael Gorbatschow, war es für einen Erfolg der Reform zu spät. Die Zerstörung der KPdSU war schon weit fortgeschritten. Er kam zu spät an die Schaltstellen der Macht und war von reformunwilligen Bürokraten umgeben.

---

[58] Siehe dazu u.a. Bergmann/Schäfer (1993), S. 249-264.

10.5 Neue Führungsgeneration und Generationswechsel

Deswegen ist es so unsinnig – die alte Sündenbockmethode und Unfähigkeit zur Selbstkritik –, Gorbatschow die Schuld am Zusammenbruch von 1989/90 zuzuschieben. Der Führungsapparat war erstarrt, »die Partei war tot«. Tito hatte es aus anderen Gründen nicht geschafft, eine neue Führungsmannschaft heranzubilden. Vier seiner bewährten Kampfgefährten waren vor ihm gestorben, Boris Kidrič, Moša Pijade, Edvard Kardelj, Aleš Bebler. Mit dem früheren, vorher engsten Kameraden Milovan Djilas hatte Tito sich politisch zerstritten. Tito starb in einem langen Todeskampf, sozusagen noch im Besitz aller seiner Funktionen, ohne dass eine rationale Prozedur für die Bildung einer neuen, nunmehr kollektiven Führung gefunden war. In dem politischen Vakuum nach Titos Tod (1980) konnte die deutsche Außenpolitik den Nationalismus der jugoslawischen Teilrepubliken für eines ihrer Ziele ausnutzen, die Balkanisierung und politische Transformation Jugoslawiens.

Anders verlief der Generationenwechsel in der VR China. Mao Zedong hatte mit der Kulturrevolution Weichen zu stellen versucht; in der Realität war diese ein fraktioneller Putschversuch, der Abweichungen von seinem Kurs vorbeugen sollte. Die Reform-Gruppe (Liu Shaoqi, Zhou Enlai, Deng Xiaoping, Zhu De) wurde zurückgedrängt; nur Zhou Enlai konnte seine (gleichfalls gefährdete) Position als Ministerpräsident halten, weil er unersetzlich war. Auf Maos Wunsch bestimmte der 9. Parteitag der KPCh 1969 Lin Biao zum »engsten Kampfgefährten und designierten Nachfolger«. Auf dem folgenden 10. Parteitag 1973 wurde wieder einstimmig beschlossen, dass Lin Biao schon seit langem ein Verräter war. Inzwischen hatte er 1971 einen Staatsstreich versucht und war auf der Flucht an Chinas Nordgrenze mit seiner ganzen Gruppe abgeschossen worden. Mao hatte (vermutlich Anfang 1972) einen Schlaganfall erlitten und war der Sprache nicht mehr mächtig. Dennoch behielt er alle offiziellen Positionen formal bei. Seine Frau Jiang Qing bildete mit drei Genossen die »Viererbande« mit dem Ziel, sie als Nachfolgerin Maos einzusetzen. Zhou Enlai führte weiterhin die Staatsgeschäfte und holte etwa um die Jahreswende 1973/74 Deng Xiaoping aus seinem Verbannungsort nach Beijing. Da Zhou Enlai mit einem Tumor bereits ans Krankenbett gefesselt war, übertrug er alle wichtigen Funktionen faktisch an Deng.

Als Zhou Enlai im Februar 1976 (wenige Monate vor Mao) starb, demonstrierten Hunderttausende auf dem Tiananmen für den toten Zhou Enlai und damit für Deng als seinen Nachfolger. Der Bürgermeister von Beijing Wu De setzte Militär gegen die Demonstranten ein; es gab etwa 160 Tote. Die Demonstrationen wurden damals als konterrevolutionär erklärt; später wurde diese Verurteilung von der KP offiziell revidiert.[59] Wu De wurde etwas später abgesetzt.

---

[59] Siehe Resolution on certain questions ... (1981).

Die Viererbande setzte Deng Xiaoping erneut ab, seine dritte Verdrängung aus allen Funktionen.

Nach Maos Tod wurde – angeblich auf dessen ausdrücklichen Wunsch – Hua Guofeng eingesetzt. Dem restlichen Führungsgremium gelang es, die Viererbande zu verhaften. Hua wurde zum vorübergehenden Kompromiss-Kandidaten zwischen Reformern und Konservativen. Schließlich überwog das Verständnis, dass eine Reform notwendig war und dass Deng dazu Fähigkeit und Kraft hätte. Daher übernahm er in einigen Schritten die wichtigsten politischen Positionen: Parteiführung, Ministerpräsidentschaft und Vorsitz in der Militärkommission beim ZK der KPCh. Präsident wurde der reformwillige Yang Shankun. 1980 war der Übergang vollzogen, Hua still pensioniert.

In einem Interview mit der (damals noch linken) Journalistin Oriana Fallaci sprach Deng Xiaoping von den »strukturellen Mängeln in unserem System«, die sich u.a. darin zeigten, dass die führenden Genossen im Büro sterben und nicht rechtzeitig zurücktreten. Kommunistische Partei und Staat müssten demokratisch geleitet werden; die Führung sei zu verjüngen. Er selbst sei dreimal gestorben und dreimal wieder auferstanden – so sprach er humorvoll über seine »Parteikarriere«. Mit dieser Kritik an den strukturellen Mängeln konnte er weitergehen und tiefer analysieren, als es Chruschtschow 1956 von seinen internen Gegnern erlaubt worden war. Die Kritik an der Mao-Ära wurde nach längerer offener Parteidebatte in einem 27-seitigen Dokument 1981 in offiziellen Publikationen in mehreren Sprachen veröffentlicht.

Deng Xiaoping zog die Konsequenz aus seiner Lebenserfahrung und gab 1992 alle Funktionen auf, nachdem eine neue »dritte Generation mit Jiang Zemin als Kern« vom Zentralkomitee »vorgeschlagen« und vom Nationalen Volkskongress bestätigt worden war. Mit dieser Wahl von Jiang Zemin als Generalsekretär der KPCh, Staatspräsident und Vorsitzender der Militärkommission beim ZK, und von Zhu Rongji als Ministerpräsident hatten die Reformer ihre Strategie langfristig gesichert. Deng zog sich 1992 aufs Altenteil zurück und behielt nur den Vorsitz in dem Verband der Bridge-Spieler. Er starb 1997 – fünf Jahre nach seinem Rücktritt.

Ebenso geordnet, ruhig, planmäßig, vorausschaubar kam es 2002/2003 zum nächsten Generationenwechsel in Staats- und Parteiführung. Die »vierte Führungsgeneration mit Hu Jintao als Kern« übernahm alle Führungsfunktionen voraussichtlich für zehn Jahre, zwei Wahlperioden des Nationalen Volkskongresses. Vermutlich wird 2012 die nächste Führungsgeneration antreten – mit neuen Ideen und neuer Energie. Zehn Jahre in der Leitung eines Staates mit 1,3 Milliarden Menschen sind genug.

Aus den veröffentlichten Biografien der führenden Funktionäre ist zu erkennen, wie die neuen Verantwortlichen herangebildet und geprüft werden. Kei-

10.5 Neue Führungsgeneration und Generationswechsel

ner kommt aus Beijing, also niemand aus den Familien der bisherigen Führung. Alle haben eine fachliche Ausbildung (Wasserbau, Energiewirtschaft, Maschinenbau, Ökonomie u.a.). Alle hatten nach der Universität politische und technische Verwaltungspositionen inne, in denen sie Erfahrung sammelten und ihre Fähigkeiten »geprüft« wurden. Danach wurden sie vom Ständigen Ausschuss des Politbüros dem ZK der Partei und dem Volkskongress »vorgeschlagen«. Die KPCh hat so einen rationalen Weg des Generationenwechsels gefunden. Und bereits jetzt kann man die ersten Vorbereitungen für den Wechsel und die Verjüngung der Führung im Jahre 2012 erkennen (siehe Beijing Review 51, 13, 27.3.2008).

Bemerkenswert ist auch der Führungswechsel des sozialistischen Kubas. Als Fidel Castro im Juli 2006 schwer erkrankte und sich einer lebensgefährlichen Tumor-Operation unterziehen musste, wurde das den Kubanern und der Welt sofort mitgeteilt. Alle Funktionen wurden an die Führungsgruppe übergeben, die sich bereits seit Jahren zusammengefunden und eingearbeitet hatte. Washington stellte 80 Millionen US-Dollar bereit, um nach Castros Tod endlich die »Demokratie« nach Kuba zu importieren. Es gab keine Unruhe, kein Chaos, keine Einladung der Miami-Exilanten oder der US-Armee, das Land zu »befreien«. Ob Castro stirbt oder noch lange lebt – am sozialistischen Weg Kubas wird sich wenig ändern, außer vielleicht einigen weiteren Reformschritten. Offenbar ist es nicht nur Castros »Charisma« oder der »allgegenwärtige Geheimdienst«, der die große Mehrheit veranlasst, nicht zwischen US-»Hilfe« und politischer und ökonomischer Souveränität zu wählen.

Auch Vietnam hat nach dem Tod von Ho Chi Minh einige Führungswechsel erlebt, Fehler diskutiert, Reformen durchgeführt und diese Wechsel ohne große Erschütterungen und politisches Chaos, jedoch mit einer Sachdebatte hinter sich gebracht. Anders ist es noch mit Nordkorea. Der Führungswechsel vollzog sich hier innerhalb der Familie. Vielleicht wird es auch in diesem Lande beim nächsten Wechsel eine Änderung geben, wenn die internationale Quarantäne und Isolierung durchbrochen ist, wenn die chinesische Führung die Rückführung des Landes in die internationale Politik und seine volle Anerkennung durchgesetzt hat.

Die nach 1989 verbliebenen kommunistischen Regierungen haben (noch mit Ausnahme von Nordkorea) eine Prozedur für Rücktritt, Erneuerung und Verjüngung ihrer Führungen gefunden, die die Kontinuität des sozialistischen Weges sichert und zugleich eine Erstarrung verhindert.

Wichtige, noch zu lösende politische Probleme dürften die folgenden sein:
1. Integration der folgenden Generationen, die die heroische Periode des Bürgerkriegs und des Langen Marsches nur noch aus Geschichtsbüchern ken-

nen, in die politische und gesellschaftliche Verantwortung, die neuen Aufgaben und Ziele.
2. Sozialistische Demokratie in Partei, Staat und Wirtschaft. Verselbständigung der Gewerkschaften.
3. Eine für Ausländer verständliche Erklärung der Probleme des sozialistischen Aufbaus.

11. Kommunistische Regierungsarbeit – das Beispiel China

»Bürgerliche Revolutionen, wie die des achtzehnten Jahrhunderts, stürmen rascher von Erfolg zu Erfolg, ihre dramatischen Effekte überbieten sich, Menschen und Dinge scheinen in Feuerbrillanten gefaßt, die Ekstase ist der Geist jedes Tages; aber sie sind kurzlebig, bald haben sie ihren Höhepunkt erreicht, und ein langer Katzenjammer erfaßt die Gesellschaft, ehe sie die Resultate ihrer Drang- und Sturmperiode nüchtern sich aneignen lernt. Proletarische Revolutionen dagegen, wie die des neunzehnten Jahrhunderts, kritisieren beständig sich selbst, unterbrechen sich fortwährend in ihrem eignen Lauf, kommen auf das scheinbar Vollbrachte zurück, um es wieder von neuem anzufangen, verhöhnen grausam-gründlich die Halbheiten, Schwächen und Erbärmlichkeiten ihrer ersten Versuche, scheinen ihren Gegner nur niederzuwerfen, damit er neue Kräfte aus der Erde sauge und sich riesenhafter ihnen gegenüber wieder aufrichte, schrecken stets von neuem zurück vor der unbestimmten Ungeheuerlichkeit ihrer eignen Zwecke, bis die Situation geschaffen ist, die jede Umkehr unmöglich macht.«

Marx 1852, MEW 8: 118

11.1 Die Ausgangslage

An der Jahrtausendwende ist »die Linke« zutiefst verunsichert. Manche fragen sich, ob es diese überhaupt noch gebe; andere wollen in ihrer Orientierungslosigkeit die Koordinaten Links und Rechts aufgeben.[60] Die Gründe für diese Untergangsstimmung sind klar erkenntlich: Der widerstandslose Zusammenbruch des Realsozialismus von Ostberlin bis Wladiwostok hat vor allem jene demoralisiert, die an die selbstzufriedenen Thesen der dort Herrschenden und ihrer Vordenker geglaubt hatten, dass der Sozialismus unbesiegbar sei und dass das aktuelle System keiner Reform bedürfe.[61] Die Apologeten des Kapitalismus behaupten, nun sei die endgültige Entscheidung zugunsten des Kapitalismus als des allen anderen überlegenen Gesellschaftssystems gefallen;[62] die Weltgeschichte habe ihr logisches Ende erreicht. Denn der Stalinismus sei das

---

[60] Siehe z.B. Bullmann/Henkenborg (1995). Bobbio (1993), zitiert nach Bullmann/Henkenborg, widerspricht diesem Verzicht auf eigene Orientierung.

[61] Siehe z.B. Kurt Hager, »Chefideologe« der SED, in seinem berühmten Interview, nachgedruckt im Neuen Deutschland« vom 16.4.1987.

[62] Siehe den US-amerikanischen Historiker Francis Fukuyama (1993).

einzig mögliche Modell sozialistischer Politik und keineswegs eine Deformation des Sozialismus. Dieses siegessichere Geschichtsverständnis ist bereits am Jahrhundertbeginn, 20 Jahre nach der Implosion des Ostblocks, dem Katzenjammer gewichen, nachdem der Kapitalismus weltweit von einer tiefen ökonomischen Krise geschüttelt wird. Daher gibt es jetzt auch besonnene bürgerliche Ökonomen, die an den Glaubenssätzen der neo-liberalistischen Religion zweifeln und sie kritisieren.

Stalinisten und Maoisten stimmen in einem Punkt mit dem Antikommunismus überein: Da es keine andere sozialistische Aufbaustrategie gäbe, liege die Schuld bei den Reformern, und sie erklären – wie oben erwähnt – »die Bekämpfung des Gorbatschowismus zur wichtigsten Aufgabe für die (deutschen) Marxisten«. In der BRD gibt es kaum noch Maoisten, die sich zu ihrer früheren Auffassung bekennen, in den USA gibt es indes noch einige, die in den Reformern um Deng Xiaoping die Verräter und Capitalist roaders sehen.[63]

Nicht nur der Realsozialismus à la Stalin und Mao hat versagt; auch der Postsozialismus hat überall nur Misserfolge verschiedener Intensität erbracht. Und der Reformismus, der sich nach 1989/90 als einzig legitime politische Strömung der Arbeiterbewegung wähnte, hat sich in Großbritannien und Deutschland bis zur Kenntlichkeit verändert, jeden Gedanken an Sozialismus endgültig und vollständig aufgegeben; seine verschwommene »Ideologie« ist die der »sozialen Marktwirtschaft«. Die Vertretung der Interessen der Werktätigen ist aufgegeben.

Daher ist es für uns Marxisten wichtig, die Entwicklungsmodelle der verbliebenen sozialistischen Länder zu analysieren, die von Kommunisten geführt werden. Wie begegnen sie der Krise des Realsozialismus und der vielseitigen Offensive der kapitalistischen Führungsmächte? Wie sieht ihre Reformstrategie aus? Dabei ist von vornherein klar, dass selbst ihr voller Erfolg – Reform und stabiler Fortbestand – für hoch entwickelte Industrieländer mit einer demokratisch verfassten und erfahrenen Arbeiterbewegung kein nachzuahmendes Modell sein kann. Man kann von ihnen nicht mehr siegen lernen, wie ehedem die kritiklosen Bewunderer von der SU bzw. von China lernen wollten, sondern nur verstehen lernen, was sie tun, wie sie leben und vorwärts schreiten. Da es sich bei China um mehr als ein Fünftel der Weltbevölkerung handelt, sollten wir dieses »Modell« kennenlernen.

Die Haltung der kapitalistischen Mächte und Kräfte ist widersprüchlich. Einerseits wird triumphierend behauptet, China sei auf dem besten Wege zum Kapitalismus oder bereits im Wesentlichen dort angelangt. Andererseits wünscht

---

[63] Siehe z.B. die Veröffentlichungen von William Hinton (1991), Robert Weil (1996) und einiger der älteren Herausgeber der »Monthly Review«.

man sich ein baldiges Ende des reformkommunistischen Experiments (Bemühung um Lostrennung Tibets, Unterstützung Taiwans, Förderung der Regimegegner). In ihren weltpolitischen Aktionen versuchen die USA, Chinas Wünsche zu ignorieren. Aber solange die Regierung in Beijing herrscht, möchte man doch von dem riesigen Zukunftsmarkt profitieren – zumal in der gegenwärtigen Krise. Insgesamt überwiegt die Klassengegnerschaft gegen eine kommunistische Regierung. In kritischen Situationen haben die politischen Entscheidungen Vorrang vor den aktuellen Wirtschafts- und Profitinteressen.

11.2 Die neuen Aufgaben

Die Aufgaben von Kommunisten vor und in der Revolution und im Bürgerkrieg unterscheiden sich grundlegend von denen beim Aufbau einer sozialistischen Wirtschaft und Gesellschaft. Vor der Revolution gilt es, die städtischen Werktätigen gegen die Kapitalisten, auf dem Lande die Kleinbauern und Pächter gegen die Großgrundbesitzer zu organisieren, die antagonistischen Widersprüche (Klassengegensätze) den Menschen bewusst zu machen, den Klassenkampf zu organisieren und allmählich über die Grenzen der bürgerlichen Herrschaft hinaus zu führen. Im Bürgerkrieg sind Brücken und Eisenbahnlinien des Gegners zu sprengen, die feindliche Armee durch revolutionäre Propaganda zu zersetzen, an internationale Solidarität gegen eine kapitalistische Intervention zu appellieren. Nach dem Sieg der Revolution sind die materiellen Schäden des Bürgerkriegs zu reparieren, Brücken, Eisenbahnen, Fabriken, Wohnungen zu bauen, ein analphabetisches Volk zu alphabetisieren, neue Gesellschaftsstrukturen und demokratische Institutionen zu schaffen, eine radikale Agrarreform durchzuführen. Das setzt völlig andere Fähigkeiten und Eigenschaften voraus als die im Bürgerkrieg gefragten, und völlig andere berufliche Kenntnisse und Führungsmethoden. Nun geht es nicht mehr mit militärischem Kommando und militärähnlichen Kampagnen, sondern nur noch mit Überzeugung, Geduld, gutem Beispiel. Mancher gute Soldat und Kommandeur aus dem Bürgerkrieg ist zu dieser völligen inneren Umstellung und zum Erlernen eines neuen Berufs vielleicht gar nicht (mehr) fähig, wünscht sich nach den extremen Anstrengungen des Langen Marsches (von 22 Jahren) oder des vierjährigen russischen Bürgerkriegs nur Ruhe und Normalität. Es ist daher typisch und rational, dass die postrevolutionäre Führungsgeneration überwiegend aus Menschen besteht, die moderne Technologien und Ökonomie studiert haben, möglichst auch Industrieerfahrung besitzen.

Nachdem der Stalinsche Kasernenhof-Sozialismus in die politische, technologische und ökonomische Stagnation geführt hatte, scheiterten die großen

Reformversuche an einer entarteten, erstarrten Bürokratie, die selbstzufrieden ihre Privilegien als den Sozialismus ansah. Alle Alternativen waren in den »Säuberungen« vernichtet worden.[64] So waren die Reformer isoliert, die Parteien (»führende Parteien der Arbeiterklasse«) politisch tot, hatten in den Jahren der Macht ihren Charakter völlig verändert, waren aus einem Motor gesellschaftlicher Entwicklung zu deren Hemmnis geworden, unfähig, Kritik aufzunehmen oder gar Selbstkritik zu üben. Nikita S. Chruschtschow musste seine Kritik am Stalinismus eng begrenzen und durfte sie nur auf einer geschlossenen Sitzung des XX. Parteitags der KPdSU 1956 als »Geheimrede« vortragen. Die Mehrheit des Politbüros war noch gegen ihn und wollte die Verbrechen der Stalin-Ära nicht offen darlegen.

Die KP Chinas hatte eine andere innere Entwicklung durchlaufen. Mit einer Unterbrechung (der »großen proletarischen Kulturrevolution«) hatte es ständig einen Kampf zweier Linien – eine Debatte um Alternativen – gegeben. Mao Zedong hatte immer wieder die alternativen Denker im Kommunismus gemaßregelt;[65] aber Zhou Enlai hat sich ständig bemüht, sie vor der Liquidierung zu retten. Das ist ihm jedoch nicht in allen Fällen gelungen.

11.3 Kritik und Selbstkritik

Die erste öffentliche Kritik galt dem »großen Sprung nach vorn« – vier Jahre, nachdem Mao diesen initiiert hatte. Auf einer zentralen Arbeitskonferenz von 7.000 Parteiaktivisten im Januar 1962 wurde die im Wesentlichen negative Bilanz dieses ökonomischen und technologischen Unsinns gezogen und die meisten innerparteilichen Opfer rehabilitiert. Die Kulturrevolution dauerte länger und hatte lang andauernde negative Folgen, die erst nach Maos Tod (September 1976) kritisch aufgearbeitet werden konnten. Die öffentliche Debatte darüber dauerte länger und wurde mit einer sehr ausführlichen, selbstkritischen Resolution (1981) beendet.

Nach Hua Guofengs kurzem Interregnum bildete sich mit Deng Xiaoping als führendem, aber keineswegs unumstrittenem Kopf eine neue Führung der KP Chinas. Sie revidierte Maos Entwicklungsstrategie und die bis dahin dominierenden Vorstellungen über die postrevolutionären Aufgaben der Kommunisten. Hua Guofeng hatte sich als Erbe Mao Zedongs legitimieren wollen, indem

---

[64] Siehe Stefan Heym (1990).

[65] Als Beispiele erwähne ich den Agrarpolitiker Chen Zihui, die Ökonomen Zhang Wentian und Sun Yefang, die Militärs Peng Dehuai, Zhu De, Luo Ruiqing, He Long und den Theoretiker Liu Shaoqi.

11.3 Kritik und Selbstkritik

er erklärte: Was auch immer der Vorsitzende Mao befiehlt, wir führen es aus.[66] Nach seinem schrittweisen Rücktritt beschloss nun die Führung, »die Wahrheit in den Tatsachen zu suchen«. (Da hatte man sie offenbar bislang nicht gesucht.) Laut Mao (wie auch laut Stalin) verschärfte sich der Klassenkampf nach dem Sieg des Sozialismus; diesen Kampf auszufechten, war der KP zur vorrangigen Aufgabe gestellt worden. In Wirklichkeit handelte es sich um den Kampf gegen die alternativen Denker in der kommunistischen Bewegung, dessen Erfolg die geistige Einfalt und Stagnation war. Für Deng wurde erstes Gebot des sozialistischen Aufbaus (jedenfalls in einem agrarischen Entwicklungsland) die Entfaltung der Produktivkräfte und die allmähliche Verbesserung der Lebensbedingungen der breiten Masse. Zhou Enlai hatte 1975 – kurz vor seinem Tode im Februar 1976 – im Gegensatz zu Maos Strategie die vier Modernisierungen – Landwirtschaft, Industrie, Bildungswesen, Militär – gefordert und dafür die Öffnung Chinas verlangt. Deng Xiaoping ging nun daran, Öffnung und Modernisierung durchzuführen.

Selbstkritik und Korrektur war das eine; das andere war nach 1989 die Beachtung der Warnung, die der Zusammenbruch der UdSSR signalisierte. Die zentrale Parteischule veröffentlichte ein Buch von 363 Seiten über die Lehren.[67] Man muss nicht mit allen Gedanken des Buches einverstanden sein; insbesondere da, wo außenpolitische Aspekte hineinspielen, ist zu bedenken, dass die Autoren für die regierende Partei einer Großmacht sprechen. Wenn sie also etwa die Verspätung der sowjetischen Reformbemühungen kritisieren, verschweigen sie, dass Chruschtschows Reformversuch 1956 auf Maos heftigste öffentliche Kritik stieß. Das Buch sieht jedenfalls im Zusammenbruch der UdSSR keinen historischen Beweis gegen die Möglichkeit des Sozialismus und bekennt sich zur Fortsetzung des sozialistischen Aufbaus.

Der chinesische Reformkurs wird nun seit über 30 Jahren mit Erfolg betrieben, und im Dezember 1998 wurde am 20. Jahrestag an die Erfolge erinnert. Die Autoren sehen damit die bürgerlichen Behauptungen von der Reformunfähigkeit widerlegt. Nicht ein systemimmanenter Defekt, sondern Jahrzehnte dogmatischer, realitätsferner Politik haben das sowjetische Experiment zerstört. Rechtzeitige Reformen hätten das System wieder beleben und seine Triebkräfte erneut freisetzen können. »Objektive« äußere Bedingungen hätten zu Mängeln

---

[66] Die zwei »Was auch immer«: »Alle Entscheidungen, die der Vorsitzende Mao getroffen hat, müssen wir entschlossen verteidigen; alle Weisungen des Vorsitzenden Mao müssen wir stets unverändert befolgen.« Großes Wörterbuch der chinesischen Reform. Beijing 1992 (chin.).

[67] Siehe »Das Scheitern ...« (1994), zusammengefasst von Helmut Peters (1997). Auf den Beitrag des marxistischen Sinologen Peters beziehe ich mich im Folgenden.

und Problemen im politischen System geführt – u.a. zu starke Zentralisierung der Macht, keine Trennung von Partei und Regierung, Bürokratismus, Mangel an Demokratie und Gesetzlichkeit. Der von Stalin dogmatisierte Marxismus-Leninismus wird abgelehnt, aber am Marxismus-Leninismus will man festhalten und seine Grundprinzipien schöpferisch auf die historischen und nationalen Gegebenheiten anwenden. Dogmatismus und ideologische Erstarrung sollen bekämpft werden. Es wäre also verkehrt, die KP Chinas als stalinistisch anzusehen; sie versteht unter Marxismus-Leninismus etwas völlig anderes als Stalinisten und Maoisten. Der Druck und die Erpressung der USA gegen Michail Gorbatschow werden dargestellt, die zum Zusammenbruch beitrugen. Die Beurteilung von Gorbatschows Politik ist widersprüchlich; darauf soll hier jedoch nicht näher eingegangen werden.[68]

Die Lehren für die KP Chinas kommen in einigen Punkten den Luxemburgischen Vorstellungen und ihrer Kritik an den Bolschewiki von 1918 nahe. Helmut Peters (1997) fasst die Lehren in sechs Punkten zusammen:
1. Die führende Rolle der KP beim Aufbau des Sozialismus ist unbedingt zu sichern.
2. Der ökonomische Aufbau entscheidet über das Schicksal des Sozialismus. Daher ist die grundlegende Aufgabe die Entwicklung der Produktivkräfte.
3. Klassenwidersprüche und Klassenkampf dürfen nicht vernachlässigt werden; der Klassenkampf darf jedoch nicht überbetont werden. »Ohne Demokratie kann es keinen Sozialismus geben.« »Ist die Macht übermäßig zentralisiert, hindert das den Aufbau der sozialistischen Demokratie und Gesetzlichkeit, die Verwirklichung des demokratischen Zentralismus in der Partei, den sozialistischen Aufbau und die Entfaltung der kollektiven Weisheit. Leicht führt das zur Willkür Einzelner und zur Untergrabung der kollektiven Führung. Befindet sich die Macht in der Hand einer Person oder einer Minderheit, dann befindet sich die Mehrheit in einer rechtlosen Position.« (S. 271)
4. Dem ideologischen Kampf ist außerordentliche Beachtung zu schenken: »... entschlossen an der führenden Position des Marxismus-Leninismus auf ideologischem Gebiet festhalten, mit dem Marxismus-Leninismus und der sozialistischen Ideologie die Medien besetzen und die geistige Zivilisation des Sozialismus aufbauen.« (S. 29) Zugleich werden »linke« dogmatische und formalistische Methoden bei der Verbreitung des Marxismus abgelehnt, ebenso Schönfärberei über den Sozialismus und Schwarzmalerei über den Kapitalismus.

---

[68] Meine Kritik siehe Bergmann (1997).

5. »Starre Ansichten« seien zu überwinden und das Vertrauen von Partei und Volk für den Sozialismus zu bewahren.
6. In Nationalitätenfragen müsse man sehr vorsichtig agieren. Der Nationalismus der an Zahl dominierenden (Han-)Nationalität wie der enge Nationalismus der kleinen Nationalitäten seien zu bekämpfen.

»Sozialismus ist für chinesische Kommunisten« – so resümiert Peters – »nach eigenen bitteren Erfahrungen nicht nur Ziel, Wert, sondern zugleich eine ständige Reformbewegung hin zu diesem Ziel und zu diesen Werten.«

Es gibt also Selbstkritik und Kritik. Diese Analysen und die öffentliche Debatte über alternative Aufbaustrategien wurden aus eigenem Antrieb und mit eigenen Kräften erarbeitet und gestaltet. In einem sanften Prozess, der eine neue politische Kultur andeutet, wurden die Mitverantwortlichen für die Fehler der Mao-Ära abgesetzt. Reformer, häufig Opfer früherer Verfolgung, traten an ihre Stelle und begannen die Reformen in Wirtschaft und Gesellschaft. Eine parteioffizielle Kritik am Militäreinsatz vom 4. Juni 1989 gegen die demonstrierenden Studenten steht noch aus. Ohne Druck von außen wird sie eines Tages kommen, wenn die Parteiführung die Zeit für reif hält. Man kann diese Kritik jedoch öffentlich äußern und auch von Parteifunktionären hören.

11.4 Der schwierige Weg zur sozialistischen Demokratie

Deng formulierte bereits Anfang der 1980er Jahre Forderungen nach politischer Reform:

»Je weiter die wirtschaftliche Strukturreform voranschreitet, desto notwendiger finden wir die politische Strukturreform. Ohne letztere kann erstere nicht weiter voranschreiten, und die Entwicklung der Produktivkräfte wird gehemmt ... Die politische Strukturreform beinhaltet in erster Linie Trennung von Partei- und Regierungsfunktionen zur Verwirklichung einer vorbildlichen Führung durch die Partei, die Delegierung der Befugnisse nach unten und die Vereinfachung des Verwaltungsapparats. Die politische Strukturreform zielt darauf, die Vitalität von Partei und Staat konsequent zu wahren, den Bürokratismus zu überwinden, die Arbeitsleistung zu erhöhen und die Initiative der Grundeinheiten sowie der Arbeiter, Bauern und Intellektuellen zu fördern ..., die sozialistische Demokratie zu entfalten und die Initiative der breiten Volksmassen voll zur Geltung zu bringen.«[69]

---

[69]Auszug aus Deng Xiaoping, Band III, in Beijing-Rundschau, Jg. 30, Nr. 47, 23.11.1993, S. 20. In zahlreichen Reden und Erklärungen unterstreicht Deng diesen engen Zusammenhang. So am 15.4.1985: »Die politische Demokratie erweitern und die

Es sind keineswegs nur die um ihre Machtstellung besorgten Funktionäre, die die Realisierung der Forderungen Dengs behindern. Die Erfahrungen europäischer Werktätiger in demokratisch verfassten Organisationen fehlen chinesischen Bauern noch weitgehend. Im Dorf sind (auch nach einer Revolution) die ökonomisch bedingten Herrschaftsstrukturen und die dazugehörigen Denkstrukturen sehr beständig. Kleinbauern und besonders Pächter begegnen bei der Selbstorganisation großen Schwierigkeiten. In manchen marginalen Gebieten leben arme Bauern unter materiellen Bedingungen, die demokratische Eigenaktivität noch nicht »erlauben«. Diese hängt sicher auch von der Verbesserung der materiellen Lebensumstände ab; dazu gehören nicht nur Essen und Kleidung, auch Alphabetisierung, Schule, Zeitung, Radio u.ä.

In großen Teilen Chinas haben 1997 und 1998 Wahlen von der Dorf- bis zur Provinzebene stattgefunden. Seit Juni 1998 steht die Novellierung des Gesetzes über die Organisation der Dorfkomitees zur Debatte. Seit Auflösung der Volkskommunen in den Jahren 1980-82 besteht hier ein politisches »Vakuum«, Unklarheit über die Machtverteilung und -ausübung. Mit den Wahlen wurde auch die Machtkonzentration in den Händen des Parteisekretärs aufgebrochen. Es zeigten sich nun häufig Konflikte zwischen diesem und den Bauern. Die ungeklärte dörfliche Machtverteilung soll allmählich neu geordnet werden. Zu diesem Thema heißt es in »China Daily«: »Gegenwärtig widersetzen sich viele Menschen entschieden der Praxis, daß Parteisekretäre auch in den Dorfverwaltungskomitees den Vorsitz führen. Dieser radikale Standpunkt zeigt einen Mangel an Verständnis der ländlichen Verhältnisse. Die Interessen von Partei und Bauern stehen nicht unbedingt in Konflikt miteinander. In vielen Fällen haben die Parteisekretäre sich als die talentiertesten und erfahrensten Menschen im Dorf erwiesen. Tatsächlich sollte es keine Rolle spielen, ob sie Parteimitglieder sind oder nicht, sofern sie fähig sind, die Bauern zu Wohlstand und Demokratie zu führen.«[70]

Wirtschaftsreform durchführen.« Am 26.8.1986: »Die politische Struktur reformieren und das Rechtsgefühl des Volkes stärken.« Am 3.9.1986: »Um die Entfaltung der Produktivkräfte zu sichern, müssen wir die politische Struktur reformieren.« Am 9.11.1986: »Einige Ideen über die Reform der politischen Struktur.« Alle Überschriften aus Deng Xiaoping (1987).

[70] Siehe Law to advance democracy«. In: »China Daily«, 29.9.1998. Heberer/Taubmann berichten (1998), dass auch bei Wahlen von Provinzgouverneuren sich die regionalen Wünsche gegen die zentralen Vorgaben durchsetzen: »Größere Selbständigkeit zeigt sich auch an der Wahl von Provinzführern in Abweichung von Vorschlägen der Zentrale. So hatten die Abgeordneten der Provinzen Zhejiang und Guizhou Anfang 1993 Gouverneure gewählt, die von der Zentrale nicht für diese Ämter vorgesehen waren, wäh-

11.4 Der schwierige Weg zur sozialistischen Demokratie

Die volle Entwicklung sozialistischer Demokratie muss alle bürgerlichen Freiheiten beinhalten, die die Französische Revolution von 1789 versprochen hatte, muss also weit über die bürgerliche Demokratie im Kapitalismus hinauswachsen. Es gilt Ernst Blochs Diktum: kein Sozialismus ohne Demokratie. Wir müssen vermutlich lernen, die postrevolutionären sozialen Transformationen mit ihren Wendungen als Entwicklungsphasen zu verstehen. Werden diese Phasen mit »marxistischen Theorien« gerechtfertigt und verbrämt, wird es Beteiligten, Betroffenen und Beobachtern erschwert, diese Transformationen als transitorisch zu begreifen.[71] Die sozialökonomische Position der Bauern verändert sich radikal im postrevolutionären Gesellschaftsumbau. Die chinesischen Bauernmassen stellten den Großteil der Roten Armeen und schufen die Logistik für diese Aufgebote (im Vormarsch und in den Rückzügen). Ohne die Unterstützung durch die Bauern hätten die Revolutionäre den Bürgerkrieg nicht gewinnen können. Um nach dem Sieg den Aufbau von Industrie, Bildungswesen und technischer Infrastruktur zu finanzieren, sollen sie nun das Mehrprodukt, das sie früher völlig dem Großgrundbesitzer abliefern mussten, wenigstens teilweise dem Staat übergeben. Das Verhältnis zwischen Bauern und KP verändert sich völlig; aus der engen Zusammenarbeit und Dankbarkeit für die Durchführung der Agrarrevolution, in der die Bauern der Führung und Organisation durch die Partei bedürfen, wird ein (nicht antagonistischer) Interessengegensatz. Jetzt wird über die Anteile der beiden Seiten gestritten. Das ist der Hintergrund der Abneigung der Dörfler gegen die regierende Partei und ihre Funktionäre, die sich in ihrem Wahlverhalten äußert. Bei den Wahlen werden Interessengegensätze zwischen Agrarproduzenten und Regierung deutlich und in Zusammenhang damit zwischen den dörflichen Vertretern der Regierungspartei und den Bauern.

Der Unmut der Bauern hat handfeste Gründe; zeitweise wurden ihre Pflichtablieferungen an die staatlichen Getreidesammelstellen wegen der guten Ernte mit Gutscheinen statt mit Bargeld abgegolten und ihnen immer neue lokale Abgaben auferlegt. Partei und Regierung haben auf die kritische Stimmung und das Wahlverhalten der Bauern schnell reagiert: Auf einer ZK-Sitzung vom 12. bis 14. Oktober 1998 wurde der Regierung u.a. vorgeschlagen, die Einkommen der Bauern zu erhöhen und ihre Bodennutzungsverträge um weitere 30 Jahre zu

---

rend die Kandidaten der Zentrale bei der Wahl durchfielen. Ähnliches Protestverhalten (gegenüber der Zentrale) gab es auch in den anderen Provinzen und Städten.« (S. 304)

[71] Zu den großen Problemen und den sozialen Kosten der Transformation siehe auch Friedrich Engels' Brief an Nikolai F. Danielson vom 17.10.1883, MEW 39, S. 149-150.

verlängern.[72] Es gibt also eine schnelle Kommunikation zwischen den Bauern und der politischen Führung.

Schwieriger sind die Lösungen für die Reform des staatlichen Industriesektors zu finden. Die Bauern haben dank ihres egalitären Bodenbesitzes eine in jedem Darf gleiche Grundsicherung ihrer täglichen Bedürfnisse und ihres Alters. Die städtischen Werktätigen entbehren dieser Sicherung und waren in den bisher fast ausschließlich staatlichen Unternehmungen (Fabriken, Banken, Behörden) rundum versorgt – weitgehend egalitär, wenn auch auf relativ niedrigem Niveau. Die Entstaatlichung ist notwendig, damit das Finanzministerium nicht mehr sämtliche Lohn- und Gehaltsempfänger auf seinen Lohnlisten führen muss. Die »Entlassung aus dem Staatsdienst« und die Auflösung der Danweis, der Lebens- und Arbeitseinheiten der staatlichen Unternehmen und Institutionen, erfordert eine Vielzahl von flankierenden Maßnahmen, u.a. Schaffung eines landesweiten, allumfassenden Sozialversicherungssystems, Auflösung des Systems der Werks- und Dienstwohnungen, Schaffung neuer Arbeitsplätze und vor allem eine Transformation der Gewerkschaften von Transmissionsriemen der staatlichen Plankommission zu souveränen und aktiven Vertretungen der Mitgliederinteressen. Das hat die KP schon vor Jahren von der Gewerkschaftsführung gefordert; diese Forderung wurde erneut im Jahr 1998 erhoben. Offenbar dauert aber dieser Prozess länger als für uns vorstellbar. Auch nach der Revolution brauchen die neuen, aus dem Dorf in die Fabriken geworfenen Werktätigen ihre Zeit, bis sie aus einer Klasse an sich zu einer Klasse für sich werden und begreifen, wie sie ihre Gewerkschaften in Besitz nehmen und für ihre Alltagsforderungen einsetzen können.

11.5 Die Deng Xiaoping-Theorie

In den ökonomischen Reformen und der Öffnung kommt ein neues, völlig anderes Verständnis der postrevolutionären Aufgaben der Kommunisten zum Ausdruck, das Deng Xiaoping der KP China vermittelt hat. Das Wesen der »Deng Xiaoping-Theorie« sehe ich in folgenden Hauptpunkten:

---

[72] Siehe »Sitzung des Zentralkomitees in Peking. China hat Angst vor Bauernaufständen. Landwirte sollen deshalb künftig mehr verdienen und dürfen Pachtverträge verlängern.« In: Süddeutsche Zeitung, 15.10.1998.

11.5 Die Deng Xiaoping-Theorie

1. Hauptaufgabe nach der Revolution ist nicht die Verschärfung des Klassenkampfes, sondern die Entfaltung der Produktivkräfte, die Befriedigung der Massenbedürfnisse, die Verbesserung des Lebensstandards.[73]
2. China befindet sich in einer frühen Phase des sozialistischen Aufbaus. Der Aufbau einer sozialistischen Gesellschaft ist ein langwieriger Prozess, kann nicht in großen Sprüngen und kurzen Fristen vollendet werden. Er wird vielleicht hundert Jahre dauern. Inzwischen aber müssen die Erbauer der neuen Gesellschaft auch an den materiellen Ergebnissen ihrer Anstrengungen teilhaben.

Das ist vielleicht keine tiefschürfende Theorie, sondern die pragmatische Zusammenfassung bisheriger Erfahrungen und eine Richtlinie für die weitere Arbeit von KPCh und Regierung. Es gibt daher heute kaum rote Spruchbänder, anspornende Parolen und ferne Verheißungen einer lichten Zukunft, dafür mehr sichtbare und spürbare materielle Verbesserungen für breiteste Schichten der Bevölkerung. In diesem mühseligen Prozess sind die Aufgaben der regierenden Kommunisten:
1. Für diesen Prozess ein Umfeld friedlicher Bedingungen zu sichern.
2. Die soziale Ungleichheit zu minimieren, z.b. durch direkte Steuern, durch Programme zur Armutsbekämpfung,[74] Lösung der Brot- und Kleidungsfrage auch für die letzten Bedürftigen.
3. Die regionale Ungleichheit zu begrenzen und abzubauen durch regionale Strukturpolitik, Umlenkung eines Teils der Investitionsfonds von den entwickelten in die unterentwickelten Regionen.
4. Die unerwünschten Nebenwirkungen der notwendigen Reformen zu bekämpfen.

Die KP hat diese Aufgaben und andere, z.B. Familienplanung, Kampf gegen Korruption, Durchsetzung innerparteilicher Demokratie, Sicherung offener politischer Debatte, Verhinderung der Ämterhäufung durch Bildungsarbeit, Überzeugung, beispielhaftes Verhalten ihrer Mitglieder und Funktionäre zu flankieren. Ganz anders als im Kapitalismus bemüht sie sich, die sozialen Konflikte und Interessengegensätze zu analysieren und zu einem Ausgleich der langfristig nicht antagonistischen Interessen der sozialen Schichten in einem demokratischen Verhandlungsprozess beizutragen. Gelingt das nicht, sind verschiedene

---

[73] In hoch industrialisierten Volkswirtschaften könnte eine gegenteilige Forderung, nämlich Bremsung der Produktivkräfte, aktuell werden.

[74] Seit 1985 hat die Regierung Programme zur Armutsbekämpfung durchgeführt. Die Zahl der unter der (chinesischen) Armutsgrenze Lebenden ist von 1978 bis 2007 von 250 auf 15 Millionen gesenkt worden.

Formen des Kampfes um die Durchsetzung der Forderungen denkbar und legitim, u.a. Demonstrationen und Streiks.

11.6 Zwei Parteikonzeptionen

Die KPCh kannte über lange Perioden den »Kampf zweier Linien«, die offene Debatte von alternativen Wegen im Kampf um den Aufbau einer sozialistischen Gesellschaft. Im Bürgerkrieg kämpfte man gemeinsam, aber danach gab es bis zur »Kulturrevolution« Debatten. Wichtigster Theoretiker der alternativen Konzeption war Liu Shaoqi, dessen Buch »Über die Selbstschulung des kommunistischen Parteimitglieds« bis zu seiner Verfemung als »capitalist roader no. 1« ein Klassiker des chinesischen Marxismus und Pflichtlektüre für Kommunisten war.

Über Lius Wirtschaftskonzeption soll hier nicht geschrieben werden, dagegen über seine revolutionäre Parteikonzeption. Mao Zedong meinte, produktive Arbeit sei die wichtigste Voraussetzung, um ein guter Kommunist zu werden; die Intellektuellen bezeichnete er als »stinkende Kategorie Nr. 9«. Liu dagegen sagte in seinem Klassiker, man könne durch Selbstschulung und theoretische Erkenntnis Kommunist werden. Maos Vorstellung vom Parteileben kann als zentralistisch bezeichnet werden, mit »Korrektur«-Kampagnen.

Über Maos Verhalten sagte Liu: »Es gab [in der KPCh] zu einer Zeit gewisse Vertreter des Dogmatismus, die sogar noch schlimmer waren. Ein solcher Mensch wusste absolut nichts vom Marxismus-Leninismus und vermochte lediglich marxistisch-leninistische Phrasen daherzuplappern, betrachtete sich aber selbst als einen ›chinesischen Marx‹ oder ›chinesischen Lenin‹, trat als solcher in der Partei auf und hatte die Unverschämtheit, von den Mitgliedern unserer Partei zu verlangen, daß sie ihm ebensolche Ehrerbietung entgegenbringen, wie sie Marx und Lenin zuteil geworden war, ihn als den ›Führer‹ zu unterstützen und ihm ihre Treue und Ergebenheit zu bezeugen. Er ging so weit, sich selbst zum ›Führer‹ zu ernennen, ohne gewählt worden zu sein, kletterte in eine autoritäre Stellung hinauf, erteilte der Partei wie ein Patriarch Befehle, suchte unsere Partei zu belehren, schimpfte auf alles, was es in der Partei gab, attackierte und strafte nach Belieben Mitglieder unserer Partei, kommandierte mit ihnen herum.« (Liu 1982: 52)

Offenbar bezog Liu sich auf Maos patriarchalisches Verhalten in der Parteiführung und seine Ungeduld beim Wirtschaftsaufbau, als er auf dem 5. Plenum des 8. ZK im Mai 1958 erklärte: »Ein Führer muß seinen revolutionären Eifer mit dem Geist der aktuellen Realität mäßigen. Er muß sich vor leerem Gerede und Übertreibung hüten. Er darf nicht leichtfertig als konkrete Pläne verwen-

11.6 Zwei Parteikonzeptionen

den, was er nicht voll begriffen hat.« (Liu Shao-Ch'I 1968: 163) Diese Kritik galt dem Großen Sprung nach vorn, dem übereilten Aufbau der Volkskommunen und all dem, was damit zusammenhing.

Sehr deutlich erklärte er 1963 in einem Vortrag in der Akademie der Wissenschaften: »Marx, Engels, Lenin, Stalin und der Vorsitzende Mao haben viele Fehler gemacht.« (Ebd.: 137) Offene parteiinterne Kritik an Mao hielt Liu für durchaus zulässig: »Dem Vorsitzenden Mao zu widersprechen, ist Opposition gegen eine Einzelperson ... Das Urteil über jeden, der ähnliche Ansichten äußert wie Peng Dehuai, ... soll überprüft werden ... Wer auf Parteiversammlungen seine Meinung sagt, soll nicht bestraft werden.« (Ebd.: 137)

Häufig und ausführlich hat Liu Shaoqi seine Vorstellungen vom innerparteilichen Leben formuliert. Er forderte Festhalten an den Grundprinzipien des Kommunismus, vorbildliches Verhalten der Parteimitglieder, sachliche Debatte der wichtigen Fragen. Es dürfe keine prinzipienlosen Kämpfe und persönliche Querelen geben, aber Verständnis und Kompromissbereitschaft für abweichende Meinungen und offene Kritik an Fehlern der Parteiführung. Gegenüber irrenden Mitgliedern der Partei empfahl er Weisheit und Großmut:

»Man muß das Herz eines alten Mannes haben. Kein Mensch ist frei von Fehlern ... Daher müssen wir andern im Geist der Großherzigkeit vergeben und weiterhin anderen Rat und Hilfe gewähren.« (Ebd.: 59)

Anders als viele andere kommunistische Parteien hat die KPCh nach 1978, seit Deng Xiaoping wieder in die Führungsgruppe zurückkehrte, einige Grundfragen kommunistischer Politik offen und ausführlich diskutiert. Die vier großen Debatten wurden zwar nicht von den vielen Millionen Mitgliedern geführt, aber von mehreren Tausend führenden Funktionären und in mehreren Instituten für marxistische Forschung.

Die erste Debatte, angeregt vom neuen Generalsekretär Deng, galt der Suche nach einer neuen Entwicklungsstrategie. Die unterschiedlichen Vorschläge wurden im Politbüro und dessen Ständigem Ausschuss behandelt und dann die »besten« realisiert. Fewsmith (1994) berichtet ausführlich über die Debatte; das Buch wird referiert bei Bergmann (2004). Die zweite Debatte betraf die eigene Geschichte der KPCh und die Leistungen und Irrtümer der Mao-Ära. Das Ergebnis der dreijährigen Debatte wurde in einer langen Resolution (1981) zusammengefasst und in vielen Sprachen veröffentlicht. In der Erklärung wird das Mao-Zedong-Denken, soweit es richtig war, zum Ergebnis des kollektiven Denkens der Partei erklärt, seine großen Leistungen im Bürgerkrieg werden gewürdigt, seine großen Fehler verurteilt, vor allem der Große Sprung nach vorn und die Große Proletarische Kulturrevolution. Die Opfer dieser Jahre werden öffentlich rehabilitiert; und Deng formuliert die notwendigen Veränderungen im innerparteilichen Leben (siehe dazu Kap. 11.5).

11. Kommunistische Regierungsarbeit – das Beispiel China

Die dritte große Debatte galt den Ursachen der Selbstzerstörung der Länder des Realsozialismus von der DDR bis zur Sowjetunion. Auch über diesen Problemkomplex wurden wissenschaftliche Konferenzen mit internationaler Beteiligung durchgeführt. In einer parteioffiziellen Publikation wurden die Ergebnisse der Debatte zusammengefasst (siehe dazu Kap. 11.3).

Die vierte Debatte, die noch nicht abgeschlossen ist und wohl nicht abgeschlossen werden kann, betrifft Wesen, Formen und Realisierung sozialistischer Demokratie, ein Komplex, den auch Deng mehrfach behandelt. Dieses Thema war zentral auf einigen Luxemburg-Konferenzen, die seit 1984 in mehreren Städten mit gesamtchinesischer und ausländischer Beteiligung stattfanden. Einige Aspekte dieser Debatte, die auch offene Kritik an Maos Parteikonzeption übte, finden sich in den Protokollbänden der Internationalen Rosa-Luxemburg-Konferenzen.[75]

Diese Frage berührt natürlich auch den internationalistischen Charakter der sozialistischen Weltbewegung: Kann ein Land nach dem Sieg der Revolutionäre noch internationalistisch handeln? Können Kommunisten in kapitalistischen Ländern alle Maßnahmen revolutionärer Regierungen billigen, diesen einen Blankoscheck ausstellen, obwohl ihnen jeder Einfluss auf die Regierungsentscheidungen verwehrt ist?

Lenin (1922)[76] und Deng Xiaoping (1986) haben das Problem erkannt und eine Trennung von Partei und Regierung verlangt. Deng forderte diese Trennung, d.h. eine Teilung der Macht auch vor Ort, Begrenzung der Macht der Ersten Sekretäre. Seine Forderung, eine Katze müsse Mäuse fangen, nicht eine bestimmte Farbe haben, bedeutete: Die revolutionäre Partei darf keine Karriereleiter sein. Daher sollte nach meiner Meinung in Zukunft die »führende« Partei kleiner sein als gleich nach dem Sieg der Revolution. Ihre Aufgaben und Organisationsmethoden hat Liu Shaoqi in der Periode, als er Staatschef und Mao faktisch entmachtet war (1958-1966) mehrfach definiert.

Nach der Revolution hat eine kommunistische Partei neue Aufgaben. Jede sozialistische Regierung muss nach der Machtübernahme in erster Linie die nationalen Interessen ihres Landes vertreten, die nicht ständig mit den jeweiligen Interessen der Werktätigen in allen Ländern übereinstimmen können.

---

[75] Besonders zentral war das Problem der sozialistischen Demokratie auf der Internationalen Rosa-Luxemburg-Konferenz in Guangzhou. Die wichtigsten Beiträge sind veröffentlicht in Ito u.a. (2007).

[76] Lenin erläutert hier in einem längeren Prawda-Artikel die unterschiedlichen Aufgaben und Kompetenzen von Komintern, KPdSU und Sowjetstaat. Anlass war eine Kompetenzüberschreitung der Kominterndelegation und ihre Intervention in sowjetische Regierungsangelegenheiten.

Aber wenn eine »regierende« Partei von ihrer Regierung unabhängig ist, kann sie viel leichter internationalistisch handeln, wie das oben erwähnte Beispiel der sowjetischen Außenpolitik von 1933 bis 1941 zeigt.

Durch die Bevormundung und Unterwerfung hatte die KPdSU unter Stalins Führung die KPD gelähmt und den Sieg des Faschismus erleichtert. Der folgende Versuch neuer Kooperation mit den demokratischen Westmächten scheiterte. Mit den Moskauer Prozessen enthauptete er die Rote Armee. In München schlossen ihn die Westmächte 1938 aus der europäischen Politik aus. So blieb der SU nach diesem außenpolitischen Scherbenhaufen im August 1939 nur der »ewige Freundschaftsvertrag« mit Hitlerdeutschland, in Wirklichkeit nur eine Atempause bis zur unvermeidlichen Konfrontation mit diesem »Vertragspartner«. Stalin zwang jedoch alle kommunistischen Parteien, diesen Vertrag zu verteidigen und den Werktätigen zu erklären. So kam es zu den absurdesten politischen Verrenkungen, die in Kapitel 2.10 benannt sind. Die Verwirrung und politische Lähmung der kommunistischen Parteien war vollständig. Noch katastrophaler war die Wirkung in der SU. Die KPdSU durfte ihren Mitgliedern und den Massen der Bevölkerung die Wahrheit nicht sagen und sie auf die drohende Gefahr nicht vorbereiten. Wäre die KP unabhängig gewesen, hätten Armee und Bevölkerung ganz anders aufgeklärt werden können.

11.7 Zwölf Thesen

Meine Vorstellungen über die weitere Entwicklung fasse ich in zwölf Thesen zusammen:

Erste These:
Auch eine radikale soziale Revolution löst nicht alle Probleme eines Landes für alle Zeiten und schafft keine endgültige neue soziale Ordnung. In der postrevolutionären Periode sind Inhalte und Methoden des Aufbaus einer sozialistischen Gesellschaft ständig zu überprüfen. Die Entwicklung des Sozialismus bedarf der ständigen Kritik und Reform, die die Ausarbeitung und offene Diskussion von sozialistischen Alternativen voraussetzt. Da Geschichte, Kultur, sozialökonomischer und technologischer Entwicklungsstand in jedem Land spezifisch sind, müssen auch die Modelle des sozialistischen Aufbaus ungleichartig, länderspezifisch sein.

Zweite These:

Eine sozialistische Übergangsgesellschaft ist wie jede Gesellschaft nicht frei von Widersprüchen und Interessengegensätzen; diese und ihre Austragung machen Leben und Entwicklung der Gesellschaft aus. Widersprüche in der gegenwärtigen VR China bestehen u.a. zwischen Bauern und industriellen Produzenten, zwischen Plankommission und den ökonomischen Einheiten, zwischen Plan und Markt, zwischen Betriebsleitungen und Beschäftigten, zwischen staatlicher Familienplanung und bäuerlichen Wunschvorstellungen, zwischen Zentralregierung und regionalen Interessen, zwischen entwickelten Küstenregionen und Entwicklungsgebieten im Westen und Nordwesten, zwischen den Aufgaben von Partei und Staat. Es ist durchaus möglich, dass auch die Einzelziele der Reformpolitik nicht konfliktfrei sind.

Dritte These:

Die (nicht-antagonistischen) gesellschaftlichen Widersprüche sind nur zu lösen, wenn sie erkannt und anerkannt werden. Die Interessengegensätze sind zu formulieren und durch vom Staat unabhängige Interessenorganisationen zu vertreten: Gewerkschaften aller Berufe und Wirtschaftssektoren, Bauernverbände. Für die Lösung der Widersprüche müssen die Entscheidungsinstitutionen demokratisch repräsentativ sein und in einem offenen Verhandlungsprozess die Interessen sozial erträglich und verträglich ausgleichen. So wird zentrale Planung gesellschaftlich akzeptabel und ohne Befehlsstrukturen auf eine neue Weise effizient.[77]

Vierte These:

Plan und Markt sind nicht gegensätzlich, sondern komplementär. Anhand der Ergebnisse bisheriger Pläne sind die Planung, ihre Ziele, Umfang, Methoden und Instrumente ständig zu überprüfen. Sofern der physiologische Bedarf durch die Produktion gedeckt ist, kann auf weitere zentrale Planung bei bestimmten Produkten und in bestimmten Produktionszweigen und Sektoren verzichtet werden. Planung und Markt sind ständig neu gegeneinander abzugrenzen.

---

[77] Gesellschaftliche Widersprüche äußern sich in Streiks, Demonstrationen, Bauernunruhen, wie sie im Blaubuch der Chinesischen Akademie für Sozialwissenschaften ausführlich analysiert werden. Siehe dazu: Beijing Rundschau vom 22.2.1994.

11.7 Zwölf Thesen

Fünfte These:
Ökonomische und politische Reform gehören zusammen. Vorrang für erstere bedeutet, dass man nach der Revolution vor allem die Produktivkräfte befreien muss, dass man Stalins und Maos Diktum von der Verschärfung des Klassenkampfes nach dem Sieg eindeutig ablehnt.

Sechste These:
Eine sozialistische Übergangsgesellschaft darf nicht die gesamtgesellschaftliche Produktion in einer – der staatlichen – Eigentumsform an den Produktionsmitteln organisieren. Die unterschiedlichen – gesellschaftlichen und privaten – Eigentumsformen haben je spezifische Funktionsbereiche. Es genügt, wenn die Gesellschaft die »Kommandohöhen der Wirtschaft« beherrscht, wenn das staatliche Eigentum eine Schlüsselstellung, das ökonomische Übergewicht behält.

Siebente These:
Nach der Trennung von Staat und Partei kann und muss sich die KP wieder ihren eigentlichen Aufgaben zuwenden: geistige Führung der Gesellschaft durch Vorausdenken der neuen gesellschaftlichen Aufgaben, Erziehung ihrer Funktionäre und Mitglieder zu Vorbildern der Gesellschaft, Kampf gegen die sozialen Missstände und Fehlentwicklungen, die mit der Öffnung einhergehen. Die KP darf nicht mehr für ihre Mitglieder Karriereleiter und Privilegienverteiler sein.

Achte These:
Der »Kampf der zwei Linien«, die Auseinandersetzung um die beste Entwicklungsstrategie ist nützlich und positiv. Je offener und transparenter diese lebenswichtige Debatte geführt wird, umso mehr wird sie demokratisch, d.h. umso mehr können die Parteimitglieder und die Bevölkerung daran teilnehmen, die großen gesellschaftlichen Fragen verstehen und an den Entwicklungsperspektiven mitwirken.

Neunte These:
Gewerkschaften haben im Aufbau einer sozialistischen Gesellschaft eine doppelte Aufgabe:
1. Eine junge Arbeiterklasse (an sich) muss durch Aufklärung, Bildung und Erfahrung zu Solidarität und Verständnis ihrer historischen Aufgabe (zur Klasse für sich) erzogen werden.
2. Die Interessen der Werktätigen sind gegenüber der staatlichen Planung und im einzelnen Unternehmen zu vertreten.

Beide Aufgaben gehören zusammen. Dafür müssen die Gewerkschaften autonom sein, nicht mehr Instrumente des Staates oder der KP. Eine solche Entwicklung erfordert eine erhöhte Aktivität der Mitglieder.

Zehnte These:
Das sozialistische Wirtschafts- und Gesellschaftssystem muss sich der Bevölkerung als dem Kapitalismus überlegen erweisen und kann das auch. Den Kapitalismus einholen und überholen bedeutet jedoch nicht, alle seine Fehlentwicklungen nachzuvollziehen. Die Überlegenheit muss und soll sich nicht bei allen Gütern und Dienstleistungen in höherer Quantität ausdrücken, sondern, sobald die Grundbedürfnisse menschenwürdig befriedigt sind, in einer anderen, besseren (Lebens-)Qualität; z.B. mehr sozialer Wohnungsbau, allgemeine Alphabetisierung, Öffnung der Universitäten für alle fähigen Arbeiter- und Bauernkinder, besserer öffentlicher Verkehr, geringe Arbeitslosigkeit, möglichst geringe soziale Ungleichheit, Gleichberechtigung der Geschlechter in allen Bereichen, individuelle Entwicklungschancen für alle.

Elfte These:
Der Fortbestand des sozialistischen Großversuchs VR China bildet ein Gegengewicht gegen die weltpolitische Dominanz der kapitalistischen Führungsmächte. Dieser liegt damit im Interesse der sozialistischen Bewegung insgesamt. Schönfärberei schadet dem Verständnis; vielmehr gilt es, anhand realistischer Darstellungen die Probleme und Schwierigkeiten der Verwirklichung des Sozialismus zu erklären. Das Verhältnis von Sozialistinnen und Sozialisten zum sozialistischen China sollte das einer kritischen Solidarität sein.

Zwölfte These:
Ergänzend zur sozialistischen Demokratie bedarf es einer neuen sozialistischen Alltagskultur, die mit den sozialistischen Fernzielen verbunden ist und das tägliche Leben der Massen auf diese bezieht. Die neue Kultur, die nur allmählich entstehen und von den Massen gelebt werden kann, bedarf materieller Voraussetzungen: sozio-ökonomischer Fortschritt, Befriedigung der sozialen Norm an materiellen Bedürfnissen, Verkürzung der Arbeitszeit, Modernisierung des Dorfes, durchgehende Alphabetisierung, verbreitete Ausbildung. Danach geht es um die inhaltliche Sinngebung: politische Mitarbeit in der Gesellschaft, allmähliche Beseitigung der sozialen Verfallssymptome der bürgerlichen Gesellschaft, vielfältige Freizeitangebote, geistige und soziale Aufgaben statt quantitativer Konsumsteigerung. Ziel ist der allgemein gebildete, gesellschaftlich aktive Mensch.

12. Außenpolitik sozialistischer Länder – kritische Gedanken

Die Außenpolitik sozialistischer Länder wird nur zum Teil durch ihren Klassencharakter bestimmt. Sie müssen mit vielen Staaten Beziehungen haben, deren übergroße Mehrheit kapitalistisch ist. Ihre Regime sind manchmal bürgerlich-demokratisch, manchmal reaktionär oder auch faschistische Diktaturen. Dabei können – wie erwähnt – die Augenblicksinteressen und -bedürfnisse sozialistischer Regierungen durchaus in Widerspruch zu den Kampfinhalten der Werktätigen kapitalistischer Länder stehen. Daher können (oft zeitweilige) Verbündete sozialistischer Länder keineswegs unbesehen Freunde der proletarischen Bewegung anderer Länder sein. Wahrscheinlich wäre auch für die Außenpolitik sozialistischer Länder eine Trennung von Regierung und KP (nach der Revolution) nützlich. Diese bleibt als Aufgabe.

Was oben über den deutsch-sowjetischen Vertrag von 1939 gesagt wurde, gilt ebenso von der Konterrevolution im Irak (1979) und Iran (1979). Als in diesen Ländern die führenden kommunistischen Funktionäre ermordet wurden, blieb der Protest der Kommunistischen Parteien aus – offenbar aus falsch verstandener Rücksicht auf die Sowjetdiplomatie.

12.1 Faktoren und Phasen der Außenpolitik

Folgende Faktoren bestimmen die Außenpolitik:
- geografische Fakten und Faktoren: Größe (Fläche und Bevölkerung), Lage, Grenzen, Nachbarn, Naturschätze, Entwicklungsphase
- Klassencharakter von Gesellschaft und Staat
- innen- und wirtschaftspolitische Bedürfnisse
- politische Entwicklungsphase
- weltpolitische Kräfteverhältnisse.

Der Klassencharakter ist ein wichtiges Element, aber doch nur eines unter mehreren. In der Vergangenheit der UdSSR und im Verlauf der Geschichte des kommunistischen China werden drei Phasen ihrer Außenpolitik besonders deutlich. In der ersten Phase, in der sie noch weitgehend in einer sozialismusfeindlichen Umwelt handeln, von den kapitalistischen Nachbarn isoliert, ihre Existenz militärisch bedroht und politisch nicht anerkannt wird, hofften sie auf die Beispielswirkung ihrer Revolution in den Nachbarländern, in der ganzen Welt. Sie soll zugleich die Isolierung mit ihren Folgen für Ökonomie und Bürokratisierung aufheben. Die negative Erfahrung der Roten Armee 1920 in Polen mussten auch die kubanischen Internationalistas in den ehemals portugiesischen Kolonien in Afrika machen.

Die Lehre aus dieser ersten Phase ist, dass Revolutionen nicht exportiert werden können, sondern in jedem Lande unter den spezifischen Bedingungen und in einzigartigen Formen sich entwickeln. In dieser Phase hat der Klassencharakter noch Einfluss auf die Außenpolitik. In der nächsten Phase stabilisiert sich die siegreiche revolutionäre Regierung, aber in den anderen Ländern ebbt die revolutionäre Welle ab.

Von außen induzierte Revolutionsversuche (Polen 1920, Deutschland 1923, Indonesien 1965, Brasilien 1967) scheitern. Die regierenden Kommunisten konzentrieren sich nach dem Scheitern des »Exports der Revolution« auf den »Aufbau des Sozialismus im eigenen Land« (Stalin) oder den »Sozialismus mit chinesischen Merkmalen« (Deng Xiaoping). Die Bedeutung der Bruderparteien sinkt, da sie nicht gesiegt haben. Die bedingungslose Unterstützung der regierenden Parteien wird zum Inhalt des Internationalismus erklärt, und dieser so missbraucht. Zu kommunistischen Regierungen wird ein Vorzugsverhältnis hergestellt.

In der nächsten Phase werden die revolutionären Regierungen, nachdem sie sich als dauerhaft erwiesen haben, von der kapitalistischen Welt anerkannt. Gleichzeitig werden die Vorzugsbeziehungen zwischen sozialistischen Staaten heruntergestuft; es wird kein Unterschied mehr in den internationalen Beziehungen zwischen Staaten verschiedener Gesellschaftssysteme gemacht.

Sozialistische Großmächte verhalten sich – entgegen unseren früheren Axiomen (oder Hoffnungen) – ähnlich, manchmal gleich wie andere Großmächte. Neben dem Klassencharakter wirken auch die nationalen Interessen und die geopolitischen Konstanten auf die Ausformung der Außenpolitik. So kommt es gelegentlich zu militärischen Auseinandersetzungen zwischen ihnen, so 1956 in Ungarn, 1968 in der CSSR, 1968 und später zwischen der UdSSR und China, Ende der 1970er Jahre zwischen China und Vietnam. Dann ist Kritik angesagt, keine Solidarität. Und je weniger kommunistische Regierungen die Klasseninteressen der Werktätigen anderer Länder beachten, je mehr sie von den kommunistischen Grundsätzen abweichen, umso schärfer wird die Kritik. Beifall wäre dann nicht solidarischer Freundschaftsdienst, sondern langfristig schädliche Unterwürfigkeit. Internationalismus ist weiterhin notwendig, mehr noch als früher. Nach den Erfahrungen des 20. Jahrhunderts müssen jedoch Inhalte und Formen überprüft werden. Ein Vertrauensverhältnis zwischen revolutionären Parteien und Regierungen kann nur mit kritischer Solidarität wiederhergestellt werden.

12.1 Faktoren und Phasen der Außenpolitik

Man kann zwar einiges aus der russischen (chinesischen usw.) Revolution lernen; sie kann aber nicht als Modell dienen. Lenin relativierte die Bedeutung der russischen Revolution,[78] Stalin verabsolutierte sie später bis zur Absurdität (»Von der Sowjetunion lernen, heißt siegen lernen.«) und stieß damit große Teile der Werktätigen der vom deutschen Faschismus befreiten Länder ab. Man kann aber nach dem Sieg einer Revolution in einem Entwicklungsland, wie der SU, nicht wegen des Ausbleibens der erhofften Revolutionen in Nachbarländern zum Kapitalismus zurückkehren. So wurde entgegen dem traditionell internationalistischen und universellen Verständnis die Zwecktheorie vom Aufbau des Sozialismus in einem Lande entwickelt: Man zieht sich auf die eigenen Aufgaben zurück und benützt das neue Dogma zugleich als Schlagkeule gegen die klügeren Opponenten, die die Begrenztheit dieser Linie besser begreifen und das latente revolutionäre Potenzial in den kapitalistischen Ländern kennen.

Nur sehr langsam schwindet bei den kapitalistischen Großmächten die offen ausgesprochene und praktizierte Hoffnung, den Sozialismus »zurückzurollen«, durch militärische Intervention, politische Quarantäne und ökonomische Isolierung vernichten zu können. Man errichtet einen »cordon sanitaire« um den kommunistischen Fremdkörper Sowjetunion. Nachdem Aufbauleistungen, innere und äußere Stärke aber nicht mehr ignoriert werden können, bequemt man sich in einer dritten Phase unter Schmerzen zur Anerkennung der Existenz des sozialistischen Staates, der nun allmählich den ihm zukommenden Platz in der Weltwirtschaft und Weltpolitik einnimmt. Die USA haben die SU erst 1934 anerkannt, 17 Jahre nach der Oktoberrevolution. Die SU wurde in den Völkerbund erst 1934 aufgenommen. Die VR China wurde im Oktober 1971 UN-Mitglied und übernahm ihren Sitz im Weltsicherheitsrat, den bis dahin Chiang Kai-shek als Vertreter ganz Chinas innehatte. Die USA anerkannten die VR China 1971/72, 22 Jahre nach dem Sieg der Kommunisten. Es fiel der Administration von Reagan und von Bush sr. bis zuletzt schwer, die weltpolitische Parität der SU zu begreifen und anzuerkennen Der Vernichtungswille dominierte.

Ähnliche Phasen lassen sich im Verhältnis zwischen den kapitalistischen Mächten und der VR China feststellen und umgekehrt im Verhältnis der KP Chinas zu ihrer Umwelt. Zuerst Hoffnung auf Beispielswirkung, theoretisch ver-

---

[78] Lenin sagt: »Ebenso wäre es verfehlt, außer acht zu lassen, daß nach dem Sieg der proletarischen Revolution, sei es auch nur in einem der fortgeschrittenen Länder, aller Wahrscheinlichkeit nach ein jäher Umschwung eintreten wird, nämlich: Rußland wird bald danach nicht mehr ein vorbildliches, sondern wieder ein (im ›sowjetischen‹ und im sozialistischen Sinne) rückständiges Land werden.« (1929, S. 5) Kurz vor dem Oktober 1923 schrieb Stalin einen Brief mit fast der gleichen Formulierung an Thalheimer. Dieser wurde in der »Roten Fahne« veröffentlicht.

brämt in Lin Biaos Parole vom Weltdorf, das die Weltstadt umzingelt und besiegt, d.h. Bündnis der armen Länder gegen die reichen, der agrarischen gegen die hochindustrialisierten. Daraus leitete sich auch ein hegemonialer Führungsanspruch des revolutionären China über alle Befreiungsbewegungen der »Dritten Welt« ab, der sich zugleich an die Stelle des Hegemonieanspruchs der KPdSU setzte. Nach dem Misserfolg dieser Phase folgte der Rückzug auf die inneren Aufgaben, die nun ganz allein bewältigt werden sollten: self-reliance, sich Verlassen nur auf die eigenen geistigen Kräfte und materiellen Ressourcen. Nachdem diese so weit wie möglich entfaltet sind und die kapitalistischen Mächte endlich mit großer Verspätung den historischen Sieg der Kommunisten von 1949 anerkennen, beginnen diese eine neue Politik der Öffnung, der selektiven Übernahme der wissenschaftlichen Erkenntnisse und technischen Erfindungen, die man brauchen kann und die man nun eigenständig weiterentwickelt.

12.2 Defensive Sicherung der Revolution

Meine Ausgangsthese ist: Im Allgemeinen, nicht in jedem Einzelfall, verhalten sich sozialistische Länder defensiv; sie verstehen heute – im Gegensatz zu kapitalistischen Behauptungen – Weltrevolution nicht als Aufgabe der Roten Armeen, sondern als schrittweisen Prozess eines Zusammenwirkens der revolutionären Bewegungen der ganzen Welt und der allmählichen Ausbreitung des Sozialismus aus den eigenen Kräften der revolutionären Bewegung jedes Landes. Sozialistische Regierungen suchen ihre Verbündeten mehr bei Regierungen, die eine soziale Transformation ihres Landes anstreben und unterstützen revolutionäre (und nationale) Befreiungsbewegungen. Insofern unterscheidet sich ihre Weltpolitik prinzipiell von der der imperialistischen Supermacht.

Es ist selbstverständliche »nationale« Pflicht jeder sozialistischen Regierung, ihr Territorium gegen Nichtanerkennung, Intervention, Vernichtungswillen zu verteidigen. Dazu gehört auch die Behauptung der weltpolitischen Parität von China mit den USA, die von deren Regierung ständig missachtet wird. Die US-amerikanische Nichtanerkennung impliziert politische Erpressung der sozialistischen Länder, ihre ständige Inferiorität, die USA als Weltordnungspolizei in allen Regionen, deren ungehinderte Intervention gegen genuine Reform- oder Revolutionsbewegungen.

Die Verteidigung gegen das Lager der NATO und ihrer Verbündeten erfordert im Zeitalter der total zerstörerischen Nuklearwaffen, der globalen Rüstung und unberechenbarer westlicher Militärs und Politiker besondere Umsicht: ständige Bereitschaft zu Verhandlungen, Rüstungsbegrenzung, Zurückhaltung, politische Kontrolle der eigenen Militärs, Verzicht auf außenpolitische Abenteuer,

Bemühen um Auflockerung der Militärblöcke, aber auch soviel Rüstung, wie zur Verteidigung erforderlich. Andererseits besteht der Wunsch junger Revolutionen, von den sozialistischen Staaten Hilfe gegen die imperialistische Bedrohung zu erhalten (Spanien 1936-38, Kuba, Vietnam); diesem Wunsch entspricht die traditionelle sozialistische internationale Solidarität. Sie kann jedoch von sozialistischen Staaten nur soweit gewährt werden, wie sie deren eigene Existenz und wirtschaftliche Entwicklung nicht gefährdet und nicht zur militärischen Konfrontation mit der imperialistischen Supermacht führt. Sie braucht auch nicht stärker zu sein, als dass sie die konterrevolutionäre Intervention verhindert oder aufwiegt. Alexej Adjubej, damals Chefredakteur der Moskauer Izvestija, hat das 1962 in Gesprächen mit dem Präsidenten der USA John F. Kennedy so formuliert: Wir wollen keinen Export der Revolution, aber auch keinen Export der Konterrevolution zulassen. Kommunisten mit Selbstvertrauen können sich dann auf den allmählichen Vormarsch des Sozialismus durch den Sieg genuiner Revolutionen verlassen.

12.3 Stalins Hilfe für die spanische Revolution

Militärische Hilfe sozialistischer Staaten kann für revolutionäre Bewegungen politisch schädlich werden, wenn Beratung und Beeinflussung zur politischen Bevormundung geraten, wie das im Spanischen Bürgerkrieg der Fall war. Im Interesse der politischen Zielsetzungen der sowjetischen Diplomatie – um zu einem Bündnis mit den westlichen Demokratien gegen den deutschen und italienischen Faschismus zu gelangen – sollten die spanischen Werktätigen innenpolitische Zurückhaltung üben, die Forderung der Revolution aufgeben und, wie in der französischen Volksfront, gegenüber den Kräften der Bourgeoisie auf ihre Klassenforderungen verzichten. Im Interesse des militärischen Sieges über die Faschisten hätte die Revolution aber fortgesetzt werden müssen. Für die spanischen Arbeiter und Bauern mussten ihre Interessen Vorrang haben. Sie wären aber nur durchzusetzen gewesen bei größerem Eigengewicht und stärkerer außerrussischer internationaler Hilfe, also bei einem günstigeren Verhältnis der eigenen Anstrengungen zur sowjetischen Hilfe. In diesem Fall gab es keine Gleichheit der Interessen der sowjetischen Politik und der revolutionären Politik der spanischen Werktätigen. Der Einfluss der SU war ein Fehler, der wesentlich zur Niederlage der spanischen Revolution beitrug.

12.4 Ausdehnung des sozialistischen Staatensystems[79]

Die Geschichte der sozialistischen Staaten deutet an, dass es verschiedene Typen der Ausdehnung dieses Staatensystems gibt: Genuine, eigenständige Revolutionen, Eroberung durch die Rote Armee und Einführung des Systems von oben und außen. Die Reaktion der polnischen Werktätigen 1920 wurde oben erwähnt; die Distanz der Werktätigen, ihre fehlende Identifikation in mehreren Ländern Osteuropas hängt mit der sozialistischen Fremdherrschaft und insbesondere ihrer Stalinschen Ausprägung zusammen (Demontagen, Reparationslieferungen, politische Bevormundung, Schauprozesse, Nachvollzug des sowjetischen Modells). Zwar war der Siegeszug der Roten Armee bis an die Elbe, nach Wien, Berlin, Prag, Budapest, Bukarest, Sofia Folge des vom Dritten Reich 1941 begonnenen Krieges und insofern nicht von der SU zu verantworten; er war vielmehr Folge der Ohnmacht der deutschen und anderen Werktätigen, die sich nicht selbst vom Hitlerismus befreien konnten. Die sozialistische Alternative für die Sowjetunion wäre gewesen, in diesen Ländern die Neuformierung einer eigenständigen revolutionären Bewegung nicht zu behindern und dieser die soziale Transformation nach eigenen Bedingungen und eigenen Vorstellungen zu überlassen. Ein frühzeitiger Rückzug aus der Innenpolitik und allmählich auch aus der militärischen Besetzung wäre erwünscht gewesen und hätte die negativen Wirkungen vermieden.

12.5 Beziehungen zwischen sozialistischen Ländern

Wunschvorstellung und selbstverständliche Forderung (Axiom) aller Sozialisten war, dass zwischen sozialistischen Staaten Frieden, Gleichheit und brüderliche Zusammenarbeit herrschen würde. Dieses Axiom ist gründlich widerlegt und zerstört worden. Spannungen zwischen diesen Ländern haben sich gelegentlich bis zu militärischen Auseinandersetzungen verschärft (SU-China 1969; Vietnam-Kambodscha 1978/79; China-Vietnam 1979). Die sowjetische Rote Armee ging 1953 gegen demonstrierende deutsche Arbeiter vor, 1956 in Budapest gegen einen führerlosen, aber vielleicht systemgefährdenden Aufstand; fünf Ostblock-Armeen marschierten im August 1968 in die CSSR ein, um den sozialistischen Reform-Versuch abzuwürgen.

Leonid Breschnews »Doktrin« der begrenzten Souveränität der Länder, die zum sozialistischen Lager gehörten, erhöhte den Widerstand, verschärfte den Wi-

---

[79] Zur Kritik an der sozialistischen Ausdehnung siehe Thalheimer (1946), Kap. 2.12 und Bergmann (1984).

12.5 Beziehungen zwischen sozialistischen Ländern

derspruch der anderen sozialistischen Länder, die sich entschieden gegen sowjetische Bevormundung und sozialistisches Faustrecht zur Wehr setzten (Jugoslawien, Rumänien, VR China). Die Spaltung wurde eher vertieft als überwunden. Die Doktrin richtete sich 1968 unter dem fadenscheinigen Vorwand der Sicherung gegen konterrevolutionären Umsturz eindeutig gegen einen von Kommunisten geplanten und geführten Reformversuch auf kommunistischer Grundlage, der einen Sozialismus mit menschlichem Angesicht anstrebte.

Nach der Ära Stalinscher Gleichschaltung und des Führungsanspruchs über die kommunistische Welt hatte die Chruschtschow-Ära auf der Ostberliner Konferenz der zwölf kommunistischen und Arbeiterparteien 1957 einen förmlichen Verzicht auf jeden Hegemonieanspruch und die Anerkennung verschiedener Wege des sozialistischen Aufbaus gebracht. Bald nach dem XX. Parteitag der KPdSU publizierte Palmiro Togliatti, Leiter der KPI, seine neuen Erkenntnisse. Er fand Chruschtschows Erklärung des Stalinismus (Personenkult) ungenügend und kritisierte die Bürokratisierung der KPdSU und des Sowjetstaates. Nach dem polnischen Oktober und dem ungarischen Aufstand bemängelte er das Fehlen einer autonomen Entwicklung. Für die internationale Bewegung hielt er den Monolithismus und den Moskauer Zentralismus für überholt, da nun die sozialistischen Länder ihre spezifischen Probleme und Aufgaben haben; die Bewegung müsse polyzentrisch werden. Die Parteien in den einzelnen Ländern wünschten Autonomie; das sowjetische Entwicklungsmodell könne nicht mehr obligatorisch sein.

Michail Gorbatschow hat diesen positiven Weg der Neuordnung der Beziehungen unter sozialistischen Staaten wieder aufgenommen. Auf dem 27. Parteitag der KPdSU im Februar 1986 forderte er Einheit in der Vielfalt: »Unserer Meinung nach ist die Mannigfaltigkeit unserer Bewegung kein Synonym für ihre Zersplitterung. Genauso hat die Einheit nichts gemein mit Uniformität, Hierarchie, mit der Einmischung der einen Parteien in die Angelegenheiten anderer, mit dem Anspruch einer Partei auf den Monopolbesitz der Wahrheit. Die Stärke der kommunistischen Bewegung kann und muß in ihrer Klassensolidarität, der gleichberechtigten Zusammenarbeit aller Bruderparteien im Kampf für gemeinsame Ziele liegen.« (S. 108)

Er strebte häufige, echte Konsultationen, »multilaterale Arbeitstreffen der Spitzenpolitiker der Bruderländer« an und wollte das Verhältnis zu den Bruderländern damit radikal verändern. Während die KPdSU früher Angst vor jedem Reformversuch in diesen Ländern zeigte, setzte sie sich nun selbst an die Spitze der Reformbewegung und musste in Berlin und Prag um Verständnis dafür werben.

Als dauernde Forderungen bleiben: Alle Konflikte zwischen sozialistischen Ländern sind in Verhandlungen zu lösen. Einsatz militärischer Mittel oder auch nur Drohungen oder wirtschaftliche Sanktionen dürfen nicht mehr infrage kommen. Alle Länder sind gleichberechtigt, unabhängig von ihrer Größe. Für den Wirtschaftsaustausch sind neue Bewertungsmaßstäbe zu suchen, da die bisher gültigen zu unbefriedigenden Verhältnissen geführt haben.

12.6 Beziehungen zur »Dritten Welt«

Es handelt sich um eine sehr große Zahl von Staaten mit ganz unterschiedlichen Merkmalen, in verschiedenen Entwicklungsphasen, mit mehr Interessengegensätzen als -gemeinsamkeiten. Formal sind alle politisch unabhängig; bei vielen besteht die Abhängigkeit jedoch in vielen Bereichen weiter. Nur wenige haben eine soziale Transformation begonnen oder versucht.

Sowjetische und chinesische Analysen und »Theorien« über diese Länder haben sich als falsch erwiesen und zu außenpolitischen Misserfolgen geführt. Sowjetanalytiker behaupteten, die jungen Militärs seien revolutionäre Stellvertreter der noch embryonalen Arbeiterklasse (z.b. in Ägypten, Sudan). Sie erwiesen sich jedoch meist als gelehrige Schüler ihrer ehemaligen Kolonialherren, als unzuverlässige, kurzfristige Verbündete der SU, verließen schnell das sozialistische Lager unter Hinterlassung von Milliardenschulden. Mit den von sozialistischen Ländern gelieferten Waffen ermordeten die neuen Herrscher ihre kommunistischen Landsleute, am schlimmsten in Indonesien 1965, aber ebenso im Sudan, im Irak, der 1972 einen Freundschaftspakt mit der SU geschlossen hatte, im Iran des Schah und Khomeinis. Solche wertlosen Bündnisse hatten auch bestanden mit Somalia, Algerien, dem Uganda des Idi Amin, mit Muammar Ghaddafi von Libyen. Am verlässlichsten war wohl der Vertrag der UdSSR mit Indien.

Die Gesamtbilanz der Bündnispolitik der sozialistischen Großmächte in der »Dritten Welt« ist also defizitär, nicht nur, was die ungedeckten Schulden betrifft. Vielleicht sind daraus zwei Lehren zu ziehen. Bürgerliche Staaten sind keine verlässlichen Verbündeten sozialistischer Länder. Waffenlieferungen an kapitalistische Entwicklungsländer sind kein gutes Geschäft und tunlichst zu vermeiden.

Die bestimmenden Führer Chinas in der Mao-Ära waren nicht viel klüger, ihre »Theorien« nicht viel haltbarer. Lange behauptete Mao Zedong, die USA seien ein Papiertiger, die SU eine sozialimperialistische Macht, die ebenso wie die USA nach Hegemonie strebe. Dann versuchte Lin Biao, damals noch designierter Nachfolger Maos, die Erfahrungen der chinesischen Revolution zu globalisieren. Schließlich entwarf Mao Zedong 1974 die Dreiweltentheorie, wonach die »Dritte Welt« der noch nicht industrialisierten Länder gemeinsame

12.7 Das Verhältnis zu kapitalistischen Staaten

Interessen gegenüber der Ersten Welt der Supermächte USA und SU habe und sich mit der Zweiten Welt »der Kräfte der Mitte« (Japan, Europa, Kanada) verbinden sollte: »Die beiden imperialistischen Supermächte, die Sowjetunion und die USA, bilden die Erste Welt. Sie sind die größten internationalen Ausbeuter, Unterdrücker und Aggressoren und die gemeinsamen Feinde der Völker der Welt ... Das Ringen zwischen den beiden Hegemonialmächten um die Weltherrschaft, ihre Bedrohung aller Völker und der Widerstand dieser Völker gegen sie – dies ist bereits zum zentralen Problem der gegenwärtigen Weltpolitik geworden. Die sozialistischen Länder (also: ohne die SU) ... und die unterjochten Nationen bilden gemeinsam die Dritte Welt.« (Zitiert nach Peking Rundschau, 45, 8.11.1977.)

Vermutlich war der Einfluss der KPCh auf die KP Indonesiens stärker als der der KPdSU, aber genauso verhängnisvoll.

12.7 Das Verhältnis zu kapitalistischen Staaten

In einer Welt von etwa 200 souveränen Staaten müssen sozialistische Regierungen mit allen diplomatische Beziehungen unterhalten, mit ihnen verhandeln, Handel treiben, Wissenschaft und Technologie austauschen. Sie können sich nicht die aussuchen, die am »fortschrittlichsten« sind. Allen gegenüber müssen sie die diplomatischen Regeln und Formen einhalten. Deutsche Kommunisten konnten also keine begründeten Einwände gegen diplomatische Beziehungen der SU mit Hitlerdeutschland, Chinas mit Indonesien, mit Pinochets Chile oder den Stalin-Hitler-Pakt vom August 1939 vorbringen. Das aber hätte keinen Einfluss auf die kommunistischen Parteien dieser Länder haben dürfen. Diese wären verpflichtet gewesen, gegen die reaktionären Regime der Vertragspartner der UdSSR eine kritische Position beizubehalten und weiter Solidarität mit den dort verfolgten Sozialisten zu beweisen. Dank ihrem hilflosen Beifall zur sowjetischen Außenpolitik wurden die außerrussischen Parteien so ihres letzten Kredits beraubt, immobilisiert und für die ersten zwei Kriegsjahre zu jeder effektiven Unterstützung der SU unfähig. Als Lehren ergeben sich:

1. Kommunistische Parteien kapitalistischer Länder müssen die Außenpolitik sozialistischer Länder selbständig beurteilen und dürfen nicht kritiklos jede außenpolitische Handlung billigen. Ablehnende Stellungnahmen sind nicht nur zulässig, sondern manchmal unerlässlich. Daraus erwächst auch niemandem ein Schaden, eher das Gegenteil, weil nur so die Aktionsfähigkeit gesichert werden kann.

2. Auch in der Außenpolitik ist eine Trennung zwischen Regierung und Partei in sozialistischen Ländern erwünscht. Denn offener Protest gegen den Fa-

schismus wäre den sowjetischen Kommunisten auch nach 1939 ein Herzensbedürfnis gewesen. Dieser hätte zur Klärung der Fronten und Vorbereitung der Bevölkerung auf die unvermeidliche Konfrontation mit Hitlerdeutschland beigetragen.

Manche Beobachter haben jahrelang von einer Konvergenz der Gesellschaftssysteme gesprochen und geschrieben. Die tiefe Feindseligkeit, ja antikommunistische Besessenheit der US-Regierung und ihrer Hauptverbündeten deutet eher auf Konfrontation als auf Konvergenz. Erstrebenswert für alle Völker ist die friedliche Koexistenz. Das bedeutet für beide Systeme, die Tatsache anzuerkennen, dass beide noch lange nebeneinander existieren werden und dass eine militärische Beendigung der Koexistenz zu einer nuklearen Weltkatastrophe führen würde. Das kann jedoch nicht bedeuten, dass die Werktätigen irgendeines Landes auf soziale Veränderungen verzichten können oder dürfen.

12.8 Das Verhältnis zur revolutionären Weltbewegung

Als Resümee ergibt sich Folgendes: Die Existenz sozialistischer Staaten hat Auswirkungen auf die Formulierung internationalistischer Positionen. Für sozialistische Staaten ist – wie erwähnt – die Sicherung der Existenz in einer kapitalistischen Welt absolut vorrangig. Für Sozialisten in dieser Welt besteht natürlich langfristig das Interesse an der Existenz der sozialistischen Großversuche als weltpolitisches Gegengewicht und als alternatives Gesellschaftsmodell im dominanten Kapitalismus. Kurzfristig jedoch können – wie oben an einigen Beispielen gezeigt – die Maßnahmen sozialistischer Regierungen durchaus den Interessen und Aufgaben von Revolutionären in kapitalistischen Ländern widersprechen. Daher kann es für diese keine voraussetzungslose Identifikation mit allen außenpolitischen Handlungen sozialistischer Regierungen geben.

Die Beziehungen zwischen den sozialistischen Staaten und der revolutionären Bewegung der anderen Länder sind keineswegs problemfrei und haben ebenfalls mehrere Phasen durchlaufen. Zuerst – von der Gründung der Komintern 1919 bis zu Lenins Tod und kurze Zeit danach – galt Gleichberechtigung aller Parteien, politische Selbständigkeit, internationalistische Solidarität, kameradschaftliche Debatte. Manchmal mögen auch zu jener Zeit sowjetische Berater diese Grenze überschritten haben. Die nächste Phase brachte eine Umkehr der Beziehungen: Gleichschaltung der Sektionen mit den politischen Augenblicksbedürfnissen der in der KPdSU herrschenden Fraktion, Missbrauch des Internationalismus, »Bolschewisierung«, Kommandieren, Befehle aus Moskau statt Debatte und souveräner Beschlüsse, schließlich 1943 Auflösung der Komintern (ohne Debatte und Widerspruch der offiziellen Parteien). Der Widerspruch ge-

12.8 Das Verhältnis zur revolutionären Weltbewegung

gen diesen Missbrauch, der vor allem von der »rechten« und »linken« Opposition (Brandleristen und Trotzkisten) kam, wurde durch massive Ausschlüsse und Beschimpfungen niedergewalzt. Das offizielle Credo lautete: »Die Stellung zur SU ist der Prüfstein für jeden Kommunisten.« Kritiker der Stalinschen Politik wurden zu Feinden des Kommunismus und der SU gestempelt. Die KPD-Opposition hatte bereits 1929 eine »Reform der Komintern an Haupt und Gliedern« gefordert, die Vormachtstellung der KPdSU, die Einsetzung und Absetzung von Führungsgruppen durch die Moskauer Führung abgelehnt.

Die Siege selbständiger Revolutionen in Jugoslawien, China, Kuba, Vietnam leiten eine neue, dritte Phase ein, in der der Streit um die Struktur der Weltbewegung auf eine höhere Ebene gehoben wird, die Ebene dank siegreicher Revolution historisch gleichberechtigter Parteien. Stalin weigerte sich, diese neue Entwicklung anzuerkennen, indem er die KP Jugoslawiens in Acht und Bann erklären und exkommunizieren ließ. Chruschtschow erkannte die Veränderung öffentlich und ausdrücklich an; Togliatti drückte sie in der Formel des Polyzentrismus aus. Breschnew nahm Fortschritt und Erkenntnis zurück, indem er sozialistischen Ländern nur eine (durch Moskau) beschränkte Souveränität zuerkannte. Zusammen mit Walter Ulbricht und anderen Gefolgsleuten führte er das Faustrecht in die Beziehungen zwischen sozialistischen Staaten ein; fünf brüderliche Armeen okkupierten die sozialistische CSSR und setzten die Reformkommunisten ab. Gorbatschow überwand diese Position erneut und öffnete damit wieder den Weg zu gleichberechtigter Zusammenarbeit revolutionärer Parteien.

Nach 1917 bedurfte die SU, weltpolitisch isoliert und ökonomisch ausgeblutet, der materiellen Solidarität der internationalen Arbeiterklasse. Damals hatte das Wort von der Verteidigung der SU seinen Sinn. Heute kommunistischen Regierungen Machtpolitik vorzuwerfen, ist sinnlos; denn alle Politik dreht sich um Macht. Hier handelt es sich um die Politik sozialistischer Mächte, von der wir hoffen, dass sie sich in Zielen, Methoden, Instrumenten wesentlich von der der kapitalistischen Supermacht unterscheidet. Hier bedarf es des Verständnisses der neuen Probleme der sozialistischen Welt und der kritischen Solidarität.

Das gilt auch von der VR China, die zwar keine Supermacht sein und nicht nach Hegemonie streben will, die aber faktisch eine Supermacht ist. Wenn außenpolitische Erklärungen chinesischer Politiker begrüßen, dass die BRD militärisch erstarkt oder Ähnliches, so hat das auf deutsche Sozialisten keinen Einfluss. Es ist kurzsichtig und wird vielleicht eines Tages so vergessen sein, wie manche andere Tagesparole.

Die Hoffnungen auf eine baldige Weltrevolution entweder durch die ansteckende Wirkung der Oktoberrevolution oder mittels der siegreichen Roten Armee waren unrealistisch. Sie waren nur zu erklären durch die Begeisterung über den »unerwarteten« Sieg und durch das dringende Bedürfnis der isolierten Revolution, den Cordon sanitaire zu durchbrechen. Aus den Niederlagen der Revolutionen in Mitteleuropa ergab sich für die Sowjetunion die Notwendigkeit, mit den bestehenden (kapitalistischen) Staaten ein Verhältnis zu finden. Das führte zur sowjetischen Forderung nach friedlicher Koexistenz. Damit wird der Grundgegensatz zwischen den sozialistischen Großversuchen und den kapitalistischen Mächten nicht beseitigt; es gibt nur einen temporären »Waffenstillstand«. Kommunisten mit Selbstvertrauen setzen nun auf den Gang der Geschichte, die Entstehung und Reifung der Arbeiterklassen auch in der »Dritten Welt«. Dieser Waffenstillstand findet seinen ideologischen Ausdruck in der recht vergänglichen bürgerlichen Konvergenztheorie: Die beiden gegensätzlichen Gesellschaftssysteme nähern sich nach dieser Theorie in Form, Methoden und Inhalten einander an. Sehr bald aber wird diese Theorie abgelöst vom Kalten Krieg mit seinen vielfältigen Methoden, weil die kapitalistischen Führungsmächte eine unipolare Welt wünschen, in der es nur ein System – das kapitalistische – geben kann.

Friedliche Koexistenz gilt natürlich für die sozialistischen Staaten im Verhältnis zur kapitalistischen Umwelt. Diese Losung kann nicht gelten für die Werktätigen der kapitalistischen Länder.

Die KPdSU hat die kommunistischen Bruderparteien zu Sprachrohren ihrer außenpolitischen Handlungen degradiert; das haben willige Parteifunktionäre akzeptiert und haben damit auf eine eigene Analyse der Klassenkräfte und des Klassencharakters der weltpolitischen Elemente und der jeweiligen »Verbündeten« der SU verzichtet. Nun galt: Freunde der SU sind kritiklos zu unterstützen. Analoges lässt sich über die KPCh in der Mao-Ära sagen; allerdings hat die KPCh sympathisierende Parteien oft erst gründen müssen. Die absurden Stellungnahmen von Bruderparteien wurden oben beispielhaft erwähnt. Revolutionäre Internationalisten werden wieder zu einer Klassenanalyse auch in der Weltpolitik zurückkehren müssen.

13. Internationalistische Perspektiven

13.1 Zum Verhältnis zwischen kommunistischen Parteien

Die Beziehungen zwischen revolutionären (kommunistischen) Parteien haben ihre eigene Geschichte. Anfangs, vor der Gründung der Komintern, waren sie organisatorisch unabhängig voneinander, auf Eigenfinanzierung angewiesen, locker vernetzt durch das in Zimmerwald gegründete Internationale Sozialistische Büro, das später von Bern nach Stockholm verlegt wurde, dort geleitet von Angelica Balabanova. Nach Gründung der Komintern Anfang 1919 waren die westlichen kommunistischen Parteien auf ihre politische Selbständigkeit gegenüber dem entstehenden Komintern-Apparat unter Gregorij Sinowjew bedacht. Diese Tendenz bestand fort auch nach der Auflösung der Komintern 1937. Eine erste Änderung trat ein mit der Bildung sozialistischer Staaten nach Kriegsende 1945. Jugoslawien, dessen Kommunisten aus eigener Kraft die Hitlersche Wehrmacht vertrieben hatte, verweigerte sich Stalins weltpolitischen Plänen; die Länder, die von der Roten Armee befreit worden waren, fügten sich dagegen weitgehend den Interessen und Forderungen der Sowjetunion. Das änderte sich wieder mit der Entstalinisierung unter Chruschtschow, der den sozialistischen Ländern eine unabhängige Politik und Reformen vorschlug und sich 1955 öffentlich in Belgrad bei der KPJu für die Verfemung in der Stalin-Ära entschuldigte. Andere regierende Parteien lehnten eine offene Aufarbeitung der eigenen Fehler in der Stalin-Ära ab, so die SED. Die polnische Reform im Sommer 1956 wurde von der KPdSU akzeptiert, weil die Kommunisten unter Wladyslaw Gomulka die Entwicklung kontrollierten. In Ungarn griff die Rote Armee ein, weil man einen Sieg der konterrevolutionären Kräfte befürchtete. 1968 verhinderte Breschnew mit militärischem Einsatz den Erfolg des Prager Frühlings und deklarierte die Doktrin begrenzter Souveränität der Länder des Realsozialismus. China lehnte 1956 die Entstalinisierung ab und begann eine Konfrontation mit der KPdSU, die erst bei Gorbatschows Besuch im Mai 1989 mit einem Bekenntnis von Deng Xiaoping beendet wurde, man habe selbst im Verhältnis zur SU auch Fehler begangen.

Nach 1985 (in der »Gorbatschow-Ära«) setzte sich der Verfall der regierenden Parteien in den europäischen Ländern des Realsozialismus fort; sie lehnten die von Gorbatschow angeregten dringenden Reformen explizit ab. Neben seinen schwierigen inneren Problemen befasste sich Gorbatschow auch mit der Neuorientierung der Beziehungen zwischen den kommunistischen Parteien. So erklärte er 1987: »Das ganze Spektrum der politischen, ökonomischen und huma-

nitären Beziehungen der sozialistischen Länder wird gegenwärtig neu gestaltet
... Wichtigste Rahmenbedingung der Beziehungen zwischen den sozialistischen Staaten muss die absolute Unabhängigkeit dieser Staaten sein ... Die Unabhängigkeit jeder Partei, ihr souveränes Recht, über die Probleme des betreffenden Landes zu entscheiden und ihre Verantwortung gegenüber der von ihr vertretenen Nation sind Prinzipien, die über jede Diskussion erhaben sind.«
Der Warschauer Pakt und der Rat für gegenseitige Wirtschaftshilfe zerfielen. Aber statt selbstkritisch die Ursachen des Verfalls zu untersuchen, fand vor allem die SED und manche ihrer Mitglieder und ihre Anhänger in der DKP in Stalinscher Manier in Michail Gorbatschow den Schuldigen.

Anfang des 21. Jahrhunderts ist das Bild der kommunistischen Bewegung in den Regionen der Welt sehr unterschiedlich. In den wenigen kapitalistischen Industrieländern haben viele Parteien den Kommunismus aus dem Parteinamen gestrichen, manche auch das Bekenntnis zu Revolution und Diktatur des Proletariats. Das hat jedoch ihren Niedergang nicht aufhalten können.

Süd- und Ostasien bieten ein anderes Bild: Es gibt neben den regierenden kommunistischen Parteien auch andere, die eine wichtige Rolle spielen. Über die wenigen, über die dem Verfasser Material vorliegt, wird im Folgenden berichtet.

Die siegreichen Revolutionen in Russland, China, Jugoslawien, der heldenhafte Kampf der spanischen Arbeiter und Bauern, der Vietnamesen haben Werktätige in vielen Ländern begeistert und Solidaritätsbewegungen ausgelöst. Die erfolgreichen Revolutionäre hofften anfangs auf die Beispielwirkung, dachten an eine (fast gleichzeitige) Weltrevolution. Die Erfahrung hat gelehrt, dass Revolutionen nicht exportiert werden können, dass diese vor allem von den revolutionären Kräften in jedem Lande zu erkämpfen sind, dass revolutionäre Bewegungen ungleichzeitig und ungleichartig sind, nicht synchronisiert werden können. Finanzielle Hilfe für sympathisierende Parteien schuf Abhängigkeiten. Die offizielle Propaganda der kommunistischen Regierungen versäumte es, die gigantischen Probleme der sozialistischen Umgestaltung zu erklären, zumal in großen Entwicklungsländern, die von der kapitalistischen Umwelt in politischer Quarantäne und ökonomischer Blockade gehalten wurden. Manchmal war diese Begeisterung auch Ausdruck der eigenen Schwäche der Kommunisten in kapitalistischen Ländern und der Ablehnung der bürgerlichen Hetze gegen die Revolutionäre.

Das richtige Verhältnis der nicht-regierenden Kommunisten und Sozialisten zu Ländern auf dem langen Weg zum Sozialismus – das der kritischen Solidarität – impliziert dreierlei:
1. Aufklärung der Werktätigen in unserem kapitalistischen System über die Probleme der sozialistischen Transformation,

2. Kritik an Fehlern, Mängeln und Verbrechen (»Säuberungen« Stalins 1936-1938, Maos »Große Proletarische Kulturrevolution«),
3. Solidarität in den Auseinandersetzungen mit der feindlichen kapitalistischen Umwelt.

Diese Kritik unterscheidet sich grundsätzlich von der bürgerlichen Kritik. Letztere möchte jeden Sozialismus-Versuch wieder beseitigen, Sozialisten wollen im Gegenteil den Sozialismus verbessern, seine Irrtümer revidieren. Unsere Zielsetzung steht konträr zu der der Kapitalistenklasse; wir wollen dem Großversuch den Erfolg wünschen. Die Erfahrung sozialistischer Länder hat gezeigt, dass dort ständige Überprüfung der eigenen Arbeit und offene demokratische Debatte unerlässlich sind. Daher müssen unsere Argumente, unsere Debatten-Beiträge, unsere Formulierungen ganz andere sein als die der antisozialistischen Kritiker. Und nicht jeder Gegner des Stalinismus darf unsere Sympathie erwarten.

Lenin meinte, Kritik und Selbstkritik seien die Kriterien eines guten Kommunisten. Thalheimer schrieb 1946: »Die imperialistische Propaganda schwenkt die Fahne der Demokratie gegen sozialistische Ausdehnung, die sie täglich selber mit Füßen tritt. Unsere Kritik geht dagegen aus vom Standpunkt der Demokratie der Werktätigen und des sozialistischen Internationalismus, der zugleich der Standpunkt des wirklichen Kommunismus ist und der die lokalen sozialistischen Interessen vom Gesichtspunkt des revolutionären Gesamtinteresses aus einsetzt und behandelt.« (S. 22)

13.2 Das Verhältnis KPdSU – KP Chinas

Die außerordentlich wechselvollen Beziehungen der zwei großen kommunistischen Parteien waren und sind von großem Gewicht in der kommunistischen Weltbewegung und zeigen einige der Grundprobleme der Bewegung und zugleich der Außenpolitik sozialistischer Staaten, weil bisher Regierung und Partei sehr eng zusammenwirken. Hier können nur die wichtigsten Entwicklungen nachgezeichnet werden.

Die KPCh, gegründet 1921, sandte in den 1920er Jahren manche ihrer jungen Funktionäre nach Moskau, wo sie an der Universität der Werktätigen des Fernen Ostens Marxismus studierten. Gleichzeitig hielt die sowjetische Regierung engen Kontakt mit der Nationalregierung unter Chiang Kai-shek, dessen Sohn an einer sowjetischen Militärakademie studierte. Die Sowjetregierung schickte Berater nach China (Michail Borodin u.a.), die die Regierung berieten, aber auch auf Strategie und Taktik der KPCh Einfluss zu nehmen versuchten (Heinz Neumann u.a.). Letztere waren mitverantwortlich für den Aufstand 1927 in Kanton und Shanghai, den die Regierung des Generals Chiang

Kai-shek in einem brutalen Massaker niederschlug. Danach forderten die Komintern-Berater eine Zusammenarbeit der KPCh mit der Guomindang, die von Anfang an kaum funktionierte und mit der Zeit zur faktischen Konfrontation und schließlich in einen offenen Bürgerkrieg überging. Die sowjetische Regierung war nicht überzeugt, dass die kommunistische Bauernarmee siegen könne, und hielt die diplomatischen Beziehungen aufrecht, als die »legitime« Regierung 1949 mit ihrer Armee bereits unter US-Marineschutz nach Formosa (Taiwan) geflohen war.

1950 wurde ein 30-jähriger Beistandsvertrag zwischen der Sowjetunion und der VR China geschlossen. Es folgte eine Periode enger Kooperation bei den ersten Schritten des sozialistischen Aufbaus: Die SU arbeitete an 150 Projekten der Schwerindustrie und der Infrastruktur mit Maschinen und Ingenieuren. Die KPCh akzeptierte 1948 die Verfemung der KP Jugoslawiens. Der XX. Parteitag der KPdSU und Chruschtschows »Geheimrede« 1956 erregten chinesischen Widerspruch, weil die KPdSU ohne vorherige Absprache den entscheidenden Schritt zur Entstalinisierung getan hatte. Stalins große positive Leistungen wurden nun in parteioffiziellen Publikationen der KPCh herausgestellt. Bald griff die Spannung auf die wirtschaftliche Kooperation über. Man belästigte die sowjetischen Ingenieure, und die Regierung in Beijing hatte neue Forderungen, u.a. nach einer eigenen Nuklearindustrie und eigenen Nuklearwaffen. China veröffentlichte Ende der 1950er Jahre die Geheimverhandlungen und die Ablehnung Moskaus; die sowjetische Regierung versprach aber einen »Nuklearschirm« für den Fall eines US-Angriffs. Die SU bemühte sich um Aufnahme der VR China in die UN (auf den Sitz im Weltsicherheitsrat mit Vetorecht), stieß aber auf den entschlossenen Widerstand des US-Vetos. Den Sitz Chinas besetzte bis 1971 die Guomindang-Regierung in Taipeh. Ferner forderte Beijing die Übergabe (Rückgabe) der chinesischen Teile der Transsibirischen Bahn, die Rückgabe der in den »ungleichen Verträgen« von 1858 vom Zarenreich annektierten Grenzgebiete am Amur und in der Küstenregion und die Übergabe der ehemals japanischen Schwerindustrie im Nordosten Chinas. Außer der Grenzrevision wurden Chinas Wünsche erfüllt. Chruschtschow (1959) und Anastas Mikojan bemühten sich in Beijing um Verständigung, die von Mao abgelehnt wurde.

Die 13.000 sowjetischen Ingenieure und technischen Berater mussten das Land verlassen; ein Teil der 150 Großprojekte konnte nicht fertiggestellt werden. Nachdem die KPdSU explizit auf eine Führungsrolle im internationalen Kommunismus verzichtet hatte, versuchte nun die KPCh, eine solche Rolle – mit antisowjetischer Kampfrichtung – zu übernehmen. Mao musste wegen des völlig verfehlten Großen Sprungs nach vorn zurücktreten. Liu Shaoqi wurde Staatspräsident und begann mit Zhou Enlai und Deng Xiaoping, die gröbsten Fehler Maos zu korrigieren. Auch strebte Liu eine Konsolidierung der Bezie-

13.2 Das Verhältnis KPdSU – KP Chinas

hungen zur SU an. Liu Shaoqi sah Chruschtschows politische Linie nach dem XX. Parteitag und der »Geheimrede«, die die Entstalinisierung öffentlich einleitete, ganz anders als Mao Zedong. In seinem Politischen Bericht, den er auf dem 8. Parteitag der KPCh am 15. September 1956 vortrug, erklärte er u.a.: »Der 20. Kongress der KPdSU ... beschloss die Politik für viele wichtige Bereiche und die Prinzipien für die weitere Entwicklung der Sache des Sozialismus, verurteilte den Personenkult, der in der Partei so schwerwiegende Folgen gehabt hatte. Er befürwortete auch die weitere Förderung der friedlichen Koexistenz und internationaler Kooperation und leistete damit einen hervorragenden Beitrag zur internationalen Entspannung.« (Quotations ... 1968: 101)

Liu besuchte als Staatspräsident im Dezember 1960 die UdSSR und bedankte sich öffentlich auf einer Massenversammlung für die Unterstützung durch den »Genossen Chruschtschow«, weil er bei der UNO auf die »Wiederherstellung der legitimen Rechte« der VR China gedrungen hatte. (Die VR China war – wie erwähnt – bis 1972 von den UN ausgeschlossen und wurde von Chiang Kaishek »vertreten«, der in Taiwan regierte.) Die VR China würde »immer an der Seite des ganzen sozialistischen Lagers stehen«. (Ebd.: 105)

Es begann eine Periode der Doppelregierung, in der die Führung gespalten war; die Anhänger Maos versuchten, wichtige Handlungen der Regierung zu verhindern. Diese Periode endete mit Maos Rückkehr an die Macht in der »Kulturrevolution« (etwa 1965). In der ideologischen Distanzierung wurde die erwähnte Dreiweltentheorie entwickelt, der SU ihr sozialistischer Charakter abgesprochen und der Staat als sozialimperialistisch den anderen kapitalistischen Staaten zugeordnet, gegen die die »Dritte Welt« unter Führung der VR China kämpfen müsse. In einigen Ländern wurden maoistische kommunistische Parteien gegründet. Die Spannungen führten 1969 zu militärischen Auseinandersetzungen zwischen den Armeen am sowjetisch-chinesischen Grenzfluss Ussuri und später zur Behinderung des sowjetischen Waffentransits zu den Vietcong, weil das kommunistische Vietnam im Schisma nicht für Beijing Partei ergreifen wollte.

Als Michail Gorbatschow 1985 zum Generalsekretär der KPdSU gewählt wurde, war einer seiner ersten Schritte ein Flug nach Wladiwostok, wo er in einer Grundsatzrede der VR China Verhandlungen und Zusammenarbeit anbot. Beijing stellte jedoch eine Reihe Bedingungen und lehnte bis 1989 einen Ausgleich ab. Endlich Anfang Juni 1989 durfte Gorbatschow nach Beijing kommen, zufällig zur Zeit der Demonstrationen am Tian Anmen. Die Verhandlungen, in denen Deng – wie oben erwähnt – eigene Fehler einräumte, führten zur (sehr späten) Normalisierung der staatlichen Beziehungen. Über die Parteibeziehungen wurde wahrscheinlich gar nicht gesprochen, zumal die KPCh sich gerade selbst in einer kritischen Situation befand. Ende Dezember 1989 besuchte eine Delegation der KPdSU China. Anlässlich dieses Besuchs erklärte ein Sprecher der chinesischen Regierung, Michail Gorbatschows »neues außenpolitisches Denken« trage die Schuld am »Verschwinden des Sozialismus« und der gegenwärtigen »Unordnung in Osteuropa«. Gleichzeitig war der Sprecher überzeugt, dass der Sozialismus fortbestehen werde; die festen Grundlagen in China seien die Treue zum Sozialismus und die Reformen, die Deng Xiaoping eingeleitet hat. Ob seitdem noch Beziehungen zwischen der KPdSU und der KPCh bestehen, ist unbekannt. Die KPdSU befand sich seit der Absetzung Gorbatschows als Generalsekretär in einem ideologischen Wandel und offenbarte nun eher nationalistisches Denken.

In der Regierungszeit von Boris Jelzin gab es kaum aktive staatliche Beziehungen zwischen den zwei Staaten. Wladimir Putin schwankte anfangs in seinen außenpolitischen Beziehungen zwischen Washington und Beijing. Die fortgesetzte »Annäherung« der NATO an die russischen Grenzen erzwang eine neue Orientierung Russlands. Die wirtschaftliche und sicherheitspolitische Zusammenarbeit mit der VR China wurde trotz einiger Spannungen intensiviert. Die beiden Großmächte arbeiten im Shanghai-Kooperationsrat mit den meisten transkaukasischen Nachbarstaaten (außer Usbekistan und Georgien) zusammen, um die US-Armeen von diesem Gebiet fernzuhalten. Die erste Auslandsreise von Dmitri Medwedew, Putins Nachfolger als Staatspräsident, im April 2008 führte ihn nach Beijing, wo eine »strategische Partnerschaft« vereinbart wurde.

Dieser verkürzte Abriss der Beziehungen zwischen der Sowjetunion und dann Russlands zur VR China bestätigt die bisherigen Anmerkungen zur Außenpolitik sozialistischer Länder in Kapitel 12.

13.3 Die Beziehungen zwischen den Kommunisten Chinas und Vietnams

Auch die Beziehungen zwischen den kommunistischen Nachbarn China und Vietnam waren oft gespannt und in den einzelnen Perioden ganz unterschiedlich; sie schlossen revolutionäre Solidarität wie die Verweigerung von Hilfe sowie militärische Konfrontationen ein und führten schließlich zur Verständigung und zur Zusammenarbeit.

Als die KPCh sich ihrem historischen Sieg näherte, half sie den vietnamesischen Genossen, sich auf ihren Befreiungskampf vorzubreiten. Im Süden Chinas konnten die Vietnamesen ihre Kämpfer sammeln und ausbilden. 1950 – mitten im Krieg der Vietnamesen gegen die französische Kolonialmacht – nahmen China und Vietnam diplomatische Beziehungen auf; Beijing anerkannte den jungen Staat. Nach 1954 wurden sowjetische Waffen durch China auf dem Land-

13.3 Die Beziehungen zwischen den Kommunisten Chinas und Vietnams

weg an die Viet Minh geliefert, weil die US-Marine die vietnamesische Küste und die Häfen blockierte. Als das Schisma KPdSU-KPCh nach Chruschtschows Entstalinisierung begann, wollten die Viet Minh nicht gegen die KPdSU Stellung beziehen und wurden dafür »bestraft«, indem China etwa ab 1968 die Waffentransporte behinderte. Ihren Höhepunkt erreichten die Spannungen im Jahre 1978: Chinesische Truppen marschierten in Nordvietnam ein, um ihrem Nachbarn »eine Lektion zu erteilen«. Die Vietnamesen wollten 1979 der Bedrohung durch US-Truppen begegnen, die 1970/71 den Krieg in die Nachbarländer Kambodscha und Laos getragen hatten, und begannen daher 1979 ihre Militäraktionen auf Kambodscha auszudehnen. Es bildete sich eine »Einheitsfront« der USA, Englands, Thailands und Chinas, die die Regierung von Pol Pot gegen die Viet Minh unterstützte. Beijing brach die Parteibeziehungen zu Vietnam ab, beendete jede Hilfe und zog seine Berater ab. Die Regierung von Pol Pot und die Haltung der VRCh haben mit Sozialismus sehr wenig zu tun. Beides gehört zu den dunklen Kapiteln der kommunistischen Bewegung.

1989 zog sich Vietnam ganz aus Kambodscha zurück. 1991 begann eine Annäherung und schließlich eine Aussöhnung zwischen der VR China und der Sozialistischen Republik Vietnam: Es gibt wieder gegenseitige Besuche hoher Funktionäre von Regierung und Partei und eine wirtschaftliche Zusammenarbeit. Im Jahr 2000 wurde die Anerkennung Vietnams durch China im Jahr 1950 offiziell gefeiert:

»Forscher aus beiden Ländern nahmen an der ersten wissenschaftlichen Konferenz über Sozialismus – das Allgemeine und das Spezifische teil; sie begann im Juni 2000 in China und wurde im November in Hanoi fortgesetzt. Es ging um Theorie und Praxis des sozialistischen Aufbaus in Vietnam und China.«[80] Politscher Erfahrungsaustausch und wirtschaftliche Zusammenarbeit werden ständig intensiviert.

Ende Mai, Anfang Juni 2008 war der Generalsekretär der KP Vietnams Nong Duo Manh für vier Tage in Beijing und führt ausführliche Gespräche mit dem chinesischen Generalsekretär Hu Jintao.[81] Man bestätigte die intensivierte ökonomische Zusammenarbeit in zwei grenzüberschreitenden Korridoren und im Golf von Beibu. Die Grenzmarkierung sollte noch 2008 abgeschlossen werden. Die Beziehungen der Nachbarländer werden zu einer »umfassenden strategischen Partnerschaft und Kooperation« ausgebaut – ein Meilenstein im Fortschritt der bilateralen Beziehungen. Ein heißer Draht zwischen den Staatspräsidenten wird eingerichtet. Man erklärte, eine neue Ära in den Beziehungen

---

[80] Vietnam News, 25. September 2000. »Revolutionary counterparts reflect on ties«.
[81] Siehe dazu einen ausführlichen Bericht in Beijing Review 51, 25, 19.6.2008.

habe begonnen. Die Länder seien »gute Nachbarn, gute Freunde, gute Genossen, gute Partner«. Der Handel soll stark ausgebaut werden und China Aufbauprojekte in Vietnam beginnen. Die neue Führungsgeneration in Beijing hat einen anderen Stil als Mao Zedong, auch in den Außenbeziehungen.

13.4 Die Beziehungen zwischen den Kommunisten Japans und Chinas

Von besonderem Interesse ist in diesem Zusammenhang die KP Japans, die nach 1945 von den zwei sozialistischen Großmächten intensiv umworben wurde und ständig auf ihre Eigenständigkeit bedacht war. Diese Partei, 1922 von Sen Katayama gegründet, war schweren Verfolgungen ausgesetzt, besonders unter der im Zweiten Weltkrieg verschärften Militärdiktatur. Die revolutionäre Nachkriegswelle mit ihren Betriebsbesetzungen konnte sie noch nicht führen; um dieser Welle zu begegnen, verbündeten sich die US-Militärs schon bald mit der Bourgeoisie des Kriegsgegners und konsolidierten mit dieser den Kapitalismus. Zuerst wurde die KP von der US-Besatzung normal behandelt; das änderte sich mit der revolutionären Welle in Japan, in der es bei den Betriebsbesetzungen zu einer Art Arbeiterkontrolle von Fabriken und führenden Zeitungen kam – und im Zuge des Kalten Kriegs. Die KP wurde erneut verboten und 1955 wieder legalisiert. Miyamoto, der 1931 in die illegale KP eingetreten war, wurde nach zwölf Jahren Haft im Herbst 1955 aus der Haft entlassen, er wurde 1958 Generalsekretär, 1970 Vorsitzender des ZK und 1982 Vorsitzender des Parteipräsidiums. 1997 trat er von allen Ämtern zurück; sein Nachfolger wurde Tetsuzo Fuwa.

Die sich aus der ständigen Verfolgung ergebenden Schwierigkeiten nützte die KPdSU, um auf die Partei Einfluss zu nehmen. Ein Exilbüro in der UdSSR wurde errichtet mit dem Japaner Sanzo Nosaka. Dieser wurde von den im Lande verbliebenen Funktionären abgelehnt. Daraus ergab sich eine harte Kritik an der KPdSU in der Chruschtschow-Ära, die mir als inhaltlich überzogen und ungerecht erscheint. Ebenso widersetzte sich die KPJ dem intensiven Werben der KP Chinas, das zu einer sehr langen Verstimmung und Gegnerschaft führte. Als das russisch-chinesische Schisma offenbar wurde, blieb die KPJ neutral und vertrat 1960 auf der Konferenz der 81 kommunistischen und Arbeiterparteien (10. November bis 1. Dezember 1960 in Moskau) die Position der souveränen Unabhängigkeit von beiden Parteien des Streits. Kenji Miyamoto, ihr langjähriger führender Funktionär, wurde als »unabhängiger Kommunist« bezeichnet. Erst 1998 begann eine Annäherung der beiden Parteien und ein inhaltlicher Dialog auf gleicher Augenhöhe zwischen den sehr ungleichen Parteien, über den die KPJ ausführliches Material auf Japanisch, Russisch und Englisch vorlegte.

13.4 Die Beziehungen zwischen den Kommunisten Japans und Chinas

Das erste Gespräch der KPJ und der KPCh fand im Herbst 1966 statt. Das Einvernehmen, das mit Liu Shaoqi in Beijing erzielt wurde, wurde bei einem Abschlusstreffen mit Mao Zedong in Shanghai vollständig verworfen. U.a. ging es um die Solidarität mit Vietnam im Kampf gegen die US-Aggression. Mao verhielt sich sehr distanziert.[82] 1982 betrachtete die KPJ es als Grundprinzip der Zusammenarbeit, »dass jede kommunistische Partei unabhängig und gleichberechtigt ist, und dass internationale Solidarität sich aus verabredeten gemeinsamen Zielen ergeben muss«. (Fuwa 1982: 153)

Das zweite Treffen fand vom 6.-9. Dezember 2005 in Tokyo statt – sieben Jahre nach der Normalisierung der Beziehungen zwischen beiden Parteien. »Alle Fragen zur Theorie des wissenschaftlichen Sozialismus und zur aktuellen Weltlage wurden (offen) diskutiert.« Zur chinesischen Delegation gehörten sieben Mitglieder, zwei in den Zwanzigern, zwei in den Dreißigern, drei in den Vierzigern: Zhang Ximing, Delegationsleiter, stellvertretender Direktor für Theoriefragen der Öffentlichkeitsabteilung des ZK der KPCh, Tang Haijun, Internationale Abteilung des ZK, Zhang Xianbin, zuständig für Vietnam in der Internationalen Abteilung, You Luming, gleiche Abteilung, Lin Mingxing, gleiche Abteilung Japan-Büro, Tian Yan, ZK-Öffentlichkeitsarbeit. Delegationsleiter der Japaner war Tetsuzo Fuwa, Chef des ZK. Die Chinesen hatten neun Fragen formuliert, auf die die Japaner ausführlich antworteten.

Die neun Fragen der KPCh:
1. Der aktuelle Einfluss des Sozialismus und seine Entwicklungsperspektiven vor dem Hintergrund der Globalisierung
2. Ansichten zu aktuellen Problemen
3. Konzepte über Formen des Sozialismus in einer neuen Ära und mögliche polit-ökonomische Formen einer zukünftigen sozialistischen Gesellschaft
4. Japanische Sozialstruktur mit Blick auf den Zustand der Arbeiterklasse
5. Bewertung der Geschichte des Marxismus und seiner aktuellen Bedeutung
6. Das Verhältnis der KPJ zu anderen Parteien Japans
7. Erfahrungen, Lehren und Resümee des Sozialismus im 20. Jahrhundert und Gesichtspunkte zu den Ursachen des Zerfalls der Sowjetunion und der osteuropäischen sozialistischen Länder
8. Beurteilung des Wesens und der Hauptmerkmale des heutigen Kapitalismus und seiner Fähigkeit zur Selbstregulierung
9. Beurteilung des Sozialismus mit chinesischen Merkmalen.

---

[82] In dieser Zeit – Anfang 1966 – tobte noch der Kampf Maos gegen den Staatspräsidenten und faktischen KP-Generalsekretär Liu Shaoqi; der Kampf um die Führung von KP und Staat, der etwa 1956 begonnen hatte, war erst mit dem Sieg der Mao-Fraktion in der »Kulturrevolution« entschieden.

Die KPJ litt in der Periode der Kulturrevolution unter »hegemonialer Einmischung« der KPCh. Aber auch danach sei Deng Xiaoping nicht bereit zur Entschuldigung gewesen, sondern wollte Vergangenes ad acta legen. Die KPJ kritisierte den Militäreinsatz am Tiananmen im Juni 1989. Es dauerte dann Jahre, bis 1998 eine allmähliche Annäherung begann, die schließlich 2006 zu dem gründlichen Gedankenaustausch mit einer jungen Delegation führte, die noch nicht geboren war, als die beiden Parteien gegeneinander stritten und die KPCh ihre Anhänger in Japan gegen die japanische Parteiführung zu mobilisieren suchte – ähnlich wie in vielen anderen Ländern. Als die japanischen Genossen diese Kritik vorbrachten, erklärten die Chinesen, dass diese Sache vor ihrer Zeit passiert sei. Sie hielten Rücksprache mit den älteren Genossen in Beijing und entschuldigten sich im Namen der KPCh.

Die KPJ lehnt es ab, jedes Land als sozialistisch anzuerkennen, dessen Regierung das behauptet. Aber China, Vietnam und Kuba werden nach eingehender Prüfung als sozialistisch eingestuft, wobei Nordkorea absichtlich nicht erwähnt wird – ohne weitere Begründung. Dennoch wird ein »Blankoscheck« – eine generelle Billigung aller politischen Schritte sozialistischer Staaten ausdrücklich abgelehnt und ein Recht auf Kritik vorbehalten. Diese drei Länder seien auf einem »festen Weg« zum Sozialismus. Dengs Politik der Reform und Öffnung und seine polit-ökonomischen Thesen werden als richtiger, langer Weg zum Sozialismus akzeptiert. Seine Reformen werden als Analogie zu Lenins Neuer Ökonomischer Politik gesehen. Die Politik von Venezuela unter Hugo Chávez und »ähnliche« Entwicklungen in Lateinamerika werden als demokratisch eingestuft, nicht als sozialistisch.

Die Verurteilung der sowjetischen Politik ist viel härter und über die Jahrzehnte fast nicht eingestellt worden: »Die zusammengebrochene Sowjetunion hatte nichts gemeinsam mit Sozialismus.« (Fuwa 2006: 43) Auf dem XX. Parteitag (1994) zeigte sich die KPJ fast begeistert über den Zusammenbruch der SU; dieser habe »neue Möglichkeiten für eine gesunde Entwicklung der revolutionären Weltbewegung eröffnet« (ebd.). Hegemonismus, Bürokratismus und Despotismus hätten zu 1989 geführt; die finanzielle Abhängigkeit und Unterwürfigkeit der Bruderparteien sei mitschuldig. Der Niedergang habe schon in der Stalin-Ära begonnen. Der Stalin-Hitler-Pakt und ein analoger Vertrag mit Japan habe nicht der Verteidigung gedient, sondern der territorialen Expansion; damit habe man Lenins außenpolitische Prinzipien verletzt. (In Kenntnis der selbstverschuldeten Schwächung der Roten Armee ist wohl zu verstehen, dass die »territoriale Expansion« der Verteidigung der SU dienen sollte, weil Stalin selbst an die ewige Freundschaft mit dem deutschen und japanischen Faschismus kaum geglaubt haben dürfte. Hier liegt wohl eine Unkenntnis der Lage der UdSSR bei den japanischen Delegierten vor.) Aber auch nach Stalins Tod hät-

13.4 Die Beziehungen zwischen den Kommunisten Japans und Chinas

ten seine Nachfolger Hegemonismus betrieben. Auf einem Spitzentreffen von KPJ und KPdSU im Dezember 1979 hatten die Russen zwar ihre Einmischung bedauert; aber ihr Einmarsch in Afghanistan beweise ihr Expansionsstreben.

In der mehrtägigen Konferenz in Tokyo im Jahre 2005 ging es nicht nur um die bilateralen Beziehungen, sondern auch um eine Orientierung der KPCh-Delegation über die Positionen der Japaner. Diese waren optimistisch: Das 21. Jahrhundert werde ein Jahrhundert des Sozialismus werden. Man bedauerte, dass die Italiener den Kommunismus (auch im Parteinamen) aufgegeben hatten; ebenso wurde der Reformismus der KPF abgelehnt. Die KPJ bekennt sich weiterhin zum Marxismus, zieht aber die Bezeichnung »wissenschaftlicher Sozialismus« vor, weil sie die auf Personen bezogenen -ismen überwinden will; auch im Kommunistischen Manifest sahen Marx und Engels ihre Gedanken so als Gegensatz zum utopischen Sozialismus. Aber dieses Instrument – der Marxismus – müsse weiter entwickelt werden: »Die KPJ betrachtet den wissenschaftlichen Sozialismus als eine lebendige Doktrin und nimmt diesen als ihre theoretische Grundlage an. Sie benutzt den wissenschaftlichen Sozialismus als Leitlinie ihrer Aktivitäten einschließlich der Analyse der japanischen und der internationalen Lage. In der Welt von heute dürfte es sehr wenige Parteien wie die KPJ geben.« (Fuwa 2006: 72)

Die Partei strebt eine radikale Umgestaltung der Gesellschaft – den Sozialismus – an, aber erst nach Gewinnung der Mehrheit, die sie durch den erfolgreichen Kampf um sozialökonomische Reformen überzeugen und erobern will. Hier gibt es eine Annäherung an Rosa Luxemburgs Vorstellungen. Man dürfe die russische Entwicklung nach 1918 – Verbot der Parteien außer der KPdSU – nicht zum Prinzip erheben. Im Sozialismus sollte es mehrere Parteien, auch Oppositionsparteien geben. Dennoch muss man sich die deutschen Erfahrungen von 1933 vor Augen halten und fragen, ob die Bourgeoisie und ihr Staat Mehrheitsbeschlüsse widerstandslos akzeptieren, die die Grenzen des kapitalistischen Systems überschreiten. 1923 hatte die SPD in Sachsen und Thüringen, von Linken geführt, zusammen mit der KPD die Landesregierungen gebildet. Im Auftrag von Reichspräsident Friedrich Ebert (SPD) wurde die Reichswehr eingesetzt, die die Landesregierungen absetzte und in mehreren Städten Arbeiter erschoss.

In der Debatte mit der KPCh definierten die KPJ und ihr Sprecher Fuwa ihren Marxismus als die eigene (Gesamt-)Weltanschauung – im Gegensatz zu vielen linken Parteien in Europa, die den Marxismus nur als eine von mehreren Weltanschauungen gelten lassen: »Wir definieren in Programm und Statuten der KPJ, dass der wissenschaftliche Sozialismus die theoretische Grundlage der KPJ ist. Marxismus oder wissenschaftlicher Sozialismus ist unsere Weltanschauung, die wir immer zu nutzen versuchen, wenn wir die Welt, Japan, unsere Gesellschaft und die Natur anschauen. Daher beurteilen wir oft die sozialistische Weltanschauung als eine wissenschaftliche Anschauung.« (ebd.: 76)

Europäische Marxisten müssen nicht alle Positionen, Kritiken und Urteile der KPJ akzeptieren; eher müssen wir erkennen, dass Marxisten durchaus unterschiedliche Positionen zu einzelnen Entwicklungen und Fakten haben können. Offene Debatten können manche Streitfragen klären; dennoch werden Unterschiede bleiben, die von »regionalen« Interessen bestimmt sind.

1959 in der beginnenden Kontroverse mit der KPdSU hatte Mao seine Zusammenarbeit mit dieser gegen die KPJ noch bedauert. In dieser bedienten sie sich bis 1958 gemeinsam des Japaners Sanzo Nosaka und versuchten, die KPJ zu spalten und eine neue Linie durchzusetzen. 1966 aber hatte Mao vier Feinde des chinesischen und des japanischen Volkes ausgemacht; US-Imperialismus, Sowjet-Revisionismus, KPJ-Revisionismus und Japans reaktionäre Kräfte.

Wichtig ist, dass die von 1966 bis 1998 unterbrochenen Parteibeziehungen nach offener Aussprache zwischen offiziellen Delegationen wieder aufgenommen wurden. Die KPCh regiert das volkreichste Land der Erde, die KPJ agiert noch im Kapitalismus; aber sie diskutieren als gleichberechtigte Parteien der neu sich formierenden revolutionären Weltbewegung.

13.5 Indien: CPI und CPI(M)

Die CPI ging 1925 in Kanpur (Nordindien) aus dem Zusammenschluss einiger kommunistischer Gruppen, die seit etwa 1920 existierten, hervor. Ende der 1920er Jahre findet eine erste Spaltung statt; Ursache ist der ultralinke Kurs der Kommunisten. Im Juli 1934 wird die CPI verboten. Die CPI arbeitet im Indian National Congress mit. Im Zweiten Weltkrieg unterstützen die Kommunisten die Alliierten; sie sympathisieren mit der Sowjetunion.

Nach der Unabhängigkeit 1947 trennt sich die CPI von der Kongresspartei. Im muslimischen Bundesstaat Hyderabad (Ostindien) kommt es zum Bürgerkrieg. Der muslimische Nizam von Hyderabad möchte »seinen« Staat zu Pakistan schlagen. Die Bauern wenden sich gegen ihren Herrscher und gegen den Feudalismus. In etwa 2.400 Dörfern werden Bauernsowjets gebildet. Die Zentralregierung unter Ministerpräsident Jawaharlal Nehru lässt den Bauernaufstand durch die Armee niederschlagen und sichert zugleich die Zugehörigkeit des Bundeslandes (jetzt: Andhra Pradesh) zur Indischen Union.

1964 spaltet sich die CPI unter dem Einfluss des Schismas in der kommunistischen Welt: Die CPI stellt sich auf die Seite der SU, die CPI (Marxist) auf die der VR China. Der ideologische Unterschied ist ansonsten nicht sehr groß. 1964 spaltet sich ferner eine dritte Strömung ab, die Naxaliten.

13.5 Indien: CPI und CPI(M)

Die CPI (M) hat ihre stärksten Bastionen in den Bundesländern Tripura (2001: 3,2 Mio. Einwohner), West Bengal (80,2 Mio. Einwohner) und Kerala (32 Mio. Einwohner). In diesen drei Staaten bildet sie (zum Teil mit kleineren linken Parteien) seit vielen Jahren die Landesregierung, in den letzten zwei Bundesstaaten seit Frühjahr 1967, zeitweilig unterbrochen durch Governor's rule (die Absetzung der Landesregierung durch den von New Delhi bestellten Governor). 2008 hatte sie fast eine Million Mitglieder; zur Partei gehören eine Frauen-, eine Jugend- und eine Studentenorganisation. Für die von der CPI angebotene Vereinigung fordert sie zuerst eine inhaltliche Einigung.

Die CPI hat ihre stärksten Positionen in anderen Regionen, vor allem im Nordwesten (Punjab – 24,4 Mio. Einwohner) und Maharashtra (97 Mio. Einwohner; Hauptstadt Mumbai). Im indischen Parlament haben die beiden Parteien, die heute in den meisten Fragen eng zusammenarbeiten, 56 Abgeordnete.

Der 7. Parteitag der CPI im Dezember 1964 forderte die Entwicklung einer »nationalen Demokratie«. Im April 1978 beschlossen die beiden Parteien eine Zusammenarbeit; 1982 äußerten sie den Wunsch nach Vereinigung, die jedoch bisher nicht stattgefunden hat. 1996 gab es einen kommunistischen Agrarminister in der Zentralregierung unter dem Premier Deve Gowda; die CP lehnt eine Regierungsbeteiligung im bürgerlichen Staat nicht ab. 2007 unterstützten die 56 Abgeordneten im »Unterhaus« die bürgerliche Regierung unter Manmohan Singh, stellten aber keinen Minister. In einigen Bereichen übten sie Kritik an der Regierung, besonders an der außenpolitischen Annäherung an die USA. Beide Parteien behalten eine sozialistische Zielsetzung, sprechen aber nicht mehr von einem revolutionären Weg zu diesem Ziel.

Die Regierungsarbeit in den drei Bundesländern wird erschwert u. a. durch die Benachteiligung bei der Vergabe der zentralen Fonds für die Entwicklung. In beiden Parteien, besonders in der CPI (M) gibt es intensive Debatten über Notwendigkeit und Möglichkeiten der Industrialisierung.

Die CPI hat beträchtlichen Einfluss in einer Bauernorganisation, die Klein- und Mittelbauern und Landlose zu erfassen sucht (Kisan Sabha), in einer Organisation für Landarbeiter und in einer der drei Gewerkschaftszentralen.

Beide Parteien bekennen sich zum Marxismus, der weiterentwickelt und an die Aufgaben jedes Landes angepasst werden müsse – so A. B. Bardhan, einer ihrer Vordenker, in einem Interview (1997).

Sehr lange war die CPI unkritisch gegenüber allen negativen Entwicklungen in der UdSSR. Im Zweiten Weltkrieg warb sie für Solidarität mit der Roten Armee in ihrem opferreichen Kampf gegen die Achsenmächte. Das war auch die Position der »Rechtsabweicher« unter M. N. Roy. Nach dem XX. Parteitag der KPdSU akzeptierte die CPI die Entstalinisierung und Chruschtschows Position ohne weitere innerparteiliche Debatte. Als Gorbatschow 1985 mit seinen Reformbemühungen begann, wurden diese positiv aufgenommen. Nach dem Zusammenbruch des Ostblocks 1989/90 wurde Gorbatschow vom ZK der CPI scharf angegriffen: Seine Politik sei schuld an der Niederlage, an der Restauration des Kapitalismus und dem Zerfall der SU. In der Krise 1989 hatte die CPI den Putsch von Gennadi Iwanowitsch Janajew und seinen Freunden begrüßt. Im Allgemeinen waren die Beziehungen beider indischer Parteien bis 1989 zur KPdSU und zur KPCh freundschaftlich und kaum kritisch. Auch Ereignisse wie die »Kulturrevolution« und der Militäreinsatz am Tiananmen 1989 wurden nicht kritisiert.

Die großen Zäsuren in den regierenden kommunistischen Parteien KPdSU und KPCh werden im Wesentlichen nicht kritisch hinterfragt. Beide indische Parteien halten normale Beziehungen zu diesen aufrecht. Bis 1964 – das Jahr der Spaltung der CPI – gab es keinen Protest gegen die Moskauer Schauprozesse; Chruschtschows Geheimrede 1956 wurde akzeptiert, anfangs auch Gorbatschows Reformbemühungen. Eine Diskussion der Umbrüche gab es in der Gesamtpartei nicht.

Die Naxaliten als dritte kommunistische Strömung propagieren den bewaffneten Kampf gegen die noch feudalistische Ordnung und die faktische Herrschaft der Großgrundbesitzer im Dorf, die von der staatlichen Polizei und privaten Truppen gestützt werden. (Nur in den Bundesländern West Bengal und Kerala wurden Agrarreformen durchgeführt.) Diese Bewegung hat beträchtlichen Einfluss in einem breiten, ökonomisch sehr unentwickelten Gürtel, der sich von Westbengal bis nach Chattisgarh (Zentralindien, 2001: 21 Mio. Einwohner) zieht. Neben den unregelmäßigen Guerilla-Aktionen organisieren einige der Naxaliten-Anführer auch Selbsthilfeaktivitäten aller Art und Alphabetisierungskampagnen. Eine zentrale Organisation der Naxaliten scheint nicht zu bestehen. Die beiden Parteien CPI und CPI (M) haben keine Gesprächskontakte mit ihnen und missbilligen ihre Aktivitäten. Vinay Jha (2008) meint jedoch in einem ausführlichen Bericht, die Naxaliten hätten eine zentrale politische und militärische Führung und eine militärische Logistik.

Die Kommunistische Partei in Nepal spielt eine wichtige Rolle in der Landespolitik. Sie stützt sich vor allem auf die Kleinbauern und Pächter (siehe Kap. 9.2.2).

13.6 Bolivien – ein Testfall

In Bolivien eroberte der Movimiento al Socialismo (MAS), geleitet von Evo Morales, in den Parlamentswahlen im Dezember 2005 die absolute Mehrheit; Morales konnte die Regierung bilden. Seine Partei stützt sich auf die indigene

Mehrheit (Aymara- und Qechua-Indios) und einen Teil der proletarischen Bevölkerung mit europäischem Hintergrund. Die Indios sind überwiegend Bauern, die in den Hochtälern der Anden leben; ein kleiner Teil lebt in Chapare, und baut dort auch den Koka-Strauch an. Ein weiterer Teil arbeitet in den Zinn-Bergwerken der Anden. Die Minderheit mit europäischem Hintergrund lebt vorwiegend in den vier östlichen Tieflandprovinzen Tarija, Beni, Santa Cruz und Pando, die von »weißen« Gouverneuren geführt werden. Auch im Tiefland gibt es Indio-Kleinbauern, die bei der Stilllegung des Zinn-Bergbaus dort angesiedelt wurden. In diesen vier Provinzen liegt der Reichtum des Andenstaates: Erdgas, Weizen, Mais, Zuckerrohr etc. In jahrelanger Arbeit hat Morales die Bauern (auch die Koka-Bauern) im MAS organisiert, und die Bewegung hat ihre »Ortsgruppen« bis in die letzten Anden-Siedlungen politisiert und zusammengefasst.

Seit seinem Wahlsieg versucht Morales, mit seiner Parlamentsmehrheit, die nicht ganz 2/3 erreicht, relativ radikale soziale Reformen durchzuführen und die seit der Kolonisation bestehende Vernachlässigung der Bevölkerungsmehrheit auszugleichen. Dagegen wendete sich mit juristischen Tricks, mit Demonstrationen und einem »Hungerstreik« der Gouverneure die »Mehrheit« der vier Tieflandprovinzen. Einige der vier Provinzen haben im April 2008 in verfassungswidrigen Referenden ihre Autonomie beschlossen, d.h. sie sind nicht mehr bereit, den demokratischen Wahlsieg anzuerkennen und mit »ihrem« Reichtum den Staatshaushalt mitzufinanzieren. Die Regierung hatte zur Stimmenthaltung aufgerufen, da die Referenden verfassungswidrig seien. Die »Mehrheiten« für die Autonomie sind daher in Wirklichkeit Minderheiten. Manche erwägen einen neuen Staat. Ende 2006 haben die rebellischen Gouverneure die Armee zum Widerstand gegen die legitime Regierung aufgefordert, bisher ohne Erfolg – die Armee ist loyal zur Regierung. Im Herbst 2008 kündigte sich ein von bewaffneten Bürgerwehren der vier reichen Provinzen begonnener Bürgerkrieg an. Dieser wurde im Oktober 2008 durch ein begrenztes Nachgeben der MAS vorläufig vermieden.

Die MAS stellt auf dem Subkontinent Südamerika die klarste sozialistische Partei dar. Bolivien wird zum Testfall, ob radikale soziale Reformen, von einer parlamentarischen Mehrheit beschlossen, ohne Revolution und Bürgerkrieg von der Kapitalistenklasse akzeptiert werden.

13.7 Demokratie in einer revolutionären Internationale

Die politischen, ökonomischen, ökologischen Probleme rufen nach einem neuen revolutionären Internationalismus. Für den Aufbau einer neuen Internationale scheint die Zeit jedoch noch nicht reif. Aber die geistige Vorarbeit ist dringend und kann in internationaler demokratischer Debatte geleistet werden. In vielen Ländern befassen sich sozialistische Konferenzen mit den Grundproblemen unserer Zeit und unserer Welt. Vielleicht sollte sich dafür – ähnlich wie zu Zeiten von Marx – ein Bund demokratischer Kommunisten bilden. Das fordert z.b. auch Schäfer (2007). Einige Aufgaben einer beginnenden internationalen Zusammenarbeit und Debatte lassen sich schon heute formulieren.

1. Am Anfang steht eine Analyse des kapitalistisch dominierten Weltsystems und seiner Tendenzen; dazu gehört eine Darstellung der Hegemonie der Bourgeoisie, der massiven Sprachregelung und ihrer Wirkung auf die Massen.
2. Dazu gehört ferner eine Analyse der Veränderungen in der Arbeiterklasse.
3. Aus einer kritischen Darstellung der Leistungen, der Irrungen und Fehler der Geschichte des Internationalismus ergeben sich einige vorläufige Prinzipien für die neue Internationale.

Es kann angesichts der Vielfalt der Kampfbedingungen keinen »Generalstab der Weltrevolution« geben. Die Ausgangsbedingungen jedes Landes müssen die Kampfmethoden und die Wege zum Sozialismus bestimmen; selbst das erfolgreichste Modell des Aufbaus einer neuen Gesellschaft kann nicht kopiert werden. Aus Kapitel 11 wird ersichtlich, wie grundverschieden die Aufgaben einer regierenden revolutionären Partei von denen einer Partei sind, die erst noch die Macht erobern muss.

Selbstbestimmung und Souveränität der Parteien, Kritik und offene Debatte sind die Grundlagen internationaler Solidarität. Der Marxismus ist zu erneuern, aus der Kanonisierung in der Stalin- und Mao-Ära zu befreien; dieser muss neue Antworten auf die neuen Fragen suchen und weiterentwickelt werden. Kritik ist die Lebensluft des Marxismus. Kritische Solidarität muss das Verhältnis der revolutionären Parteien zueinander bestimmen. Unkritische globale Zustimmung zu allen Schritten sozialistisch geführter Länder und kommunistischer Parteien ist schädlich. Dabei unterscheidet sich sozialistische Kritik in ihrer Zielsetzung grundsätzlich von kapitalistischer; die erstere will den sozialistischen Aufbau verbessern, Fehler minimieren, die andere den Sozialismus zersetzen. Daher muss unsere Kritik andere Argumente und andere Formulierungen finden als die der Gegner des Sozialismus; in Form und Inhalt muss marxistische Kritik sich klar von kapitalistischer unterscheiden.

Das gemeinsame langfristige Ziel ist die Überwindung des Kapitalismus und die Schaffung einer sozialistischen Welt. Im weltpolitischen Klassenkampf ist das gemeinsame Interesse die Verteidigung der sozialistischen Länder. In den täglichen Auseinandersetzungen gibt es jedoch durchaus Interessenunterschiede zwischen Arbeiterklassen und Werktätigen einzelner Länder, weniger zwischen den Interessen der Werktätigen der kapitalistischen Länder (darüber siehe Kap. 14), ebenso zwischen denen kapitalistischer und sozialistischer Länder. Sozia-

13.7 Demokratie in einer revolutionären Internationale

listische Regierungen müssen mit allen, auch faschistischen Staaten (zeitweise) Abkommen treffen, zumindest mit diesen verhandeln. Das darf für Sozialisten kein Grund sein, ihre Haltung zu kapitalistischen Partnern sozialistischer Staaten zu revidieren. Im Gegenteil: Die Fortsetzung des Klassenkampfes schwächt die kapitalistische Regierung und stärkt damit langfristig auch die Verhandlungsposition der sozialistischen Regierung: Friedliche Koexistenz sozialistischer und kapitalistischer Staaten, aber kein Konsens zwischen Proletariat und Kapitalistenklasse.

In einem Interessenkonflikt z.B. zwischen den deutschen Werktätigen und der sowjetischen Außenpolitik vertreten deutsche Kommunisten die »nationalen« Interessen ihrer Klasse; das ist nicht (aggressiver) Nationalismus. Nur wenn sie so handeln, können Kommunisten als Interessenvertreter von ihrer Klasse anerkannt werden und sie politisch führen. Andernfalls werden sie als Vertreter klassenfremder Interessen angesehen. Im konkreten Fall nach dem Zweiten Weltkrieg beschlossen die Alliierten 1945 die Demontage von Fabriken und die Umsiedlung von Millionen Arbeitern und Bauern. Um ihre politische Macht zu erhalten, war die deutsche Bourgeoisie (vorübergehend) zur Erfüllung der alliierten Forderungen bereit (und nutzte sie zugleich, um innenpolitisch ihren Antikommunismus zu popularisieren). Kritische Kommunisten protestierten gegen die noch gemeinsame alliierte Besatzungspolitik und schlugen der Sowjetführung eine sozialistische Alternative vor. Bei derartigen konkreten Interessenkonflikten kann Rosa Luxemburgs Diktum von 1914 – absoluter Vorrang der internationalistischen Pflichten – nicht mehr gelten.

Auf zwei Feldern ist sozialistischer Internationalismus besonders wichtig und höchst aktuell:

1. Antimilitarismus und Kampf gegen den Krieg. Die imperialistischen Interventionen und Kriege werden mit verschiedenen Verklärungen begründet; Einführung von Demokratie, Schutz der Menschenrechte. Sie dienten dem Kampf gegen alle Versuche nachhaltiger sozialer Veränderungen, der Eroberung und Sicherung wichtiger Rohstoffe und der Sicherung militärischer Hegemonie.

2. Zusammenarbeit der Werktätigen der Industrieländer und der Entwicklungsländer, gemeinsamer Kampf um die Angleichung der Lebens- und Arbeitsbedingungen nach oben. Es darf den kapitalistischen Regierungen und den internationalen Großunternehmen nicht gelingen, die Werktätigen der einzelnen Länder zu desolidarisieren und in den Ländern gegeneinander auszuspielen; aktiver gewerkschaftlicher Internationalismus ist unerlässlich, auch für eine erfolgreiche Gegenwehr gegen die »neoliberale« Kapitaloffensive in den Industrieländern. Internationale Solidarität ist die Antwort auf die Forderung nach Wettbewerbsfähigkeit der »eigenen« Kapitalisten. Priorität gebührt den sozialen Kämpfen der Werktätigen aller Länder, nicht dem Nationalismus (siehe Kapitel 14).

Revolutionäre (kommunistische) Parteien haben ganz unterschiedliche Aufgaben. Langfristig haben sie ein gemeinsames Ziel – eine sozialistische Welt der Zusammenarbeit der Werktätigen aller Völker, eine Welt ohne Ausbeutung, ohne Krieg, ohne Faschismus, ohne Hunger. Kurzfristig sind nicht nur die Aufgaben verschieden; die Interessen könnten sogar gegensätzlich sein. In einem solchen Fall hätte jede einzelne (»nationale«) Partei die Interessen ihrer Werktätigen zu vertreten.

Regierende kommunistische Parteien müssen sich auf den Aufbau des Sozialismus und die Verteidigung gegen kapitalistische Intervention und Subversion konzentrieren. Nach außen sollten sie vor allem durch eine überzeugende Entwicklungsstrategie beispielgebend wirken. Die Ausbreitung der Revolution über die Landesgrenzen hinaus kann nicht die Aufgabe der revolutionären Armee eines sozialistischen Landes sein. Die Erfahrung hat gezeigt, dass dieser Weg ein kontraproduktiver Irrweg ist; sozialistische Länder können die Revolution nicht exportieren; bestenfalls können sie ein Gegengewicht gegen den Export der Konterrevolution bilden. Militärische Konflikte zwischen sozialistischen Staaten sollten in Zukunft vermieden werden. Materielle Solidarität, gegenseitige wirtschaftliche und technologische Hilfe sind erwünscht, bleiben allerdings begrenzt.

Revolutionäre Parteien in kapitalistischen Ländern müssen in jedem Land ihre eigenen Methoden des Klassenkampfes erarbeiten und ihr eigenes Modell einer sozialistischen Zukunft entwerfen. Kein Modell anderer Länder, auch nicht das erfolgreichste, kann oder darf kopiert werden. Sie müssen kritische Solidarität mit den sozialistischen Ländern üben. Deren sozialistischer Aufbau darf nicht verherrlicht werden; vielmehr sind den Werktätigen die Probleme und Widersprüche sozialistischer Entwicklungsstrategie (in Entwicklungsländern!) zu erklären.

Die Aufgaben revolutionärer Parteien sind also in unserer Zeit grundverschieden, so verschieden, dass sie verschiedene Aktionsprogramme erfordern. Daher wird es in einer neuen kommunistischen Internationale keinen »Generalstab« geben dürfen. Alle revolutionären Parteien müssen gleichberechtigt und gleichgewichtig sein – groß oder klein, ob an der Macht oder noch vor ihrem Sieg.

Böke (2007: 95) meint: »Eine einheitliche kommunistische Weltbewegung alten Stils wird es nicht mehr geben.« Allerdings scheint mir seine Begründung nicht akzeptabel: »... weil die neue Entwicklung sozialer Bewegungen mit der Formierung von sozialen und politischen Subjekten einhergeht, an denen sich die alten Konzepte von ›Avantgardeparteien‹ als hinfällig erweisen und neue Organisationsformen sich bewähren müssen.« (Ebd.) Sehr wohl aber könnte und sollte eine neue Internationale nach offener Debatte Solidarität üben und Einheit in der Vielfalt zeigen. Zur Entwicklung der inneren Struktur Chinas meinte

13.7 Demokratie in einer revolutionären Internationale

Böke: »Aus heutiger Sicht erscheint das China der Mao-Ära als eine Gesellschaft, die das Stadium der Verrechtlichung sozialer Beziehungen noch nicht erreicht hatte, die Abwesenheit formeller Gesetzbücher entsprach noch der Praxis des kaiserlichen China und sollte gleichzeitig revolutionäre Flexibilität ermöglichen.« (ebd:. 143)

Böke sagte ferner, es werde keine »fundamentale Systemauseinandersetzung zwischen zwei durchgängig gegensätzlichen Gesellschaftsmodellen« geben. Denn: »China wird kein neues ›sozialistisches Lager‹ und auch keinen ›antiimperialistischen Block‹ anführen.« (ebd.: 166)

Nach dem Zusammenbruch der II. Internationale 1914 war Internationalismus notwendiger als zuvor. Und Rosa Luxemburg konstatierte 1915, wie oben erwähnt: »Die Pflicht der Disziplin gegenüber den Beschlüssen der Internationale geht allen anderen Organisationspflichten voran.« (GW, Bd. 4: 46) Als die neue III., die Kommunistische Internationale, gegründet werden sollte – in St. Petersburg und Moskau, in den Zentren der um ihre Existenz gegen die Intervention vieler kapitalistischer Staaten ringenden Sowjetunion – wandte sich Luxemburg gegen die Gründung. Sie war die gleiche Internationalistin geblieben, spürte aber die Gefahren einer vorzeitigen Gründung; sie fürchtete das angeborene Ungleichgewicht: hier eine in der Revolution siegreiche, nun regierende Partei mit einer etablierten Organisation, da eine Vielzahl gerade entstandener revolutionärer Parteien, noch vor der großen Prüfung der Machteroberung stehend. In der Begeisterung des Gründungskongresses der Komintern (2.-6. März 1919), sieben Wochen nach der Ermordung von Luxemburg und vieler anderer, nach dem blutigen Sieg der Konterrevolution in Deutschland, stimmten die offiziellen Vertreter der jungen KPD der Gründung zu.

Hier vereinigten sich viele Parteien; der Kommunismus war eine weltweite Bewegung geworden. Aber es waren Parteien in Ländern unterschiedlicher sozialistischer Entwicklung, selbst in ganz verschiedenen Entwicklungsstufen, verschiedener Sprache und Marxismusinterpretation, vor allem mit völlig unterschiedlichen Aufgaben und daher mit verschiedenem »Status« (Einfluss) in der neuen Internationale.

Das war noch wenig problematisch, solange die sowjetische Führung aus Menschen mit großer außerrussischer Lebenserfahrung bestand und solange sich die Interessen der wichtigeren Parteien auf einen Nenner bringen ließen: Revolution in wichtigen industrialisierten Ländern zum solidarischen Schutz und zur materiellen Hilfe für das Land der erfolgreichen, aber bedrohten Revolution. In dieser Phase warnte auch Lenin mehrfach vor kurzfristigen Verallgemeinerungen aus dem Erfolg der Oktoberrevolution. Man vergleiche diese kritische Selbsteinschätzung Lenins mit den Parolen der Stalin-Ära: Von der Sowjetunion sollte man siegen lernen, indem eine Partei Stalinschen Typs durch Bolschewisierung der außerrussischen Parteien geschaffen wurde. Dennoch begann schon zu Lenins Zeiten, als dieser nun weniger Zeit auf die Internationale verwenden konnte, das Ringen um die Selbständigkeit, die politische Souveränität der Parteien. (Die Vorstellungen der KPD-O über die Formen gleichberechtigter Zusammenarbeit wurden in Kap. 2.7 dargelegt.)

Die Position ist: politische und finanzielle Selbständigkeit, Gleichberechtigung, Solidarität, offene Kritik. Die Kritik verschärft sich mit der Verstärkung der undemokratischen Tendenzen und den Repressionsmaßnahmen der Stalin-Führung. Sie führt 1937 schließlich zur Forderung nach der Absetzung der Stalin-Führung, weil diese die Existenz der Sowjetunion durch ihre Politik gefährde. Allerdings hofft die KPD-O, die KPdSU sei stark genug, diese Absetzung von sich aus und vor einer Katastrophe durchführen zu können. Im Krieg fordert die KPD-O jedoch Verteidigung der SU durch eine eigenständige Strategie der Kommunisten in den mit der SU verbündeten Staaten, Beibehaltung der sozialistischen Zielsetzung.

All diese Kritik, die sich über die ganze 24-jährige Geschichte der Komintern detailliert verfolgen lässt, war jedoch eine Kritik einer Gruppe von erfahrenen Kommunisten, die keine Staatsmacht erobert, nicht in einer Revolution gesiegt hatten. Die nicht siegreichen Bruderparteien waren Schritt für Schritt zu Befehlsempfängern degradiert und so allmählich als effektive Helfer entwertet worden. Der Führungsanspruch der KPdSU war schädlich; die Unterwerfung der Komintern-Parteien war nur durchsetzbar geworden dank der Unterwürfigkeit der Führungen dieser Parteien; dieser Anspruch war von Anfang an unrichtig. Er wurde aber endgültig überwunden und erst außer Kraft gesetzt durch die selbständigen Siege revolutionärer Parteien in Jugoslawien, China und Kuba. Das Verhältnis von Nordkorea zu den zwei sozialistischen Großmächten ist ein anderes, mithin gesondert zu behandeln. Die KP-Führung in Nordkorea hatte weder das Bedürfnis noch die Kraft zu einer kritischen Position gegenüber beiden »Geburtshelfern«. Stalins Versuch, mit dem Kominform eine Rumpfinternationale zu schaffen und damit die jugoslawischen Kommunisten zu disziplinieren, scheiterte am entschlossenen Widerstand der KPJu, dessen innere Stärke Stalin erkannte und dann widerwillig akzeptierte.

Damit beginnt ein neues Kapitel in der Geschichte des revolutionären Internationalismus. Die Hegemonieansprüche einzelner Parteien, später auch die der KP Chinas unter Mao Zedong und seinem »engsten Kampfgefährten und designierten Nachfolger« Lin Biao, wurden nun von Parteien mit eigenem Regierungsstatus verworfen, sie scheiterten an der Realität. Die Reformer in der Sowjetunion, Chruschtschow und Gorbatschow, erklärten mehrfach, dass es keine Hegemonie einer Partei geben könne, und forderten ihre Bruderparteien zu selbständiger Erneuerung auf. Das geschah auf den wenigen internationalen

13.7 Demokratie in einer revolutionären Internationale

Konferenzen der kommunistischen und Arbeiterparteien, die nach dem Zweiten Weltkrieg noch stattfanden.

Der von Leonid Breschnew angeordnete Einmarsch der fünf brüderlichen Armeen in die CSSR zerstörte den »Prager Frühling« im Sommer 1968. Er wurde begründet mit einer neuen Doktrin der »begrenzten Souveränität sozialistischer Staaten«. Das hatte katastrophale Folgen. Die klügsten Kommunisten und eine demokratisch erfahrene Arbeiterklasse wurden der Sowjetunion entfremdet, demotiviert, einer der hoffnungsvollsten späten Reformversuche im Kommunismus vernichtet. Die »Normalisierung«, die Einsetzung einer sozialistischen Puppenregierung endete in der Katastrophe von 1989. Selbstzufriedene Bürokraten hatten jede Reform als unnötig erklärt. (Siehe das Interview des Chefideologen der SED Kurt Hager 1987, nur zwei Jahre vor dem Zusammenbruch der DDR, und die Rede Erich Honeckers im Herbst 1989 bei Gorbatschows DDR-Besuch.)

Die revolutionäre Weltbewegung trat nach 1945 in eine neue Phase ein. Die Aufgaben der Parteien waren nun eindeutig völlig verschieden – damit auch ihre Methoden: hier Regierungsparteien mit der primären Aufgabe, ihre Revolution in einer feindlichen kapitalistischen Welt zu verteidigen und eine sozialistische Gesellschaft aufzubauen; da Parteien, die einen Weg zum Sturz des Kapitalismus noch suchen müssen, der alle militärischen Machtmittel und die Kontrolle über alle Medien und somit die Hegemonie besitzt. Die Revolutionen und die revolutionären Bewegungen sind ungleichzeitig; aber sie sind auch ungleichartig, in einigen Ländern von Arbeitern getragen, in anderen von Bauern (z.B. in Bolivien). Die Bewegungen können nicht durch einen Generalstab der Weltrevolution synchronisiert werden; alle derartigen Hoffnungen waren unrealistisch, auch die von Mao Zedong und Lin Biao, die »Dreiweltentheorie« der KPCh und ähnliche Zweck»theorien«.

Die immer wiederholten Reformversuche dürfen nicht vergessen werden:
- Jugoslawiens neues Modell (Arbeiterselbstverwaltung)
- XX. Parteitag der KPdSU, N.S. Chruschtschows »Geheimrede« Februar 1956
- Polens Oktober 1956 (Wladyslaw Gomulka, Marian Spychalski u.a.)
- Ungarn 1956 (Imre Nagy in der noch sozialistischen Phase)
- Prager Frühling 1968 – »Sozialismus mit dem menschlichen Angesicht«
- Reform und Öffnung in der VR China mit Deng Xiaoping 1978
- Perestroika und Glasnost des Michail Gorbatschow 1985
- Wirtschaftsreform in Vietnam (Doi Moi) 1986.

Es bleibt weiter zu analysieren, warum die Reformversuche in der VR China, in Vietnam und Kuba erfolgreich waren. Sie zeigen jedenfalls, dass es kein letztes, einmaliges, unveränderliches, weltweit gültiges Modell sozialistischen Aufbaus gibt. Der Marxismus ist nicht monolithisch und einfältig, sondern plural und vielfältig. Ebenso müssen Aufbaustrategien vielfältig sein und regelmäßig überprüft werden. Das widerspricht den von Stalinismus und Maoismus geprägten Vorstellungen vieler treuer Kommunisten in der kapitalistischen Welt, die nur diese zwei Modelle kannten, sich kein anderes vorstellen konnten, auch weil die Alternativen als Versuche der Rückkehr zum Kapitalismus verketzert wurden. Die Exkommunikation kommunistischer Alternativen, die Stalin sehr früh eingeführt hatte, wurde von Mao Zedong übernommen; sie hat der revolutionären Bewegung schwer geschadet, den sozialistischen Aufbau behindert.

So sahen auch viele westliche Marxisten in jedem Reformversuch eine Gefährdung des Sozialismus. Das Gegenteil ist richtig: Ohne Bereitschaft und Fähigkeit zu selbstkritischer Überprüfung und frühzeitiger Korrektur kann der Sozialismus nicht aufgebaut werden. In den Parteien des (regierenden) Stalinschen Typs wurden die Anhänger jedoch anders geschult: Die Generallinie war richtig, durfte nicht angezweifelt werden; für den Nicht-Erfolg wurden Sündenböcke gesucht – das waren die Kritiker mit ihren alternativen Vorschlägen. Diese Methode, Geschlossenheit durch Kadavergehorsam zu schaffen, statt durch Überzeugung, hat viele Menschen aus der kommunistischen Bewegung exkommuniziert und hinausgedrängt. Letztes Beispiel ist der oben erwähnte, von dem westdeutschen Marxisten Heinz Jung kreierte »Gorbatschowismus«.

13.8 Die politischen Aufgaben

Aus dem Zerfall der Internationalen ergeben sich u.a. folgende Erkenntnisse. Einige Axiome sozialistischen Denkens sind durch die Realität widerlegt, z.B. dass zwischen sozialistischen Ländern immer friedliche Beziehungen bestehen, dass der Sozialismus die nationalen Fragen löst. Der militärische »Export der Revolution« hat sich als nutzlos erwiesen. Auch der erfolgreiche Aufbau des Sozialismus in einem Lande, besser: eine erfolgreiche Entwicklungsstrategie einer kommunistischen Regierung, darf nicht als Modell für andere Länder dienen. Der Weg des sozialistischen Aufbaus ist von Land zu Land unterschiedlich. Ähnlich Ho Chi Minh (1968): »Was die Gegenwart angeht, so dürfen wir uns beim Aufbau des Sozialismus nicht einfach mechanisch an das Vorbild eines der Brudervölker halten, weil unser Land seine Gesetzmäßigkeiten hat. Mißachtung der Eigenheiten des eigenen Landes, verbunden mit mechanischer Übernahme der Methoden der Brudervölker, ist einer der schwerwiegendsten Fehler, nämlich Dogmatismus.«[83]

---

[83] Zitiert nach Handbuch der Dritten Welt, Bd. 4/11, S. 733-759, hier S. 741.

13.8 Die politischen Aufgaben

Revolutionäre Parteien sind gleichfalls in jedem Land anders. Jede Gleichschaltung (»Bolschewisierung«) hindert die Entfaltung des eigenen schöpferischen und kämpferischen Potenzials.

Eine Weltrevolution, wie sie die russischen Revolutionäre nach dem Oktober 1917 als sich selbst verbreitenden Flächenbrand erhofften, erweist sich als ein sehr langer Prozess mit Rückschlägen. Alle Versuche, die Revolution (durch siegreiche Rote Armeen) in andere Länder zu tragen, sind fehlgeschlagen.

Angesichts der unterschiedlichen Arbeits- und Kampfbedingungen können zwar Grundsätze gemeinsam beschlossen werden, Taktik und Strategie müssen jedoch länderspezifisch erarbeitet werden, wobei Kritik der anderen Parteien durchaus notwendig ist.»Vereinfachende« Erfolgsberichterstattung ist schädlich, weil sie den Werktätigen die politische Einsicht in die Probleme und Hindernisse jedes sozialistischen Aufbaus verwehrt. Das Verhältnis revolutionärer Parteien zueinander muss von kritischer Solidarität bestimmt sein.

Zu den gemeinsamen Aufgaben sozialistischer und kommunistischer Parteien können die folgenden gehören:
1. Solidarität in Streiks und bewaffneten Klassenkämpfen.
2. Kampf gegen die Kriegsgefahr.
3. Hilfe in Notlagen für gefährdete sozialistische Staaten.
4. Internationaler Erfahrungs- und Gedankenaustausch über Fortentwicklung des Marxismus, über Probleme und Kämpfe sozialistischer Bewegungen und über Probleme des sozialistischen Aufbaus in China, Vietnam, Nordkorea und Kuba.
5. Zu den Aufgaben marxistischer Debatte werden gehören: Aufarbeitung des Niedergangs der kommunistischen Bewegung, Analyse des heutigen Kapitalismus, soziale Strukturanalyse der Arbeiterklasse, Entwurf eines landesspezifischen strategischen Konzepts sozialistischer Politik, Erarbeitung neuer Organisationsprinzipien der revolutionären Bewegung.
6. Solidarische Kritik an für uns erkennbaren Mängeln und Fehlern kommunistischer Regierungen.
7. Internationale Verständigung der Werktätigen, hier vorwiegend ihrer Gewerkschaften, Betriebsräte und ähnlicher Institutionen gegen die Strategien der multinationalen Konzerne und supranationalen Institutionen.

Zum Teil infolge des Missbrauchs des Internationalismus durch kommunistische Regierungen, zum Teil als Folge der tiefen Krise der sozialistischen Bewegung nach 1989/90 und der nationalen Einbindung der Führungen vieler Gewerkschaften und Arbeiterparteien in die reformistische Strategie der Sozialpartnerschaft ist gegenwärtig die internationale Solidarität schwach und die deutsche Arbeiterbewegung stark auf Europa konzentriert. Die häufigen radikalen, zum Teil bewaffneten Bewegungen und Aktionen von Kleinbauern, Landlosen, Arbeitern in mehreren Ländern Lateinamerikas und Asiens, etwas auch in Afrika, große Streikbewegungen in den USA oder Frankreich werden in den beinahe monopolisierten Medien kaum erwähnt und hier weitgehend ignoriert. Dabei haben die Kämpfe auf den Dörfern und in den vom Auslandskapital beherrschten Unternehmen oft größeren Umfang, sind manchmal regional begrenzt auf »befreite Zonen«, in denen die Staatsmacht kaum präsent sein kann. Der internationale Austausch von Informationen über Klassenkämpfe muss wieder verstärkt werden.

Für die erwähnten und andere internationale Aufgaben bedarf es neuer Institutionen, die in der gegenwärtigen Depression nicht von oben gegründet werden können, die erst bei einem neuen umfassenden Aufschwung nationaler Klassenkämpfe entstehen werden. Aktuelle internationale Aktivitäten können trotzdem intensiviert werden, z.B. Debatten über die Weiterentwicklung der marxistischen Theorie, gewerkschaftliche Solidaritätsaktionen in multinationalen Unternehmen oder für verfolgte Arbeiterfunktionäre, materielle Hilfe für Vietnam und Kuba. Aus den Fehlern und Irrtümern früherer Internationalen sind die Lehren zu ziehen und bei Entstehung neuer internationaler Zusammenschlüsse ihre Wiederholung zu vermeiden.

Bei einem Neubeginn internationaler Zusammenarbeit von Sozialisten geht es einmal um organisatorischen, zum anderen auch um einen politischen Neubeginn. Die stalinistische Version des Kommunismus hat sich als eine Sackgasse gesellschaftlicher Entwicklung erwiesen und zur Selbstzerstörung geführt. Ebenso war auch der revisionistische Weg der schrittweisen Eroberung der Mehrheit und dann der Macht mittels allgemeiner Wahlen kein Weg zu irgendeiner Form von Sozialismus. Im langen Marsch durch die Institutionen und Parlamente sind die Repräsentanten der Werktätigen über viele Stufen »zwangsläufiger Kompromisse« völlig in die Institutionen kapitalistischer Klassenherrschaft integriert worden. Die führenden Vertreter des angeblich neuen dritten Weges – Tony Blair und Gerhard Schröder – betrieben eine Politik völlig im Interesse der Bourgeoisie und hatten keinerlei Reformen im Sinn, die die Lage der Werktätigen im Kapitalismus verbessern. Der Verzicht auf eine revolutionäre Umgestaltung und eine sozialistische Zielsetzung impliziert die Akzeptanz des kapitalistischen Gesellschaftssystems und führt schließlich zum Verzicht auch auf wirkliche Reformen.

Da wesentliche (historische) Erfahrungen vorliegen, die noch theoretisch zu analysieren sind, beginnt eine sich erneuernde sozialistische Bewegung nicht ideologisch am Nullpunkt. Ähnlich wie Neubert denke ich, der Marxismus wird das dominante Analyseinstrument zur Beantwortung der Gegenwartsfragen einer neuen Internationale sein. Er muss jedoch weiter entwickelt werden; er kann sich nicht mit der Berufung auf die Klassiker begnügen. Der Marxis-

13.8 Die politischen Aufgaben

mus ist zudem nicht monolithisch, sondern plural; und marxistische Antworten dürften in einigen Ländern und unter unterschiedlichen Kräfteverhältnissen unterschiedlich ausfallen. Manche Fragen der Strategie und Taktik des Klassenkampfes müssen tolerant diskutiert werden und offen bleiben, so z.B. die Formen der Überwindung des kapitalistischen Staates und seines Repressionsapparates. Die bisherige Erfahrung besagt, dass es noch keinen friedlichen, schrittweisen Übergang zu einer sozialistischen Gesellschaft gegeben hat. Denn noch bleibt die Zukunft offen; die Frage kann nicht durch Theoriediskussionen endgültig entschieden werden.

So heißt es z.B. im Programm der japanischen KP von 2004: »Die schrittweise Transformation wird nicht in einem kurzen Zeitraum durchgeführt werden; es wird ein langer Prozess sein, der Schritt für Schritt fortschreiten muss auf der Grundlage eines nationalen Konsensus. Eine solche Transformation beginnt mit der Herstellung eines Konsensus einer Mehrheit des Volkes, die ein Fortschreiten zum Sozialismus-Kommunismus unterstützt; eine zum Sozialismus strebende Kraft wird sich mit Unterstützung einer starken parlamentarischen Mehrheit bilden. Die Schaffung eines nationalen Konsensus ist Vorbedingung für ein Handeln während dieser Schritte.«[84]

Rosa Luxemburg nannte als dritten und vierten Punkt im Entwurf der Junius-Thesen, die am 1. Januar 1916 auf der Konferenz der Gruppe »Internationale« angenommen wurden, die »Internationale (den) Schwerpunkt der Klassenorganisation des Proletariats« und gab internationaler Disziplin erste Priorität. In den 21 Bedingungen des 2. Weltkongresses der Komintern vom Juli-August 1920 wird ähnlich formuliert: »Alle Beschlüsse der Kommunistischen Internationale wie auch die Beschlüsse ihres Exekutivkomitees sind für alle der Kommunistischen Internationale angehörenden Parteien bindend. Die Kommunistische Internationale, die unter Bedingungen des schärfsten Bürgerkriegs tätig ist, muß viel zentralisierter aufgebaut sein als die II. Internationale.« (LW 31: 197)

Allerdings war der Entwurf Lenins weniger rigoros als später Sinowjew, indem »all den mannigfaltigen Verhältnissen Rechnung getragen« werden sollte und »allgemeinverbindliche Beschlüsse nur in Fragen, in denen solche Beschlüsse möglich sind, gefaßt werden sollten«. Was darüber hinausgeht, ist schädlich, wie die Erfahrung lehrt.

Dieser internationalistische Rigorismus, so wünschenswert er wäre, ist heute nicht durchsetzbar. Keine revolutionäre Partei wird einen organisatorischen oder politischen Führungsanspruch haben können. Alle Parteien, unabhängig von ihrer Größe und von ihrem Status, müssen gleichberechtigt sein. Eine polyzentrische Organisation, die sich einem undogmatischen, pluralen Marxismus

---

[84] Working in Solidarity (2006), S. 203.

verpflichtet fühlt, kann nicht durch Mehrheitsbeschlüsse alle angeschlossenen Parteien zu einer Aktion zwingen oder ihnen eine bestimmte Taktik auferlegen. Politische Souveränität setzt jedoch auch materielle Eigenständigkeit voraus. Bei legalen Arbeitsbedingungen sollten daher revolutionäre Parteien finanziell unabhängig sein, ihre Aktivitäten aus eigenen Mitteln finanzieren. Diese Forderung erhebt gegenwärtig auch die KP Japans.

Ein neues internationales organisatorisches Zentrum wird nur als Kollektiv von Vertretern vieler nationaler sozialistischer Parteien wirken können; seine Angehörigen müssen internationale Erfahrung haben und werden dennoch keine Handlungsanweisungen geben dürfen.

Einige bisher angewandte Methoden zur Ausbreitung der Revolution haben sich als geradezu schädlich erwiesen. So die Versuche, militärisch die Revolution in Nachbarländer zu tragen oder die Gründung von kommunistischen Gegenparteien in anderen Ländern. Revolutionen können nicht in andere Länder exportiert werden. Solidarität bedeutet indes, den Export von Konterrevolutionen zu verhindern.

Der Erfahrungs- und Meinungsaustausch muss Strategie und Taktik aller Parteien umfassen. Es hat sich als schädlich erwiesen, dass die Aufbauerfolge regierender kommunistischer Parteien kritiklos dargestellt, übertrieben oder gar als Modell für »weniger erfolgreiche« Parteien empfohlen wurden. Auch eine erfolgreiche Revolution oder Aufbaustrategie kann niemals kopierfähiges Modell sein. Richtig und aufrichtig ist es, den internationalen Werktätigen Probleme und Hindernisse einer sozialistischen Entwicklung zu erklären. Die Offenheit ist Vorbedingung für sinnvolle gemeinsame Aktionen.

Eine besonders wichtige Aufgabe wird eine offene marxistische Debatte sein, die die Ursachen von Irrwegen und Niedergang des Kommunismus analysiert, Theoriedefizite aufarbeitet und zur Weiterentwicklung eines pluralen Marxismus beiträgt.

Politische Organisationen der Werktätigen sind auch in Zukunft unerlässlich, nicht »Volksparteien«. Sie haben die Aufgabe, den wirtschaftlichen und sozialen Kämpfen die Richtung zu weisen. Das kann nicht geschehen, indem irgendeine politische Strömung, Fraktion, Partei einen Führungsanspruch erhebt oder einen solchen gar in der Staatsverfassung festschreibt. Politische Führung im Klassenkampf ergibt sich nur, wenn es den Revolutionären gelingt, die Mehrheit der Werktätigen durch bessere Ideen, bessere Leistungen im täglichen Klassenkampf zu überzeugen.[85]

---

[85] Luxemburg sagt dazu: »Der Spartakusbund wird nie anders die Regierungsgewalt übernehmen als durch den klaren, unzweideutigen Willen der großen Mehrheit der pro-

13.8 Die politischen Aufgaben

Notwendig ist umfassender internationaler Informationsaustausch über Klassenkämpfe, seien sie gewerkschaftliche und solche um sozialökonomische Forderungen oder politisch-militärischer Art (Landlosenbewegungen in Lateinamerika oder in Zentralindien). Angesichts der (vereinfacht dargestellt) dreigeteilten Welt ergeben sich völlig unterschiedliche Aufgaben, die hier nochmals zusammengefasst werden.

Die von den Kommunisten geführten Länder müssen dem sozialistischen Aufbau und dem Schutz gegen kapitalistische (militärische oder ökonomische) Intervention Vorrang gewähren. Sie haben mit der Revolution die Phase des Klassenkampfes im Wesentlichen abgeschlossen. Dagegen verschärften die gerade dominierenden Richtungen unter diesen Voraussetzungen den innerparteilichen Fraktionskampf bis zur Vernichtung der kommunistischen Opponenten. Sie müssen mit der kapitalistischen Umwelt – gleich welcher Regierungsform – ökonomisch und politisch koexistieren. Ihre Aufbau- und Entwicklungsprobleme sind, wie oben erwähnt, den Sozialisten anderer Länder zu erklären.

In den wenigen hochindustrialisierten Ländern stehen wir vor einer widersprüchlichen Situation. Nach dem politischen Zusammenbruch und der widerstandslosen Kapitulation der »führenden Parteien der Arbeiterklasse« in Europa befindet sich die sozialistische Linke in einem Zustand der Lähmung und Orientierungslosigkeit. Auf der anderen Seite erleben die Werktätigen (zu ihnen gehören auch die neuen scheinselbständigen »Arbeitskraftunternehmer«, die Millionen Erwerbslosen und die Millionen Rentner) eine brutale Kapitaloffensive, die systematisch die Errungenschaften des jahrzehntelangen Kampfes um Reformen abbaut (Sozialversicherung, Reallohn, Arbeitszeit, Arbeitsbedingungen) und die physische Ausbeutung intensiviert, immer mehr prekäre Arbeitsverhältnisse (ohne soziale Sicherung) schafft. Arbeitslosigkeit ist für Millionen Realität und Drohung für die noch in Arbeit Stehenden. Der Klassenkampf für die Lebensbedingungen steht infolgedessen auf der Tagesordnung, ferner der Kampf gegen Kriegs- und Expansionspolitik, gegen den wachsenden Rechtsradikalismus. Hier kann es nur begrenzte Bündnisse geben – nur mit Gruppen und Schichten, mit denen die Werktätigen gemeinsame Interessen haben, nicht mit der Kapitalistenklasse und ihren Vertretern, mithin keine Volksfront.

Auch die »nationalen« außenpolitischen Ziele der Werktätigen sind im Allgemeinen denen der herrschenden Klasse entgegengesetzt. Und unsere Kritik an Fehlentwicklungen in sozialistischen Ländern geht von einem anderen Gesichtspunkt aus als die kapitalistische Kritik.

---

letarischen Masse in ganz Deutschland, nie anders als kraft ihrer bewussten Zustimmung zu den Ansichten, Zielen und Kampfmethoden des Spartakusbundes.« (GW 4: 448)

13. Internationalistische Perspektiven

In den hoch industrialisierten kapitalistischen Ländern hat die Verteidigung der sozialen und ökonomischen Standards der Werktätigen höchste Priorität. Diese kann nur erfolgreich sein mit einer sozialistischen Zielsetzung und im Gegensatz zur sozialpartnerschaftlichen Taktik des Reformismus. Dabei ist wiederum internationale Solidarität dringend erforderlich, um ein Ausspielen der Werktätigen der Billiglohnländer gegen die der »Hochlohnländer« zu verhindern. Bisher fehlt den europäischen freien Gewerkschaften eine internationalistische Strategie, die Arbeitsimmigranten akzeptiert und integriert (d.h. für diese auch eine gleiche Entlohnung und gleiche Arbeitsbedingungen durchsetzt), aber zugleich die Auslagerung von Produktionsketten in Billiglohnländer (und damit die »Standortkonkurrenz« der Werktätigen untereinander) verhindert (siehe dazu Kap. 14).

Zu den Aufgaben der sozialistischen Bewegung der Industrieländer gehört die Solidarität mit den Werktätigen der Entwicklungsländer. Auch diese muss im Gegensatz zu den kapitalistischen Strategien der Globalisierung, der verschärften Ausbeutung und der massiven Bevormundung durch die internationalen Finanzinstitutionen stehen.

In den Entwicklungsländern sind die Kampfbedingungen und der Reifegrad der sozialistischen Bewegung außerordentlich unterschiedlich. Oft ist eine Arbeiterklasse erst im Entstehen oder ist noch nicht eine Klasse für sich, die bereits über die Kraft zur klassenbewussten Selbstorganisation verfügt. Wo jedoch im Gefolge kapitalistischer Investitionen größere Arbeitermassen zusammenkommen (z.B. Abbau von Erzen oder Gewinnung von Erdöl und Erdgas), sollte solidarische Hilfe zur Organisierung und zur Verbesserung der Lebens- und Arbeitsbedingungen gewährt werden.

Selbstverständlich arbeiten Sozialisten international gegen imperialistische Kriege, gegen Rüstung und Rüstungsexport. In dieser Frage muss es unterschiedliche Positionen für Sozialisten in sozialistisch regierten Ländern, in kapitalistischen Staaten und in den wenigen Kolonien und Halbkolonien geben. Für sozialistische Länder sollte eine rein defensive Militärdoktrin gelten.

Notwendig ist die Rückkehr zu einer Klassenanalyse der weltpolitischen Akteure. Auch darf die Gegnerschaft gegen den US-Imperialismus nicht dazu führen, die jeweiligen Gegner der USA unbesehen zu unterstützen. Der US-Imperialismus hat auch ganz reaktionäre Gegner. Die regierenden Kommunisten müssen vorrangig (nationale) Interessen ihrer Arbeiter- und Bauern vertreten, ihr Land und dessen Revolution schützen, müssen mit allen Staaten handeln und verhandeln. Das ist nicht (expansiver) Nationalismus, sondern defensive Vertretung der nationalen Interessen. Die Werktätigen der kapitalistischen Länder müssen ihren Klassenkampf weiterführen, dürfen nur vorübergehende Kompromisse mit ihrer Bourgeoisie schließen. Es wäre schließlich für die eigene

13.8 Die politischen Aufgaben

Kampffähigkeit und damit auch für die Kraft zur Hilfe und Verteidigung sozialistischer Länder nicht gut, wenn sie pauschal alles verteidigen würden, was in einem sozialistischen Land geschieht. Die Entwicklung und die Probleme dieser Länder gilt es zu erkunden und mit kritischer Solidarität zu begleiten. Der eigene Klassenkampf darf davon nicht beeinträchtigt werden.

Die sozialistischen Parteien werden souverän sein müssen. Denn nur so können sie die für ihre spezifischen Bedingungen passenden Strategien und Taktiken entwickeln. Diese Unabhängigkeit ist im Laufe der Geschichte der internationalen Zusammenarbeit seit 1917 immer wieder gefordert worden, so von Luxemburg, Lenin, Thalheimer, Gramsci, Togliatti bis zu Chruschtschow und Gorbatschow (siehe Anhang 15.4).

Man kann sich ein »magisches Dreieck« vorstellen: Selbständigkeit der Parteien – internationale Solidarität – Kritik. Diese drei hängen eng zusammen, bedingen einander. Nur politisch und materiell selbständige Parteien sind auf die Dauer zu aktiver Solidarität und Kritik an Irrtümern und Fehlern fähig. Ohne Kritik ist auch wirkliche Solidarität nicht möglich, sondern nur Beifall und Lobhudelei für stärkere (regierende) Parteien; das nützt den Regierenden nicht und schadet dem eigenen Ansehen. Kritische Solidarität ist Ausdruck wirklicher Kampfgemeinschaft.

Eine Aufgabe einer neuen revolutionär-sozialistischen Internationale könnte der Versuch sein, in einem geduldigen Klärungsprozess die historisch notwendige Spaltung in einigen Ländern zu überwinden und eine auf den Erfahrungen begründete Synthese zu finden; diese würde die demokratische Verfasstheit und Erfahrung der Arbeiterbewegung der alten Vorkriegssozialdemokratie mit dem revolutionären Kampfwillen des Kommunismus zusammenführen. Am Ende dieses Prozesses stünde ein demokratischer Kommunismus, der den Erfahrungen der deutschen Werktätigen entsprechen würde.

Sozialistische »Weltpolitik«, d.h. Einflussnahme der Arbeiterbewegung auf weltpolitische Entwicklungen kann nicht geschehen durch einmarschierende Rote Armeen, sondern als Kampf der Werktätigen jedes Landes gegen expansionistische Politik und Kriege der eigenen Regierung. Eine Ausdehnung der sozialistischen Welt wird ein schrittweiser Prozess des Zusammenwirkens der revolutionären Bewegungen der ganzen Welt aus eigenen Kräften jedes Landes sein. Diese suchen ihre Verbündeten mehr bei Regierungen, die eine soziale Transformation ihres Landes vorantreiben und revolutionäre nationale Befreiungsbewegungen unterstützen. Insofern unterscheidet sich ihre Weltpolitik von der imperialistischer Mächte.

Ein Internationalismus neuer Qualität ist erforderlich: die solidarische Zusammenarbeit gleichberechtigter Parteien mit innerer Souveränität, d.h. dem Recht auf volle Eigenbestimmung. Nur aus solcher Zusammenarbeit kann von unten nach oben ein neues internationales Koordinationsinstrument entstehen. Vordringlichste Aufgabe jeder »nationalen« Bewegung ist die eigene Revolution im eigenen Lande.[86] Dann sind die Probleme der Bruderparteien offen darzulegen und zu debattieren, die Erfahrungen anderer Länder auszuwerten, erkennbare Fehler kameradschaftlich zu diskutieren. Selbstverständlich ist Solidarität mit revolutionären Bewegungen, die sich nicht auf die sozialistisch-kommunistischen Regierungen verlässt, sondern in jedem Lande materielle und politische Unterstützung mobilisiert.

Wenn Kommunisten die Macht in einem Land übernommen haben, ist der traditionelle Internationalismus neu zu überdenken. Vor der Machteroberung haben die Revolutionäre aller Länder im Wesentlichen gemeinsame oder ähnliche Aufgaben und Ziele. Danach jedoch bleiben die langfristigen Ziele gleich, aber die täglichen Aufgaben sind länderspezifisch. Eine gemeinsame internationalistische Position der Arbeiterbewegung – wie im Ersten Weltkrieg – gibt es heute nicht. Das hat mehrere Gründe: Verzicht der kommunistischen Parteien auf marxistische Analyse und revolutionäre Zielsetzung, aber auch die Ungleichzeitigkeit und Ungleichartigkeit revolutionärer Bewegungen.

Eine neue Internationale wird nur als Zusammenfassung und Zusammenarbeit eigenständiger und gleichberechtigter Parteien wirken können. Nicht in der bürokratisch erzwungenen, widernatürlichen Einstimmigkeit, sondern gerade in der Vielfalt der Meinungen und internationalen Erscheinungsformen wird sich der wirkliche Marxismus ausdrücken, seine Lebens- und Anpassungsfähigkeit an unterschiedliche Bedingungen und Aufgaben erweisen.

Über die Außenpolitik sozialistischer Länder ist ebenfalls neu nachzudenken. Das betrifft die Außenbeziehungen sowohl zu anderen Ländern wie zur sozialistischen Bewegung. Vor dem Sieg bedürfen die Revolutionäre der internationalen Solidarität und rufen nach ihr. Freiwillige kommen ihnen aus vielen Ländern zu Hilfe, unbezahlt und nicht von anderen Staaten oder der Komintern entsandt. Sie bilden ein kleines Gegengewicht gegen die kapitalistischen Interventionsversuche. Sie versuchen daher auch nicht, die politischen Entscheidungen zu beeinflussen, sondern integrieren sich bescheiden und diszipliniert in

---

[86] Lenin dazu (1917): »Es gibt einen und nur einen Internationalismus der Tat: das ist die mit voller Hingabe geführte Arbeit für die Fortführung der revolutionären Bewegung und des revolutionären Kampfes im eigenen Lande, die Unterstützung desselben Kampfes ... in allen Ländern ohne Ausnahme.« (Lenin, W. I. (1917), Die Aufgaben des Proletariats in unserer Revolution. LW 24: 3-8)

13.8 Die politischen Aufgaben

die Rote Armee.[87] Damit bilden sie ein Gegengewicht zur konterrevolutionären Intervention. Jedes Mehr ist schädlich, wie die Erfahrung lehrt.

Außenpolitisch gibt es nun keine Vorzugsbehandlung und -beziehung zu sozialistischen »Bruderländern«, sondern nur noch Gleichbehandlung aller anderen Staaten. Der Versuch, »Bruderparteien« zu gründen, muss nach unvermeidlichen Misserfolgen als Geldverschwendung aufgegeben werden. Kommunistische, reformistische und bürgerliche Parteien werden nun von regierenden kommunistischen Parteien gleich behandelt. Der alte Internationalismus gehört für postrevolutionäre Kommunisten der Vergangenheit an. Ein neuer Internationalismus muss und wird sich herausbilden.

---

[87] Hier seien nochmals die Freiwilligen im Spanischen Bürgerkrieg erwähnt. Im vieljährigen chinesischen Bürgerkrieg gab es gleichfalls Freiwillige aus mehreren Ländern, wenn auch in wesentlich kleinerer Zahl als in Spanien.

14. Perspektiven eines Weltarbeitsmarktes – neue internationale Solidarität

Die Globalisierung ist in aller Munde; das Schlagwort wird den Werktätigen ständig entgegengehalten als angeblich weltweite Peitsche, die Wettbewerbsfähigkeit erzwingt und daher alternativlos Produktionsauslagerung, Arbeitszeitverlängerung, Lohnsenkung, Massenentlassungen und Sozialabbau erfordert. Dieses äußerst aktuelle Problem verlangt nach einer Antwort von linken Gewerkschaftern, die eine internationalistische Alternative aufzeigt. Sonst besteht die Gefahr von Desolidarisierung und neuem Nationalismus unter den Werktätigen. Denn sie alle werden ständig mit der Problematik konfrontiert, ob sie (noch)»Arbeitsplatzbesitzer« oder schon Arbeitsuchende sind. Es handelt sich um eine zentrale Frage des proletarischen Internationalismus, die von klassenbewussten Gewerkschaften und von den proletarischen Parteien eine Antwort erfordert.

14.1 Die Globalisierungsdrohung

Gegenwärtig erleben wir eine radikale Veränderung der Weltpolitik und der -wirtschaft. Einige große Entwicklungsländer beginnen nach der politischen Unabhängigkeit ihren wirtschaftlichen, sozialen und kulturellen Aufschwung: Alphabetisierung, Modernisierung, Industrialisierung. Diese in der Ära des Imperialismus gefesselten Riesen befreien sich nun von ihren Fesseln, suchen ihren eigenen Entwicklungsweg und beanspruchen ihren Platz in der Welt, ihren Anteil an den Weltressourcen. Einige gehen einen nicht-kapitalistischen, andere einen kapitalistischen Weg. Die gewichtigsten dieser Länder sind die Milliardenvölker Indien (1,05 Milliarden) und China (1,3 Milliarden Menschen). Alleine diese beiden Großmächte stellen 42% der Weltbevölkerung; für ihre Entwicklung benötigen sie adäquate Anteile an den Naturvorkommen unserer Erde, die von Pessimisten als Raumschiff gesehen wird, also als eng begrenzter Raum mit eindeutig begrenzten Ressourcen.

Zweiter wichtiger Faktor ist die doppelte (zyklische und strukturelle) Krise in den meisten hochindustrialisierten Ländern, die zusammen 11% der Weltbevölkerung umfassen.

Dritter Faktor: Der US-Imperialismus, dessen führende Politiker die neue Entwicklungsphase der Welt nicht anerkennen können. Es ist jenseits der Vorstellungswelt des US-Kapitalismus, dass es andere Gesellschaftssysteme geben kann und dass die soziale Spaltung der Welt durch eine ökonomische Entwicklung der gesamten Menschheit zu beenden ist. Trotz ökonomischer Konkurrenz wird diese Weltpolitik von den kapitalistischen Mittelmächten aus Klassensolidarität unterstützt.

Vierter Faktor: Nach dem Zusammenbruch des Ostblocks bleiben vier sozialistische Inseln im kapitalistischen Ozean bestehen, von denen die VR China mit ihrer Entwicklungsstrategie einen beträchtlichen Wachstumsschub erlebt, den qualitativ und quantitativ richtig einzuschätzen vielen Beobachtern schwerfällt. Ähnliches gilt für Vietnam. Die absoluten Zahlen Chinas sind imponierend bei den Leistungen (Wachstumsraten, Export), bedrückend bei den Problemen (Erwerbslosigkeit, Erdölimport). Jedoch ist jeweils die niedrige Ausgangsbasis eines Entwicklungslandes mit 1,3 Milliarden Menschen zu bedenken. Werden die absoluten Zahlen z.b. des Bruttosozialprodukts auf die Prokopfleistung heruntergerechnet, fällt die VR China vom 4. auf den 125. Platz in der Welt. Vietnam hat mit seiner Reformstrategie die Stagnation überwunden; es hat ähnliche ökonomische Erfolge aufzuweisen und ähnliche Probleme wie die VR China. Die zwei kleinen nicht-kapitalistischen Entwicklungsländer Kuba und Nordkorea werden in ihrer Entwicklung durch die von den USA angeführte Blockade behindert.

Die kapitalistischen Führungsmächte verfolgen neben dem weltpolitischen Klassenkampf auch ökonomische Ziele: Beherrschung der Weltmärkte, u.a. mittels WTO, Weltbank, Internationalem Währungsfonds, Sicherung des Vorsprungs in der Technologieentwicklung, Nutzung der neuen technischen Möglichkeiten des Weltmarktes zum Druck auf die Werktätigen ihres Landes und ihren Lebensstandard – Drohung mit Produktionsverlagerung und Ähnliches. Ein Ziel der Globalisierung für die Kapitalisten ist die Angleichung der Löhne und Lebensbedingungen nach unten. Das Ziel der Werktätigen ist dem konträr entgegengesetzt: Angleichung nach oben, auf das Lebensniveau der Arbeitenden in den Industrieländern.

14.2 Kapitalistische Hegemonie

Dank der fast monopolistischen Beherrschung der Medien und dem Verfall der traditionellen politischen Hauptströmungen der Arbeiterklasse in Deutschland beherrscht die Bourgeoisie weitgehend die »öffentliche Meinung«. Diese soll etwa Folgendes denken:
1. Es gibt keine Alternative zur Globalisierung und ihren Folgen.
2. »Unsere nationale Regierung« muss dem Kapitalismus gehorchen und darf die »Investoren« nicht mit Steuern und Sozialabgaben (»Lohnnebenkosten«) belasten.

3. Der »Sozialstaat« ist nicht mehr finanzierbar.
4. Die deutsche Industrie ist auf den Weltmärkten nicht wettbewerbsfähig.
5. Die doppelte, strukturelle und zyklische Krise ist nur zu überwinden, Arbeitsplätze können nur geschaffen werden durch Lohnverzicht, Arbeitszeitverlängerung, Senkung der Sozialabgaben. (Der völlige Widersinn stört die kapitalistischen Meinungsmacher überhaupt nicht. Ihre Funktion ist, die Kapitallogik der Profitmaximierung zu rechtfertigen, nicht die Sorge um die arbeitenden Menschen.)
6. Die globalen Probleme (Umweltverschmutzung, Klimakatastrophe, Bevölkerungsexplosion, Überalterung) sind schwerwiegender als die sozialen und politischen Probleme; ihre einvernehmliche Lösung durch Bescheidenheit der Lohnabhängigen müsse daher Priorität genießen.

Die Arbeiterbewegung hat die bürgerliche Hegemonie (mit)ermöglicht. Denn im Interesse der guten Zusammenarbeit mit der demokratisch gewendeten Bourgeoisie verzichteten SPD und KPD 1945 weitgehend auf eigene Zeitungen und vor allem auf den Wiederaufbau der proletarischen Kulturorganisationen. Die wirklichen Probleme unserer Welt und Zeit werden ignoriert oder als sekundär behandelt: Kriege, Atombombengefahr, Faschismus, US-Imperialismus, Massenarbeitslosigkeit, Massenarmut, Hunger, Krankheiten, Analphabetismus, rechtlose Wanderarbeiter, Prekarisierung der Arbeitsverhältnisse, massiver Sozialabbau.

Die globalen Probleme sind keineswegs zu ignorieren; Bourgeoisie und Arbeiterklasse haben jedoch sehr unterschiedliche, oft gegensätzliche Lösungsvorschläge. Die häufigen Weltuntergangsszenarien und die vereinfachten »Rechnungen«, die als »Beweise« angeführt werden, dürfen nicht als Realitäten verstanden werden, sondern als Warnungen und vielleicht als Denkanstöße (siehe auch Kapitel 8).

14.3 Missverständnisse und Irrtümer

Zuerst gilt es, Missverständnisse zu klären und Irrtümer zu korrigieren.

1. Der von Engels – unter völlig anderen Verhältnissen – 1858 benutzte Ausdruck Arbeiteraristokratie wird immer wieder missbraucht und fehlgedeutet. Angeblich wird der »hohe« Lebensstandard hier finanziert durch die Extraprofite aus den Entwicklungsländern. Dabei wird ignoriert, dass die deutschen Unternehmen in ihrem Land steigende Profite machen, aus denen sie ohne weiteres höhere Löhne zahlen könnten. Die Werktätigen hier profitieren nicht von der erhöhten Ausbeutung in Calcutta oder Bangalore oder den niedrigen Löhnen in Shanghai; sie leiden vielmehr unter der Lohnkonkurrenz, unter dem Fehlen

14.3 Missverständnisse und Irrtüme 219

der Solidarität. Das wird von den Kapitalisten genutzt, um uns gegeneinander auszuspielen und zugleich nationalistische Vorurteile zu fördern. Selbst in der BRD werden die Werktätigen in Ost und West gegeneinander ausgespielt, oft auch zwischen einzelnen Werken des gleichen Konzerns.

2. Die Drohung deutscher Unternehmer mit der Produktionsverlagerung in Billiglohnländer ist keineswegs immer realisierbar und realisiert. Es gibt Fälle leerer, aber nicht leicht durchschaubarer Drohungen. So meinte die International Herald Tribune am 16. September 2004 bei Beginn der »Verhandlungen« mit der IG Metall, VW Wolfsburg habe ein großes Netzwerk von Zulieferern und Logistik-Unternehmen, die erst in mehreren Jahren ausgelagert werden können. Die Industrieberatungsfirma Autopolis (London) erklärte: »Wenn VW sagt, sie würden alle diese Arbeiten nach China oder Osteuropa auslagern, so sind die Chancen minimal. Man kann nicht die Mutterfabrik verpflanzen, ohne das ganze Netzwerk zu zerstören.« Jedoch wirkt die Drohung auf die Belegschaften, zumal wegen der dauerhaften Massenarbeitslosigkeit.

3. Die Umrechnung der Barlöhne in China oder Indien in US-Dollar ist irreführend, ökonomisch unsinnig, da die Kaufkraft zumindest für den physiologischen Grundbedarf im Inland viel höher ist, als aus der Dollar-Umrechnung erkennbar. Die Devisenkontrolle der armen Länder beschützt die höhere Kaufkraft und verhindert die Angleichung der Preisstrukturen an das höhere Niveau kapitalistischer Länder. Dennoch ist klar, dass der Lebensstandard der Werktätigen in Entwicklungsländern noch wesentlich niedriger ist als in Industrieländern. Das ist geschuldet

- teils dem Noch-Ausbleiben gewerkschaftlicher Organisation und organisierten Kampfes einer ganz jungen Arbeiterklasse,
- teils der in der sozialistischen Entwicklungsstrategie in ihren frühen Phasen notwendigen höheren Akkumulationsrate,
- teils dem Zwang zum Industrieexport, aus dessen Erträgen der dringende Technologieimport finanziert werden muss, wenn eine Auslandsverschuldung mit folgender Abhängigkeit vermieden werden soll,
- schließlich teils der ökonomischen Übermacht der früher industrialisierten Volkswirtschaften und ihrer nationalen und transnationalen Großunternehmen.

4. Die Naturschätze der Erde sind begrenzt. Aber wir kennen die Grenzen nicht genau; denn mit verbesserten Methoden entdeckt man neue Lagerstätten und lernt sie zu nutzen. Man kann sparsamer mit den Ressourcen umgehen, und man muss sie umverteilen – z.B. intern von der Verschwendung im zerstörerischen Militarismus und Krieg zum Aufbau, und international, etwa entsprechend den Anteilen an der Weltbevölkerung. Ferner kann menschliche Erfindungsgabe neue Energiequellen entdecken und nutzen sowie neue Methoden

der Bedarfsdeckung entwickeln. Die apokalyptischen Visionen auf vielen Gebieten sind zu hinterfragen; sehr oft sind sie von Interessenten finanziert. Zu jeder dieser oft unwissenschaftlichen Extrapolationen mit unveränderlichen Vektoren lassen sich optimistische Alternativen denken. Leider sind auch die vielen unrichtigen, von der realen Entwicklung widerlegten »Prognosen« meist vergessen. Schließlich ist zu erwarten, dass mit der ökonomischen und kulturellen Entwicklung das Bevölkerungswachstum allgemein weltweit aufhört, nicht nur in den bisher hoch industrialisierten Ländern, und sich vielleicht bis zu einem leichten Rückgang fortentwickelt.

Die organisierte Angst vor der Masseneinwanderung hungriger Asiaten oder Afrikaner ist unsinnig. Es hat sich schon bei der EU-Erweiterung gezeigt, dass die Westwanderung von Arbeitsuchenden viel kleiner war als prognostiziert; es gibt subjektive und staatliche Hindernisse für die Migration. Kapital ist sehr mobil, Maschinen sind weniger mobil und die für deren Einsatz erforderlichen Menschen und Infrastrukturen am wenigsten.

14.4 Die neuen Merkmale der Globalisierung

Die Tendenz zur weltweiten Expansion gehört zum Kapitalismus und ist bereits im Kommunistischen Manifest (1848) beschrieben. In der Gegenwart hat sie jedoch einige neue Züge erhalten:

- Ausbreitung des Kapitalismus von den industriellen Metropolen in die Entwicklungsländer.
- Verschärfte sozialökonomische Polarisierung: Industrieländer versus Entwicklungsländer, hohe Extraprofite für die Bourgeoisie der »Mutterländer«.
- Globalisierung des Arbeitsmarktes, begrenzte Migration, aber Ausspielung der nationalen Arbeiterklassen gegeneinander, Lohndruck auf die Werktätigen der Industrieländer.
- Auslagerung von Produktionslinien und teilweise auch Dienstleistungen in Niedriglohnländer. Diese wird erleichtert durch die neuen Informationstechnologien und niedrige Transportkosten.
- Privatisierung staatlicher Unternehmen und öffentlicher Dienste, Verkauf auch an ausländische Unternehmen.
- Die negativen Merkmale des Kapitalismus verstärken sich: Keine Bereitschaft zu langfristigen Investitionen; Abbau der sozialen Sicherungssysteme, Dominanz des Finanzkapitals.
- Politische Selbständigkeit ehemaliger Kolonien, aber die ökonomische Abhängigkeit von den »Mutterländern« bleibt.

14.4 Die neuen Merkmale der Globalisierung

- Die Arbeiterklasse führender kapitalistischer Länder ist stark segmentiert, ohne politische Führung, daher desorientiert und mit geringem politischen Einfluss. Die Arbeitsbedingungen werden prekarisiert.
- Die kapitalistischen Führungsmächte entwickeln neue Formen der Kontrolle und Beherrschung von Entwicklungsländern, behalten sich das Recht des Präventivkrieges vor, schaffen »Eingreiftruppen, die Demokratie in die Welt tragen, Krisenstaaten stabilisieren sollen«, errichten Militärbasen rund um die Erde, setzen Puppenregierungen ein, kontrollieren Schuldnerstaaten und ihre sozialökonomische Entwicklung durch WTO, Weltbank und Internationalen Währungsfonds.
- Auch nach der Selbstzerstörung des realsozialistischen Staatenblocks verfolgen weiterhin vier sozialistische Staaten eine eigenständige sozialistische Politik.

Die Entstehung eines Weltmarktes und einer Weltwirtschaft ist kein völlig neues Phänomen, sondern ein langer Prozess. Daraus leiteten spätere Marxisten das gesetzmäßig zu erwartende Ende des Kapitalismus ab, da ja die Welt und ihre Ressourcen endlich sind und damit der immanent notwendigen Expansion des Kapitalismus Grenzen gesetzt seien. Rosa Luxemburg war da vorsichtiger; sie sah eine kapitalistische Alternative zum Sozialismus: Untergang in der Barbarei, wenn die Arbeiterklasse nicht die Kraft zur Revolution entwickelt. Offenbar findet der Kapitalismus immer wieder Wege der Krisenüberwindung: Technische Innovationen (die manchmal zu längeren Aufschwungswellen führen), Produktion und Produktionsmittel zerstörende Kriege, Profit steigernde Senkung des Lebensstandards der Werktätigen, Militarisierung und verschärfte innenpolitische Kontrolle als Prävention revolutionärer Veränderungen. Im 21. Jahrhundert hat der Kapitalismus sich weiterentwickelt, manche Strukturen verändert, neue Herrschaftsmethoden entworfen.

Der selbständige Eintritt der großen Entwicklungsländer – neben China auch Indien – in den Weltmarkt muss dessen Strukturen, Produktströme und Regeln stark verändern. Für die Arbeiterklassen der bisher dominierenden Industrieländer entstehen neue Probleme, für die internationalistische und solidarische Lösungen zu suchen sind. Die Unternehmer der Industrieländer wollen unsere Löhne und Arbeitsbedingungen nach unten angleichen; die Werktätigen dieser Industrieländer wollen die ihrer Klassengenossen nach oben angleichen.

14.5 Die Antiglobalisierungsbewegung[88]

Die Antiglobalisierungsbewegung ist zu erstaunlichen internationalen Großdemonstrationen fähig. Aber eine reale Basis in den einzelnen Ländern fehlt; sie kann wegen ihrer extremen Heterogenität keine gemeinsamen Ziele entwerfen und proklamieren. Manche Teile sind keineswegs antikapitalistisch; ihre Parolen sind daher (mit Bedacht?) diffus (z.B.: Eine andere Welt ist möglich.) Wenn Sozialisten sich an diesen neuen sozialen Bewegungen beteiligen, so müssen sie das als Sozialisten tun und ihre (sozialistischen) Ziele genau so offen proklamieren, wie alle anderen TeilnehmerInnen.

Der Charakter der Antiglobalisierungsbewegung ist zu analysieren. Sie bietet ein sehr breites Spektrum von Teilbewegungen mit extrem unterschiedlichen Zielsetzungen. Wie groß kann daher der gemeinsame Nenner sein? Im Grunde darf auf diesen Foren jede gesellschaftliche Gruppe ihre Anliegen vortragen. Das einzige gemeinsame Gesetz ist: Gegen die Globalisierung. Aber keineswegs hängen alle Einzelanliegen mit diesem Hauptproblem zusammen. Ferner: Wie – mit welchen Mitteln – kann man »die Globalisierung« bekämpfen? Können die durchaus medienwirksamen Großdemonstrationen eine bleibende Wirkung auf den – eigentlich nicht zu fassenden – Gegner haben? Dieses Problem hat sich bislang bei allen Ein-Punkt-Bewegungen – den nationalen und internationalen – nach dem Ende des Zweiten Weltkrieges gezeigt. Sie sind Ausdruck des weitverbreiteten Protestes, vielleicht aber auch Symptom der schwindenden Bereitschaft, sich zu organisieren, des Fehlens einer überzeugenden sozialistischen Kraft. Wie weit können daher diese Bewegungen gegen eine immer besser organisierte Bourgeoisie und ihre Staatsmacht kämpfen? Ferner: Gemeinsame Aktivitäten sind eigentlich nur möglich im Konsensus. Kann dieser angesichts der Heterogenität der Bewegung demokratisch und aktionsfähig hergestellt werden? Oder gibt es vielleicht eine dominierende Gruppe, die in Wirklichkeit nicht demokratisch legitimiert ist?

14.6 Die Alternativen zur Auslagerungsdrohung

Der Versuch von Unternehmern und der ganzen Kapitalistenklasse, die Werktätigen verschiedener Länder gegeneinander auszuspielen, billige unorganisierte Arbeiter und Arbeiterinnen als Lohndrücker zu importieren, ist gar nicht neu; schon in der frühen Industrialisierung ist das zu finden. Bereits 1863 wandten sich die englischen Gewerkschaften, der Londoner Trades Council, an die Werk-

---

[88] Siehe dazu auch Kapitel 9.1.

14.6 Die Alternativen zur Auslagerungsdrohung

tätigen des Kontinents und forderte sie auf, sich nicht als Lohndrücker einsetzen zu lassen. So heißt es in einem Appell des Trades Council:
»An die Arbeiter Frankreichs von den Arbeitern Englands
Eine Verbrüderung der Völker ist für die Arbeitersache höchst notwendig, denn immer, wenn wir versuchen, unsere soziale Lage durch Verkürzung der Arbeitszeit oder Erhöhung der Löhne zu bessern, drohen unsere Fabrikanten, sie würden Franzosen, Deutsche, Belgier und andere herüberbringen, um unsere Arbeit zu geringerem Lohn ausführen zu lassen. Unser Ziel ist es, die Löhne der schlechter Bezahlten soweit wie möglich an die der besser Bezahlten anzugleichen und es unseren Arbeitgebern nicht zu erlauben, uns gegeneinander auszuspielen oder uns auf das niedrigste Niveau herabzudrücken.«[89]

Die deutschen Werktätigen können nicht mit verschränkten Armen warten, bis die soziale Standarderhöhung ihrer Klassengenossen in den Entwicklungsländern erfolgt ist. Inzwischen gehen in der BRD zwei wesentlich Entwicklungen weiter.

1. Der strukturelle Wandel bedeutete anfangs Zurückdrängung des Agrarsektors, dann Ausbau der Grundstoffindustrien, dann der verarbeitenden Industrien, dann Abbau arbeitsintensiver Konsumgüterproduktion (Textilien, Schuhe) zugunsten, »hochwertiger« Produktionsmittel und Hochtechnologie. Mit diesem Prozess verschwinden manche Teilbereiche ganz oder größtenteils.

2. Rationalisierung und Innovationen der Informationstechnologie (IT) führten zu intensivierter Arbeitsleistung, zur erzwungenen »Verjüngung« der Arbeiterschaft, zur Prekarisierung vieler Arbeitsverhältnisse, zur Schaffung eines zweiten, subproletarischen Arbeitsmarktes, zum Abbau von Beschäftigten, der nur teilweise durch hart erkämpfte Arbeitszeitverkürzung kompensiert wurde, schließlich zu dauerhafter Massenarbeitslosigkeit auch in Perioden erhöhter Produktion. Wegen erhöhter Produktivität, niedriger Transportkosten und neuer IT können manche Produktionen in Billiglohnländer ausgelagert werden. Deutschland mit seinen 82 Mio. Einwohnern wurde neben Japan zum Exportweltmeister, offenbar durchaus wettbewerbsfähig, obwohl angeblich Löhne und »Lohnnebenkosten« (früher einfach Sozialabgaben genannt) zu hoch sind.

Die Profite der großen Unternehmen haben Rekordhöhen erreicht; das hat sie befähigt, Milliarden in Firmenkäufe im Ausland zu investieren und durch Fehlspekulationen zu verlieren. Für Missmanagement und geplante Ausschlachtung ganzer Unternehmen ist Mannesmann das herausragende Beispiel, keineswegs ein Einzelfall. Trotz erhöhter Produktivität ist die Lohnquote – der Anteil der Löhne am Volkseinkommen – längerfristig gefallen. Sie betrug 1966 70,7% und sank bis 2001 auf 59,2%.

---

[89] Zitiert nach Mythos Standortschwäche (2004), S. 24.

Als diese Entwicklung in den 1990er Jahren begann, erklärten bürgerliche Ökonomen, nun würde aus der Industrie- eine Dienstleistungsgesellschaft werden; die Dienstleistungen würden genügend Arbeitsplätze schaffen. Aber: Die privaten Dienste (Banken u.a.) bauen massenhaft ihre Belegschaften ab. Die öffentlichen Dienste, die billig privatisiert werden können und dann Profite versprechen, werden privatisiert, die anderen abgebaut, sodass wir eine sich ständig verschlechternde Altersvorsorge haben, Zweiklassenmedizin und ein Zweiklassenschulsystem. Mit staatlicher Subvention entsteht eine Dienstmädchengesellschaft: Die Wohlhabenden werden subventioniert, wenn sie Haushaltshilfen beschäftigen. Offenbar können die Dienstleistungen privatwirtschaftlich nicht so gestaltet werden, dass sie der gesamten Gesellschaft in gleicher Weise und in genügendem Maße angeboten werden.

Diese Entwicklung, die Konsensbereitschaft der Gewerkschaftsführungen und die Massenerwerbslosigkeit haben es den Unternehmern ermöglicht, mit der Drohung die Belegschaften einzuschüchtern, wenn diese auf ihrem »Besitzstand« – etwa 35-Stundenwoche, erreichtes Lohnniveau etc. – beharrten, »müsse man wegen der Wettbewerbsfähigkeit im Zeichen der Globalisierung die Produktion in Billiglohnländer auslagern«. Die Unwahrhaftigkeit der »Argumente« bedarf hier keiner Diskussion. Da jede Gegenwehr der Führungen der meisten Gewerkschaften fehlt, sind auch klassenbewusste Betriebsräte in einem Dilemma: Verängstigte »Arbeitsplatzbesitzer« von unten und Management von oben veranlassen sie zu »Kompromissen«, die immer kurzfristiger werden: Arbeitsplatzsicherungsverträge werden vor ihrer Befristung von den Unternehmern in den Papierkorb geworfen. Jede Konzession von unten ermuntert das Kapital zu neuen Forderungen.

Das Lohndumping der Kapitalisten in den Industrieländern geschieht in zwei Richtungen: Neben der Verlagerung von Produktionslinien in Billiglohnländer gibt es eine Wanderung von Werktätigen in die Industrieländer, die heute stärker ist als vor 150 Jahren, aber immer bestand. Diese Menschen sind den Kapitalisten willkommen; damit man durch ihren Einsatz das allgemeine Lohnniveau senken kann, wird ihnen die Einbürgerung erschwert oder werden sie illegalisiert.

14.7 Entwurf einer Gegenstrategie zur Produktionsverlagerung

Eine klassenkämpferische Gegenstrategie besteht aus zwei Teilen: Gegen die zyklische Krise und ihre sofortigen Auswirkungen sind Gegenmaßnahmen erforderlich. Wegen der strukturellen Krise ist ein langfristiges Strategiekonzept notwendig.

14.7 Entwurf einer Gegenstrategie zur Produktionsverlagerung

Wenn in Unternehmen und Betrieben die erpresserische Drohung der Produktionsverlagerung ausgesprochen wird, wenn die Beschäftigten nicht schlechtere Bedingungen akzeptierten, ist zuerst die Offenlegung der Bücher und Gewinne zu fordern, die tatsächliche Lage des Unternehmens festzustellen und zu veröffentlichen: Gewinne, Dividenden, offene und stille Reserven, Gesamtzahlungen an das Management, Ausgaben für die »Pflege der politischen Landschaft«. Die Forderung der Manager und Aktionäre nach höheren Profiten ist abzulehnen; im Augenblick schlechter Zeiten müssen diese vorrangig angegriffen werden, zumal diese ja angeblich »das Unternehmerrisiko« tragen. Zweite Gegenforderung zu den Entlassungen ist die Arbeitszeitverkürzung mit vollem Personal- und Lohnausgleich; diese ist konträr zu den Forderungen der Unternehmer auf – meist unbezahlte – Verlängerung der Arbeitszeit. Schließlich, wenn den Unternehmern und Managern die Verhältnisse in Deutschland gar nicht mehr passen, müssen die »Arbeitsplatzbesitzer« ihre Arbeitsplätze in ihren Fabriken besetzen, den Abtransport ihrer Anlagen verhindern und die Unternehmer auslagern. Sehr wahrscheinlich können die Werktätigen ohne so hervorragende Manager wie Schrempp, Esser, Ackermann, Kleinfeld, von Pierer et tutti quanti auskommen.

Für die langfristige Strategie ist sodann im nationalen Rahmen zu bedenken, dass es einen ständigen Strukturwandel gibt und dass die bisherige weltwirtschaftliche »Arbeitsteilung« nicht auf Dauer bestehen bleiben kann. Sie bedeutete vereinfacht: Industrielle Produktion in den wenigen Industrieländern und profitabler Verkauf an eine Minderheit in den vielen Entwicklungsländern, folglich Massenarmut dort, hohe Profite der Kapitalisten hier. Wenn nun die Rohstoff- und die Produktströme langsam umgekehrt werden, muss allmählich eine andere Weltwirtschaftsordnung und ein wirklicher Weltmarkt entstehen und national eine neue Beschäftigungsstruktur.

Es bleibt noch ein Problem: Wie verhalten wir uns zu unseren Klassengenossen in Calcutta, Bangalore, Shanghai, Hanoi, Mexiko? Für diese Frage müssen wir die Antwort im Geiste internationaler Solidarität suchen. Wir dürfen keine Zugeständnisse an Nationalismus und Fremdenfeindlichkeit machen. Unsere Gegner, die uns wegen höheren Profits auf die Straße setzen, leben unter uns. Sie und die Rechtsradikalen würden sich freuen, wenn wir dem Nationalismus Konzessionen machen würden. Der Klassenfeind steht im eigenen Land. Sozialisten müssen internationalistische Antworten suchen; nicht nur reaktionär, auch unrealistisch wäre der Versuch, Deutschland gegen Billiglohnländer oder gar ganz gegen den Weltmarkt abzuschotten. Die Lösung muss von beiden Seiten aus gesucht werden.

Der Binnenmarkt in Entwicklungsländern wird gefördert durch Lohnerhöhungen, kürzere Arbeitszeiten sowie längeren Urlaub. Damit wird die Exportabhängigkeit gemindert und der Lebensstandard in Stadt und Land erhöht. Steigende Löhne mindern zugleich die Anreize zur Produktionsauslagerung für die Kapitalisten der Industrieländer. Gerade das ist von der Seite der Niedriglöhne tendenziell ein wichtiger Beitrag zu unserem Problem. Natürlich ist das ein langfristiger Prozess. Urbanisierung und Industrialisierung führen zur Entstehung einer jungen, neuen Arbeiterklasse an sich, die sich größtenteils aus der Bauernschaft rekrutiert. Durch die Arbeit in Fabriken, auf Baustellen, im Verkehrswesen erfährt sie Fabrikdisziplin, sammelt berufliche Qualifikation, begreift Solidarität und wird durch gewerkschaftliche Organisation und Bildung zu einer Klasse für sich. Sie lernt, ihre Forderungen und Wünsche zu formulieren und mit den zu den neuen Lebensverhältnissen passenden neuen Methoden zu vertreten. Dieser sozialpsychologische Entwicklungsprozess liegt in Deutschland mehrere Generationen zurück, sodass diesen nur noch Sozialhistoriker kennen. Am Ende steht bei den Werktätigen in den Entwicklungsländern Klassenbewusstsein, eine selbständige Gewerkschaftsbewegung, ein anderes Selbstverständnis, ein höherer Lebensstandard, ein städtischer Lebensstil, der dem europäischen Arbeiter gleichwertig, aber wegen der natürlichen Verhältnisse nicht materiell gleich sein wird.

In der VR China ist jetzt das Stadium erreicht, in dem die Arbeitenden höhere Löhne fordern und durchsetzen. Das gilt in erster Linie für die anfangs herrschende Willkür in kleinen und mittleren Betrieben ausländischer Investoren. Die Beijing Review vom 6. März 2008 berichtet über den Abzug südkoreanischer Unternehmer, denen die Löhne in China zu hoch sind. Außerdem streicht die Regierung die steuerlichen Anreize, die ausländischen Firmen bisher gewährt wurden. An dieser Entwicklung wird erkenntlich, dass die erste Phase der Neuen Ökonomischen Politik sich ihrem Ende nähert; eine zweite Phase kündigt sich an mit steigenden Löhnen, eigenständigen Innovationen und der Rückwanderung von »Investoren« in ihre Herkunftsländer.

Der Kapitalismus der wenigen Industrieländer hat eine recht gute Versorgung der Bevölkerung mit Industriegütern ermöglicht. Die Kapitallogik schließt auch hier eine wachsende Zahl von Menschen von einer Teilhabe am gesellschaftlichen Reichtum aus, schafft Massenarbeitslosigkeit und erzwingt Vernachlässigung und Verfall der kulturellen, sozialen und infrastrukturellen Dienstleistungen, da sich diese »nicht (mikro)ökonomisch rechnen«. Die Teile der öffentlichen Dienste und der Daseinsvorsorge, aus denen Profite zu erzielen sind, werden privatisiert. In fast regelmäßigen Abständen werden Menschen, materielle Güter (Wohnungen, Städte, Fabriken, etc.) durch Krisen und Kriege vernichtet, ganze Unternehmen gekauft, verkauft, ausgeschlachtet und vernichtet – ohne Rücksicht auf die Beschäftigten, die dann der Sozialfürsorge überantwortet werden.

14.7 Entwurf einer Gegenstrategie zur Produktionsverlagerung

Der unvermeidliche Wandel der Produktionsstruktur darf daher nicht der Willkür und Rücksichtslosigkeit der Kapitallogik überlassen bleiben. Notwendig ist eine radikale Erneuerung, Verbesserung und Ausbau der Dienstleistungen, gerade jener Bereiche, die nicht profitabel sein dürfen (Bildung, Gesundheit, Verkehr, Wohnungswesen, Umweltschutz). Diese Dienste sind von der Gesellschaft in einem öffentlichen Beschäftigungssektor bereitzustellen und nach Tariflöhnen zu bezahlen; unsere Gesellschaft ist hoch produktiv und reich genug, die Kosten zu tragen, wenn die Werktätigen die Entscheidung über die Verwendung des Mehrwerts in die Hand nehmen. Das setzt die Entmachtung der Kapitalisten voraus, die Enteignung der gesellschaftlich wichtigen Produktionsmittel – eine sozialistische Gesellschaft.

Der tägliche Klassenkampf zur Verteidigung und Verbesserung der Lebens- und Arbeitsbedingungen muss mit dieser sozialistischen Vision verbunden werden. Soweit möglich, muss die Solidarität über den nationalen Rahmen hinaus international wirken. Die Beschäftigten in Indien, China, Pakistan, Brasilien und anderen Ländern sind in ihrem Kampf um ein menschenwürdiges Leben zu unterstützen. Das ist Aufgabe der Betriebsräte internationaler Unternehmen und der Gewerkschaften. Letztere haben diese Aufgabe bisher kaum wahrgenommen. Sie widerspricht völlig der Konsensushaltung der Führungen. Unser internationalistisches Ziel ist die allmähliche Angleichung des Lebensstandards unserer Klassengenossen in Entwicklungsländern an unser Niveau, nicht umgekehrt. Erstarrtes kapitalistisches Klassendenken und Klasseninteressen hindern die Ideologen der führenden kapitalistischen Länder, ein langfristiges, friedliches Nebeneinander mit sozialistischen Ländern zu akzeptieren.

»Unser Niveau« muss für alle gelten, auch für unsere Niedriglöhner, Rentner und ausländischen KollegInnen. Daher brauchen wir kürzere Arbeitszeiten, höhere Löhne, einen gesetzlichen Mindestlohn und den Ausbau der Dienstleistungen.

Diese internationalistische Vorstellung von einer Welt beinhaltet eine sozialistische Zielsetzung. Sie ist historisch optimistisch, lehnt die kapitalistische Ideologie ab; diese drückt sich ökonomisch in dem Wort von dem (geschlossenen) Raumschiff Erde aus, medial in den immer neuen apokalyptischen Projektionen im ökonomischen, sozialen und ökologischen Bereich, politisch in der Forderung des US-Imperialismus nach einseitiger Kontrolle der Weltpolitik und Beseitigung aller sozialistischen Alternativen in den Entwicklungsländern und in den kapitalistischen Metropolen. Die Welt ist groß und reich genug, um auch die Lebensbedürfnisse der Menschenmassen in den Entwicklungsländern zu befriedigen. Die Welt ist auch groß genug und hat Raum für einen friedlichen Aufstieg Indiens und des sozialistischen Chinas zu ökonomischen und politischen Weltmächten.

15. Anhang

15.1 Übersicht 1: Phasen der Agrarpolitik der VR China

Phase	Allgemeine Merkmale	Staatliche Maßnahmen	Wirkungen
1. 1935-1956* Mao Zedong Zhou Enlai Liu Shaoqi Deng Xiaoping	Vorsichtige Agrarreform nach Entwicklungsstand der Landwirtschaft, regionalen und kulturellen Gegebenheiten.	Liquidierung des Feudalsystems, Senkung der Pachten, Kooperation mit den »nationalen« Großgrundbesitzern, deren Eigentum unberührt blieb. Landverteilung in kleinen Schritten in regionaler Differenzierung.	Nach 1949 Wirtschaftsentwicklung, Agrarproduktion steigt ständig.
2. 1956-1961 Mao Zedong Zhou Enlai Liu Shaoqi 1958-	Sehr radikale Agrarreform. Zwangskollektivierung. Hoher Faktorbeitrag des Agrarsektors.	Alle Betriebe werden in dörflichen Kooperativen vereinigt. In der Endphase in 26.400 Volkskommunen. Im »Großen Sprung nach vorn« (1956-1958) mussten die Kleinbauern zur »Dorfindustrialisierung« beitragen (Dorfhochöfen). Daher Vernachlässigung der Feldarbeiten.	Starker Rückgang der Agrarproduktion (1959-1960).** Schwere Hungersnot, vermutlich 30 Mio. Hungertote. Öffnung der Grenzen nach Hongkong – Massenauswanderung. Ausbau der Bewässerung. Landgewinnung in kollektiver Handarbeit.
3. 1958-1964 Zhou Enlai Liu Shaoqi Deng Xiaping	»Kampf der zwei Linien«: Lius moderate Linie dominiert.	Das Kollektivsystem wird beibehalten, aber die schlimmsten Fehler werden korrigiert.	Langsame Steigerung der Agrarproduktion.
4. 1964-Anfang der 1970er Jahre Mao Zedong Zhou Enlai Lin Biao-September 1971	Erneute Radikalisierung der Agrarpolitik während der »Großen proletarischen Kulturrevolution«.	Erhöhte dörfliche und regionale Selbstversorgung. Strenge, zentrale Direktiven, unabhängig von den ökologischen Bedingungen, z.B. Getreideanbau überall.	Langsame Steigerung oder Stagnation der Agrarproduktion.
5. Anfang der 1970er Jahre – 1978***	Zweite Korrektur durch Zhou Enlai und seine Gruppe.	Lockerung der radikalen Agrarpolitik.	

* Bis 1949 in den von den Kommunisten verwalteten, befreiten, nach 1949 in allen Provinzen.
** Getreideproduktion 1956: 193 Mio. t, 1961: 148 Mio. Tonnen. Folge der Agrarpolitik und der klimatischen Bedingungen.
*** Deng Xiaoping 1974 – Februar 1976; Mao Zedong – September 1976; Zhou Enlai – Januar 1976; Hua Guofeng 1976-1978.

Phasen der Agrarpolitik der VR China

6. 1978-1984 Deng Xiaoping Hu Yaobang Zhao Ziyang Wan Li	Entkollektivierung, Auflösung der Volkskommunen.	Land, Großmaschinen, Bewässerungssysteme bleiben Kollektiveigentum. Bauernhaushalte sind die Arbeits- und Produktionseinheiten. Einführung des Haushaltsverantwortungssystems: Jeder Haushalt kontraktiert eine Menge der Grundprodukte und liefert diese an die Dorfverwaltung. Freier Verkauf der Überschüsse.	Änderung der Landeigentumsstruktur. 5% des Farmlandes von Staatsfarmen genutzt, 95% von Einzelbauern und »Dorfunternehmen«. Freier Verkauf der Überschüsse.
7. 1984-2003 Deng Xiaoping - 1992 Li Peng 1988-1998 Jiang Zemin 1992-2003 Zhu Rhongji 1992-2003	Die Impulse der Agrarreform von 1978 sind erschöpft. Suche nach neuen Impulsen zur Steigerung der Agrarproduktion.	Erhöhung der Produzentenpreise, Subvention der Konsumentenpreise. Bevorzugung der Städter. Schrittweise Aufhebung der Lebensmittelrationierung, je nach Marktsättigung jedes Produkts. Nach dem Erfolg der Agrarreform wird die Industriereform ausgerufen: Entstaatlichung eines Teils der staatlichen Unternehmen. Diese Reform wird nur langsam und vorsichtig durchgeführt.	Stagnation der Agrarproduktion auf hohem Niveau. Lebensmittelversorgung ohne Rationierung ist gesichert.
8. 2003- Hu Jintao Wen Jiabao	Neue Priorität für den Agrarsektor.	Abbau aller Dorfsteuern. 100 Yuan Staatsbeihilfe für alle Bauern. Berufsausbildung für 60 Millionen Abwandernde. Neue Impulse für Produktionssteigerung. Modernisierung der Dörfer. Höhere Agrarpreise.	Geordnete Abwanderung. Langsames Wachstum der Betriebsgrößen. Erhöhte Arbeitsproduktivität. Höhere Einkommen und Agrarpreise. Dorfmodernisierung.

15.2 Übersicht 2:
Phasen der Industrieentwicklung in der VR China

1. Primäre Akkumulation 1949-1956

Technologischer und ökonomischer Rückstand eines halbkolonialen, agrarischen Entwicklungslandes werden durch die Zerstörungen des Bürgerkrieges und des antijapanischen Widerstandkrieges verschärft.

In der ersten Phase nach dem Sieg der Revolutionäre muss durch ursprüngliche Akkumulation der Rückstand aufgeholt werden: Schaffung einer modernen Infrastruktur, eines Bildungs- und Gesundheitswesens (letzteres noch ohne akademisch gebildete Ärzte) sowie einer Grundstoff- und Schwerindustrie mit sowjetischer Hilfe, Technologieimport und Berater nur aus der Sowjetunion. Zentrale Planung, niedrige Löhne, Mangelwirtschaft, Rationierung, weitgehende Gleichheit in der Armut (marxistisch verbrämt: Kriegskommunismus).

Maximaler (leider nicht optimaler) Faktorbeitrag der Bauernschaft (90% der Bevölkerung) durch niedrige Produktpreise und kontrollierte Erfassung fast der gesamten Produktion. Die Abwanderung aus der Landwirtschaft wird verhindert. Massive Ausbildung von Akademikern, Ärzten, Ingenieuren, Forschern. Weitgehender Boykott seitens der kapitalistischen Industrieländer.

In der ersten Phase der Entwicklung des sozialistischen China musste die Steigerung der industriellen Produktion absolute Priorität haben. Das implizierte u.a. den Import moderner Technologie, Ausbau der sozialen und kulturellen Infrastruktur, einen hohen Faktorbeitrag des Agrarsektors, also auch niedrige Produktpreise, niedrige Löhne, physische Gleichheit auf niedrigem Niveau der Bedarfsdeckung, geringe Rücksicht auf Umweltschädigung.

2. Der große Sprung nach vorn 1956-1958

Der ungeduldige Versuch Mao Zedongs, durch den großen Sprung nach vorn, durch Überbeschleunigung den Entwicklungs- und Aufbauprozess zu komprimieren, die 125 Millionen bäuerlichen Kleinstwirtschaften in 24.000 Volkskommunen zusammenzufassen und »die Sowjetunion auf dem Weg zum vollendeten Kommunismus zu überholen«, wird ökonomisch, technologisch und sozial zur Katastrophe.

3. Korrekturversuche: 1958-1964
Zhou Enlai, Liu Shaoqi, Deng Xiaoping lösen Mao Zedong vorübergehend ab. Vorsichtige Korrekturen werden durchgeführt, übergroße Volkskommunen aufgeteilt,[90] Lieferpflichten des Agrarsektors zurückgeschraubt, Getreide importiert, die Grenze nach Hongkong für hungrige Kleinbauern geöffnet.

4. Rückschwung des Pendels: etwa 1964-1974
»Große Proletarische Kulturrevolution« (offiziell ab 1966).

Der politische Konflikt mit der Sowjetunion wegen der Entstalinisierung führt 1960 zum Abbruch der sowjetischen Wirtschaftshilfe, Stillstand im Aufbau der 150 sowjetischen industriellen Großprojekte: Völlig »auf eigenen Füßen stehen«. Lokale und regionale Selbstversorgung durch diversifizierte Agrarproduktion (entgegen den ökologischen Standortbedingungen). Landwirtschaftliche Musterbrigade Dazhai (nach 1975 als »Potemkinsches Dorf« entlarvt). In der »Großen Proletarischen Kulturrevolution«, von Mao Zedong und seiner Fraktion organisiert, werden Schulen und Universitäten geschlossen, Industrieproduktion und Eisenbahnverkehr schwer gestört.

5. Die vier Modernisierungen: 1975
1975 – ein Jahr vor seinem Tode – verkündet Zhou Enlai erneut die vier Bereiche der Modernisierung: Landwirtschaft, Industrie, Volksbildungswesen und Verteidigung. Diese werden von dem für kurze Zeit an die Schaltstellen zurückgekehrten Deng Xiaoping in Angriff genommen. Zhou Enlai stirbt im Februar 1976.

6. Interregnum, Atempause im Wirtschaftsaufbau: 1976-1978
Die politische Unsicherheit nach Mao Zedongs Tod (September 1976) wird schrittweise gelöst. Hua Guofeng wird 1976 Maos Nachfolger als Kompromisskandidat der Meinungen in der Führung. Die Viererbande wird verhaftet.

7. Vorbereitung für die Reform: 1978-1980
Der 1976 zum dritten Mal abgesetzte Deng Xiaoping kehrt 1978 endgültig zurück in die wichtigsten Funktionen: Parteivorsitzender, Ministerpräsident, Vorsitzender der Militärkommission beim ZK. Er initiiert eine offene Debatte in KP und Forschungsinstituten über Reform und Öffnung.

---

[90] 1958 gab es 122.000 Volkskommunen (VK), die 1960 zu 24.000 VK zusammengefasst wurden. Diese wenig ökonomische Megalomanie wurde bis 1963 auf 74.000 VK korrigiert.

8. Reform des Agrarsektors: 1980-1984

Ein soziologischer Großversuch in den Provinzen Anhui (60 Mio. Einwohner) und Sichuan (100 Mio. Einwohner)[91] ist erfolgreich: Die Bauern lösen die Volkskommunen auf, der Boden wird privat genutzt, bleibt jedoch Eigentum des Staates. Die Bauern produzieren mehr und liefern im »neuen Verantwortlichkeitssystem auf der Basis der bäuerlichen Familienwirtschaft« viel mehr in die Städte. Klar begrenzte Lieferverpflichtung der Agrarproduzenten. Offene Bauernmärkte entstehen überall, auf denen die Überschüsse verkauft werden können. Die Lebensmittelrationierung wird schrittweise abgebaut. Erhöhung der Agrarpreise, Subventionierung der Lebensmittelpreise. Wachsende Einkommensungleichheit. Ländliche und kleinstädtische Industrialisierung.

9. Reform des Industriesektors: ab 1984

Im Industriesektor wird der Beginn der Reform 1984 angekündigt: Lockerung der direktiven Planung, mehr Eigenverantwortung der Fabrikdirektoren, weniger zentrale Produktionsauflagen. Beginnende Dezentralisierung, Entstaatlichung, partielle Privatisierung der Staatsbetriebe, aber Beibehaltung zentraler Planung [(indirekte) Makrokontrolle statt direkter quantitativer Kontrolle] und staatlicher Unternehmen in den Schlüsselsektoren, die in größeren Unternehmenseinheiten zusammengefasst werden. Diese werden gezwungen, Gewinne zu erwirtschaften, Steuern zu zahlen und Staatskredite zu verzinsen. Kapital- und Technologieimport werden gefördert in Analogie zur Leninschen Neuen Ökonomischen Politik. Öffnung von Wirtschaftssonderzonen im Osten und Südosten. Auflösung der städtischen Lebens- und Wirtschaftseinheiten (Danwei). Soziale Ungleichheit auf allgemein höherem Niveau – Beginn des Aufbaus eines Sozialversicherungssystems, einer staatlichen Arbeitsmarktorganisation, berufliche Ausbildung von abwandernden Bauern. Abwanderung aus der Landwirtschaft wird gefördert. Begrenzung sozialer Ungleichheit durch progressive Besteuerung und Kontrolle der neuen Unternehmer, durch Aktivierung von Gewerkschaften und Aufbau eines Justizsystems. Abbau der regionalen Unterschiede durch Entwicklungspläne für die armen Regionen im Westen, und im lange vernachlässigten Nordwesten. Verbesserung der Arbeitsbedingungen für mehr als 100 Millionen Wanderarbeiter. Schrittweise Abschaffung des Hukou, der faktisch Bauern hinderte, in die Städte zu ziehen.

Sieben Großprojekte der Entwicklung für Wirtschaft und Infrastruktur mit großem Beschäftigungseffekt.

In der neuen Periode – nach 2000 – bedeutet die neue Strategie Veränderung der Prioritäten und Aufgaben. Das Wachstum der Produktion kann und muss nun

---

[91] Noch mit der später ausgegliederten Großstadt Chongqing (30 Mio. Einwohner).

gebremst werden, die Investitionen in die Produktion sind zu kontrollieren und zu vermindern; statt quantitativer Steigerung qualitative Verbesserung, Erkennen und Minderung der Umweltschäden, sparsamer Umgang mit den Ressourcen. Jetzt kann und muss der industrielle Sektor seinerseits neue Faktorbeiträge für den Agrarsektor leisten: Höhere Agrarpreise, Subventionen, Düngemittel, Landmaschinen, damit die Agrarproduktion einen neuen Schub bekommt. Die Abwanderung aus dem Agrarsektor wird durch die Berufsausbildungsprogramme, Schaffung von ländlichen Industriebetrieben, geplante Urbanisierung gefördert. Die Industriestruktur wird verändert, die Staatsbetriebe, zum Teil Großbetriebe in der Grundstoffindustrie, werden in verschiedenen Formen dezentralisiert und entstaatlicht. Übertragung auf Provinz-, Distrikt-, Ortsbehörden, Privatisierung, dabei auch Verkauf an bisherige staatliche Betriebsdirektoren, Bildung von Genossenschaften, Joint Ventures, Aktiengesellschaften.

10. Einstieg in die Weltwirtschaft

Beschleunigte Wirtschaftsentwicklung. Übersteigerte Investitionen und regionale Sonderinteressen führen zu Engpässen, Überhitzungsgefahr. Bremsung und Begrenzung des Wirtschaftswachstums auf 8% pro Jahr. Verstärkte Makrokontrolle. Starke Zunahme des Außenhandels. Die Exportstruktur verändert sich zugunsten höherwertiger Industrieprodukte, die Importstruktur zu mehr Rohstoffen und Energie. Zunahme kontrollierter Kapitalimporte und von Joint Ventures. Beitritt zur WTO, schrittweise Öffnung der Wirtschaftssektoren und des Finanzsektors, sobald diese auf dem Weltmarkt konkurrenzfähig sind. Der Staat beschränkt sich auf Beherrschung der »Kommandohöhen der Wirtschaft«.

11. Zielvorstellung 2005: Nachhaltige, harmonische Entwicklung

Neuerliche Priorität für Förderung des (»vernachlässigten«) Agrarsektors durch Preiserhöhung für Agrarprodukte, direkte Subventionen, technische Innovationen, Verbesserung des ländlichen Bildungs- und Gesundheitswesens, Schaffung des sozialistischen Dorfes mit Lebensbedingungen, die den städtischen entsprechen, geplante Abwanderung, langsame Zunahme der Nutzfläche je Agrarproduzenten, dadurch erhöhte Arbeitsproduktivität der verbleibenden Produzenten.

Förderung des Binnenmarktes: Erhöhung der Löhne, Verkürzung der Arbeitszeit, verlängerter Urlaub, Massentourismus, erhöhter Konsum. Begrenzung der sozialen Ungleichheit, Besteuerung der Einkommen und Gewinne, Ende der Karenzzeiten für Auslandskapital. Verringerte Abhängigkeit vom Weltmarkt und seinen Schwankungen. Umkehrung des Faktorbeitrags: vom Industrie- in den Agrarsektor. Begrenzung der quantitativen Produktionssteigerung, Verbesserung der Qualität, Umweltschutz, Schließung von 1.224 unsicheren

Bergwerken (2005), Produktionsstopp für 7.000 unsichere Bergwerke. Ziel: Nachhaltige, harmonische Entwicklung, friedlicher Aufstieg zu ökonomischer Weltmacht mit hohem Lebensstandard, independent innovation – eigenständige Weiterentwicklung von Hochtechnologien. Allmählicher Verzicht auf Technologieimport und -importeure.

Neue zentrale Entwicklungsprojekte, insbesondere für die ärmeren Regionen im Westen und Nordwesten.

Die Gewerkschaften werden aktiver, vor allem in den großen Unternehmen mit Auslandskapital und den Joint Ventures. Die neue Arbeiterklasse kann die Gewerkschaft nur als ihre Interessenvertretung anerkennen, wenn sie, unabhängig von KPCh, Staat und Unternehmer, ihre Mitglieder auf allen Ebenen vertritt – von Betrieb, Kommune, Bezirk, Provinz bis zur zentralen Nationalen Kommission für Entwicklung und Reform.

Zweite Phase der Neuen Ökonomischen Politik: Import moderner Technologie zusammen mit Auslandskapital wird allmählich überflüssig. Nach der NÖP folgt die unabhängige Innovation; ausländisches Kapital beginnt, wegen steigender Löhne abzuwandern, Ende der steuerlichen Vorzugsbehandlung ausländischer Unternehmen.

15.3 Übersicht 3: Vergleich der Entwicklungsstrategien

Merkmale	VR China	Indische Union
Weg des Wandels	Revolution	Gradualistische Reform
Ausgangssituation	Orientalischer Feudalismus Kasten schwach ausgebildet	Orientalischer Feudalismus Kasten stark ausgebildet
Führung	Kommunistische Partei der Bauern und Arbeiter	Nationale Einheitsorganisation fast aller Klassen (INC)
Soziale Kosten durch	Bürgerkrieg und Kulturrevolution	Opfer der communal riots und des dörflichen Klassenkampfes, »freie Marktwirtschaft« = Kapitalismus
Plankommission	(noch) sehr einflussreich	Geringer Einfluss

Vergleich der Entwicklungsstrategien

Agrarsektor	Radikale Transformation durch Landverteilung und Volkskommunen (nach 1980 aufgelöst)	Alte Strukturen weitgehend erhalten, Agrarreform effektiv nur in kommunistisch regierten Bundesländern
Agrarproduktion	Zeitweise schnell gesteigert	Langsame Steigerung
Industrieentwicklung	Geplant, schnell	Teilweise geplant, langsam
Technische Infrastruktur	Unterentwickelt, schneller Aufbau	Umfassendes Bahnsystem, bedarf der Erneuerung
Sozialversicherung	Im Aufbau, wird umfassend geplant vom Staat 2005: 175 Mio. Menschen erfasst	fehlt
Gesundheitssystem	Altes System aufgelöst, neues System im Aufbau, gleich für Bauern und Arbeiter	fehlt
Abwanderung aus der Landwirtschaft	Anfangs stark gebremst, später gefördert	Ungeplant, ständig
Urbanisierung	Geplant	Starke Slumbildung in Megastädten
Familienplanung	Nach Maos Tod allmählich erfolgreich, aktuelles Ziel: Einkindfamilie	Bisher geringe Erfolge, Ziel: Zweikinderfamilie
Alphabetisierung	Schnell, 95%	Langsam, 64%
Massenarmut	Begrenzt, 15 Mio. = 1,1%	Groß, 220 Mio. = 22%
Grundbedarf	Allgemein gesichert	Nicht gesichert
Einkommensdifferenzierung	Wachsend, Bemühung um Begrenzung	Sehr groß

15.4 Klassiker über Internationalismus

»Nur das eine ist sicher: das siegreiche Proletariat kann keinem fremden Volk irgendwelche Beglückung aufzwingen, ohne damit seinen eigenen Sieg zu untergraben. Womit natürlich Verteidigungskriege verschiedener Art keineswegs ausgeschlossen sind.«
      Friedrich Engels an Karl Kautsky, 12. September 1882, in: MEW 35, S. 358.

»Wer mit der Waffe in der Hand den Kommunismus in ein Land tragen wollte, dessen Arbeiterklasse ihn noch nicht selbst im Kopf hat, den wird auf der anderen Seite der Grenze nicht der Gesang der Internationale, sondern der Nationalhymne empfangen, und er wird nicht den Kommunismus stärken, sondern den Nationalismus. Er wird unfehlbar das Proletariat, das noch im Banne seiner Bourgeoisie steht – sonst wäre es kommunistisch – nur umso fester mit seiner Bourgeoisie zusammenschweißen. Und der proletarische Staat, der es unternehmen würde, würde nicht die Ketten des fremden Imperialismus zerreißen, sondern er würde sie nur fester schweißen.«
      August Thalheimer nach dem russisch-polnischen Krieg 1920, in: Rote Fahne, Mai 1920.

»Die Pflicht der Disziplin gegenüber den Beschlüssen der Internationale geht allen anderen Organisationspflichten voran.«
      Rosa Luxemburg, Entwurf zu den Junius-Thesen, Ende 1915, in: GW 4, S. 46.

»Alle Beschlüsse der Kommunistischen Internationale wie auch die Beschlüsse ihres Exekutivkomitees sind für alle der Kommunistischen Internationale angehörenden Parteien bindend. Die Kommunistische Internationale, die unter Bedingungen des schärfsten Bürgerkriegs tätig ist, muß viel zentralisierter aufgebaut sein als die II. Internationale.« Allerdings soll »all den mannigfaltigen Verhältnissen Rechnung getragen (und) allgemeinverbindliche Beschlüsse nur in Fragen gefaßt werden, in denen solche Beschlüsse möglich sind«.
      W. I. Lenin (1921a), Leitsätze über die Bedingungen der Aufnahme in die Kommunistische Internationale, in: LW 31, S. 197.

»Die wirklich führende Gruppe im leitenden Zentrum (der Komintern) wird sicher noch lange die russische sein müssen, mindestens bis zur Machtergreifung durch die Kommunistische Partei in einem großen westlichen Lande, vielleicht sogar noch eine geraume Zeit danach. Wenn dann auch die Leitung selbstverständlich so rasch wie möglich nach dem Westen verlegt werden müßte. Aber die noch so reiche revolutionäre Erfahrung auf russischem Boden kann die unter westlichen Verhältnissen gewonnene und noch zu gewinnende Erfahrung nicht ersetzen. Die russische alte Garde ist in erster Linie angehäufte russische revolutionäre Erfahrung. Das macht ihre Stärke aus, aber auch ihre Schwäche. Sie kann unendlich viel helfen zur Heranreifung der westlichen Parteien, aber nur unter der Bedingung, daß sie nicht glaubt, die westliche Erfahrung bereits zu besitzen oder ihrer nicht zu bedürfen. Diese Leitung muß ganz bewußt das Ziel ins Auge fassen, sich selber in ihrer Ausschließlichkeit überflüssig zu machen, indem sie anderen Parteien des Westens hilft, die erforderliche Reife und Erfahrung sich zu erwerben. Wird praktisch versucht, die Rolle der russischen Partei dauernd festzuhalten, die nur eine vorübergehende sein kann, wird dem unvermeidlichen geschichtlichen Gang entgegengearbeitet, statt mit ihm zu arbeiten, so kann daraus nur entstehen: praktische Fehlgriffe und Niederlagen, organisatorische Scherbenhaufen. Das mit allem Nachdruck, mit aller Deutlichkeit jetzt zu sagen, ehe die Scherbenhaufen da sind, ist absolut notwendig.«

August Thalheimer (1925/1993), Der V. Kongreß der Kommunistischen Internationale und seine Ergebnisse, in: Becker u.a. 1993: 41-62, hier S. 48.

»Das Monopol der Kommunistischen Partei der Sowjetunion in der Führung der Kommunistischen Internationale ist ein Hemmnis geworden, ist überholt. Es muß fallen. Die KPdSU kann nicht mehr die alleinige Führerin der Komintern sein, sondern nur noch die Erste unter Gleichen ... Nicht weniger gebührt ihr, nicht mehr ist mit der Erhaltung und dem Fortschritt der internationalen kommunistischen Bewegung vereinbar. Die Führung der Komintern muß eine wirklich kollektive internationale Führung werden ... Die Fragen der KPdSU müssen in der Internationale diskutiert werden ... An erster Stelle stehen müssen Fragen der internationalen kommunistischen Bewegung selbst.«

Was will die KPD-Opposition? Plattform der Kommunistischen Partei Deutschlands (Opposition), 1929, S. 74.

»Ein Revolutionär ist, wer ohne Vorbehalte, bedingungslos, offen und ehrlich, ohne militärische Geheimberatungen bereit ist, die UdSSR zu schützen und zu verteidigen ... Denn wer die internationale revolutionäre Bewegung zu schützen gedenkt und dabei die UdSSR nicht schützen will oder sich gegen sie stellt, der stellt sich gegen die Revolution, der gleitet unwiderruflich ins Lager der Feinde der Revolution hinab.«

J. W. Stalin (1927), Die internationale Lage und die Verteidigung der UdSSR, in Stalin Werke 10, S. 45, Berlin.

»Vor allem geht es jetzt darum, das gesamte System der Beziehungen zwischen den sozialistischen Ländern uneingeschränkt auf der Grundlage voller Selbstständigkeit zu gestalten. Das ist der gemeinsame Standpunkt aller führenden Repräsentanten der Bruderländer. Die Selbstständigkeit jeder Partei, ihr Recht, Fragen des eigenen Landes souverän zu entscheiden, und die Verantwortung gegenüber dem eigenen Volk – das sind die unumstößlichen Prinzipien.«
    Michail Gorbatschow (1987), Umgestaltung und neues Denken für unser Land und für die ganze Welt, Berlin, S. 211.

»Die Stalinsche Methode der sozialistischen Ausdehnung schädigt und gefährdet nicht nur die sozialistische Ausdehnung, sondern auch den Bestand des Sowjetstaates selbst. Sie ruft in den werktätigen Klassen der Länder, die diesen Methoden unterworfen sind, das mit Füßen getretene nationale Selbstgefühl wie die Gewohnheiten der proletarischen Demokratie gegen sich auf, sie arbeitet so den inneren und äußeren konterrevolutionären Kräften in die Hände. Sie sät den Wind der konterrevolutionären Intervention, des konterrevolutionären Krieges gegen sich selbst, und, wenn nicht rechtzeitig eine Änderung dieser Methode erfolgt, so wird sie den Sturm des dritten Weltkrieges auf ihr eigenes Haupt herabbeschwören, und zwar unter den für sie und den internationalen Sozialismus ungünstigsten Bedingungen.

Unsere Kritik geht dagegen aus vom Standpunkt der Demokratie der Werktätigen und des sozialistischen Internationalismus, der zugleich der Standpunkt des wirklichen Kommunismus ist, und der die lokalen sozialistischen Interessen vom Gesichtspunkt des revolutionären Gesamtinteresses aus einsetzt und behandelt.«
    August Thalheimer (1946), Grundlinien und Grundbegriffe der Weltpolitik nach dem 2. Weltkrieg. Eine marxistische Untersuchung, (o.O., Bremen), S. 22.

»Unserer Meinung nach ist die Mannigfaltigkeit unserer Bewegung kein Synonym für ihre Zersplitterung. Genau so hat die Einheit nichts gemein mit Uniformität, Hierarchie, mit der Einmischung der einen Parteien in die Angelegenheiten anderer, mit dem Anspruch einer Partei auf den Monopolbesitz der Wahrheit. Die Stärke der kommunistischen Bewegung kann und muß in ihrer Klassensolidarität, der gleichberechtigten Zusammenarbeit aller Bruderparteien im Kampf für gemeinsame Ziele liegen.«
    Michail Gorbatschow (1986), Politischer Bericht des Zentralkomitees der KPdSU an den XXVII. Parteitag, Moskau, S. 108.

Klassiker über Internationalismus

»Es ist für uns durchaus unbestreitbar, daß die Ziele der Friedenspolitik der Sowjetunion und die Ziele der Politik der Arbeiterklasse sowie der Kommunistischen Parteien in den kapitalistischen Ländern vollkommen identisch sind. In dieser Hinsicht gibt es und kann es in unseren Reihen keinerlei Zweifel geben. Wir verteidigen die Sowjetunion nicht nur allgemein. Wir verteidigen konkret ihre gesamte Politik und jede ihrer Handlungen.«
    Aus dem Programm, angenommen vom VI. Weltkongress der Komintern 1928.

»Ebenso wäre es verfehlt, außer acht zu lassen, daß nach dem Sieg der proletarischen Revolution, sei es auch nur in einem der fortgeschrittenen Länder, aller Wahrscheinlichkeit nach ein jäher Umschwung eintreten wird; nämlich: Russland wird bald danach nicht mehr ein vorbildliches, sondern wieder ein (im ›sowjetischen‹ und im sozialistischen Sinne) rückständiges Land werden.«
    W. I. Lenin (1919), Der »Linke Radikalismus«, die Kinderkrankheit im Kommunismus, in: LW 31, S. 1-91, hier S. 5.

»Was die Gegenwart angeht, so dürfen wir uns beim Aufbau des Sozialismus nicht einfach mechanisch an das Vorbild eines der Brudervölker halten, weil unser Land seine Gesetzmäßigkeiten hat. Mißachtung der Eigenheiten des eigenen Landes, verbunden mit mechanischer Übernahme der Methoden der Brudervölker, ist einer der schwerwiegendsten Fehler, nämlich Dogmatismus.«
    Ho Chi Minh (1968), Revolution und nationaler Befreiungskampf, München. Zit. nach Holger Dohmen (1978), Vietnam, in: Dieter Nohlen/Franz Nuscheler (Hrsg.), Handbuch der Dritten Welt, Bd. 4/11, S. 733-759, hier S. 741.

Abkürzungen

AKW	Atomkraftwerk
AUC	Konterrevolutionäre paramilitärische Verbände in Kolumbien
DVRK	Demokratische Volksrepublik (Nord-)Korea
EAM, ELAS	Politische und militärische Organisation, die 1946-1949 für eine revolutionäre griechische Republik gegen eine britische Intervention kämpfte
GEW	Gewerkschaft Erziehung und Wissenschaft
HBV	Gewerkschaft Handel, Banken, Versicherungen
IAA	Internationale Arbeiterassoziation
IKl	Internationaler Klassenkampf (Zeitschrift der IVKO)
ImÜ	Internationale Monatliche Übersichten
IT	Informationstechnologie
ITF	Internationale Transportarbeiter-Föderation
IVKO	Internationale Vereinigung der Kommunistischen Opposition
MIK	Militärisch-industrieller Komplex
NÖP	Neue ökonomische Politik
ÖTV	Gewerkschaft öffentliche Dienste, Transport und Verkehr
RZ	Russisches Zentrum (Zentralarchiv Moskau)
SBZ	Sowjetische Besatzungszone (1945-1949)
SIPRI	Swedish International Peace Research Institute
SZ	Süddeutsche Zeitung
WTO	World Trade Organization – Welthandelsorganisation
ZPKK	Zentrale Parteikontrollkommission

Literatur

Bardhan, Ardhendu Bhurhan (1997): Der Käfig des Organismus zerbrach, in: Neues Deutschland 11.4.1997.
Bauer, Otto (1907): Die Nationalitätenfrage und die Sozialdemokratie, Wien.
Becker, Jens/Bergmann, Theodor/Watlin, Alexander (Hrsg.) (1993): Das erste Tribunal. Das Moskauer Parteiverfahren gegen Brandler, Thalheimer und Radek, Mainz.
Bergmann, Theodor (1976): Structural changes and political activities of the peasantry, Saarbrücken.
Bergmann, Theodor (1984): Weltpolitische Kräfteverhältnisse und Entwicklungen nach dem Zweiten Weltkrieg, in: Sozialismus, H. 9, S. 4-11.
Bergmann, Theodor/Schäfer, Gert (Hrsg.) (1989): »Liebling der Partei« – Nikolai Bucharin Theoretiker und Praktiker des Sozialismus, Hamburg.
Bergmann, Theodor (1991): Tage, die die Welt erschüttern, in: Sozialismus, H. 9, S. 8-9.
Bergmann, Theodor (1991): Aufstieg und Zerfall der Kommunistischen Internationale, in: Sozialismus, H. 9, S. 72-77.
Bergmann, Theodor (1991): Neuer Hauptfeind? – Eine vorläufige Antwort, in: Sozialismus, H. 12, S. 58-59.
Bergmann, Theodor/Schäfer, Gert (Hrsg.) (1993): Leo Trotzki. Kritiker und Verteidiger der Sowjetgesellschaft: Beiträge zum internationalen Trotzki-Symposium, Wuppertal 26.-29. März 1990, Mainz.
Bergmann, Theodor (1997): Nachdenken über eine historische Niederlage, in: Sozialismus, H. 2, S.45-46.
Bergmann, Theodor (2003): Globale Probleme – Optimistische Antworten, in: Grüner Weg, 31a, Jg. 16, Nr. 54, Frühjahr, S. 10-15.
Bergmann, Theodor (2004): Gegen den Strom – Die Geschichte der Kommunistischen Partei Deutschlands-Opposition, Hamburg.
Bergmann, Theodor (2004): Rotes China im 21. Jahrhundert, Hamburg.
Bergmann, Theodor (2006): Die Volksfront – Hoffnung und Enttäuschung, in: Kinner, Klaus (Hrsg.), Die Chance der Volksfront. Historische Alternativen zur Stalinisierung des Kommunismus, Leipzig, S. 45-58.
Bobbio, Norberto (1993): Die Linke und ihre Zweifel, in: What's left. Prognosen zur Linken, Heft 8, Berlin.
Böke, Henning (2007): Maoismus. China und die Linke – Bilanz und Perspektive, Stuttgart.
Boserup, Mogens (1946): Tyskland efter sammenbruddet, Kopenhagen.
Boserup, Mogens (1974): Vor voksende Verden, Kopenhagen.
Boserup, Mogens (1977): Are there really depletable resources? (Manuskript).
Boserup, Ester (1965): Agricultural growth under population pressure, London.
Brown, Lester R. (1997): Wer ernährt China? Alarm für einen kleinen Planeten, Holm.

Bucharin, Nikolai J. (1929a): Lenins politisches Testament. Prawda, 24.1.1929.
Bucharin, Nikolai J. (1929b/1991): 1929 – Das Jahr des großen Umschwungs, Berlin.
Bucharin, Nikolai J. (1996): Kultur des Sozialismus. Gefängnisschriften, Berlin.
Bucharin, Nikolai J./Preobraschenskij, Jewgenij (1920): Das ABC des Kommunismus, Wien.
Bullmann, Bodo/Henkenborg, Peter (1995): Ortsbestimmungen – Versuch über die Linke, in: Fritzsche, Klaus/Freiling, Gerhard (Hrsg.), Konflikte um Ordnung und Freiheit – Franz Neumann zum 60. Geburtstag, Pfungstadt und Bensheim.
Brzezinski, Zbigniew (2001): Die einzige Weltmacht. Amerikas Strategie der Vorherrschaft, Frankfurt/M.
Carrillo, Santiago (1977):»Eurokommunismus« und Staat, Hamburg.
Chruschtschow, Nikita S. (1956):»Geheimrede« vom 25. Februar 1956, in: Crusius, Reinhard/Wilke, Manfred (Hrsg.) (1977): Entstalinisierung. Der XX. Parteitag der KPdSU und seine Folgen, Frankfurt/M. S. 487-537.
Coppi, Hans (2006): Volksfront in Aktion? Die Widerstandsthese und Arvid Harnack und Harro Schulze-Boysen, in: Kinner, Klaus (Hrsg.), Die Chance der Volksfront. Historische Alternativen zur Stalinisierung des Kommunismus, Leipzig, S. 121-139.
Deng Xiaoping (1980): Comment les erreurs de Mao nous ont conduit à la guerre civile. Nouvelle Observateur (1980): No. 827, S. 30-36, No. 828, S. 111-142.
Deng Xiaoping (1983): Ausgewählte Schriften (1973-1982), Beijing.
Deng Xiaoping (1987): Die grundlegenden Fragen im heutigen China, Beijing.
Deutscher, Isaac (1962): Trotzki – der unbewaffnete Prophet 1921-1929, Stuttgart.
Dimitroff, Georgi (1936): Ein Wendepunkt der Kommunistischen Internationale, in: Kommunistische Internationale, Jg. 17, 3. Juli 1936, S. 3.
Dimitroff, Georgi (1939): Der Krieg und die Arbeiterklasse der kapitalistischen Länder, in: Kommunistische Internationale, Jg. 20, November, S. 1112-1125.
Djilas, Milovan (1957): Die neue Klasse, München.
Elboim-Dror, Rachel (1996): Rettet die Wölfe, aber vergesst die Menschen nicht. Die ökologische Sensibilisierung der Kinder schafft ein falsches Weltbild, in: Die Zeit Nr. 39, 20.9.1996.
Engels, Friedrich (1850): Der deutsche Bauernkrieg, in: MEW 7 (Berlin): S. 327-413.
Engels, Friedrich (1852a): Revolution und Konterrevolution in Deutschland, in: MEW 8 (Berlin): S. 3-108.
Engels, Friedrich (1852b): Brief an Adolph Sorge, in: MEW 33, S. 641-645.
Engels, Friedrich (1874): Eine polnische Proklamation, in: MEW 18, S. 521-527.
Engels, Friedrich (1893), Briefe an Nikolai Danielson, in: MEW 39, S. 36-38; S. 148-150.
Fetscher, Iring (1973): Der Marxismus, seine Geschichte in Dokumenten. Philosophie, Ideologie, Soziologie, Ökonomie, Politik, München.

Fewsmith, Joseph (1994): Dilemmas of reform in China – Political conflict and economic debate, Armonk, New York/London.
Flechtheim, Ossip K. (1959/1991): Die Internationale des Kommunismus, in: ders., Vergangenheit im Zeugenstand der Zukunft, Berlin.
Foot, Michael (= Cassius) (1943): The trial of Mussolini, London (dt.: Der Prozeß gegen Mussolini, hrsg. von Bergmann, Theodor/Jones, Mike, Mainz 1994).
Fukuyama, Francis (1993): Das Ende der Geschichte: Wo stehen wir? München.
Fuwa, Tetsuzo (1982): Stalin and greet-power chauvinism, Tokyo.
Fuwa, Tetsuzo (1993): Interference and betrayal. Japanese Communist Party fights back against Soviet hegemonism. Soviet secret documents, Tokyo.
Fuwa, Tetsuzo (2006): The 21th century world and socialism. Theoretical discussion with CPC delegation, Tokyo.
Gollwitzer, Helmut (1968): Vietnam, Israel und die Christenheit, München.
Gorbatschow, Michail (1986): Politischer Bericht des Zentralkomitees der KPdSU an den XXVII. Parteitag, Moskau.
Gorbatschow, Michail (1987a): Perestroika. Die zweite russische Revolution. Eine neue Politik für Europa und die Welt, München.
Gorbatschow, Michail (1987b): Umgestaltung und neues Denken für unser Land und für die ganze Welt, Berlin.
Gramsci, Antonio (1926/1991): Antonio Gramsci – vergessener Humanist. Eine Anthologie, Berlin.
Greiner, Bernd (2007): Krieg ohne Fronten, Hamburg.
Heberer, Thomas/Taubmann, Wolfgang (1998): Chinas ländliche Gesellschaft im Umbruch. Urbanisierung und sozio-ökonomischer Wandel auf dem Lande, Opladen/Wiesbaden.
Hedeler, Wladislaw (1991): Nikolai Bucharin 1929 – Jahr der Entscheidung, Berlin.
Hess, Peter (1991): Über Heinz Jungs sogenannten Gorbatschowismus: Methodische Anmerkungen, in: Utopie kreativ, H. 11, S. 91-95
Heym, Stefan (1990): Stalin verläßt den Raum, Leipzig.
Hinton, William (1991): The privatization of China, London.
Huang Wei (2007): Growing a new social stratum, in: Beijing Review, Jg. 50, Nr. 44, 1.11., S. 18-19.
Iha, Vinay (2008): Strike force, in: The Sunday Express (New Delhi): February 24.
Ito, Narihiko (2001): Der Friedensartikel der japanischen Verfassung. Für eine Welt ohne Krieg und Militär, Münster.
Ito, Narihiko/Bergmann, Theodor/Hochstadt, Stefan/Luban, Ottokar (Hrsg.) (2007): China entdeckt Rosa Luxemburg, Berlin.
Jung, Heinz (1991): Wider die Tabuisierung – Einwände gegen Th. Bergmann, in: Sozialismus, H. 12, S. 57-58.
Kautsky, Karl (1907): Patriotismus und Sozialdemokratie, Leipzig.
Keßler, Mario (2005): Vom bürgerlichen Zeitalter zur Globalisierung. Beiträge zur

Geschichte der Arbeiterbewegung, Berlin.
Keßler, Mario (2006): Es gibt islamischen Faschismus, in: Ostthüringer Zeitung, 7. September.
Keßler, Mario (2007): Ossip K. Flechtheim – Politischer Wissenschaftler und Zukunftsdenker (1909-1998), Köln/Weimar/Wien.
Klaus, Georg/Buhr, Manfred (Hrsg.) (1972): Marxistisch-leninistisches Wörterbuch der Philosophie, Reinbek.
Kloke, Martin W. (1990): Israel und die deutsche Linke. Zur Geschichte eines schwierigen Verhältnisses, Frankfurt/M.
Kreye, Andrian (2006): Wenn sich der Nebel lichtet. Neue Belege: Kriegsverbrechen gehörten in Vietnam zum Alltag, in: Süddeutsche Zeitung, 10.8.2006.
Labica, Georges und Gérard Bensussan (1985): Kritisches Wörterbuch des Marxismus, Berlin (deutsche Ausgabe).
Lenin, W. I. (1917): Die Aufgaben des Proletariats in unserer Revolution, in: LW 24, S. 39-77.
Lenin, W. I. (1919a): VIII. Parteitag der KPR(B), in: LW 29, S. 125-211.
Lenin, W. I. (1919b): Die große Initiative. Über das Heldentum der Arbeiter im Hinterland. Aus Anlass des ›kommunistischen Subbotniks‹, in: LW 29, S. 397-424.
Lenin, W. I. (1920): Der »linke Radikalismus«, die Kinderkrankheit im Kommunismus, in: LW 31, S. 1-91.
Lenin, W. I. (1921): Die neue ökonomische Politik und die Aufgaben der Ausschüsse für politisch-kulturelle Aufklärung, in: LW 33, S. 40-60.
Lenin, W. I. (1921a): Leitsätze über die Bedingungen der Aufnahme in die Kommunistische Internationale, in: LW 31, S. 193ff.
Lenin, W. I. (1922a): Brief an den Parteitag, in: LW 36, S. 577-582.
Lenin, W. I. (1922b): Zur Frage der Nationalitäten oder der »Autonomisierung«, in: LW 36, S. 590-596.
Lenin, W. I. (1922c): Wir haben zu teuer bezahlt, in: LW 33, S. 316-320.
Lenin, W. I. (1923): Über das Genossenschaftswesen, in: LW 33, S. 453-461.
Lieber, Keir A./Press, Darryl G. (2006): The rise of US nuclear primacy, in: Foreign Affairs, März-April 2006.
Liu Shao-Ch'i (1968): Quotations from president Liu Shao-Ch'i, Melbourne.
Liu Shaoqi (1982): Über die Selbstschulung des kommunistischen Parteimitglieds, in: Bergmann, Theodor/Menzel, Ulrich/Menzel-Fischer, Ursula (Hrsg.): Liu Shaoqi, Ausgewählte Schriften und Materialien, Bd. 2, Stuttgart, S. 41-161
Lomborg, Björn (2001): The sceptical environmentalist. Measuring the real estate of the world, in: Süddeutsche Zeitung, 6.2.2002, unter der Überschrift: Die Fakten und die Toren. Die Welt wird besser mit jedem Tag: Björn Lomborg sucht die Wahrheit hinter der Angst vor der Umweltkatastrophe.
Löwy, Michael (1999): Vaterland oder Mutter Erde? Nationalismus und Internationalismus aus sozialistischer Sicht. Kritische Essays zu Marxismus und »nationaler Frage«, Köln.

Literatur

Luxemburg, Rosa (1900/01): Die sozialistische Krise in Frankreich, in: GW 1/2, S. 5-73.
Luxemburg, Rosa (1915): Entwurf zu den Junius-Thesen (1916), in: GW 4, S. 46.
Luxemburg, Rosa (1918a): Zur russischen Revolution, in: GW 4, S. 332-365.
Luxemburg, Rosa (1918b): Die russische Tragödie, in: GW 4, S. 385-392.
Luxemburg, Rosa (1982): Gesammelte Briefe, 2 Bd., Berlin.
Marx, Karl (1852): Der achtzehnte Brumaire des Louis Bonaparte, in: MEW 8, S. 111-207.
Marx, Karl (1870): Erste Adresse des Generalrats über den Deutsch-Französischen Krieg, in: MEW 17, S. 3-8.
Marx, Karl/Engels, Friedrich (1848): Manifest der Kommunistischen Partei, in: MEW 4, S. 459-493.
Marx, Karl/Engels, Friedrich (1845): Deutsche Ideologie, in: MEW 3, S. 8-532.
Marx, Karl/Engels, Friedrich (1864): Inauguraladresse der Internationalen Arbeiter-Assoziation, in: MEW 16, S. 5-13.
Meadows, Dennis/Meadows, Donella (1972): Die Grenzen des Wachstums, Stuttgart.
Moore, Joe (ed.) (1997): The other Japan. Conflict, compromise and resistance since 1945, Armonk, New York/London.
Neubert, Harald (2000): Probleme des Internationalismus in Vergangenheit und Gegenwart, in: Sozialistische Programmatik und Marxismus heute, Schkeuditz, S. 112-137.
Neubert, Harald (2004): Sozialismus als Zukunftsprojekt. Kontrastpunkte eines zukünftigen Sozialismus zum gescheiterten Realsozialismus, Berlin.
Neubert, Harald (2006): Der XX. Parteitag der KPdSU 1956, der Sozialismus und die kommunistische Bewegung, in: Geschichtskorrespondenz 12. Jg., Nr. 4, S. 14-30, Berlin.
Niknafs, Ghassem/Fischer, Bernd (2008): Tudeh-Partei verurteilt imperialistische Einmischung und Despotie des Regimes. Kampf an zwei Fronten, in: Rotfuchs, Februar, S. 19.
Nohlen, Dieter/Nuscheler, Franz (Hrsg.) (1978): Handbuch der Dritten Welt, Bd. 4, Hamburg.
Peters, Helmut (1997): Lehren aus dem Untergang der UdSSR, in: Sozialismus, H. 2, S. 40-45. (nachgedruckt in Bergmann (2004): S. 150-160).
Peters, Helmut (1998): Die KP Chinas und der direkte Übergang zum Sozialismus, in: Z. Zeitschrift Marxistische Erneuerung, Nr. 33, H. 1, S. 171-182.
Peukert, Detlev (1980): Die KPD im Widerstand – Verfolgung und Untergrundarbeit an Rhein und Ruhr 1933-1945, Wuppertal.
Schäfer, Gert (1991): Josef Wissarionowitsch Stalin (1879-1953), in: Klassiker des Sozialismus. Von Jaurès bis Marcuse. Hrsg. von Walter Euchner, München, S. 128-150.
Schäfer, Gert/Bergmann, Theodor (1993): Trotzki und Bucharin, in: dies.: (Hrsg.), Leo Trotzki, Kritiker und Verteidiger der Sowjetgesellschaft, Mainz, S. 249-264.

Schäfer, Gert (2007): Marxismus heute, in: Arnold, Helmut/Schäfer, Gert (Hrsg.), »Dann fangen wir von vorne an«, Hamburg, S. 14-23.

Scheler, Wolfgang (2004): Neue Weltordnungskriege und die alte Frage nach dem Wesen des Krieges, in: Scheler Wolfgang/Woit, Ernst (Hrsg.) (2004), Kriege zur Neuordnung der Welt. Imperialismus und Krieg nach dem Ende des Kalten Krieges, Berlin, S. 29-61.

Scheler, Wolfgang/Woit, Ernst (Hrsg.) (2004): Kriege zur Neuordnung der Welt. Imperialismus und Krieg nach dem Ende des Kalten Krieges, Berlin.

Schneir, Walter and Miriam (1992): Rosenberg case, in: Encyclopedia of the American left. Pp. 658-661, Urbana and Chicago.

Schütte, Heinz (2007): Zwischen den Fronten. Deutsche und österreichische Überläufer zum Vietminh, Berlin.

Selden, Mark (1988): The political economy of Chinese socialism, Armonk, New York/London.

Stern, Heinz (1995): Apropos Gorbi, in: Disput, H. 2, S. 11-14.

Stilwell, Joseph W. (1948): The Stilwell papers, New York.

Syré, Ludger (1984): Isaac Deutscher – Marxist, Publizist, Historiker. Sein Leben und Werk 1907-1967, Hamburg.

Sweig, Julia E. (2007): Fidel's final victory, in: Foreign Affairs, January/February 2007.

Thalheimer, August (1920): Zwischen Rheinland und Polen, in: RF Jg. 3 (1920): Nr. 236, S. 1-2.

Thalheimer, August (1928): Programmatische Fragen, Mainz (1993).

Thalheimer, August (1945): Die Potsdamer Beschlüsse, (o. O.).

Thalheimer, August (1946): Grundlinien und Grundbegriffe der Weltpolitik nach dem 2. Weltkrieg. Eine marxistische Untersuchung (o.O., Bremen).

Thalheimer, August, Westblock-Ostblock. Welt- und Deutschlandpolitik nach dem Zweiten Weltkrieg. Internationale monatliche Übersichten 1945-1948. (Hrsg. Gruppe Arbeiterpolitik 1992).

Thalheimer, August (1947/2008): Über die Kunst der Revolution und die Revolution der Kunst. Ein Versuch, München.

Trotzki, Lew D. (1923): Die russische Revolution 1905, Berlin.

Tych, Feliks/Luban, Ottokar (1997): Die Spartakusführung zur Politik der Bolschewiki. Ein Kassiber Leo Jogiches' aus dem Gefängnis an Sophie Liebknecht vom 7.4.1918, in: IWK 33, 1, März, S. 92-102.

Vranicki, Predrag (1983): Geschichte des Marxismus, 2 Bd. Frankfurt /M.

Weber, Hermann (1981): Unabhängige Kommunisten – Der Briefwechsel zwischen Heinrich Brandler und Isaak Deutscher 1949-1967, Berlin (West).

Weil, Robert (1996): Red cat – white cat. China and the contradictions of »market socialism«, New York.

Dokumente

Chinas Landesverteidigung (2004): Presseamt des Staatsrats der VR China, http://www.china.org.cn

China's national defence, in: BR 18.1.2007.

Das Scheitern der KPdSU und sich daraus ergebende Lehren. Verfasst vom Zentrum für vergleichende Forschung zu politischen Parteien und Kulturen des Ostens und Westens bei der Abteilung für wissenschaftliche Forschung an der Parteischule des ZK der KP Chinas. Erschienen in der Reihe »Internes Lesematerial für Funktionäre«, Beijing 1994.

Die Theorie des Vorsitzenden Mao über die Dreiteilung der Welt – ein bedeutender Beitrag zum Marxismus-Leninismus. (Redaktion der Renmin Ribao), in: Peking Rundschau 45, 8.11. 1977.

Ein unabhängiger Kommunist. Kenyi Miyamoto tritt nach 39 Jahren als Japans KP-Führer ab, in: Stuttgarter Zeitung, 26.9.1997, S. 8.

Geschichte der internationalen Arbeiterbewegung in Daten. (1986): Institut für Marxismus-Leninismus beim ZK der SED, Berlin.

Insurgency in Latin America (1968): Committee on foreign relations. US Senate document 86-406, 15.1.1968, Washington D.C.

National Defence Strategy. June 2008. Department of Defence, USA (2008).

Quadriennial Defence Report (February 6, 2006): Department of Defence, USA, Washington.

Resolution on certain questions in the history of our party since the founding of the People's Republic of China, in: Almanac of China's Economy 1981. New York and Hongkong 1982, S. 77-104.

Revolutionary counterparts reflect on ties, in: Vietnam News, 25.9.2000.

South African farm attacks ›not racial‹, in: Guardian Weekly, 2.-8.10.2003.

ver.di (Hrsg.) (2004): Mythos Standortschwäche, Berlin.

Working in solidarity to create a bright future (2006): (Programm der KP Japans, angenommen auf dem 23. Parteitag am 17. Januar 2004): Tokyo.

Personenregister

Ackermann, Josef 225
Adenauer, Konrad 108
Adjubej, Alexej 177
Ahmadinedschad, Mahmud 109
Allende, Salvador 103, 135
Amin, Idi 180
Anwar el-Sadat 109
Aso, Taro 69

Badoglio, Pietro 17
Bakdasch, Chalid 107
Balabanova, Angelica 185
Bardhan, Ardhendu Bhurhan 197
Bauer, Otto 16, 55
Bebel, August 16, 23f.
Bebler, Aleš 151
Becker, Jens 31
Beneš, Eduard 39
Bensussan, Gerard 11
Bergmann, Theodor 31, 35, 38, 117, 146, 150, 160, 167, 178
Berlinguer, Enrico 17, 53
Bernstein, Eduard 16, 24, 55
Bertinotti, Fausto 18
Bhattarai, Baburam 131
Birendra, König von Nepal 131
Blair, Tony 208
Bloch, Ernst 163
Bobbio, Norberto 155, 241
Böke, Henning 146, 150, 202f.
Borodin, Michail 187
Boserup, Ester 122
Boserup, Mogens 45, 120, 123f.

Brandler, Heinrich 28f., 31-34, 36f., 46
Breschnew, Leonid Iljitsch 53, 79, 107f., 178, 183, 185, 205
Brown, Lester 147
Brzezinski, Zbigniew 67
Bucharin, Nikolai 16, 28, 35, 81ff., 140, 143
Buhr, Manfred 11
Bulganin, Nikolai A. 52
Bullmann, Bodo 155
Bush, George Sr. 175
Bush, George W. 68, 93, 97

Carrillo, Santiago 17
Carter, Jimmy 67
Castro, Fidel 64, 69, 95, 103, 153
Chávez, Hugo 69f., 134, 194
Chen Zihui 158
Chiang Kai-shek 44, 64, 175, 187, 189
Chruschtschow, Nikita S. 17, 52f., 59, 150, 152, 158f., 179, 183, 185, 188f., 191f., 197f., 204f., 213
Churchill, Winston S. 103
Clausewitz, Carl von 35
Clinton, Bill 67
Coppi, Hans 38

Danielson, Nikolai F. 163
David, Eduard 24
Deisen, Wilhelm 33
Deng Xiaoping 59, 83, 87, 100, 145, 148f., 151f., 156, 158f., 161f., 164f., 167f., 174, 185, 188ff., 194, 205, 228f., 231
Deutscher, Isaac 20, 22, 45
Dimitroff, Georgi 38, 42
Djilas, Milovan 59, 78, 151
Dreyfus, Alfred 24

Eberlein, Hugo 27
Ebert, Friedrich 55, 195
Eisenhower, Dwight D. 95
Elazar, David 108
Elboim-Dror, Rachel 119
Engels, Friedrich 10f., 21, 23, 57, 80, 82, 137, 142, 147, 163, 167, 195, 218, 236
Esser, Klaus 225

Fewsmith, Joseph 167
Fischer, Ruth 32
Flechtheim, Ossip K. 18
Foot, Michael 45
Fuchs, Klaus 125
Fujimori, Alberto 135
Fukuda, Yasuo 69
Fukuyama, Francis 155
Fuwa, Tetsuzo 192-195

Gandhi, Mohandas Karamchand 74
Ghaddafi, Muammar 180
Gollwitzer, Helmut 108, 115
Gomulka, Wladyslaw 39, 53, 185, 205
Gorbatschow, Michail S. 59, 146, 150f., 160, 179, 183, 185f., 189f., 197f., 204f., 213, 238
Gottwald, Klement 43
Gowda, Deve 197

Personenregister

Gramsci, Antonio 31
Granz, Bruno 33
Greiner, Bernd 112
Gyanendra, König von Nepal 131

Hager, Kurt 155, 205
Hahn, Otto 125
Hallstein, Walter 108
Hedeler, Wladislaw 9, 35
Hegasy, Sonja 70
He Long 158
Henkenborg, Peter 155
Henry, James D. 113
Hersh, Seymour 113
Heym, Stefan 158
Hinton, William 156
Hitler, Adolf 38f., 41, 44, 72, 79, 181, 194
Ho Chi Minh 153, 206, 239
Honecker, Erich 205
Hua Guofeng 152, 158, 228, 231
Hu Jintao 152, 191, 229
Hussein, Saddam 20, 105, 115
Hu Yaobang 229

Ito, Narihiko 98, 168

Janajew, Gennadi Iwanowitsch 198
Jannack, Karl 33
Jaurès, Jean 16
Jelzin, Boris 59, 146, 190
Jestrabek, Heiner 9
Jha, Vinay 198
Jiang Qing 151
Jiang Zemin 152, 229
Jung, Heinz 146

Kamenew, Lew 30
Kardelj, Edvard 151
Katayama, Sen 192

Kautsky, Karl 16, 236
Kennedy, John F. 177
Keßler, Mario 9, 19, 21, 70
Khomeini, Ruhollah Mussawi 110f., 180
Kianuri, Nureddin 111
Kidrić, Boris 151
Kilbom, Karl 30
Kirchner, Ernesto 70
Klaus, Georg 11
Kleinfeld, Klaus 225
Kloke, Martin W. 108
Korn, Erhard 9
Koszutska, Maria (= Wera Kostrzewa) 28
Kreibich, Karl 30
Kreye, Andrian 112

Labica, Georges 11
Lauer-Brand, Henryk 28
Lenin, Wladimir Iljitsch 16, 21, 25f., 28-31, 40f., 49, 51, 56-58, 81, 89, 142, 148, 150, 166-168, 175, 182, 187, 194, 203f., 209, 213f., 236, 239
Levi, Paul 28
Lieber, Keir A. 96
Liebknecht, Wilhelm 23
Lin Biao 53, 151, 176, 180, 204f., 228
Lin Mingxing 193
Li Peng 229
Liu Shaoqi 83, 140, 151, 158, 166ff., 188f., 193, 228, 231
Lomborg, Björn 119
Löwy, Michael 19, 21
Luban, Ottokar 26
Luo Ruiqing 158
Luxemburg, Rosa 16, 18, 21, 24ff., 34, 36, 57, 78, 80f., 168, 195, 201, 203, 209f., 213, 221, 236

MacArthur, Douglas 45, 112
Malthus, Thomas Robert 118
Mandela, Nelson 132f.
Mao Zedong 53, 79, 81, 83f., 124, 131, 142, 144, 151f., 156, 158f., 161, 166ff., 171, 180, 184, 188f., 192f., 196, 200, 203-206, 228, 230, 231
Marchais, Georges 17
Marchlewski, Julian 28
Marx, Karl 10f., 23, 57f., 80, 82, 119, 137, 147, 155, 166f., 195, 200
Maslow, Arkadii 32
Mbeki, Thabo 132
McNamara, Robert 114
Meadows, Dennis L. 118
Meadows, Donella H. 118
Medwedew, Dmitri 190
Meitner, Lise 125
Meyer, Ernst 33
Mikojan, Anastas 188
Millerand, Alexandre-Etienne 24
Mirulanda, Manuel 134
Miyamoto, Kenji 192
Modrow, Hans 108
Molotow, Wjatscheslaw Michailowitsch 41
Morales, Evo 70, 198f.
Mugabe, Robert 132
Müller, Sonja 9
Mussolini, Benito 17

Nehru, Jawaharlal 99, 196
Neubert, Harald 13, 15, 17, 19, 32, 208
Neumann, Heinz 187
Nixon, Richard 113
Nong Duo Manh 191
Nosaka, Sanzo 192, 196
Noske, Gustav 55

Personenregister

Nujoma, Sam 133
Obama, Barack 102
Oppenheimer, Robert 125
Pastrana, Andres 135
Peng Dehuai 158, 167
Peters, Helmut 9, 159ff.
Pieck, Wilhelm 34, 38, 42
Pierer, Heinrich von 225
Pijade, Moša 151
Pilsudski, Jozef 27
Pinochet, Augusto 135
Plechanow, Georgij 16
Pol Pot 191
Prachanda 131f.
Preobraschenski, Jewgeni Alexejewitsch 16
Press, Darryl G. 96
Putin, Wladimir 190

Rabin, Jizhak 109
Radek, Karl 28, 32, 34
Reagan, Ronald 175
Reza Schah Pahlavi 180
Roosevelt, Franklin D. 44
Rosdolsky, Roman 21
Rosenberg, Ethel 125
Rosenberg, Julius 125
Roy, M.N. 197
Rudd, Kevin 69
Rumsfeld, Donald 91

Sacco und Vanzetti 11
Schäfer, Gert 56, 150, 200
Scheer, Hermann 118
Scheidemann, Philipp 55
Scheler, Wolfgang 67, 112
Schneir, Miriam 125
Schneir, Walter 125
Schrempp, Jürgen 225
Schröder, Gerhard 208
Silva, Luiz Inácio Lula da 136
Singh, Manmohan 69, 197

Sinowjew, Grigori Jewsejewitsch 28ff., 32f., 185, 209
Soares, Mario 64
Soros, George 129
Spychalski, Marian 205
Stalin, Josef 16, 28, 30, 32, 34-42, 44, 49-52, 55, 58f., 63, 75f., 81f., 124, 144, 147f., 150, 156, 158ff., 167, 169, 171, 174f., 177, 181, 183, 185, 188, 194, 200, 203f., 206, 237
Stédile, João Pedro 136
Stern, Heinz 146
Suarez, Alberto 135
Subcomandante Marcos 134
Sun Yefang 145, 158

Tang Haijun 193
Tertullian 122
Thalheimer, August 28f., 31-37, 45-50, 75-79, 81f., 109f., 126, 175, 178, 187, 213, 236ff., 246
Tian Yan 193
Tito, Josip Broz 50, 105, 143, 151
Togliatti, Palmiro 17, 179, 183
Trotzki, Leo 17f., 26, 28, 32, 36f., 83, 125, 140, 142
Truman, Harry S. 44, 103, 125
Tuchatschewski, Michail Nikolajewitsch 39
Tudjman, Franjo 105
Tych, Feliks 26, 28f.

Ulbricht, Walter 42, 108, 183
Uribe, Alvaro 135

Veltroni, Walter 18
Völker, Karl 33
Vollmar, Georg von 24
Vranicki, Predrag 18

Walcher, Jacob 29
Walesa, Lech 103, 146
Wan Li 145, 229
Warski, Adolf 28
Watlin, Alexander 31, 35
Weber, Hermann 33
Weil, Robert 156
Wen Jiabao 229
Westermann, Hans 33
Westmoreland, William C. 112
Wildangel, René 70
Wu De 151

Yang Shankun 152
You Luming 193

Zetkin, Clara 28f., 34
Zhang Wentian 145, 158
Zhang Xianbin 193
Zhang Ximing 193
Zhou Enlai 83, 99, 140, 151, 158f., 188, 228, 231
Zhu De 151, 158
Zhu Rongji 152, 229